KB153906

國語史講義

故 金敏洙

강원도 홍천 출생(1926)
서울대학교 문리과대학 국어국문학과 졸업(1951)
문학박사(1975)
고려대학교 교수(1955~91), 명예교수(1991~2018)
미국 하버드대학 객원교수(1964~65)
중국인민해방군외국어학원 객좌교수(1993~94)
재단법인 동숭학술재단 창립, 이사장(1996~2018)
2018. 2. 15. 별세

저서
「國語文法論」(1971), 「國語政策論」(1973),
「新國語學史」(1980), 「國語意味論」(1981),
「新國語學」(1983), 「周時經 硏究」(1986),
「北韓의 國語硏究」(1989), 「現代語文政策論」(2007)

國語史講義

초판 인쇄 2020년 11월 23일
초판 발행 2020년 11월 30일

지 은 이 故 金敏洙
펴 낸 이 박찬익

펴 낸 곳 ㈜ **박이정**
주 소 경기도 하남시 조정대로45 미사센텀비즈 7층 F749호
전 화 02-922-1192~3 / 031-792-1193, 1195
팩 스 02-928-4683
홈페이지 www.pjbook.com
이 메 일 pijbook@naver.com

등 록 2014년 8월 22일 제2020-000029호

ISBN 979-11-5848-508-5 93710

* 책값은 뒤표지에 있습니다.

國語史講義

故 金敏洙

(주)박이정

차 례

第1章 國語의 系統

第2章 古代國語(BC 2~10세기)

第3章 中世國語(11~16세기)

第1章 國語의 系統

언어의 뿌리는 유인원의 「털 쓰다듬기」

劉潤鐘기자

『인간이 언어를 만든 이유는 유인원들처럼 서로 털을 손질해줄 수 없게 됐기 때문이다』

최근 미국에서 언어의 기원에 대한 이색 주장을 담은 책이 출간돼 눈길을 끌고 있다. 인터넷 서점 아마존(http://www.amazon.com)과 뉴욕 타임스 북리뷰에 소개된 로빈 던바의 신간 「몸손질, 가십, 언어의 진화」. 이는 지금까지 인류학자들이 수렵 농사 등 생산활동을 위한 필요에서 언어의 기원을 찾았던 데서 탈피, 집단을 유지하기 위한 「잡담」, 즉 가십에서 이를 찾고 있다.

던바는 침팬지나 고릴라가 서로의 털을 쓰다듬고 이를 잡아주는 「몸손질」행동에 주목하고 있다. 이런 행동은 위생상의 필요에서 시작됐다기 보다는 접촉에서 오는 안락감 등 일종의 최면효과를 통해 집단의 친밀성을 유지시켜주는 기능에서 비롯됐다는 것. 그러나 영장류 집단의 크기가 커지면서 몸손질을 통해 집단의 친밀감을 유지하기가 힘들어졌다는 것이다. 결국 원시단계의 인간은 성대를 사용해 의사전달을 하는 방법을 창안해 냈고 이것이 오늘날의 언어로 이어졌다는 것이 던바의 설명이다. 「언어」라는 새 친밀감 표시 방법은 동시에 여러 사람과 할 수 있으며 요리 등 다른 작업과 동시에 해낼 수 있는 이점도 있다.

원시인이 몸손질 대신 만들어낸 언어는 어떤 내용을 담고 있었을까. 최초의 언어는 집단의 친밀감을 유지하기 위해 만들어졌으므로 대부분 집단속의 「남얘기」를 담고 있었다고 던바는 설명한다. 이런 기능은 지금도 이어져 오늘날에도 사람들이 대화에 담는 내용은 결국 남들 이야기, 즉 가십이 대부분이라는 것이다.

말의 주기능은 친밀감의 표시

「남들 이야기」가 대화의 대부분

던바는 여러 영장류 집단의 크기에도 주목하고 있다. 사고작용에 관계하는 대뇌 신피질(新皮質)의 크기는 그 종(種)이 이루는 집단의 크기와 비례한다는 것. 이 이론에 따르면 인간에게 가장 적합한 집단크기는 1백50명 정도이다. 현대인 한사람이 면식을 트고 지내는 사람의 수도 여기서 벗어나지 않는다는 것이 던바의 주장이다. 하버드대 출판부 펴냄.

인터넷 책세상

「몸손질, 가십, 언어의 진화」

로빈 던바 지음

GROOMING, GOSSIP, AND THE

EVOLUTION OF LANGUAGE

ROBIN DUNBAR

東亞日報 1997. 3. 13(木). No. 23478. p. 34.

1.0 言語系統과 그 接近法

言語分化와 同族語 이 세상에는 民族마다 다른 수많은 言語가 쓰이고 있다. 다른 言語와 통하지 않는 점을 보면, 이들 言語는 서로 무관한 별개의 것으로 생각하기 쉽다. 그러나, 言語는 한 개인의 族譜와도 같이 같은 祖語(parent language)에서 분화된 言語끼리 同族關係(cognation)를 맺고 있다. 그래서, 言語學에서는 이 관계에 주목하여 하나의 共通祖語를 추정하고 같은 祖語로 소급되는 言語를 묶어서 語族(language family)이라고 하며, 세계의 言語를 이 같은 語族으로 나눈 것을 系統的 分類라고 한다.

1.1) 言語의 系統的 分類(Schmidt, 1926)

1) 印歐語族, 2) 함셈語族, 3) 우랄語族, 4) 알타이語族, 5) 드라비다語族, 6) 印支(漢藏)語族, 7) 南亞語族(Austro-asiatisch), 8) 南島語族(Austro-nesisch, 9) 阿洲諸語, 10) 美洲諸語

이 系統的 分類(genetic classification)는 학자에 따라 다르나, 보편적이고 간결한 분류는 8大語族 혹은 阿洲諸語와 美洲諸語를 설정한 10大語族이다. 語族이란 하나의 言語에서 갈라진 同族語(cognate language)라는 뜻이므로, 누구나 자신의 言語가 무슨 語族에 속하는가에 대하여 관심을 갖지 않을 수 없다. 그러나, 한 言語의 系統은 比較言語學에 의하여 同族語라는 사실이 실증된 결과이기 때문에, 이런 實證이 안 되는 言語는 부득이 고립된 소속불명의 言語라고 처리해 두는 것이 일반적이다.

言語의 分化作用은 地域의 차이와 時間의 경과를 조건으로 하여 이루어진다. 가령, F지역에 살던 사람이 F′지역으로 이동했을 때, 그의 言語 a는 변함이 없으나, 그 후손의 言語는 시간이 흐를수록 변화해서 조상의 言語와 달라진다. 그러면, 제1고향인 F지역에 사는 후손의 言語 b와 제2고향인 F′지역에 사는 후손의 言語 c는 달라졌기 때문에 분화했다고 한다. 즉, b, c 두 言語가 오랜 세월이 흘러 별개의 言語가 되면, 이들 두 言語는 同族語이며, a라는 祖語로 소급한다는 것이다.

1.2) 言語分化(Saussure, 1916. 270~280)

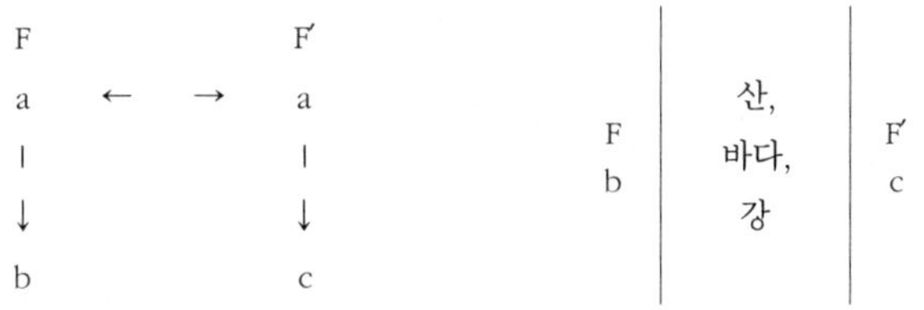

F		F′
a	← →	a
|		|
↓		↓
b		c

F b	산, 바다, 강	F′ c

言語分化의 원리는 地域의 차이와 時間의 경과 두 조건에 있으나, 地域의 차이란 산이나 바다와 같이 왕래하기 어려운 장벽으로 막힌 경우를 말한다. 장벽이 사람의 교류를 차단하여 각각 독자적인 言語로 발전하는데, 분화된 초기에 方言의 차이였던 것이 수천 년이 지나면 별개의 言語가 된다. 이때에 그 장벽은 대외적인 方言境界線 내지 言語境界線, 대내적인 等語線(isogloss)이 되고, 그 領域 안의 言語現象은 공통성을 가지고 있다. 따라서, 方言과 言語의 구분이 반드시 분명한 것은 아니다.

自然言語의 恣意性 이 지상의 言語는 구분하기에 따라 1천 내지 4천 개로 집계되고 있다. 이들이 가령 10大語族으로 분류된다는 뜻은 수천 년 전에 있었던 10종의 言語가 각기 분화하여 그처럼 수천 종이 되었다는 것이다. 그 이전의 실상은 실증되지 않았을 뿐, 言語가 발생하지 않았다는 것은 아니다. 人類는 4족의 類人猿(hominoid)에서 2족의 類人猿(hominid)으로 진화했을 때, 앞발이 변한 손으로 도구를 만들면서 명확한 傳達에 필요한 言語가 비로소 발생하기 시작했을는지도 모를 일이다.

그렇다면, 인류는 第3紀 中新世 말기 내지 鮮新世 초기 7~8백만 년 전이나 늦어도 50만 년 전에 原人類는 言語를 사용하기 시작한 것이 되고, 이 言語는 동물에게 공통된 선천적이고 본능적인 부르짖음과 구별된다. 즉, 言語는 후천적으로 서로 협정한 규약의 성질이다. 動物言語나 신호와 電算語 같은 人工言語와 구별하여, 근래에는 이것을 특히 自然言語라고 한다. 인간의 言語는 즉 記號의 성질과 體系의 성질이며, 그 記號性은 구성된 音聲形式과 意味內容과의 결합관계가 恣意的이라는 뜻이다.

동물의 부르짖음은 갖고 태어나서 어떤 表現과 표시하는 意味와의 관계가 항상 변하지 않기 때문에 절대적이다. 그런데, 인간의 言語는 가령 짐승 개(犬)에 대하여 狗 gǒu(漢), 인다훈(滿), 노해(蒙), it(維), 이누(倭), seta(Ainu) 등 각각 임의로 발음되고, 개는 中世語 '가히'에서 변화했다. 이처럼 言語와 시대에 따라 다른 사실로 입증된 記號의 恣意性은 自然言語의 중요한 本質이다. 이로써 言語가 변화하는 원인이 쉽게 규명되는 한편, 동물에 없는 言語史가 성립되는 이유도 밝혀지게 되었다.

이러한 言語가 발생한 이후 면면히 이어와서 오늘의 言語가 있게 되었지만, 言語史에서는 입증할 자료의 한정으로 최근 수천 년밖에 서술하지 못할 뿐이다. 第4紀(Quaternary period)에서도 完新世(Holocene epoch) 후기로 한정되었으니, 극히 일부분 최근의 역사에 불과하다고 하겠다. 어쨌든, 인간이 知識의 축적으로 思想과 技術을 발전시켜 거대한 人類文化를 창조한 것은 그 言語가 있었기 때문이다. 言語는 실로 막중한 소임을 다했고, 앞으로도 무한한 尖端技術을 비약시키는 소임을 다할 것이다.

時代區分과 硏究方法 어떤 言語史의 경우도 자료의 한정으로 많은 제약을 받는다. 國語史의 史料는 6세기를 소급하기 어려우며, 소급한다고 해도 희소한 자료로 만족할 역사적 서술은 거의 불가능하다. 따라서, 國語의 形成도 추측해야 하고, 형성된 이후의 역사도 소략하게 마련이다. 그러나, 역사에서는 時代區分이 요구되는데, 끊김없는 시간을 인위적으로 끊는 이 구분은 역사적 흐름을 파악하기 위한 것이다. 이런 측면에서, 國語史의 時代區分을 대략 3세기를 기준하여 구분하면 다음과 같다.

1.3) 國語史의 時代區分

1) 史前國語	BC 3세기 이전	漢四郡(BC 108)
2) 古代國語(BC 2~10(12)세기)		
古代前期語	BC 2~4(6)세기	平壤遷都(427)
古代後期語	5~10(6)세기	高麗統一(936)
3) 中世國語(11~16(6)세기)		
中世前期語	11~13(3)세기	三別抄抗戰(1270)
中世後期語	14~16(3)세기	壬辰倭亂(1592)
4) 近世國語	17~19(3)세기	甲午更張(1894)
5) 現代國語	20~21(1)세기	8.15光復(1945)

이 3세기 기준은 時代區分의 필요조건이나 원칙도 아니다. 1세기를 단위로 할 수도 있으나, 言語變化의 촉진과 관계되는 서울의 천도나 전쟁 혹은 나라의 흥망 등과 관련지어 변화추세의 파악에 주의를 기울인 것뿐이다. 그런데, 古代國語는 기원전 수 세기 이전으로 끌어올리면 좋겠으나, 자료의 뒷받침이 없는 것이 최대의 난관이다. 물론 比較言語學의 방법을 원용하여 同族語와의 對應을 근거로 추정하는 방안을 생각할 수도 있으나, 이러한 比較는 아직 신빙할 성과를 기대하기는 미흡하다.

國語史의 연구는 위에서 언급한 대로 옛날부터 오늘까지 사용되어 온 言語의 변천과정을 실증하여 체계적으로 파악하는 작업이다. 그래서, 사실을 실증하는 방법을 강구하는데, 우선 근거할 것은 文獻이다. 이 史料에 당시의 사실이 어떻게 반영되어 있는가를 면밀히 검토해서 체계화해야 하지만, 문헌이란 원래 부분적이고 극히 최근으로 한정되어 있다. 이런 미비점을 보충하기 위해서 필요한 방법이 이른바 再構(reconstruction), 方言學의 원용 등이며, 실제로 적용할 기본적인 방법은 比較方法이다.

再構의 방법에는 外的再構와 內的再構가 있다. 外的再構는 同系語 사이의 비교를 통하여 문헌 이전의 言語에 대한 가설을 실증하는 방법이며, 內的再構는 한 言語 내부의 비교로 化石처럼 잔존한 古形을 찾아내는 방법이다. 후자의 예: 이틀, 이태, 이듬해 → *읻 〉 *이드. 그리고, 方言은 改新波(innovating wave)의 설명 그대로 먼 곳일수록 古語가 많아서, 方言의 비교는 절실한 자료원이다. 예: 확(臼) 〉 호왁(杜初 六2) 〉 *호박 〉 호박(慶尙, 咸鏡方言). 이들은 문헌의 한계를 뛰어넘는 가장 중요한 방법이다.

1.1 蒙古人種의 言語

한 民族은 그 나름의 역사가 있고, 그 역사의 일부인 言語史는 옛날부터 오늘에 이르기까지 그 民族의 생활상을 반영하고 있는 것이다. 그러나, 言語史의 서술이 人類史나 政治史를 추종해서는 안 된다. 言語史는 독자적인 언어체계의 발달을 서술하는 것이기 때문이다. 이런 성격의 國語史에서는 우선 그 기원과 형성이 밝혀져야 한다. 그러면, 당초의 國語에 대한 실증적 연구와 체계적 파악이 가능할 것이다. 그런데, 그 接近法은 어디까지나 言語學的 方法에 의거해야 한다는 사실을 못박고 싶다.

1.1.0 古아시아族의 言語

人種과 言語 이미 언급한 猿人類는 洪積世 전기 약 300만 년 전에 이르러 最古人類에 속하는 手才人(Homo habilis) 曙人類(hominine) 혹은 先人類(prehuman)로 진화하고, 洪積世 중기 약 150만 년 전에 直立人(Homo erectus) 原人類(palaeo-man)로 발전했다. 걸어다니며 礫石器(pebble) 文化를 창조한 曙人類도 言語를 사용했을 것으로 추정되나, 불을 발견하고 握斧(hand-axe) 文化를 개척한 原人類는 뇌의 발달로 보아 이미 言語能力을 가졌던 것이 확실하다. 이것은 化石人骨을 연구하여 추정한 귀결이다.

당시의 原人은 반복되던 氷河期에 불을 발견하여 추위를 이기게 되었다. 불의 발견은 살기 어려운 환경에의 적응으로 人類文化의 발전과 확산을 더욱 촉진시켰다. 이 原人類는 舊石器時代 중기 약 40만 년 전에 智慧人(Homo sapiens) 古人類(proto-man)로, 舊石器時代 후기 약 10만 년 전에는 지금에 가까인 新人類(neo-man)로 변해 갔고, 식량을 위한 사냥의 기술도 향상했다. 특히 주목할 것은 그처럼 기술이 점차 향상하면서 줄어든 사냥감을 찾아 인구가 이동하기 시작하여 확산해 간 점이다.

2.1) 新生代(Cenozoic era)의 人類文化 ※연대 1만 년은 1만년 전의 뜻

1) 第3紀(Tertiary period)	6,500만~250만 년	靈長類(primate)
古第3紀(Paleogene period)	6,500만~2,600만 년	原猿類(prosimian)
新第3紀(Neogene period)	2,600만~250만 년	猿猨類(simian, ape)
中新世(Miocene epoch)	2,600만 년~	類人猿(4足)
鮮新世(Pliocene epoch)	700만 년~	①猿人類(2足)
2) 第4紀(Quaternary period)	250만~1만 년	
更新世(Pleistocene epoch) / 洪積世(Diluvial epoch)	250만 년~	②曙人類(手才人, 礫石器文化)
	200만 년~	③原人類(直立人, 握斧文化)?
舊石器時代	60만~1만 년	
前　期	60만 년~	③原人類(直立人, 握斧文化)
中　期	40만 년~	④古人類(智慧人, 兩面石器文化)
後　期	10만 년~	⑤新人類(智慧人, 磨製石器文化)
完新世(Holocene epoch) / 沖積世(Alluvial epoch)	1만 년~현재	
中石器時代	1만 년~	수렵, 어로

※ 연대는 絶代年代 즉 放射線元素에 의하여 측정한 放射年代이나 지역에 따라 편차가 있다. 특히 化石이나 石器 등의 편차는 移動의 경로와 밀접한 관계가 있다고 해석되고 있다.

現生人類의 조상인 新人類는 각지에 산재한 古人類의 여러 개체에서 거의 동시에 발생한 것으로 추정되며, 당초에 동질적인 種族이던 것이 점차 人種分化의 경향이 나타났다. 化石人骨의 유형에 의하여 귀결된 것은 샨슬라이드(Chancelade) 人型이 蒙古人種(Mongoloid), 그리말디(Grimaldi) 人型이 黑色人種(Negroid), 크로마뇽(Cro-magnon) 人型이 白色人種(Caucasoid)의 경향이다. 이 경향은 지역의 분

리와 시간의 경과로 점차 고정되어 갔지만, 蒙古人種의 활동무대는 아시아대륙의 森林地帶였다고 추정되고 있다.

국 일 보 1994年3月11日 (金曜日) 국제 (6)

„「호모사피엔스」역사 훨씬 오래됐다"

TIME 本紙特約

「인류조상」싸고 새反論

中발견유골 10만년 앞서

자바猿人도 2백만년돼

인류의 기원은 무엇인가.

인류의 기원론은 수세기 동안 학자들은 물론 일반인 사이에서도 논쟁을 거듭해 왔다.

과연 현인류의 조상인 「호모 사피엔스」는 언제 어디서 어떻게 출발했는가. 그리고 그들의 조상은 과연 누구인가.

지금까지는 「아프리카에서 나타난 호모 에렉투스(직립원인)가 1백만여년전 지구 곳곳으로 이주해 10만년 전부터 호모 사피엔스로 진화해 현인류로 발전했다」는 이론이 정설로 받아들여져 왔다.

그러나 최근 중국 과학자들이 강력한 반대론을 제기함으로써 인류의 기원에 대한 논쟁이 또다시 불붙고 있다.

미국의 과학전문지인 네이처誌 최근 보도에 의하면 중국 과학자들은 10년전 현인류와 유사한 두개골을 중국에서 발견했으며 연구결과, 최소한 20만년전 것으로 판명됐다고 주장했다. 이는 전세계 각지에서 발견된 호모 사피엔스의 두개골보다 10만년 이상 더 오래된것이다. 더구나 이 과학자들은 이 두개골이 현재의 아시아인 두개골과 유사하다고 주장하고 있다.

이 과학자들의 주장은 인류의 조상이 기존의 정설보다 훨씬 전에 아프리카를 떠났거나 인류는 아프리카뿐만 아니라 지구상의 여러 지역에서 동시에 진화했다는 가설을 뒷받침하고 있다. 또한 현인류의 조상인 호모 사피엔스는 모든 과학자들이 믿고 있는것보다 더 오래전에 지구상에 등장했다는것이다.

네이처지의 보도에 앞서 경쟁지인 사이언스誌는 더욱 놀라운 사실들을 밝혔다. 미국과 인도네시아의 공동연구팀은 자바섬에서 발견된 호모 에렉투스의 두개골화석의 연대확인결과, 기존설보다 1백만년이 더 오래된 2백만년된 것이라고 밝혔다.

이연구는 최초로 불과 정교한 도구를 사용했던 호모 에렉투스가 기존 정설보다 수십만년 전에 고향인 아프리카를 떠나 세계 곳곳으로 이주했음을 의미하고 있다. 또한 이들 호모 에렉투스가 두개의 다른 인종, 즉 아프리카인종과 아시아인종으로 진화하는데 상당한 시간을 가졌다는 것이다.

아프리카·아시아人種 분리후 아시아系 멸종

대부분의 연구가들은 아프리카의 인종이 현인류로 진화했다고 믿고 있다.

그렇다면 아시아인종은 과연 어떻게 됐는가. 멸종했는가, 아니면 중국의 과학자들이 제시하고 있는증거들처럼 호모사피엔스로 진화했는가.

인류기원연구소(IHO)의 지질연대학 권위자인 칼 스위셔박사는 아프리카와 아시아계 호모 에렉투스는 거의 1백만년전 분리됐으며 이들은 각각 다른 인종으로 진화한것으로 보고 있다.

그러나 그는 아시아계 호모 에렉투스는 새로운 환경에 적응하지 못해 멸종하고 현인류의 조상인 호모 사피엔스는 아프리카인종에서 진화했다고 주장한다.

【정리=朴熙正기자】

한국일보. 1994. 3. 11(金). No. 14131. p. 6.

세 계 일 보 1989년 8월20일 일요일 【8】

北韓지역 先史人 모습 공개

金敏洙교수, 日서 「朝鮮유적유물圖鑑」 입수

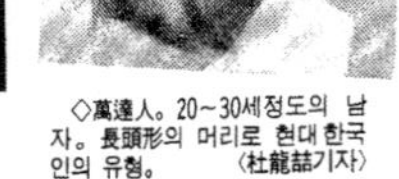

韓國人의 직접 조상… 2~3만년前 사람 추정

「승리산人」이 현재의 韓民族과 가장많이 닮아

◇力浦人。 7~8세가량의 어린이로 앞머리뼈의 경사가 느리고 콧마루가 넓다。

◇勝利山人。35세안팎의 남자로 猿人보다 훨씬 지혜가 발달했으며 언어를 사용。

◇萬達人。20~30세정도의 남자。長頭形의 머리로 현대 한국인의 유형。 (杜龍喆기자)

그동안 한국고고학계에 발굴사실만 알려져 왔던 북한지역의 先史人인 「力浦人」「勝利山人」「萬達人」의 복원된 완형모습이 국내 처음으로 공개됐다. 발굴당시 이들 인골은 두개골 일부와 아래턱뼈, 치아등만 수습돼 완전복원 및 인류학적 검토가 어려운 것으로 알려져 왔었다.

완형복원된 선사인 모습은 한국인의 직접적 조상으로 추정되는 2만~3만년전 후기구석기시대 사람들이다.

이같은 「승리산인」과 「만달인」의 완형복원모습은 최근 金敏洙교수(고대 國語學)가 일본에서 단독 입수한 「朝鮮遺蹟遺物圖鑑」제1권 原始篇에서 밝혀졌다.

북한의 「조선유적유물도감 편찬위원회」가 1988년 6월30일 발간한 「유물도감」원시편은 북한고고학계가 펴낸 가장 최근의 圖錄으로 전20권중 현재 2권(古朝鮮 扶餘 辰國 등·1989년 2월3일발행)만 나와있다.

◇金敏洙교수

특히 제1권에는 북한지역 유적·유물외에 한국의 서울岩寺洞 부산東三洞 공주石壯里구석기유적과 중국小珠山유적(遼寧省長海縣廣鹿里)도 함께 싣고 있어 주목을 끌고 있다. 金교수는 일본현지에서 우여곡절끝에 이책을 입수했다고 밝히고 남-북고고학계의 상호이해의 계기가 되기를 희망했다.

「역포인」으로 명명된 구석기인은 평양시 力浦구역 大峴洞 선사유적에서 수습된 7~8세가량의 어린이 인골이다. 7~8세가량의 어린이유골로 앞머리뼈 왼쪽옷머리뼈 오른쪽옆머리뼈가 나왔으며 원시인의 특징이 뚜렷하다. 앞머리뼈의 경사가 대단히 느리고 콧마루가 대단히 넓은것등 원시인의 특징을 그대로 보여주고 있다. 특히 두눈의 눈두덩이 둑처럼 드러져 인간의 진화상 단서를 제공하는데 중요인으로 보고있다.

우리 고고학계에도 잘 알려진 「승리산인」은 현재의 韓民族과 가장 많이 닮은 특징을 갖고 있다. 승리산인의 아래턱뼈는 동일시기의 구석기인들보다 크고 뒤가 넓은 편이다. 이것은 입천장이 넓은 한국인의 특징을 나타낸 것으로 보여지고 있다.

「승리산인」은 평안남도德川 구석기유적에서 출토됐으며 35세안팎의 남자로 추정하고 있다. 덕천유적은 고대-현대인의 화석이 동시발견되었고 어금니 어깨뼈 아래턱뼈가 수습돼 원형복원에 기초가 되었다. 이곳에서 발굴된 인골의 신체구조는 만달인보다 훨씬 발전하였음을 보여주고 있다.

「승리산인」의 아래턱뼈는 발달정도로 보아 언어사용을 통해 의사표시를 해왔음을 알 수 있고 두개골 용량으로 미루어 猿人보다 훨씬 앞섰음을 입증하고 있다.

인류는 진화과정을 통해 두개골은 커지고 얼굴부분은 작아지는게 특징이다. 「승리산인」은 아래턱뼈에 현대인모습을 지니면서도 고대인의 원시적 특징도 함께 갖추고 있어 진화과정의 현대인임을 알 수 있게 된다.

2만년전의 후기구석기인으로 추정되는 「만달인」은 평양시勝湖구역 萬達里에서 나온 유골로 25~30세정도의 남자로 보고 있다. 발굴당시 머리뼈 아래턱뼈 골반뼈 팔뼈 넓적다리뼈 등이 함께 출토됐었다.

「만달인」은 長頭形에다 앞머리에 화살뿌기가 있고 눈두덩이 두터운게 특징. 머리가 높고 이마가 상대적으로 곧게 서있어 현대한국인유형에 포함시키고 있다.

국내에서는 83년 충북淸原 홍수굴에서 전기구석기시대(약4만년전추정)의 남자어린이 유골을 발굴,복원한 적이 있으나 북한고대인은 아직껏 알려지지 않아 학계가 궁금해 왔었다.

따라서 이번의 북한 「유물도감」발간확인은 남-북한 고고학계교류 필요성을 한층 절박히 해주며 교착상태에 빠진 남북관계가 안타깝다는게 학계의견이다. 공백상태에 가까운 우리의 고대사분야가 남-북고고학자 교류를 통해 메워진다면 민족의 동질성회복에도 크게 기여하리라는 기대다. 〈李揆元기자〉

세계일보. 1989. 8. 20(日). No. 170. p. 8.

2.2) 言語의 人種的 分類(Finck, 1909)

1) 코카시아人種(kaukasischen Rasse)의 言語: 印歐語族 등 5종.

2) 蒙古人種(mongolischen Rasse)의 言語: 濠洲語族 등 5종.

3) 美洲人種(amerikanischen Rasse)의 言語: 아사바스카語族 등 58종.

4) 에티오피아人種(äthiopischen Rasse)의 言語: 古아프리카語族 등 5종.

2.3) 蒙古人種의 言語

1) 濠洲語族(austrisch), 2) 印支語族(indo-chinesch), 3) 우랄알타이語族(ural-altaisch), 4) 極北語族(arktisch), 5) 수메리아語族(sumerisch)

이 분류는 人種이 각기 言語가 같았었다는 증명은 없으나, 그 성격은 系統的 分類의 上位分類를 시도한 것이다. 新人類의 人種分化가 거의 진행된 洪積世 말기 4~5만 년 전의 상태를 가상하면, 한 人種의 言語가 같았으리라는 추측은 가능할 것이다. 이런 가능성에 근거하여 착안한 것이 國語의 系統에 대한 韓漢同系說과 韓美同系說로 나타났다. 옛 그 시기에 黃河流域에서 같은 蒙古人種이 사용하던 같은 言語에서 部族의 이동에 따라 분화되어 오늘과 같이 변화했을 것이라고 보는 가설이다.

韓漢同系說과 韓美同系說 이러한 견해는 1800년대 英國의 외교관, 선교사가 토로한 관심에 불과하다. 漢語와 國語 및 日本語는 지리적 분리로 멀어진 同系語 라틴語와 英語 및 露語와의 관계와 같다고 하여 외교관을 지낸 中國學者 파커는 韓漢同系說을 피력했다(Parker, 1886, 1893). 이것은 言語의 系統이 같다기보다 東洋의 라틴語와 같은

漢文의 위치를 밝히고, 차용된 漢字語를 규명하기보다 피차의 유사성을 주장한 것에 불과하다고 하겠다. 즉, 학설로서 문제삼을 대상은 아니라고 생각된다.

한편, 英國의 선교사이며 中國學者인 에드킨즈는 國語와 北美土語에서 文法과 單語의 유사점을 들고, 이것은 美洲土人이 아시아에서 베링해협을 거쳐 이동해 온 까닭이라고 했다(Edkins, 1896). 북부에 산재한 北美土語(Cree, Chipewyan, Dakota)와의 유사성은 1만 년 전에 이동한 北東亞 蒙古人種의 言語에서 각각 분화했음을 뜻하는 것이다. 약 3만 년 전에 사냥감을 따라 시베리아로 알라스카로 이동한 만큼, 美洲土人의 조상은 캐나다의 氷原이 열린 2만 4천 년 전에 남하한 古아시아族이겠기 때문이다.

이 사실이 人類學에서 입증되었어도, 言語學에서는 親族語 사이의 比較方法에 의하여 同系語임이 실증되어야 하기 때문에, 이 韓美同系說도 설 자리가 없다. 이에 비하면 3천여 년 전의 甲骨文字를 자료로 한 韓殷同系說은 부분적이라도 실증을 제시하고 있다. 夏나라에 이어서 6(기원전 18~12)세기 동안 존속한 殷(商)나라는 靑銅器와 甲骨文字로 유명한데, 東夷族이라는 설이 지배적인 殷의 言語에서 國語가 분화했다는 주장이다. 上古漢語를 殷語라고 하여 비교한 예를 약간 보이면 다음과 같다.

3.1) 單語族 形成(辛容泰, 1985)

1) t-V-p系 (基本義 덮어쌓다)

殷語: 襲 d̥iap, + dhiəp, 疊 dəp, 習 d̥iəp, 踏 dəp, 執 tiəp

國語: 襲 〉 덥, 習 〉 euq 〉 접, 執 〉 잡/짚

日語: 踏 〉 tabi(度 / 旅), 疊 〉 taba(束)/국어 다발

2) k(g, ɦ)-V-r系 (基本義 回轉, 円形(體), 球形(體))

殷語: 回 ɦuər, □ ɦĭuər, 歸 kĭuər, 圍 ɦĭuər

國語: 回 〉 구울/굴(窟)/굵(太), □ 〉 울/우리(笠)

日語: 回 〉 kuru(絡)/kuruma(車)/kuru-kuru(回轉)

3) k(g, ɦ)-V-m (基本義 감싸다, 속에 넣어 막다)

殷語: 今 kĭəm, 含 ɦəm, 飮 ĭəm, 陰 ĭəm, 禁 gĭəm, 緘 kĭəm

國語: 黔 〉 검다(黑)/곰(熊)/구름(雲), 含 〉 머굼

日語: 含 〉 hu-kumu, 黔 〉 kami(神)/kuma(熊)/kumo(雲)

3.2) 上古漢語의 變遷과 分化(辛容泰, 1984)

1) 風 pljəm 〉 pjuŋ 〉 foŋ 〉 fəŋ　　風 pljəm 〉 바람/불다

2) 綠 b̥ljuk 〉 ljok 〉 lju 〉 lü　　綠 b̥ljuk 〉 푸르다

3) 甲 kăp 〉 kăp 〉 kja 〉 tšja　　甲 kăp 〉 거풀/껍질

이런 音韻對應은 甲骨文字가 당초 殷商 이전부터 東北亞일대에 산재했던 古아시아語를 표현한 것이기 때문이라고 하고, 言語의 격차가 큰 것은 殷商族 이 周에 패망한 뒤에 동북방으로 패주하여 오래 격리된 까닭일 것이라고 추측했다. 그러나, 原甲骨文語가 古아시아語라고 하니까, 國語가 古아시아語의 계통임을 증명해야 하는 난관이 큰 장벽이다. 또 殷商語와 국어의 比較에서도 장애가 되는 借用語를 구분하고 체계적인 親族關係가 성립되기 위해서는 중요한 對應規則을 발견하지 않으면 안 된다.

古아시아語와 南方說　위에서 언급한 古아시아語(Paleo-Asiatic)는 東北亞에 다수가 널리 분포되었던 가장 오랜 蒙古人種 후손의 言語

즉 新아시아族인 알타이族과 우랄族의 言語보다도 오랜 東北亞에서 가장 오랜 言語라는 뜻이다. 그러면, 지혜의 발달로 인구가 증가하자 추위를 극복한 그들은 사냥할 식량을 좇아 약 3만 년 전에 東北方 삼림지대로 이동했겠지만, 그 명칭은 신세력에 쫓겨 동화하거나 대륙변방으로 물러났다는 뜻에서 점령해 온 新아시아族의 言語 新아시아語와 상대적 개념이다.

어쨌든, 舊石器時代 말기에 東北亞에서 그러한 교체가 있었다면, 사람을 따라가는 言語도 큰 변화를 가져왔을 것이다. 실제로 북동방으로 이동한 각종 古아시아語와 美洲까지 진출한 美洲土語가 있는 만큼, 東北亞에 산재했던 古아시아語가 흡수된 속에서도 어느 정도의 低層語(sub-strata)로 잔존했을 가능성이 있을 것이다. 이런 시각에서, 국어와 아이누(Ainu)語와의 친근성을 논하고(Zenker, 1926), 길랴크(Gilyak)語와의 同系說이 제기되었다. 길랴크語와 대조한 古亞同系說을 예로 들면 다음과 같다.

3.3) 古亞同系說(姜吉云, 1988. 182~, 190~, 249~)

1) 音韻對應 Kor-Gily: kal(刀)-xal, k′wəŋ(꿩)-haŋ, (k:x, k′:h), pɛ(舟)-mu, paji(바지)-waš/waš, (p:m, p:w/v), kərɯm(걸음)-kelma, yəsk-(綸)-yot-, (ə:e, ə:o), 母音調和 등.

2) 語彙對應: kasʌm(胸)-yašïf, kahi(犬)-yaiak, t‘ər(毛)-rtup, č‘ʌ-(차다)-čar-, pam(夜)-parïf, pahö(岩)-pax, či(니)-či, hyə(舌)-hilx, əmi(母)-ïmïk, čumge(樹)-čumgi 등.

3) 文法對應: -ka/-i(主格)--ŋa, -nʌn/-ʌn(提示格)--an/-nan, -ta/-ra(敍述格)--ta/-ra, -ka/-ko(疑問形)--ŋa/-ŋu, -ra/-a(命令形)--ra/-ya 語順 SOV, 形容詞 活用, 助詞, 關係代名詞 등.

한편, 印度 데칸반도의 드라비다語(Dravidian)가 文法上 국어와 유사하다고 하고(Dallet, 1874), 이어 그 공통성을 열거한 드라비다語系統說이 제시되었다(Hulbert, 1895, 1906). 드라비다의 곤디(Gondi)族 일파가 바다를 건너와서 三韓族의 조상이 되고, 그 言語가 전국으로 퍼졌다는 것이다. 이 주장을 남방에서 왔다는 뜻에서 南方起源說이라고도 한다. 三韓의 卞韓인 駕洛國의 왕비가 印度 동북부 阿踰陀國(Ayudhya)의 공주였다고도 하지만, 그러한 부분적 比較文法으로는 드라비다語와 同系라고 보기는 어렵다.

그러면, 그러한 유사점은 과연 어디에서 유래한 것일까? 그것은 드라비다語가 선주민의 언어에 끼친 上層語(super-strata)였기 때문이라는 견해가 최근에 나왔는데(姜吉云, 1988. 761), 이 주장은 영향을 끼쳤다는 점에서 南方說의 반론이다. 그러나, 이미 언급한 古아시아語가 新아시아語에 밀려 주위로 이동했다는 점에서 드라비다語가 일찍 갈린 古아시아語의 分派였기 때문이라고 상정키 어렵지 않다. 그러면, 蒙古人種인 드라비다族의 言語가 孤立語, 즉 系統不明으로 처리되는 이유도 설득력을 갖는다.

1.1.1 新아시아族의 言語

北方說의 原點 19세기에 국어에 접한 歐美의 학자는 일찍이 그들에게 잘 알려진 言語와의 유사성에 주목하기 시작했다. 볼가(Волга) 강 유역의 타타르(Tatar)語와 국어가 흡사하다고 제기하자(Rosny, 1864) 국어는 타타르語에서 너무 멀어졌다고 하는가 하면(Edkins, 1981), 유사점을 들어 국어의 타타르語系統說을 주장하며 文法上 드라비다語와 흡사하다고 했다(Dallet, 1874). 또한 국어는 우랄알타이

語系에 속한다고 하고(Winkler, 1884), 滿語, 蒙古語 등과 姉妹語라고 하여(Edkins, 1887) 북방과 관련을 지었다.

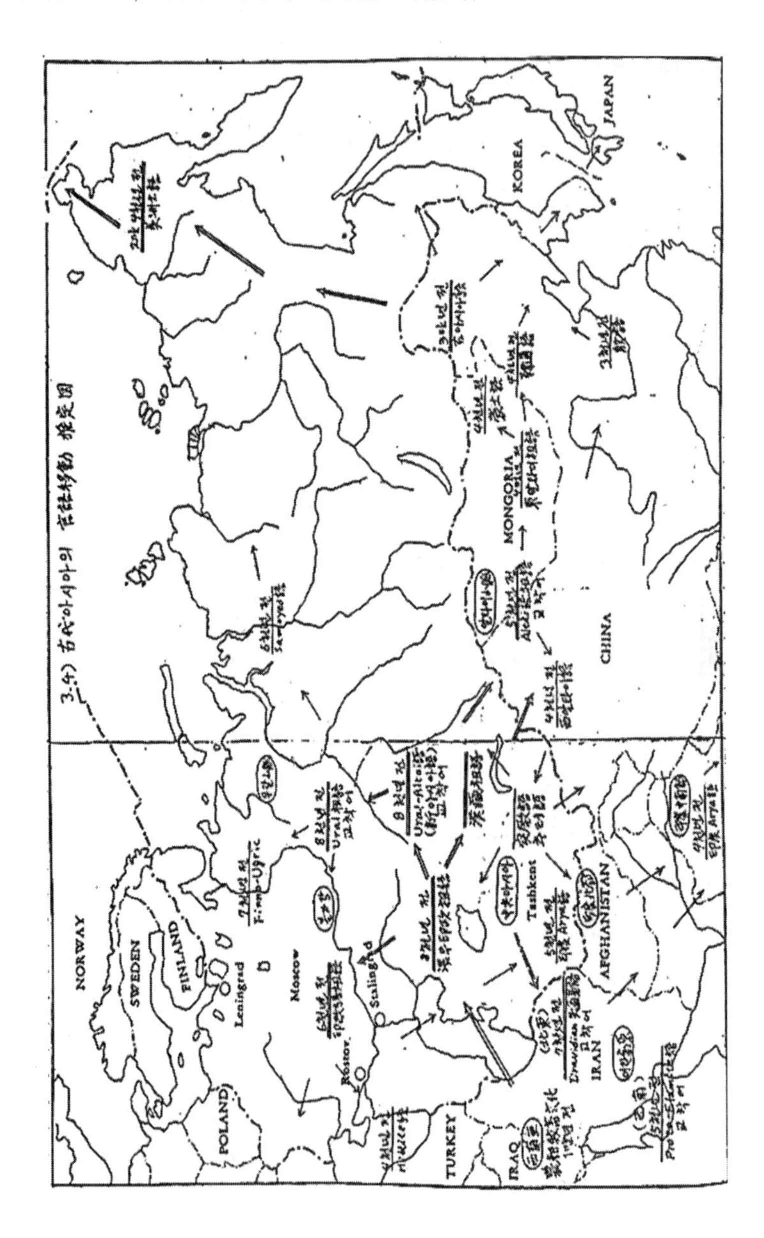

이들 견해는 松花江 상류에서 韓半島로 남하하여 원주민을 정복하고 동화했다는 주장(Scott, 1891)으로 설명된다고 하겠으나, 특이한 것은 중앙아시아의 共通祖語에서 漢語, 타타르語, 印歐語와 함께 국어가 분화했다는 의견이다. 이것은 즉 8천 년 전에 중앙아시아에 있던 祖語에서 6천 년 전에 印歐語가 분화했다는 歐亞語族을 가정하는 관점이다(Edkins, 1895). 알타이祖語가 중앙아시아서 알타이산맥 남단으로 이동했다는 견해와 상통하며, 이런 시각에서 드라비다語의 유래도 추측해 볼 수 있을 것이다.

이상의 주장은 다 국어가 북쪽 대륙에서 왔다고 보았다는 뜻에서 北方起源說 혹은 大陸起源說로 묶인다. 北方說은 南方說과 상대적인 개념이다. 특히 北方說은 다양하게 보이나, 그 시각은 은연히 알타이語族을 가정한 것으로 생각된다. 거론한 타타르語가 알타이語族에서 突厥語派에 속하고, 우랄알타이語族에 속한다는 것은 그 알타이語派의 일파라는 뜻으로 해석되는 것과 같다. 이런 시각은 주로 種族의 이동에 주안점을 둔 것이며, 言語學의 차원에서 필요한 실증이 없었다는 점에 문제가 있다.

그러면, 원칙적으로 種族의 이동이 言語의 分化를 가져오는 것은 분명하나, 그러한 이동은 왜 일어났던가를 새겨 볼 필요가 있다. 위에서 언급했지만, 種族의 이동은 인구의 증가에 따라 식량을 구해야 하는 경제적 이유에 있었다. 그런데, 사냥감의 서식처나 이동할 거주지가 너무 한랭하거나 건조해서는 안 되기 때문에, 절실한 원인은 철새처럼 기후와 관련된 환경적 이유에 있었다. 이러한 이유로 그처럼 광범한 이동을 했고, 환경의 오랜 영향은 種族의 體質도 변화를 가져왔다. 즉, 경제적 이유나 환경적 이유로 이동했으나, 환경은 이동방향의 지표로 작용했다.

新아시아語의 假說 이미 언급한 古아시아語는 가장 오래된 東北亞 한 種族의 言語라는 뜻이다. 당초에는 많은 인구가 넓은 지역에 걸쳐 있었으나, 새로운 種族의 세력에 밀려 변방으로 이동했다고 짐작된다. 이에 입각하면, 새로 이동해 왔다는 뜻에서 古아시아語와 상대적인 新아시아語(Neo-Asiatic)를 가정할 수 있다. 더 멀리 생각하면, 이들은 같은 蒙古人種의 言語이기 때문에 하나에서 갈라졌을 것이라는 추측이 가능하나, 그 사실을 증명할 자료가 없기 때문에 다만 추정이라고 해야 한다.

古아시아語는 그 일대의 民族調査에서 新아시아語에 속하지 않는 言語를 포괄해서 붙인 명칭이다. 즉, 이들 言語의 지리적 분류이며, 한 語族이라고 본 것은 아니다. 분포된 그 지역을 보고 極北語(Arctic, Hyperborean) 혹은 古시베리아語(Paleo-Siberian)라고도 하며, 이에 포괄시킬 言語에 대한 견해도 엇갈리고 있다. 특히 주장이 엇갈리는 아이누語는 국어나 日本語와의 사이에 類似度의 척도가 되는 基礎語彙의 통계에서 높은 수치를 나타내고 表現法에서도 이들 사이의 유사를 현저하게 보였다.

4.1) 古아시아(諸)語

1) 예니세이語(Yenisei), 케트語(Ket, Yenisei-Ostyak), 2) 길랴크語(Gilyak, Нивх), 3) 유카기르語(Yukagir), 4) 이텔멘(Itelmen), 코랴크語(Koryak), <u>츄쿠치語</u>(Chukuchee), 아이누語, 5) <u>에스키모語</u>(Eskimo), 6) 아류트語(Aleut)

4.2) 우랄語族(Uralic languages)

1) 핀우그르語派(Finno-Ugric): <u>핀란드語</u>(Finnish), 칼렐리아語

(Karelian, Карелы), 베프스語(Veps), 이조르語(Izhorian), 보트語(Vote), 에스토니아語(Estonian), 리브語(Livonian), 사미語(Saami, Lapp), 모르드빈語(Mordvin), 마리語(Mari), 코미語(Komi), 우드무르트語(Udmurt), 칸티語(Khanty), 만시語(Mansi), 헝가리語(Hungaran)

2) 사모예드語派(Samoyedic): 네네쓰語(Nenets, Yurak S.), 에네쓰語(Enets, Yenisei, S.), 가나산語(Nganasan, Tavgi S.), 셀쿱語(Selkup, Ostyak, S.)

4.3) 알타이(諸)語(Altaic languages)

1) 突厥(諸)語(Turkic): 야쿠트語(Yakut), 투바語 (Tuva), 카카스語(Khakas), 서유구語(Yellow Uighur, 西部裕國語), 카라임語(Karim), 타타르語(Tatar), 카자크語(Kazakh, 哈薩克語), 키르기즈語(Kirgiz), 알타이語(Altai), 우즈벡語(Uzbek), 新위구르語(New-Uighur, 維吾爾語), 살라르語(Salar, 撒拉語), 터크멘語(Turkmen), 터키語(Turkish), 아제르바이잔語(Azerbaydzhan), 추바시語(Chuvash)

2) 蒙古(諸)語(Mongolian): 칼무크語(Kalmuck, Kalmyk), 오일라트語(Oilat, 衛拉特), 부르야트語(Buryat, 布利亞特語), 몽골語(Mongolian, 蒙古語), 다구르語(Dagur, 達斡爾語), 샤라유구르語(Shera-yögur, 東部裕古語, 西拉裕語), 몬구오르語(Monguor, 土族語), 바오안語(Baoan, 保安語), 산타語(Santa, 東鄕語), 모골語(Mog(h)ol)

3) 퉁구스(諸)語(Tungus): 에벤키語(Evenki, 鄂温克語 ← 雅庫特 Yakut, 通古斯 索倫), 에벤語(Even, Lamut), 솔론語(Solon, 索倫語 → 鄂温克語), 네기달語(Negidal), 우데헤語(Udehe, Udegei, 鄂倫春語(Orochon) ← Birar, Manegir), 오로치語(Orochi), 나나이語(Nanai, Goldi, 赫哲語), 올차語(Olcha, Ulchi), 우일타語(Uilta, Orok), 滿語, 錫伯語(Sibe, Xibo)

이 분류는 근래의 경향을 정리해 본 것이나, 이들의 관계는 단순치 않다. 즉, 古아시아語에 속한다는 길랴크語나 유카기르語가 孤立語라 혹은 유카기르語나 츄쿠치語는 우랄語族과 혹은 에스키모아류트語族과 同系語라는 이론이다. 심지어 츄쿠치語는 西歐의 바스크語(Basque), 南露의 카프카즈語(Кавказские языки), 中國의 티베트語(Tibetan, 藏語) 등과의 語彙對應, 구조적 유사가 지적되고, 케트語는 語彙上 타타르語나 漢藏語, 印支語, 西南亞의 수메리아語, 印歐系 히타이트語(Hittite) 등과의 類似도 제기되었다.

이러한 산발적 유사나 유형적 유사는 지리적 관계에도 있겠으나, 더 넓은 시야에서 보면 이른 시기의 分化와 같은 역사적 관계에 기인했다고 할 것이다. 위의 言語分類에서 유사성이 혼란하지만, 新아시아語는 이러한 역사적 관점에서 가정해 본 것이다. 그러면, 언제인가 新, 古아시아語로 갈라진 新아시아語는 다시 우랄諸語와 알타이諸語로 갈라졌다고 추정될 것이다. 이들은 지리적 근접에 의한 영향을 받으며 각기 분화하여 오늘에 이르렀겠는데, 문제는 그런 分化系統이 증명되지 않은 점이다.

우랄알타이語의 假說 이 지구상에는 계통이 밝혀지지 않은 孤立語가 적지 않다. 西佛에 걸쳐 산재한 바스크族은 印歐族 침입 이전의 원주민으로서 선진문화를 산출해낸 新人類 크로마뇬(Cro-Magnon)人의 직계라는 견해도 있다. 이러한 3~4만 년 전의 바스크語가 3만 년 전에 北東亞로 이동했다는 古아시아語와 유사하다면, 이 類似는 新人類 言語의 잔해일지도 모른다. 좌우간, 이들이 膠着語의 성격이며 語順이 공통된다는 점에서 古아시아語와 新아시아語가 갈라졌으리라는 추정은 가능할 것이다.

人類學에서는 3~4만 년 전의 新人類 北京上洞人이 갖고 있는 특징을 지적했는데, 그 중에서 샨스라이드化石型의 특징, 西歐群에 속한다는 현존 아이누族과의 관계와 같은 것은 이미 언급한 種族移動과 관련하여 무엇인가를 시사하는 느낌이다. 이런 시사를 멋대로 해석한다면, 北京上洞人의 言語가 新舊아시아語로 갈라섰다고 가정하고 싶다. 이것은 기존의 견해와 어긋나나, 新아시아語는 이런 전제 아래 다시 갈라질 조짐을 예상하는 시각에서 共通祖語를 가졌던 우랄알타이語族이라고 해석될 것이다.

금세기 초기만 해도 우랄알타이語族說은 印歐語族과 대비하여 유행하는 경향이었다. 이 가설은 물론 우랄語와 알타이語가 하나의 祖語에서 분화되었다는 전제를 한 것이었다. 그러나, 구조상의 유사를 근거로 하던 同系語의 증명에 言語 사이의 엄밀한 對應規則을 요구하게 되자, 이 가설은 지나간 추측으로 망각되기 시작했다. 어쨌든, 이 同系說의 대전제는 먼저 알타이諸語 사이에서 증명된 同系關係이며, 이러한 토대 위에 두 語派의 분파가 성립되어야 하는데, 그 어느 것도 충분한 것이 없었다.

토대가 되는 알타이語族說이 아직도 충분히 증명되지 않은 마당에, 상위의 가설이 성립되지 않을 것은 말할 나위도 없다. 그런데, 국어가 우랄알타이語族에 속한다든가 알타이語族에 속한다든가 해서 표현은 달라도, 그 뜻하는 바는 거의 같다. 우랄알타이語族에 속한다는 말은 결국 그 알타이語派에 속한다는 뜻이 되기 때문이다. 다만, 국어가 알타이語派 분화 이전에 갈라졌다고 한다면, 다른 뜻의 우랄알타이語族說이 될 것이다. 혹은 훨씬 오랜 고대의 古亞同系說을 뜻하는 경우도 있을 것이다.

1.1.2 알타이族의 言語

種族과 言語分化 중앙아시아에서 8천 년 전에 동쪽으로 이동한 우랄알타이族은 8천 년 전에 북쪽으로 이동한 우랄族과 5천 년 전에 동쪽으로 이동한 알타이族으로 분화했다는 견해가 있다. 또한 알타이族은 原鄕인 알타이山脈 남단에서 4천 년 전에 동서로 이동하고, 다시 西알타이族은 츄바시族과 터키族으로, 東알타이族은 蒙古族과 퉁구스族으로 각기 갈렸다는 것이다. 알타이族의 故地는 그보다 동쪽 興安嶺 혹은 松花江 상류라고도 하여 엇갈리지만, 이동한 연대는 신빙성이 거의 없어 보인다.

우랄族의 경우는 8천 년 전의 故地였던 우랄山脈 북동단에서 6천 년 전에 핀우그르族과 사모예드族으로 양분되었다고 하며, 그 두 종족의 言語가 우랄祖語에서 분화되었다는 실증이 比較言語學의 방법에 의하여 1950년대에 성공을 거두었다. 그 핀우그르語는 다시 5천 년 전에 핀페름語(Finno-Permic)와 우그르語로, 핀페름語는 2천 년 전에 핀볼가語(Finno-Volgaic)와 페름語의 分化로 밝혀졌다. 이에 대하여, 親族性이 소원한 알타이諸語가 이보다 늦은 연대로 추정되는 것은 수긍시키기 어려운 일이다.

한편, 알타이語의 계통이라는 전제 아래 言語年代學의 방법에 따라(Swadesh, 1955. 130) 측정한 分化年代로는 滿語와 日本語 9천 년, 滿語와 韓國語 8천 년, 韓國語와 日本語 6,7천 년 전으로 보고되었다(服部, 1956). 韓國語와 日本語의 분화는 다시 4천 년 전으로 측정해서(服部, 1957) 논란이 일어났지만, 앞의 계산은 그 言語가 알타이語 이전에 분화되었다고 하거나 알타이語 자체의 성립연대가 더 소급해야 한다고 암시하고 있다. 여기에서 하나 유의할 것은 연대가 다 中石器

時代 이후라는 것이다.

言語年代學(glottochronology)은 두 言語 사이에서 2백 개의 基礎語彙를 비교하여 일정한 共通殘存率을 기준으로 分化年代를 측정하는데, 그 방법으로 보아 語彙統計學(lexical statistics)이라고도 한다. 그 측정에 긴요한 방안이나, 걸림돌은 역시 借用語의 식별이다. 실제로 同系로 인한 유사와 借用에 의한 유사를 분명히 선별하기는 어려우며, 기록도 없이 사라진 死語의 영향이 있었다면, 그것을 밝히기는 거의 불가능하다. 그래서, 先史의 관계를 밝히는 것은 言語系統에서 가장 난제 중의 난제인 것이다.

알타이語의 假說 종전의 우랄알타이語族說은 하나의 語族으로 묶일 親族關係가 문제였다. 이에 대하여, 알타이祖語의 音韻對應을 근거로 한 최초의 알타이語族說이 대두하게 되었다(Ramstedt, 1916). 이 견해는 共通알타이語에서 먼저 蒙突單一語와 滿通單一語로 분화하고, 蒙突單一語가 다시 原蒙古語와 原突厥語로 갈렸다는 가설이다. 이와 유사한 견해가 지속되다가(**Владимирцов**, 1929) 한 전환을 가져온 것은 이른바 람스테드法則의 발견이다. 이것은 同系語임을 音韻對應의 측면에서 밝힌 한 규칙이다.

그 전환이라는 것은 이러한 람스테드法則에 의거하여 共通알타이語가 滿通語, 蒙古語, 突厥語, 韓國語로 갈렸다는 4語派說이다(Ramstedt, 1957). 그러나, 이러한 音韻對應規則에도 견해의 차이는 가시지 않았다. 즉, 알타이單一語에서 먼저 原韓語가 분리되고, 남은 單一語가 다시 突厥單一語와 蒙滿單一語로 나뉘었다(Poppe, 1960), 혹은 原알타이語에서 原西, 原東알타이語로 양분된 후, 原東알타이語가 原蒙古語와 原通韓日語로, 原通韓日語가 다시 原퉁구스語와 原韓日語로 갈라졌다

(Miller, 1971)고 주장하기도 했다.

5.1) 알타이單一語說(Poppe, 1960. 1~8, 1965. 147) ※ 8.1) 참조.

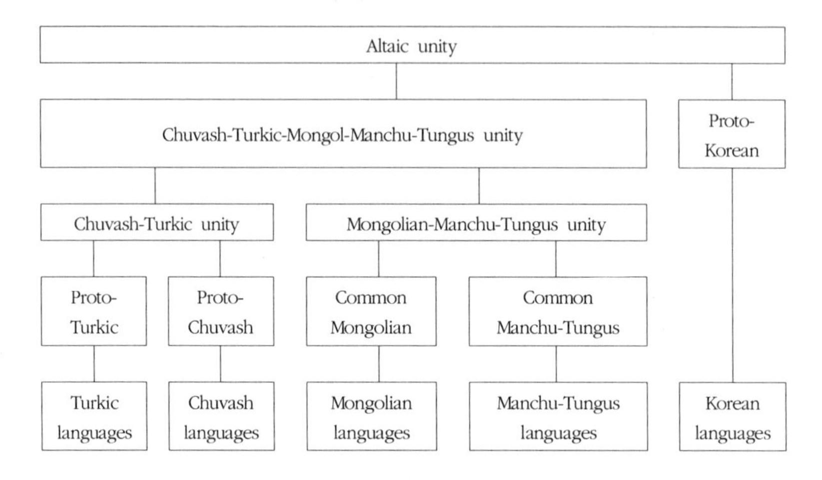

5.2) 原알타이語說(Miller, 1971. 44) ※ 8.2) 참조.

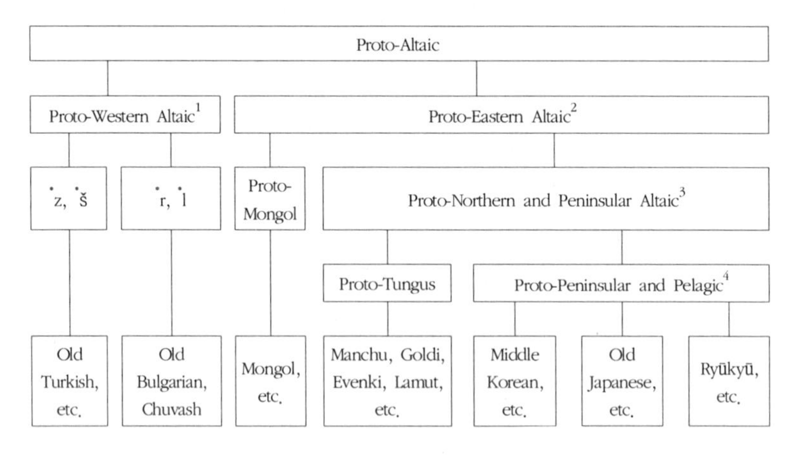

1 i.e. proto-Turkish
2 i.e. proto-Mongol-Tungus-Korean-Japanese
3 i.e. proto-Tungus-Korean-Japanese
4 i.e. proto-Korean-Japanese

위의 주장을 종합하면, 첫째 알타이語의 4語派說이 거부되고, 둘째 突厥語와 滿通語의 위치설정에 따라 알타이語의 계보가 蒙突語와 滿通語의 분화 혹은 蒙滿通語와 突厥語의 분화로 엇갈리고, 셋째 국어는 알타이語에서 일찍 분화되었다 혹은 뒤에 原通韓日語에서 갈라졌다고 하여 혼선의 양상이다. 저간에도 韓日語派를 인접한 非알타이語와의 혼합이라서 알타이語系譜에 잠정적으로 붙이는가 하면(Баскаков, 1981), 먼저 蒙通突語와 韓日語로, 다시 蒙通語와 突厥語로 갈렸다(Старостин, 1991)고 보았다.

그러면, 왜 이처럼 견해가 엇갈리는가? 言語의 親族關係는 基礎語彙 및 形態素(morpheme)를 비교하여 音韻對應法則에 의한 증명이 성립되어야 하는데, 이 점이 확실치 않기 때문이다. 기초어휘는 항상 자주 쓰이는 말이어서 차용하기 어렵고 祖語에서 거의 계승된 殘存語(residual)이며, 분화된 言語 사이에서는 일정한 殘存率을 유지하고 있다. 그래서, 이 방법으로 증명되어야 비로소 한 語族이라고 하고, 語族에 속한다는 것은 同系語로 입증되었다는 뜻이다. 알타이語의 문제는 바로 이 점에 있다.

韓日同系語의 假說 위에서 알타이語와 관련하여 언급했지만, 韓日同系說은 이미 音韻對應에 근거한 제안이 적지 않고(Aston, 1879. 白鳥 1898. 金澤, 1910. 등), 이에 대한 이론도 못지 않다. 日本語에서 보면, 南島語族(Austronesian)이나 漢藏語族 藏緬語派와도 구조상 유사하여, 어느 쪽이 성립의 개연성이 많은가로 쏠린다. 심화된 연구로 중요한 기초어휘의 일치가 발견되어도 기대를 충족시키지 못하는 것은 복잡한 이유가 있겠으나, 하나는 분리된 연대가 너무 오래된 까닭이라고 생각되는 것이다.

借用語가 없는 基礎語彙는 1천 년 후에 대략 81%를 보존하고, 두 同系語 사이에서는 81%의 81% 즉 66%가 일치한다고 한다. 言語年代學은 이것을 근거로 연대를 측정하는데, 이에 따른 기초어휘의 保有率은 3천 년에 29%, 5천 년에 12%, 7천 년에 5%, 9천 년 후에는 2%에 불과하다(Swadesh, 1952. Lees, 1953). 그 근접한 지역의 영향 기타를 고려하면, 分化年代가 4천 년이 지나도 保有率 18%로써 同系語의 증명은 비관적이다. 이 경우 2천 년 이전의 고문헌이 없으면, 증명은 불가능하다.

위에서 논의한 同系說이 가설에 머물러 있게 된 사정은 대략 이와 같이 해석되리라고 생각한다. 그래서, 알타이語族說의 문제는 겉으로 보기보다 질정하지 못하는 속사정은 매우 난감하다. 그럼에도 불구하고, 韓日同系說은 개연성이 짙고, 나아가 알타이語族說도 성립의 가능성을 배제하기 어렵다. 알타이語族說은 이미 실증된 우랄語族과 달리 아직 親族關係를 확정할 단계가 아니나, 한층 깊이 검토하여 소급된 音韻對應의 再構形에 있을 內的 發展法則(예: Ablaut)을 실증하면 비관만은 아닐 것이다.

어떤 방법으로 韓日同系說이 증명된다면, 그 성격은 고립된 韓日語族의 성립을 뜻하며, 그보다 상위에서 알타이語와의 계보를 밝혀야 하는 문제가 과제로 남는다. 오늘날 突厥語, 蒙古語, 通滿語는 각각 성립하나, 구조상 유사한 3자 사이의 관계가 부정적인 상황에서 韓日語와 通滿語 혹은 알타이語와의 어떤 계보를 논할 수는 없다. 그래서, 편의상 잠정적인 계보로 간주하는 실정이나, 기어코 이들이 근접한 지역에서 주고 받았을 借用關係를 구분하여 比較言語學의 요구가 충족되기 바랄 뿐이다.

1.1.3 古朝鮮族의 言語

古朝鮮과 種族 국어의 발생이나 형성을 밝히기는 매우 어렵고, 그 언어를 사용한 種族을 규명하는 것도 이에 못지 않게 어렵다. 그러나 종족의 분포나 이동에 관해서는 人類學이나 考古學에 의해 어느 정도 확신을 갖게 된다. 古朝鮮族은 대체로 중앙아시아에서 이동해 온 종족의 한 부족이라는 견해가 유력하나, 이에 대한 반론도 있다. 반론은 발굴된 人骨化石, 평양의 力浦人과 平安의 德川人이 古人類이며, 德川의 勝利山人과 평양의 萬達人은 新人類이기 때문인 것이다(장우진 1989) (세계일보. 1989. 8. 20(日) 기사 스크랩)

우선 古朝鮮族의 조상문제는 4~5만 년 전에 중앙아시아에서 黑龍江 유역으로 확산된 新人의 舊石器文化, 3만 5천 년 전부터 1만 년 전에 동과 남으로 전파된 南시베리아 新人의 舊石器 등 地理學의 관점을 고려해야 한다. 또, 1만 년 전 中石器時代에 黑龍江 유역일대의 初期石器가 역시 북과 동남으로 전파된 地理學의 시각을 아울러 생각하면, 韓半島의 古文化는 파상적으로 남하한 것이 된다. 그러면, 力浦人이나 勝利山人이 조상이라도 반드시 남하한 부족이 아니라는 증거는 찾기 어려울 것이다.

言語를 창조한 人類가 原人이 아닌 古人이라고 하더라도 勝利山人 즉 新人 단계의 言語가 古朝鮮族에게 계승되었다(류 렬, 1990. 14)는 증거는 없다. 어쨌든, 新石器時代 중기에 어로생활을 하던 有文土器人 穢族과 농경생활을 하던 無文土器人 貊族은 中國 岐周(陝西省 岐山) 서부에서 韓城으로, 다시 河北省 固安 부근에 이르러 山東과 遼東 및 韓半島로 양분되었다고 보며(金庠基 1948. 1954), 無文土器人 三韓族은 遼東에서 이동했다고 보는 경향이다(千寬宇, 1975). 이들이 즉 광의의 古朝鮮族이다.

6.1) 東北亞의 種族과 文化

沖積世(完新世)	1만 년~현재			
1) 中石器時代	1만 년~	(石刃, 礦石器)	수렵, 어로	①自然採食
2) 新石器時代	6천 년~	(시베리아 節文土器, 滿州 無文土器)		②農畜生産 支石
前　　期	6천 년~	滿洲式 土器	수렵, 어로	수렵생활
中期 (穢)	5천 년~	櫛文有文土器	水邊 어로	居住생활 岩刻畵
後期 (貊)	3.8천 년~	無文土器	丘陵 농경	촌락생활 岩刻畵
3) 靑銅器時代	3.3천 년~	(BC 13C 北方式, BC 12C 遼寧式)		③金屬革命 立石
前　　期	3.3천 년~	遼寧式 銅器	丘陵 농경	部族國家 岩刻畵
後　　期	2.3천 년~	細形銅劍	丘陵 농경	部族國家 文字
4) 鐵器時代	2.3천 년~	(BC 6세기 中國 鐵器)		
제 1 期	2.3천 년~	鐵製農工具	재배, 농경	聯盟國家 文字使用
제 2 期	2천 년~	鐵製武器	재배, 농경	貴族國家 文字使用

※ 연대는 절대연대이나 지역에 따른 편차가 있다. 위 2.1) 참조.
농畜文化는 1만 년 전 발상지 西南亞에서 동방으로 전파되어 갔다.

그러면, 이들 石器人은 어떤 種族이었던가? 우선 新石器人은 다른 나라와 마찬가지로 이 지역의 舊石器人과 직접 혈연이 없다는 견해가 지배적이다. 또한, 新石器時代에는 3단계로 발전했는데, 이것은 분화의 변화만 아니라 새로운 部族의 출현 즉 세 차례 부족이동이 있었다는 견해가 일반적이다. 특히 有文土器人이 퉁구스族이나 알타이族 혹은 古아시아族인지는 아직도 의문이다. 靑銅器에 반영된 有文土器의 文樣은 문화적 계승이겠으나, 有文土器의 단절은 즉 정복된 암시로 해석되기 때문이다.

高離族과 三韓族　靑銅器時代에 이미 遼東 大凌河 유역에서 遼河 및 大同江 유역에 가장 선진국이던 古朝鮮, 中國東北 松花江 유역에 夫餘, 鴨綠江 유역에 濊貊, 동해안과 서해안에 眞番, 漢江 이남에 辰

國 등이 部族國家를 형성하고 있었다. 中國에서 흔히 東夷라고 하던 이들 古朝鮮族의 국가는 2천 6백 년 전에 中國에도 알려졌었다. 中國 鐵器의 전래로 시작된 鐵器時代는 당분간 青銅器時代 후기와 겹쳤지만, 鐵器文化는 부족국가를 聯盟國家로 발전시켜 부족이 통합되는 변화가 크게 일어났다.

이들 국가는 처음에 촌락단위의 협동체에서 시작하여 族長의 권위로 부족집단을 통솔하는 국가로 성장했다. 이 部族國家는 지역단위의 小國으로서 각기 지명이나 인연한 명칭으로 불렀기 때문에, 그 종족의 소속은 좀처럼 알기 어렵다. 또, 이 부족국가는 鐵器에 의한 힘의 축적으로 말미암아 聯盟國家로 발전했는데, 이 국가도 역시 명칭으로는 종족의 소속을 알기 어렵다. 그래서, 中國史書의 기록을 검토하면, 東夷族의 古朝鮮族은 濊族과 貊族, 거기서 갈린 高離族과 三韓族을 총칭한 말이다.

6.2) 中國史書의 東夷族

「史記」 朝鮮列傳 (BC102~91)	「漢書」 地理志 朝鮮傳(58~75)	「三國志」 魏志 東夷傳(265~97)	「後漢書」 東夷傳(420~79)	「南齊書」 東夷 (502~49)
1) 古朝鮮族의 高離族(夫餘)				
朝 鮮	朝 鮮			
	夫 餘	①高離→夫餘	①夫餘國	
		東夫餘	東夫餘	
	高句麗	②高句麗	②高句麗	①高句麗
眞 番	眞 番	東 濊	東 濊	
	穢貉(貊)	④濊	⑤濊	
	句 麗	小水貊	③句驪, 貊	
臨 屯	臨 屯	③東沃沮, 沃沮	④東沃沮, 沃沮	
		③北沃沮	④北沃沮	

2) 古朝鮮族의 三韓族(辰國)				
衆 國	辰 國	⑤韓, 馬韓	⑥韓, 馬韓	②百濟國
		⑥辰韓	⑥辰韓(新羅)	
		⑦弁辰, 弁韓	⑥辨辰(伽耶)	③加羅國

※ 史書 아래의 숫자는 추정된 편찬연대. ①, ② 등은 史書 소제목의 순서. ( ) 속은 참고로 덧붙인 사항. 「三國志」 이후 東夷傳에 포함된 肅愼, 挹婁와 倭는 제외. 「三國志」에 인용된 「魏略」의 槖離를 편의상 高離로 바꿔 쓰기로 함.

이 기록이 시사하는 것은 첫째 1세기 이전에 朝鮮을 강력한 상대로 알았는데, 이후에는 여러 부족의 東夷로 더 자세히 알았었다. 둘째, 1세기 전에 소극적이던 漢의 天子와 東夷의 왕이라는 인식이 이후에는 西戎, 南蠻, 北狄에 대한 東夷로 적극화해 갔다. 즉, 활 잘 쏘는 동쪽의 부족, 君子國으로 우러르다가 西夷와 동류로 천시하는 中華思想으로 바뀌었다. 셋째, 東夷의 개념은 시대에 따라 등장하는 肅愼, 匈奴, 倭 등을 포함시켜, 시초에 古朝鮮族을 지칭하던 개념이 후에 크게 확대되었다.

이러한 漢族의 시각에서 본 시초의 東夷族 즉 古朝鮮族은 부족국가의 생성에 따라 변했으나, 濊族과 貊族, 북방의 高離族과 남방의 三韓族을 포함한 종족으로 보아야 한다. 여기서 밝혀 둘 것은 협의의 東夷族과 광의의 古朝鮮族을 전제로 했으며, 古朝鮮의 명칭은 이후의 朝鮮과 구별하기 위한 것이다. 그러면, 이들이 동족이라는 뜻인데, 과연 이들의 言語나 풍습에 어떤 공통성이 있는가? 이 해답은 史書의 기록을 널리 분석하고 종합한 후에 그 결과를 보고 다시 논해야 한다고 생각한다.

古朝鮮語의 形成　협의의 東夷族은 中國東北 松花江 유역과 遼河 유역에서 韓半島에 걸쳐 독자적인 青銅器文化를 형성하고 있었다. 산재한 유적의 발굴로 밝혀진 北方系 원류의 이 문화는 中國殷代의 것과 구별된다. 이 東夷文化圈에 부족으로 나뉘어 살았고, 그 배경 속에서 檀君神話와 같은 신화나 전설이 출현했던 것이다. 孔子가 가려고 뜻할 만큼 東夷가 알려진 것을 보면, 東夷는 2천 6백 년 전에 이미 中國에 잘 알려졌다. 이러한 東夷族이 中國史書에는 과연 어떻게 반영되어 있는가?

6.3) 中國史書의 高離族에 관한 記錄

西晉 陳 壽, 「三國志」 魏志東夷傳(265~297)

1) 其印文言濊王之印, 國有故城, 名濊城, 蓋本濊貊之地而夫餘王其中, 自謂亡人, 抑有似也. 「魏略」曰舊志又言, 昔北方有高離之國者, … (夫餘) (부여 나라에서 쓴 도장에 예왕, 성을 예성이라고 한다. 「위략」에 말하기를 옛기록에 북방에 고리라는 나라가 있었다)

2) 東夷舊語以爲夫餘別種言語諸事, 多與夫餘同, 其性氣衣服有異. (高句驪) (동이에서 하던 옛말에 고구려는 부여의 별종이라고 하나, 고구려는 말과 모든 일이 부여와 대부분 같다) ※「後漢書」 高句驪

3) 又有小水貊, 句麗作國, 依大水而居, 西安平縣, 北有小水, 南流入海, 句麗別種依小水作國, 因名之爲小水貊, 出好弓, 所謂貊弓是也. (高句驪) (고구려의 별종이 소수에 의지해서 나라를 세웠기 때문에 소수맥이라고 한다) ※「後漢書」 句驪

4) 其言語與句麗大同時時小異, 漢初燕亡人衛滿王朝鮮時, 沃沮皆屬焉. (東沃沮) (동옥저의 말은 구려와 대체로 같고 때때로 조금씩 다르다) ※「後漢書」 東沃沮

5) 挹婁, … 其人形似夫餘, 言語不與夫餘句麗同. (사람의 모양은 부여와 비슷하나, 말은 부여나 구려와 같지 않다) ※「後漢書」 挹婁

6) 濊, … 其耆老舊自謂與句麗同種, 其人性愿慤少嗜欲, 有廉恥, 不請句麗, 言語法俗, 大抵與句麗同, 衣服有異. (그곳 노인이 하는 옛말에 예는 구려와 동족이라고 한다. 말과 법과 풍속이 구려와 대체로 같고, 의복은 다르다) ※「後漢書」濊. 愿 성실할 원, 慤 성실할 각.

6.4) 中國史書의 三韓族에 관한 記錄

西晉 陳 壽,「三國志」魏志東夷傳(265~297)

7) 辰韓, … 其耆老傳世自言, 古之亡人避秦役來適韓國, 馬韓割其東界地與之, 有城柵, 其言語不與馬韓同, 名國爲邦, 弓爲弧, 賊爲寇, 行酒爲行觴, 相呼皆爲徒, 有似秦人, 非但燕·齊之名物也. (그 노인이 전하는 말에 진나라에서 피해 온 사람을 동쪽 국경지방에 두었다. 그 언어는 마한과 다르고, 진나라 사람과 비슷하다)

8) 辨辰與辰韓雜居, 亦有城郭衣服居處, 與辰韓同, 言語法俗相似. (변진의 의복과 거처가 진한과 같고, 말과 법과 풍속도 비슷하다)

宋 范 曄,「後漢書」東夷傳(420~479)

9) 韓, 有三種, 一曰馬韓, 二曰辰韓, 三曰辨辰, … 皆古之辰國也. (한나라는 세 종류가 있는데, 다 옛날 진국이다) ※「三國志」韓

唐 令狐德棻,「周書」異域傳(628)

10) 百濟者, … 王姓夫餘氏, 號於羅瑕, 民呼爲鞬吉支, 夏言竝王也, 妻號於陸, 夏言妃也. (백제는 왕의 성을 부여, 이름을 어라가라고 하고, 백성은 건지기라고 부르는데 왕이라는 중국말이다. 처를 어륙이라고 하는데 비라는 중국말이다)

唐 姚思廉,「梁書」諸夷傳(632)

11) 百濟者, 其先東夷, … 其人形長, 衣服淨潔. 其國近倭頗有文身者, 今言語服章, 略與高驪同. (백제란 동이가 조상이다. … 지금의 언

어와 복장은 대략 고구려와 같다)

12) 新羅者, 其先本辰韓種也, … 無文字, 刻木爲信, 語言待百濟而後通焉. (중국인과 말하는데 백제사람을 중간에 두어야 통한다. 즉, 신라어와 백제어는 서로 잘 통한다)

당시 東夷族의 言語에 관한 中國의 기록은 3세기에 나타나기 시작했는데, 北方諸語에 관한 서술은 비교적 정확한 편이다. 당시 夫餘語, 濊語, 貊語, 沃沮語 등이 다 高句麗語와 거의 같다고 했다. 이 사실은 이들이 일찍이 북방계 單一語를 형성하고 있었음을 뜻하기 때문에, 이들은 하나의 祖語였던 高離語로 소급한다고 보는 것이다. 한편으로, 弁辰(伽耶)語는 辰韓(新羅)語와 같고, 馬韓(百濟)語는 辰韓語와 같다고 했다. 이 역시 하나의 三韓語로 소급된다. 그러면, 朝鮮과는 아무 관계도 없는가?

7.1) 高麗 金富軾, 「三國史記」(1145)

1) 卷第一 新羅本紀 第一, 国號徐那伐, 先是, 朝鮮遺民, 分居山谷之間爲六村. (국명은 서라벌이라고 했다. 일찍이 古朝鮮의 유민이 이곳에 와서 골짜기에 나뉘어 6촌을 이루었다)

2) 卷第二十三 百濟本紀 第一, … 其世系與高句麗同出扶餘, 故以扶餘爲氏. (그 계통이 고구려와 한 가지로 부여에서 나왔기 때문에 부여로 성씨를 삼았다)

7.2) 高麗 僧一然, 「三國遺事」(1285)

3) 卷第一 紀異第一 北扶餘, 古記云, … 天帝降于訖升骨城, … 立都稱王, 國號北扶餘, 自稱名解慕漱, 生子名扶婁, 以解爲氏焉. (천제가

흘승골성에 내려, 도읍을 정하고 왕이 되어 나라를 북부여라고 했다. 왕은 자칭 해모수라 하며, 아들을 낳아 부루라고 하고 해로 씨를 삼았다)

4) 卷第一 紀異第一 高句麗, … 壇君記云, 君與西河河伯之女要親, 有産子, 名曰夫婁, 今拠此記, 則解慕漱私河伯之女而後産朱蒙, 壇君記云, 産子名曰夫婁, 夫婁與朱蒙異母兄弟也. (「단군기」에 단군이 하백의 요친과의 사이에 아들을 낳아 부루라 이름지었다고 한다. 이 기사에 해모수가 하백의 딸(柳花)과 통하여 주몽을 낳았다고 한 것은 「단군기」의 부루와 주몽이 배다른 형제라는 말이다)

5) 卷第一 紀異第一 新羅始祖 赫居世王, 辰韓之地古有六村, 一曰閼川楊山村, … 按上文, 此六部之祖似皆從天而降. (진한에는 옛날에 여섯 촌이 있었다. 이러한 기사를 보면, 6부의 조상은 모두 하늘에서 내려온 것 같다)

6) 王曆第一, 高麗 第一東明王, 甲申立, 理十九, 姓高, 名朱蒙, 一作鄒蒙, 壇君之子. (첫째 동명왕은 서기전 61년에 일어서서 다스리기 19년이었다. 성은 고, 이름은 주몽 일명 추몽이며, 단군의 아들이다)

우선 新羅의 토착민 六村族이 북방에서 남하했다는 점에서 三韓族은 북방의 古朝鮮族 즉 濊貊族의 분파라고 믿어진다. 하늘에서 내려왔다든가 망한 나라의 유민이라든가 다 남하했음을 뜻한다. 百濟의 조상이 東夷族이란 것도 주목되나, 다만 百濟가 高句麗와 함께 夫餘族이라는 점은 위 10)에서 보듯 百濟의 지백족을 지칭한 말이다. 한편, 神話의 차원이나, 「檀君記」와 夫餘系 神話가 같다거나 高句麗의 朱蒙이 檀君의 아들이라고 한 것은 古朝鮮族과 高離族이 동계임을 시사하는 것임이 분명하다.

요원한 시대에 분화된 북방과 남방과의 관계를 간접적으로 입증해 보았는데, 하나의 古朝鮮語가 존재했을 것은 분명하다고 생각한다. 그러나 그 성립의 시기나 상황에 대해서는 아직 뚜렷한 증거가 있는 것은 아니다. 古朝鮮語의 성립시기에 대해서는 막연히 新石器時代나 8~9천 년 전의 中石器時代로 추정된 예가 있으나, 지목할 근거는 아직 없다고 하겠다. 또, 그 성립상황에 대해서도 新아시아語에서 혹은 알타이語에서 분화했을 것이라는 견해 등 의견이 적지 않으나 역시 실증된 것이 없다.

第2章 古代國語(BC 2~10세기)

日 報 (第3種郵便物認可) (4)

國寶로 지정된「新羅寫經」의 가치

문화재위원회가 14일 국보로 새로 지정한「신라白紙墨書 大方廣佛 華嚴經」은 단하나 밖에 없는 신라 때 붓글씨와 그림이 담겨진 佛經 두루마리이다. 신라의 전성기인 景德王 13년(서기754년)에 皇龍寺 緣起법사의 발원으로 착수해 이듬해 완성하였다는 5백여자의 末尾발문이 적혀 있어 1천2백23년 전이라는 뚜렷한 연대를 밝히고 있다.

吏讀·繪畫곁들인 國史연구의 寶庫

로 구성된 新譯本의 일부이다.

다른 하나의 두루마리는 아직 펴보지 못해 내용을 알수 없으나 그 체재로 보아 화엄경의 다른 일부로 보인다.

표지는 보라빛이 감도는 紫色으로 물들인 色紙이며 그 앞뒤면에 金泥와 銀泥로 그림을 그린 과편 2쪽이다. 본시 두루마리에 각각 붙어 있었는지 혹은 하나가 두쪽이 됐는지는 분간키 어려우나 어쨌든 高麗寫經 變相圖의 시원을 밝혀주는 것일뿐만 아니라 신라시대의 유일한 본격적 繪畫작품이라는 점이 이 불경 두루마리의 가치를 한층 높여주고있는것이다.

표지의 앞면에는 銀가루로 많은 佛보살상을 배치하면서 그 배경에다 전각을 두었다.

부의 풀로 寶相花紋을 매우 사실적으로 그리는 한편 일부에는 팔다리가우람한 力士像을 그려넣었다.

發願者·年代등 뚜렷 製紙 기술등을 詳述

이 발문에는 닥나무(楮)뿌리에 향수를 뿌려 가꾸는 과정부터 글을 쓰고 그림을 그려 완성하는 儀式절차와 여기에 관여한 모든 사람들의 직명과 이름이 기재돼 있어 한층 중요한 역사적 文書로서도 주목되고 있는 것이다.

두軸의 寫經 가운데 이제까지 펴본 두루마리의 경우는 얇은 韓紙에 폭 29·2cm, 길이가 13m97cm. 희미하게 괘선(8mm 간격)을 긋고 반듯반듯하게 글씨를 썼는데 한줄에 대개 34자씩이다.

불경 내용은 華嚴經 권43~50으로 전체 80권으

三國遺事일부 疑問도 풀려

跋文에 쓰인 吏讀등은 文學史연구의 획기적 자료

宗教·美術·建築연구에 도움

전문은 기록자와 撰記의 작성이 분명하고 추녀의 풍경이며 기둥과 난간등이 섬세하게 표현돼 있어 新羅건축연구의 첫 본보기를 얻은 셈이다.

그 발원자인 緣起法師는 三國史記와 三國遺事의 기록이 자기 연대가 다르기 때문에 실존인물의 여부조차 의문이었는데 이번 寫經을 통해 그의 생존연대가 분명해졌다. 이같이 이 신라불경 두루마리는 美術史的으로는 물론 종교적 의식면에서도 매우 중요한 자료이다. 뿐더러 종이를 뜨는 기술과 金銀泥의 제작기술등 產業史的 면에서도 구체적인 계기가 되고 있다. 또한 거기 적힌 허다한 官職名은 일반사에 새로운 해석자료를 제공해 주고 있다.

그리고 跋文에 적힌 吏讀는 국어학사상 가장 오래된 기록으로서 재검토해야 할 것이며 발원 詩句는 국문학사상 한편의 신라 때 漢詩로 추가해야 할 것 같다.

寫經사업이 활발했던 것은 高麗시대이며 11~14세기의 유물이 적잖게 현존하지만 그 이전것은 아직 나타난바 없다.

만약 이 불경이 外國것과 비교한다면 唐나라의 불경인데 중국에도 8세기의 연대가 분명한 그림은 아직 발견되고 있지 않다. 그 점이 신라불경은 東洋美術史上으로도 빛나는 신라문화의 자취로 지목될직하다.

여기 등장된 인물들은 紙作박사에 仇叱珍兮縣黃珍知奈麻를 비롯하여 經筆師에 武珍伊州·南原京·高沙夫里郡등 全北 일원 출신의 인물이 다소 보이며 최고 직위의 인물로는 吉祥阿飡이 기록돼 있다. 〈李宗碩기자〉

年代와 發願者가 선명하게 기록된「新羅寫經」跋文의 일부.

중앙일보. 1978. 12. 16(土). No. 4088. p. 4.

2.0 國語起源과 史前國語

國語의 起源과 形成 광의의 古朝鮮語 형성 즉 國語의 형성이나, 오늘날 古朝鮮語를 실증할 만큼의 言語資料는 아직 없다. 같은 계통의 部族이라는 사실이 충분한 방증이라고는 하지만, 國語史의 측면에서는 실증되지 않은 가설에 불과하다. 이런 가설 중에서는 알타이語系統說이 우세한데, 言語學에서는 알타이語族說 자체가 아직 가설을 벗어나지 못하고 있다. 이 알타이語系統說은 근래에 다음 예와 같이 발전하여 유력해졌으나, 借用의 문제 때문에 학문적으로 증명된 정설이 된 것은 아니다.

8.1) 알타이語系統說(Poppe, 1965. 197~203) ※ 5.1), Ev. 등 4.3) 참조.

1) 通(Ev.) dala- (舐) = 蒙 doluɣa- 〈 *dalugà- = 古突 yalɣa-

蒙 čilaɣun 〈 *ṭi̯ālagùn(石) = 突(Chuv.) čul 〈 *ṭi̯āl = 突(Yak.) tās, 古突 taš

通(Go.) pāra(썰매), 滿 fara = 蒙 aral(車底) = 突(Kirg.) arïš(矢柄)

通(Ev.) ur(짐승胃) = 蒙 öro(內側) = 突(Chuv.) var(中心) = 古突 öz(自身)

2)

滿通	蒙	突(Chuv.)	突	共通音韻	
l,	l,	l,	l,	$^{*}l^{1}$	$^{*}l$
l,	l,	l,	š,	$^{*}l^{2}$	
r,	r,	r,	r,	$^{*}r^{1}$	$^{*}r$
r,	r,	r,	z	$^{*}r^{2}$	

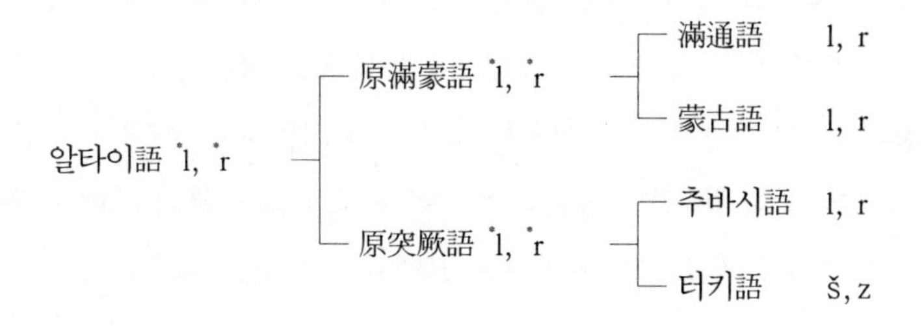

8.2) 알타이語系統說(Miller, 1971. 114~153) ※ 5.2) 참조.

1) 알타이語 *tāl₂(石), 蒙 čilaɣun, 突(Chuv.) čul, 古突 taš, 突(Yak.) tās, 古日 *yisi 〉 isi, 韓 tol 〈 中世韓 tolh, 原韓日 *dyoš

2) 알 *l₂, 突 š, 突(Chuv.) l, 蒙 l, 通 l, 原韓日 *š, 韓 l(h), 日 s(i)

알타이祖語 *r, *r₂, *l, *l₂,
- *r, *r₂ 〉 *r — 原퉁구스語 r, l
- *l, *l₂ 〉 *l — 原蒙古語 r, l
- *r, *r₂, *l 〉 *r — 原韓日語 — 韓 l / 日 r
- *l₂ 〉 *š
- 原突厥語

이 사실이 공인된다면, 알타이祖語에서 1차로 분화했거나 후에 분화한 古朝鮮語가 즉 시초의 國語일 것이다. 그러나, 이 가설이 확정되기 전이기 때문에, 國語는 자연히 소속미상의 언어 즉 孤立語가 되는 수밖에 없다. 역으로, 이런 國語의 起源이 입증되었다면, 國語는 알타이語族의 한 분파로서 分化의 상태나 형성된 國語의 실상이 학문적으로 밝혀졌을 것이다. 그렇지 못한 상태에서 국어의 기원이나 형성을 논한 것은 이미 언급한 대로 가설을 벗어나기 어렵고 이설의 대립을 면치 못한다.

지금까지의 견해를 종합하면, 中石器時代에 중앙아시아에서 동방으로 이동한 우랄알타이族은 동북으로 갈리고, 동쪽을 향한 알타이族

은 발상지인 알타이山脈 남단으로 이동한 후에 다시 동서로 갈렸다. 동쪽으로 갈린 東알타이族은 계속 동쪽으로 이동하여 山東半島에 中國東北, 韓半島 등지에 산재한 東夷族이 되었다고 하겠다. 그런데, 上古史의 주인공이었던 濊貊系와 三韓系 東夷族이 본래 岐周 서쪽 渭河 상류에서 동방으로 이동했다는 견해와 일치하는 사실에 주목하여 깊이 음미할 필요가 있다.

이러한 古朝鮮族의 東來說은 이후의 南下說과 관련지어도 의심의 여지가 없다. 흔히 지적들 하는 北 = 後, 南 = 前의 同義現象(예: 北 뒤 븍, 南 앏 남. 「訓蒙字會」 中 2)이 南進을 뜻하기 때문이다. 다만, 이 東來說의 시기는 종전의 추정보다 더 소급되어야 할 것이다. 파상적 이동에서 일정한 시기를 질정하기는 어려우나, 古朝鮮族이 東北亞 지역에 이동해 온 시기는 中石器時代에서 新石器時代 후기 9~4천 년 전이라고 볼 것이다. 土器의 유적으로 보아 5~4천 년 전의 정착이 거의 확실시되기 때문이다.

東夷族과 殷商族　이와 같은 東來說을 음미할 때 떠오르는 것은 中國의 殷商族이다. 앞에서 韓殷同系說을 언급했거니와, 殷商族이 東夷族의 계열이라는 견해가 있어 주목된다. 殷商은 華夏族이 세운 4백여 년의 夏王朝를 3천 7백여 년 전에 정복하고 山東에서 일어선 왕조였다. 그런데, 당시 정세를 夏周와 夷殷의 투쟁으로 보고 제기한 것이 이른바 夷夏東西說이다(傅斯年, 1935). 즉, 夷와 殷은 東方系에, 夏와 周는 西方系에 속하고, 같은 東方系에서도 殷과 夷는 같지 않다고 하는 관계를 밝혔다.

이 견해는 殷墟發掘을 주관했던 역사학자에 의하여 해박한 文獻考證과 해독된 甲骨文字로 뒷받침된 주장이다. 첫째, 殷商은 中國東北

河濟(黃河, 齊水)之間 즉 渤海灣 북방에서 발생하여 山東으로 남하했고, 夏后는 河南省 西方에서 殷商의 압박을 받았다. 둘째, 殷商神話의 卵生說은 東夷族과 東北서 이동한 淮夷族에게만 있는 것이다. 셋째, 夏后代는 殷商의 東夷 益, 羿, 湯 등과 대적했으나 湯에게 멸망하고, 武王 湯이 건설한 대제국 殷商은 29대 5백 년을 누렸다. 이것은 과연 실증된 사실인가?

8.3) 殷商 東夷說의 考證(傳斯年, 1935. 千寬宇, 1979)

1) 殷商의 發祥地: ①「詩經」 商頌玄鳥에 宅殷土茫茫 (하늘이 商으로 하여금 …망망 은 땅에 살게 했다), 「呂氏春秋」 有始賢에 河濟之間 爲兗州 衛也 (하제지간 즉 황하와 제수 사이는 연주이니, 위 즉 은이다). ②「詩經」 商頌長發에 相土烈烈, 海外有截 (상토 때의 빛나는 업적을 남겨 해외 즉 渤海 밖 요동반도, 조선 서북까지 복속시켰다), 「詩經」 商頌玄鳥에 景員維河 (은상이 … 황하로 경계를 삼았다). ③「山海經」 大荒東經에 有中容之國, 帝俟生中容 (중용지국이 있으니, 천자 준이 중용을 낳았다), 大荒北經에 東北之外, 大荒之中, 河水間, 附禺之山. ④甲骨文에 夔는 殷의 高祖 帝嚳, 帝俟, 帝舜 등이 다 殷商神話의 인물.

2) 殷商神話: ①「詩經」 商頌玄鳥에 天命玄鳥, 降而生商 (하늘이 제비에게 분부하여, 내려가 상의 조상을 낳게 했다). 商頌長發에 有娀方將, 帝立子生商 (광대한 나라를 가진 유융씨에게, 하늘이 상의 조상을 낳게 했다). ②「詩經」 魯頌閟宮에 至于海邦 淮夷來同 (놋나라의 국토는 …해방 즉 황해연안에 이르러, 준이도 와서 서약을 드렸다) 등.

3) 益, 羿, 湯의 東夷說: ①「左傳」을 위시한 여러 문헌에 근거하여 小

皞族의 伯益을 東夷族의 조상이라고 고증. ②「說文」에 羿, … 亦古諸侯也, 一曰射師 (예는 옛 제후였고, 활을 잘 쏘았다), 「楚辭」 天間에 帝降夷羿 (하늘이 내려보낸 동이 예), 「山海經」 海內經에 帝俊賜羿彤弓素矰, … 羿是始去, 恤下地之百艱 (천자 준이 예에게 활을 주어 아래나라를 구제케 했다). ③「太平御覽」 皇王部 太昊包犧氏에 皇王世紀曰, 太昊帝包犧氏, 風姓也, 蛇身人首, 有聖德, 都陳, … 繼天而生, 首德於木爲百王先, 帝出於震, 未有所因, 故位在東方, 主春象日之明, 是稱太昊 (태호제 포희씨 즉 伏羲氏는 성이 풍, … 진 지금 河南省에 도읍했다. 하늘에 이어 태어났고, 천자 태호는 진(동방)에서 나와 밝은 태양을 상징으로 삼아 태호라고 일컬었다). ④「詩經」 商頌玄鳥에 武王載旆, … 在武丁孫子 (무왕 湯과 高宗 무정의 대에 세력을 크게 떨쳤다), 「書傳」 泰誓中에 戎商必克, 唐誥에 殪戎殷, 「左傳」 宣公에 周書曰, 殪戎商, … 殪戎殷 등은 周나라에서 殷나라 사람을 흔히 융(오랑캐)이라 불렀으니, 그들이 동방의 부족이기 때문일 것이다.

이로써 殷商族과 그 이전 三皇의 伏羲氏나 五帝의 少昊가 다 東夷族으로 밝혀졌다. 원래 夷는 활을 잘 쏘는 동방인(「說文」 夷, 東方之人也, 從大從弓)의 뜻이었는데, 오랑캐의 뜻으로 비하된 것은 3세기 이후의 일이었다. 그 판도는 북쪽 濟水(현 小淩河), 서쪽 山西省 중심부, 남쪽 淮水 이남 合肥를 경계로 한 지역이었으나, 그 東夷族은 秦漢代 이후에 동화되고 말았다. 전설적인 太昊族과 少昊族을 5천 년 전으로 가정하면, 이들은 古朝鮮族의 파상적 이동시기에 활동한 것으로 해석될 것이다.

그런데, 新石器時代에 혁혁한 문화를 창조한 이 東夷族이 古朝鮮族

과 동류일 가능성은 강하나, 그 계통을 추정할 근거는 없다. 알타이族인가, 古아시아族인가도 불확실한 상황에서 그 言語의 계통을 논하는 것은 있기 어렵다. 특히 이 東夷族은 인접한 華夏族, 古朝鮮族과의 오랜 교섭으로 서로의 영향이 컸었기 때문에, 주고 받은 借用語가 적지 않을 것임에 틀림이 없다. 그러면, 東夷語나 殷商語의 계통은 미상이며, 이런 상태에서 인접했더라도 다른 言語와 관련짓는 것은 무모하다고 할 것이다.

史前國語와 文獻資料 어쩌면 中石器時代로 소급할 古朝鮮語의 계통이나 그 言語의 모습을 규명하지 못한 채, 시야가 하위의 古代國語로 옮기게 되었다. 그러나, 지나가 버린 사실의 서술은 성패를 가름하는 자료에 달려 있다. 비교에 의한 再構의 방법이 유용한 무기이나, 이 방법도 실증자료를 근거로 하지 않으면 성립되지 않기 때문이다. 그런데, 문제의 자료는 6세기 이전으로 소급하기가 어려운 것이 명백하다. 그러면, 그 이전을 史前國語로 구분하고 가능한 추정을 시도해야 옳을 것이다.

6~7세기의 자료로 古代國語를 기술하면, 그 言語의 골격은 한 5백년 가량 소급된다는 짐작이다. 이러한 전제로 서기전 3세기 이전의 史前國語를 엿보려는데, 자료가 너무도 영성하다. 가장 오랜 기록이 齊 管仲의 「管子」 輕重(645)에 나타난 '發朝鮮'이란 말이며, 6.2) 「史記」를 위시한 여러 史書의 자료도 다 단편적인 人地名, 官職名에 불과하기 때문이다. 그런데도, 희소한 이 자료를 漢字上古音으로 해독하여 서기전 10~3세기 古代國語의 특성이라고 제시한 것을 요약하면 다음과 같다.

9.1) 古朝鮮語(BC 10~3세기)의 音韻(류 렬, 1990. 30~80)

1) 子音: ㅂ… 發(管子 輕重)(바라/버러), 夫(扶)餘(三國志 東夷傳, 三史 15:1)(부리/바라), 卑離(三國志 東夷傳)(비리/버러), ㄷ… 今彌達(三遺 1:2)(거머다라/기미다리), 險(儉)瀆(史記 朝鮮列傳)(가마두/거머두), 蓋馬大山/玄菟(後漢書 東玉沮)(거머다라/가마다라/거머두/가마두), ㄱ‥蓋馬太山/玄菟, 險(儉)瀆, 馬韓(三遺 1:4)(마라가라/마가라), ㅅ… 神市(三遺 1:1)(시니시), 阿斯達(三遺 1:2)(아시다라/아사다라), 蘇塗(三國志 東夷傳)(사다/서더), ㅈ… 臣智(後漢書 東夷傳)(笠)(시니디/시니지), 樊秖(三國志 東夷傳)(바라기/바라지), 殺奚(三國志 東夷傳)(사라기/사라지), ㅁ… 今彌, 蓋馬, 馬加(三國志 東夷傳)(마가라), ㄴ… 平那(三遺 1:4)(바라나/버러나), 壇(檀)君(三遺 1:1)(다나구루), 神市, ㄹ… 夫黎(後漢書 郡國志?)(부리/바라), 買溝漊(三國志 東夷傳)(마고로), 樂浪(史記 朝鮮列傳)(부루나)/

2)

ㅂ	ㄷ	(ㅈ)	ㄱ
	ㅅ		
ㅁ	ㄴ		
	ㄹ		

無聲音: 激音(ㅎㅍㅌㅋㅊ), 硬音(ㆆㅃㄸㄲㅉㅆ), 有聲音(b, d, g, z,ㅸ,ㅿ) 없고, ㅈ은 지(지의 ㅈ)만 있었을 것.
有聲音: 舌側音(l), ㆁ 없고, 받침은 거의 없었을 것. 金完鎭 1957. 12.

平那(三遺 1:4)/白浪(通典 178)/浿水(說文 水)(바라나)

3) 母音: ㅏ… 發, 阿思達, 安那, ㅓ… 今彌達, 險(儉)瀆, ㅗ… 溝漊, 瀆盧(三國志 東夷傳)(도로), 玄菟, ㅜ… 夫(扶)餘, 梟臾(論語 子罕疏: 九夷)(부루/바라), 不與(山海經 7)(부리/버러), ㅣ… 卑離, 神市/臣智, 邑借(三國志, 東夷傳)(이시/이지)

4) ㅣ　　　ㅜ　單母音: ㅏ/ㅗ, ㅓ/ㅜ의 약화된 변종 · ɒ,
ㅓ　　　ㅗ　ㅡ ɨ, 前舌單母音 ㅐㅔㅚㅟ 없었을 것. 5母音
　　ㅏ　　　體系.
重母音: ㅑ, ㅘ, ㅙ 등도 없었을 것.

ㅏ:ㅓ/ㅗ:ㅜ/ㅣ

5) 音韻變異: 母音連結 기피(臯臾 pu-u 〉 pu-r-u), 口蓋音化(臣智 시니디 〉 시니지, 殺奚 사라기 〉 사라지), 母音調和(ㅏ:ㅓ/ㅗ:ㅜ/ㅣ), 聲調(强弱, 高低) 등

이것은 국내외 史書에 기록된 34개의 명칭에 대하여 漢字上古音을 기초로 서기전 3~2세기에 형성되었다는 古朝鮮漢字音을 재구한 결과라고 한다. 이 上古音은 隋 陸法言, 「切韻」(601)에 근거하여 추정한 上古漢語의 音韻인데, 이것을 토대로 체계의 특성에 맞게 구성한 것이 古朝鮮語의 音韻이라는 뜻이다. 이러한 기초 위에 이후의 中世國語를 참조하여 재구하는 방법은 불가피하다지만, 타당한 것은 아니다. 반면에, 당시 漢字音은 현대와 거의 같았다고 주장하는 견해(렴종률 1992, 17~9)도 있다.

9.2) 古朝鮮語(BC 10~3세기)의 語彙와 文法(류 렬, 1990. 80~90)

1) 語彙: 거/가(해), 다라(달), 다나구루(하늘), 바라/버러/부루/비리…(불), 마(물), 다라/다/도(山, 터), 바라/버러(벌판), 나(내, 물), 디/지/시/기(사람, 치), 가(統治者), 니무가마/니무거머(임금), 가마도/거머도(都邑), 고로(城, 골), 부루(音樂), 도로(치마), 가마/거머(가맣다/거멓다), 바라나/바라(파랗다), 마(北), 아시/아사(아홉), 가나/가라/가(큰, 위), 아라(아래)

2) 造語法: 買溝婁 마-고로(물-城), 阿斯達 아시-다라(아사-다라)(아홉-달, 始初-山), 蘇塗 사-다/서-더(새-터), 臣智 시니-디/시니-지(큰-사람), 殺奚 사라-기/사라-지(붉은-사람), 馬加 마라-가/마-가(말-사람), 今彌達 거머-다라(임금-터 〉 都邑), 布倫山 바라나-다라/버러너-다라(파란-산)(興安嶺, 布倫譯言靑)

3) 意味變異: 達/塗/瀆 다라/더/도(山 〉 터 〉 땅), 溝漊 고로(谷 〉 城), 汗/韓/加 가나/가라/가(해 〉 큰, 벼슬), 樂/平/白狼 부루/바라/버러(吹 〉 音樂), 發/夫餘/不與/髡臾/卑離 바라/버러/보로/부루/비리/바리…(火 〉 明 〉 氏族名 〉 地名 〉 國名), 蓋馬/玄/今彌 가마/거머(玄 〉 神 〉 王)

4) 文法: 買溝婁 마-고로(물-城), 樂浪/白浪水/浿水 부루-나/바라-나/버러-나(벌-江) 등 토가 붙지 않은 形態構成, 險側 가마-시/거머-시(가만 사람, 거먼 사람), 樊秖 바라-기/바라-지(파란 사람), 樂浪 부루-나(부는 江) 등 體言과 用言의 未分化形態(가마, 거머, 바라, 부루 등)

9.3) 알타이語의 接尾辭(李基文, 1961. 36~41, 1972. 19~23)

1) 格語尾(-*a/-e, -*ru/-rü): 알타이祖語 與格 -*a/e(터키語 -a, 蒙古語 -a, 퉁구스語 部分格 -a, 中世國語 –애/-에), 向格 -*ru/-rü(古代터키語 -ru, 蒙古語 -ru, 國語 -로)

2) 動名詞形(-*r, -*m, -*n): 알타이祖語 -*r(古代터키語 現在形 -ur, 蒙古語 派生名詞形 -r, 퉁구스語 未來形 -r, 國語 -ㄹ), -*m(古代터키語 -üm, 蒙古語 -um, 퉁구스語 -m, 國語 -ㅁ), -*n(古代터키語 -ïn, 蒙古文語 -n, 에벤키語 -n, 국어 –ㄴ)

※ 金完鎭 1957. 8, 梁柱東 1942: 267~270.

이러한 古朝鮮語는 이후의 언어자료에 비추어 가능성이 큰 것으로 생각되나, 解讀에는 의문이 없지 않다. 가령, 布倫山 '上古音 pāk-lǐwən 〉 pa-rən 〉 pa-rana 〉 para'의 과정에서 'paran'을 취하여 '바란山'으로는 해독되지 않는지? 위의 9.3) 動名詞形 -ㄴ이 알타이祖語 -*n에까지 소급된다는 점에서 이 관점이 오히려 더 타당치 않은지? 그렇다면, 일부 有聲子音의 받침을 인정해야 하겠는데, 아니라면 그 動名詞形의 일치점을 어떻게 설명해야 할는지 의문이다. 뜻있는 검토가 더 전개되기를 기대한다.

2.1 古代前期國語(BC 2~4세기)

이제 서술하려는 古代國語의 단계는 학문적으로 실증된 것이어야 한다. 그러나, 전제해야 할 國語의 계통이나 史前國語의 실상에 대하여 명확한 결정을 유보한 채 생소한 古代國語의 파악에 착수하는 부담을 지고 있다. 이전과 이후의 言語와 역사적 관련을 짓는 것은 물론이지만, 그렇다고 풍부한 후대의 자료에 너무 의지한다면, 종전에 종종 빠졌던 이 방법으로는 실태파악에 혼선을 빚는다. 이 점에 유의하여 4세기 이전의 古代國語를 자료, 음운, 어휘, 문법으로 나누어서 서술하기로 한다.

2.1.0 史料와 古代國語

言語資料와 表記 國語史에서 구분한 古代國語는 漢字를 사용한 서기전 2세기에 시작하여 6백 년의 前期와 5세기부터 6백 년의 後期로 이루어져 있다. 이렇게 3백 년 단위의 배수로 길게 구분해야 했던 속사정은 희소한 자료에 있었다. 이 전후기의 경계는 高句麗의 平壤遷都(427)를 겨냥하여 구분했지만, 그래도 4세기 이전 전기의 자료는 영성하기 짝이 없다. 그래서 불가피한 편법이기는 하나, 이 시기의 서술은 5~6세기 자료의 원용이 요구된다. 우선 이에 해당할 자료를 살피기로 한다.

10.1) 4세기 이전의 國內文獻 ※ 18.1) 참조.

1) 金富軾, 「三國史記」(1451): 古代 人地名, 官職名 등 고유명칭. 특히 권 34~36, 志 3~5, 地理 1~3 新羅(속칭 新羅地理志), 권37, 志 6, 地理 4 高句麗(속칭 高句麗地理志), 百濟(속칭 百濟地理志). 약칭 三史.

2) 僧 一然, 「三國遺事」(1285): 古代 人地名, 官職名 등 고유명칭. 원용: 권2 武王 薯童謠(서동노래)(眞平王代 579~632), 권5 融天師 彗星歌(살별노래)(眞平王代 579~632), 권4 良志使錫 國謠(오다노래)(善德女王代 632~647) 등 7세기 전반 이전의 鄕歌 3수. 약칭 三遺.

3) 盧思愼, 徐居正 등, 「三國史節要」(1476). 春秋館, 「世宗實錄地理志」(1454). 盧思愼 등, 「東國輿地勝覽」(1486. 新增 1530). 洪鳳來 등, 「東國文獻備考」(1770. 增補 1908) 등. 人地名, 官職名 등 고유명칭 참조. 약칭 三要, 世地, 東地, 文備.

위의 자료에서 固有名稱은 언제 文字로 표기되었는지 일일이 밝히기 어려우나, 그 表記가 당대의 것이면 서기전 상당히 오랜 시기의 자료가 될 것이다. 이들 人地名이나 官職名 등은 어휘에 불과하나, 해독하기에 따라서 古代國語의 소중한 자료가 된다. 더 필요한 것은

6~7세기의 鄕歌인데, 이들 文章은 이른바 鄕札文으로서 이 시대 後期의 자료임이 분명하다. 그러나, 초기의 작품은 이 시대 後期의 방증자료로도 활용되지 않으면 안 될 것이다. 또, 여기에 더 추가되어야 할 것은 金石文이다.

10.2) 5세기 전후 國內金石文 ※ 18.2) 참조.

1) 高句麗: 輯安 廣開土大王碑(414), 慶州 瑞鳳冢銀合杅(451), 中原高句麗碑(481), 平壤城石刻 4종(566, 569, 589) 등. 약칭 밑줄.

2) 百濟: 石上 百濟七支刀銘(369), 船山 百濟蓋鹵大王刀銘(455~75), 百濟武寧王誌石 2종(525, 529), 百濟武寧王陵出土銀訓銘(520), 甲寅銘釋迦像光背(594) 등. 약칭 밑줄.

3) 新羅: 迎日 冷水里碑(443), 蔚珍 鳳坪碑(524), 蔚州 川前里書石 5종(525, 539, 545), 永川 菁堤碑(536), 丹陽 赤城碑(545), 慶州 明活山城碑(551), 慶州 壬申誓記石(552, 612), 大邱 戊戌塢作碑(578, 638), 慶州 南山新城碑 8종(591) 등. 약칭 밑줄.

이 자료에서도 위의 문헌자료와 같이 固有名稱은 귀중한 언어자료이며, 역시 文章을 기록한 吏讀는 더욱 귀중하다. 특히 中原 高句麗碑, 蓋鹵大王刀銘, 冷水里碑 등의 글은 현존하는 초기의 吏讀文이기 때문에 얼마나 중요한지 모른다. 5~6세기의 이 吏讀는 더 소급될 가능성도 있지만, 현재로는 이것이 가장 오랜 자료라고 해야 하겠다. 좀 늦은 6~7세기의 壬申誓記石은 이와 달리 특수한 借字表記여서 誓記文이라고 하는 것이다. 결국 이 시대의 文章資料는 吏讀文, 鄕札文, 誓記文 등 3종이다.

요컨대, 이 시대의 언어자료는 모두가 漢字를 빌어서 쓴 借用表記

이며, 그 종류는 語彙資料 고유명칭과 文章資料 吏讀, 鄕札, 誓記 등이다. 그런데, 誓記文은 漢字로 쓰되 국어의 語順에 따라 배열하는 방식이다. 배운 漢字로 이질적인 국어를 표기할 때 우선 제1차로 이런 誓記式을 취하게 된다는 관점에서는 이것이 제1단계의 借字表記라는 논리가 성립된다. 이 사실을 뒷받침할 物證은 없으나, 이에 입각한 文章의 借字表記가 즉 誓記式, 吏讀式, 鄕札式의 차례로 설명하는 3단계의 발전설이다.

借字表記와 解讀方法 이들이 언어자료로 살아나기 위해서 불가결한 것은 借字表記의 정확한 解讀이다. 漢字는 形音義 3요소로 구성된 表意文字인데, 이 요소가 이질적인 言語表記를 위하여 어떤 방법으로 활용되었는가 하는 것이다. 表音文字가 아닌 漢字를 그것도 古代語로 읽어야 하기 때문에 쉽지 않다. 借用漢字를 유사한 후대의 言語로 대조하는 식의 추측을 피하기 위하여 어떤 과학적 방법과 치밀한 기술이 요구된다. 우선 과거에 漢字를 어떻게 읽는다고 했는지 문헌을 살피기로 한다.

11.1) 漢字의 古代發音(〔 〕 속 夾註)

1) 「三遺」 권1:10, 辰韓: …稱所居之邑里, 云沙涿 · 漸涿等〔羅人方言, 讀涿音爲道, 故今或作沙梁, 梁亦讀道〕(사는 읍리를 사탁, 점탁 등이라고 한다 〔신라어에서 탁의 음을 도(돌)라고 했으므로 지금도 혹 사량이라고 쓰고 양을 또한 도(돌)라고 읽는다〕).

2) 「三遺」 권1:11, 新羅始祖: 沙梁部 〔梁讀云道, 或作涿, 亦音道〕(사량부 〔양의 訓讀은 도(돌)라 하고, 혹은 탁이라고도 적으니 역시 도(돌)라고 발음한다〕).

3) 「三史」 권44:14, 斯多含: 旃檀梁 [旃檀梁城門銘, 加羅語謂門爲梁云] (전단량 [전단량은 성문의 이름이다. 가야어에 문을 양(돌)이라 한다고 한다]). ※ 加羅(伽倻)語의 유일한 예 梁 돌(門).

4) 늘개 믈의노라 고기잡는 돌해 ㄱ득ᄒᆞ얏도다 矖翅滿漁梁(杜諺 初刊 七5) 梁=돌(둑), 渠 水道 돌(柳 僖, 物名攷 권5 水) 渠=돌(도랑), 梁 돌량 水橋也 又水堰也 又石絶水爲一(訓字 上2) 梁=돌(다리, 둑, 물막이)

위 기록의 협주에서 新羅語의 涿을 道, 梁도 道로 훈독한다고 했는데, 그 發音으로 표시된 道의 음이 무엇인지? 伽耶語에서 門을 梁이라 한다고 한 梁은 위 4)와 같이 訓讀 돌로 읽어야 하지만, 道도 돌로 읽을 것인지? 道의 上古音은 定母晧韻 dʌ인데, *diôg/diâu(Karlgren, 1940)라고 추정하는 예도 있다. 그러면, 道를 독/둑으로 읽을 것인가? 古代國語의 바른 解讀에서 첫째로 닥친 관문은 그 上古音의 규명이다. 그래도, 이에 의한 古代國語 漢字音을 발견해야 할 둘째 관문이 또 있다.

11.2) 古代國語 借字表記의 解讀

1) 「三遺」 권3:6, 猒髑滅身: 姓朴, 名猒髑 [或作異次, 或云伊處, 方音之別也, 譯云猒也, 髑·頓·道·覩·獨等皆隨書者之便, 乃助辞也, 今譯上, 不譯下, 故云猒髑, 又厭覩等也] (성을 박, 자를 염촉 [혹은 이차 혹은 이처라 하니 방언음의 다름이다. 번역하여 염(이차)이라 한다. 촉, 돈, 도, 도, 독 등은 다 글 쓰는 사람에 따라 편한 것을 좇음이니 조사다. 지금 위 글자는 번역하고, 아래 글자는 번역하지 않으므로, 염촉 또는 염도 등이라고도 한다] 이라고 했다).

2) 「三遺」 권1:12, 新羅始祖: 身生光彩, 鳥獸率舞, 天地振動, 日月清明, 因名赫居世王 [蓋鄕言也, 或作弗矩内王, 言光明理世也, …] (몸에서 빛이 나고, 짐승이 따라 춤추며, 천지가 진동하고 일월이 청명한지라, 인하여 그를 혁거세 [아마 우리말일 것이다. 혹은 불거내(발가누)왕이라고도 하니, 밝게 세상을 다스린다는 뜻이다] 이라 이름했다).

3) 「三遺」 권4:18, 元曉不羈: 元曉亦是方言也, 當時人皆以鄕言稱之始旦也(원효라는 뜻 또한 방언이다. 당시 모두 우리말로 시단(설새벽)을 칭함이다).

借字表記의 해독은 순교자 異次頓(506~527) 猒髑(이차, 아차) 新羅 초대 赫居世王 弗矩內(발가누)王에 대한 독법이 기록되어 있으나, 薛元曉(617~686) 始旦에 대한 독법은 밝혀져 있지 않다. 그래도, 더 정확한 해독이 요구되며, 이보다도 주목할 것은 '譯上, 不譯下'와 不譯下 부분 즉 助辭에 대한 '隋書者之便'이라고 한 借字規則이다. 이것은 즉 半借義 및 半借音의 용법과 그 해독방법을 지시하는 대원칙을 밝혀 놓았기 때문이다. 그러면, 이 규칙이 실제로 어떻게 나타났는지 문헌의 실례를 엿보기로 한다.

11.3) 古代國語 借字表記의 發音(四聲点 생략)

1) 「龍飛御天歌」(1447)의 吏讀: 文音(山) 그슴(一 39), 栗村 조ᄏᆞ볼(二 22), 北泉洞 뒷심ᄭᅩᆯ(二 32), 伊布 잇븨(三 13), 三田渡 삼받개(三 13), 城串 잣곶(四 21), 舍音洞 ᄆᆞᄅᆞᆷ골(五 34), 松原 소두듥(五 36), 橫防 엇마기(六 40), 德積(島) 덕믈(六 58), 召忽島 죠콜셤(六 58), 窄梁 손돌(六 59), 金城 쇠잣(七 7), 荒山 거츨뫼(七 8), 厚叱只 홋

기(七 25), 楸洞 ᄀᆞ래올(十 19) 등.

2) 「救急簡易方諺解」(1489): 葶藶子 豆衣乃耳 두루믜나ᅀᅵ(一 7), 括蔞天叱月乙 하ᄂᆞᆳᄃᆞ래(一 22), 蜘蛛 居毛伊 거믜(二 23), 牡蠣甲 屈召介甲 굸조갯거플(一 25), 大蒜 亇汝乙 마ᄂᆞᆯ(一 32), 熨斗 多里甫伊 다리우리(一 43), 糯米 粘米 출ᄡᆞᆯ(一 69), 麩 只火乙 기울(二 10), 薏苡 伊乙每 율믜(二 65), 蒲黃 蒲槌上黃粉 부들마치 우흿 누른 ᄀᆞᄅᆞ(二 89), 黃芩 所邑朽斤草 솝서근플(二 107), 楮 茶只葉 닥닙(二 108), 百合 犬伊那里 개나리(二 111) 등.

3) 「龍歌」(1447)의 外來語: 兀良哈 오랑캐(一 7), 豆滿(江) 투먼(一 8), 童巾 퉁컨(一 8), 圍仍浦 이ᅀᅵᆼ개(一 31), 加乙頭 갈두(一 38), 吹螺赤 츄라치(一 47), 韃靼洞 다대골(五 33), 阿其拔都 아기바톨(七 10), 阿都哥 어두워(七 22), 斡合 워허(七 23), 禿魯兀 툴우(七 23), 阿木刺 아모라(七 23), 可兒答哥 컬더거(七 24) 등.

4) 표기 { 全借音(借音 + 借音) / 예: 所邑…全讀音(讀音 + 讀音) / 半借義(借義 + 借音) / 예: 文音…半讀訓(讀訓 + 讀音) / 全借義(借義 + 借義) / 예: 栗村…全讀訓(讀訓 + 讀訓) } 讀法

이 讀法의 예에는 후대의 表記나 發音도 섞여 있겠지만, 吏讀의 漢字用法이나 해독방법을 이해하기에는 족할 것이다. 요컨대, 借字는 표 4)와 같이 같은 내용이 쓰는 측과 읽는 측에 따라 용어와 개념이 다르고, 그 3종의 원칙은 서로 혼합하여 다양한 용례가 있게 되었다. 한편, 위의 讀音이나 讀訓은 글자의 뜻을 살린 것인데, 그렇지 않아서 뜻과 무관한 것은 假音(䖍髑의 髑), 借訓(䖍髑의 䖍)으로 구별된다. 그러나, 실제의 解讀에는 축적된 경험을 통하여 체득한 능숙한 기술이 요구된다.

外國資料와 解讀方法 국어의 原語民(native speaker)에 의하여 기록된 자료로 國語史를 서술하는 것이 원칙이라고 하겠으나, 외국인이 기록한 자료에 의하여 중요한 부분이 보완되는 경우도 종종 있다. 이런 시각에서 이미 언급한 中國의 자료는 특히 유의할 대상이다. 그러나, 外國資料는 그 나라의 시각과 그 언어의 관점에서 기록한 것이기 때문에, 그 자료의 인용이나 분석에서는 반드시 전제하거나 유의할 점이 있다. 그러면, 우선 어떤 자료가 있는가 들추어 보고 다시 논하기로 하겠다.

12.1) 中國의 古代前期國語에 관한 문헌

1) BC 2세기 이전 문헌: 齊 管仲(BC 645), 「管子」 輕重篇 發朝鮮 등. 漢 司馬遷, 「史記」 권 115 朝鮮列傳(BC 102~91) 王險, 莫汗 등, 晉 郭璞(276~324), 「山海經注」 권7 不與 등 명칭.
2) 4세기 이전 문헌: 後漢 班固, 「漢書」(58~75) 권6~7 帝紀, 권99 王莽傳, 권28 地理志, 권95 朝鮮傳 東夷薉君, 貉人, 夭租, 裨王 등. 晉 陳壽, 「三國志」(265~297) 권2~4 魏志本紀 濊貊, 韓那奚 등, 권30 魏志東夷傳 卑離國, 槀離 등 명칭.
3) 4세기 이후의 문헌: 宋 范曄, 「後漢書」(420~479) 권1 光武帝紀 東夷韓國人, 貊人 등, 권23 郡國志 番汗, 西蓋馬 등, 권85 東夷傳 東明, 百濟 등 명칭. 梁 沈約, 「宋書」(488) 권3~10 帝紀, 권97 夷蠻傳 高璉, 映 등 명칭. 梁 蕭子顯, 「南齊書」(502~549) 권58 東南夷傳.

北齊 魏收, 「魏書」(551) 권1~12 帝紀, 권100 高句麗傳, 百濟傳. 唐 令狐德棻 등, 「周書」(628) 권49 異域傳. 唐 魏徵 등, 「隋書」(629) 권1~4 帝紀, 권81 高麗傳, 百濟傳, 新羅傳. 唐 姚思廉, 「梁書」(632) 권2~4 本紀, 권54 諸夷傳. 唐 房喬 등 「晉書」(644) 권1~10 帝紀, 권97 四夷傳. 唐 杜佑, 「通典」(801) 등.

역사적 서술은 으레 이전의 사실로 소급되나, 위 문헌에서는 한계가 있다. 특히 서기전 12~3세기의 地名이 기록되었다고 하는 「山海經」이나 기원전 7세기의 기록인 「管子」에도 별로 자료가 없고, 「史記」는 서기전 2세기로 한정되어 있기 때문이다. 이처럼 한정된 자료라도 살려내기 위해서는 첫째 당시의 發音 上古音을 추적해서 알아야 하고, 둘째 上古音韻의 체계로 수용한 古朝鮮語 音韻과의 對應規則을 밝혀서 적용해야 한다. 셋째, 이런 解讀은 秦漢人이 표기한 자료라는 전제가 조건이다.

12.2) 漢字의 上古音

1) 所謂"古音"是指先秦兩漢(公元二世紀以前)的語音; 所謂"今音"主要是指隋唐時代(公元六世紀至十世紀)的語音。"古音"就是對"今音"來說的。這是傳統的提法。其實,在我們今天看來,"今音"應該叫做"中古音","古音"應該叫做"上古音"。因此,硏究先秦兩漢的音韻的學問——— 古音學, 也就應該叫做上古音韻學。(唐作蕃, 1972. 23)

梅祖麟在討論"之""其""底"的關系時, 曾經談到: "之"學上古早期的聲母是 krjʌg, 上古晚期變成 tjəg, 理由之一是非如此設想才能解釋"底"的來源。(1983, ≪中國語言學報≫) …改在我們掌梅先生的設想來說明"朱"的音變,同樣是可行的。krjwə 〉 kjwɔ 〉 tjwɔ 這三介音代表"朱"字在遠古 · 上古早期 · 上古晚期的讀音,由舌根音變爲顎化的舌尖前塞音。(何九盈 1991. 複輔音問題 98~99)

2) 聲母系統(「切韻」(601) 音系 32字母 推斷): 脣音…帮(非) [p], 滂(敷) [p'], 竝(奉) [b], 明(微) [m], 舌音…端(知) [t], 透(彻) [t'], 定(澄) [d], 泥(娘) [n], 來 [l], 精 [ts], 清 [ts'], 從 [dz], 心 [s], 邪 [z], 莊 [tʃ], 初 [tʃ'], 宋 [dʒ], 山 [ʃ], 正齒音…照 [ȶ], 穿 [ȶ'], 神 [ȡ], 審 [ɕ], 禪 [ʑ], 日 [ȵ], 牙音…見 [k], 溪 [k'], 群 [g], 疑 [ŋ], 喉音…曉 [x], 匣(云) [ɣ], 影 [o], 邊(舌側)音…喻 [ʎ] (何九盈 1991. 62~75)

3) 韻母系統(先秦韻): 介音 一等(없음), 二等 ɪ-, 三等 j-, 四等(元音) i-, 開口(없음), 合口 w-, -w-. 이하 古韻 11類(行) 30部 목록.

1.	之 [ə]	2.	職 [ək]	3.	蒸 [əŋ]
4.	幽 [ɣ]	5.	覺 [ɣk]	6.	冬 [ɣŋ]
7.	宵 [ʌ]	8.	樂 [ʌk]		
9.	侯 [ɔ]	10.	屋 [ɔk]	11.	東 [ɔŋ]
12.	魚 [a]	13.	鋅 [ak]	14.	陽 [aŋ]
15.	支 [æ]	16.	錫 [æk]	17.	耕 [æŋ]
18.	歌 [ai]	19.	月 [at]	20.	元 [an]
21.	脂 [æi]	22.	質 [æt]	23.	眞 [æn]
24.	微 [əi]	25.	物 [ət]	26.	文 [ən]
		27.	緝 [əp]	28.	侵 [əm]
		29.	葉 [ap]	30.	談 [am]

(何九盈, 1991. 27~61)

中國의 자료는 원래 表音文字가 아니어서 그 上古音韻學의 성과를 원용해야 하는데, 上古音은 시기에 따라 서기전 10세기 「詩經」代의 遠古, 기원전 4세기 先秦代의 上古早期, 이후 兩漢代의 上古晚期 등

3기의 차이가 있다는 점에 유이해야 할 것이다. 또, 외국자료로서 日本文獻도 꼽히나, 이것은 借字表記이기 때문에 이와 같지 않다. 일찍부터 이들에 대한 解讀의 역사가 있다는 것도 큰 도움이 되고, 그 자료는 문헌의 편찬시기보다 오랜 기록을 담고 있어서 시기적으로 어긋나지는 않는다.

12.3) 日本의 古代前期國語에 관한 문헌 ※ 奈良時代 710~764.

1) 奈良 太安萬侶, 「古事記」(712) 3권, 韓 kara, 志良宜 · 新良 shiragi, 百濟 kudara, 高 koma, 牟漏 mure 등. (江戶 本居宣長, 「古事記傳」(1798) 44권). 약칭 古事.

2) 奈良 舍人親王, 太安麻侶 등, 「日本書紀」(720) 30권, 韓 · 韓良 · 加羅 · 柯羅 · 辛 · 空 kara, 斯羅 · 玆良宜 shiragi, 百濟 · 久太良 kudara, 高麗 · 狛 · 胡摩 koma, 山 · 武羅 · 武例 mure 등. (江戶 谷川士靑, 「日本書紀通證」(1762) 35권). 약칭 日書.

3) 奈良 大伴家特 등, 「萬葉集」(773) 20권, 韓 · 漢 · 辛 · 可良 kara, 新羅奇 · 新羅 shiragi, 百濟 kudara, 高麗 · 狛 koma 등. (鎌倉 仙覺, 「萬葉集註釋」(1269) 10권). 약칭 萬葉. ※ 350년 간의 450首 수록.

4) 平安 萬多親王, 「新撰姓氏錄」(818) 31권, 韓 · 辛 · 加良 · 賀良 · 加羅 kara, 新良貴 · 新羅 · 新良 shiragi, 百濟 kudara, 狛 · 肥 · 高句麗 koma 등. 약칭 姓錄.

5) 「上陸風土記」(717~724) 1권, 「出雲風土記」(733) 1권, 「播磨風土記」(716) 1권, 「豊後風土記」(740), 奈良 正倉院文書, 金石文 등.

뜻을 가진 漢字로 외국어를 표기한 것은 六書의 하나인 假借의 일종이다. 같은 漢字라도 言語가 변하듯 사용하는 나라에 따라서 또한 사용하는 시대에 따라서 다르기 때문에, 특히 假借는 이런 字音을 분간하는 것이 중요하다. 물론 표기하는 原語民의 字音과 표기자가 수용한 외국어의 發音을 추적하는 것이 그 解讀의 기본이지만, 표기자의 편법이나 문헌에 따라 다른 同音異字 혹은 異音同字를 규명하는 것이 큰 관문이다. 즉, 일종의 규칙이나 관용이라고 할 이 관건은 성패의 갈림길이다.

2.1.1 音韻과 借字表記

古代國語의 表音 문헌에 근거하여 고유한 古代文字가 있었다는 주장이 있으나, 아직 그 사실이 입증된 것은 없다(金敏洙 1980. 37~41). 다만, 1970년대에 각처에서 발견된 고대의 많은 岩刻畵는 新石器時代에 사냥의 풍요를 빌던 종교적 유적으로 해석되고 있다. 이러한 文字 이전의 그림으로서는 言語資料의 대상이 되기가 어렵다. 반면에, 漢字가 일찍부터 차용된 사실은 분명하나, 그 시기는 확실치 않다. 殷商代의 甲骨文字, 이보다 천 년 앞선 山東省 丁公村의 陶器文字는 어떠한지도 의문이다.

13.1) 漢字의 導入

1) 「魏略」曰, 昔箕子之後朝鮮侯見周衰, 燕自尊爲王欲東略地, 朝鮮侯亦自稱爲王, 欲興兵逆擊燕以尊周室, 其大夫禮諫之乃止, 使禮西說燕, 燕止之. (「三國志」魏志東夷傳 韓) (조선 후는 주나라가 쇠한 것을 보고, 연나라가 왕을 칭하고(BC 323) 동쪽을 치려 하자, 조선 후도 왕을 칭하고 연나라를 치고자 했다. 그러자, 조선 후가 주실을 존경해서 대부 예가 이것을 말렸다. 王, 大夫, 禮 등의 명칭)

2) 고조선의 유적, 유물에서 나온 기원전 3~2세기의 그릇붙이들에서 한자가 쓰인 것을 보여주고 …≪중국동북지방의 유적발굴보고≫ 사회과학원출판사 1966년판 124~125페이지 …한자를 써넣어 구울 정도라면 그것은 사회적으로 일정하게 통용되었다는 것을 전제로 할 것이다.(류 렬, 1990. 33)

3) 國初始用文字, 時有人記事一百卷, 名曰留記, 至是刪修. (「三史」 권20:2, 高句麗本紀 제8, 嬰陽王 11년) (국초(BC 1C)부터 漢字를 사용하기 시작하여 역사 1백 권을 기술하고 책명을 「유기」라고 했는데, 이때(600)에 이르러 그것을 산수한 것이다.)

古朝鮮은 일찍이 인접한 華夏나 殷商과 교류했으나, 서기전 23세기의 龍山陶文 혹은 서기전 12세기 이전의 甲骨文字와의 접촉은 밝힐 길이 없다. 차용이 확실한 漢字는 大篆(BC 8~3C), 小篆(BC 3~2C), 隷書(BC 2~1C), 楷書(3C)로 변천한 만큼, 지필묵의 발견으로 漢代의 통용문자가 된 隷書가 수용되고, 그 전에는 쓰기 힘든 竹簡의 篆書가 수입되었을 것이다. 그러나, 漢字를 사용한 것은 서기전 4세기로 추정되고, 이것을 차용하기 시작한 예는 서기전 1세기 高句麗「留記」의 고유명칭이었다.

13.2) 表音과 音韻(용례: 「三史」 地理志, 고구려, 백제, 신라 순서)

1) 表音: ㅂ…波兮(37:3b)(岩 바히), 發羅(36:10a)(錦 바라), 波珍(38:1b)(海 바다라/바달), ㄷ…旦(37:4b)(谷 다나/단), 珍惡(36:2b)(石 다라), 大良(34:11b)(江 다라), ㄱ…甲比(37:4a)(穴 가비), 古尸(36:9a)(岬 고시), 加尸(34:11b)(新復 가시), ㅅ…述爾(35:4a)(峯 수리), 沙(36:2b)(新 사), 濟次(35:2b)(孔 서시), ㅎ…奈兮(35:2a)(白

나히), 豆肹(36:8a)(豆原 가후루/가훌), 波兮, ㅁ…買(35:2b)(水 마이), 勿居(36:5b)(淸 무루거/물거), 密(34:6b)(推 미라/밀), ㄴ…內米(35:6b)(池 누미/나미), 乃利(36:6b)(津 나리), 南(34:11a)(餘 나마/남), ㄹ…洴流(37:13a)(松 비리), 夫里(36:3a)(城市 보리), 巨老(34:10b)(鵞 가로) 등.

2) 音韻(괄호 속 후대의 생성. 26.3) 참조)

子音:	ㅂ p	ㄷ t	(ㅈ c)	ㄱ k
(8)		ㅅ s		ㅎ h
	ㅁ m	ㄴ n	ㄹ r	(ㆁ ŋ)
받침:	ㅁ	ㄴ	ㄹ	(ㆁ)
(3)				
母音:	ㅣ i	(ㅡ ɨ)	ㅜ u	
(5)	ㅓ e		ㅗ o	
		ㅏ a	(ㆍ ɐ)	

重音 ㅑ ㅕ ㅛ ㅠ ㅘ ㅝ (ㅐ…ㅒ…ㅙ…)

이것은 가장 오랜 명칭으로 인연한 地名表記를 자료로 古代前期國語의 音韻을 귀납해 본 것이다. 「三國史記」 地理志에는 가령 '孔巖縣, 本高句麗齊次巴衣縣, 景德王改名, 今因之.'(권35, 2~3). '三峴縣(一云密波兮)'(권37, 5)라고 있어, 바위(岩)가 高句麗語로 '巴衣, 波兮'임을 밝혔다. 그러나, 현 단계로서 이 試案은 검토를 위한 것이며, 특히 表記의 해독에서 문제되는 것은 계속 더 규명하면서 철저를 기해야 한다고 생각한다. 이 音韻은 제한된 자료에서 귀납했다는 점에서도 보완의 여지가 있을 것이다.

13.3) 非音韻(용례: 「三史」 地理志 기타, 13.4) 참조)

1) 子音의 混記: ㅈ/ㅊ→ㄷ…蕪子(37:15b)(節 모디)(子 精 ㅈ ts母), 毗處(3:10b)(人名 비다)(處 昌 ㅊ t'母), 朱蒙(13:1a)(人名 도무/두무)(朱 章 ㅈ ʈ母)/鄒牟(두무)(鄒 莊 ㅊ tʃ母)/東明(도마)(東 端 ㄷ t母); ㅊ/ㅈ→ㅅ…未鄒(2:10a)(人名 미시/미수)/未照(미시/미소)(照 章 ʈ母); ㄱ/ㅎ→ㄱ…骨正(2:7a)(人名 구루사)(骨 見 ㄱ k母)/忽爭(구루사)(忽 曉 ㅎ x母); 見 k/群 g…久遲(37:17a)/仇知 등.

2) 받침의 混記: ㅂ/∅…歃平(35:9b)/沙平(36:2b)(新原 사버러/사벌), ㄷ/∅…豆率(42:9a)/支羅(37:14b)(周 두루), ㄷ/ㄹ…達乙/達(35:4a)(高 다라), ㄱ/∅…谷野(37:10a)/何老(가라), ㅇ/∅…朱蒙(13:1a)/衆解(→牟)(도모/두무) 등.

3) 母音의 混記: 아래 아(・)→ㅏ…旦(37:4b)(谷 다나), →ㅓ…斤烏(34:8b)(河 가라), →ㅗ…夫里(36:3a)(城市 보리), →ㅜ…屈(37:4b) 江 구루), →ㅣ…知(37:17a)(谷 디); ㅡ→ㅓ…斤尸(37:5b)(文 거시), →ㅗ…夫里(城市 보리), →ㅜ…勿(35:5b)(水 무루) 등.

그러나, 실제로 漢字의 上古音이 국어에 어떻게 반영되었는가를 자세히 따져 보면, 위의 예와 같이 국어에서 확실히 그 반영을 거부한 흔적이 역력하다. 즉, 같은 發音에 대한 借字의 聲母나 韻母가 혼용된 사실이다. 이러한 同音異字는 고대인의 관념에 없기 때문에 분간하지 못했다고 해석된다. 따라서, 의미구별에 쓰이지 않은 發音은 子音 ㅈ, 次淸(ㅍㅌㅊㅋ), 全濁(ㅃㄸㅉㄲㅆ), 받침 ㅂㄷㄱㅅㅇ, 母音 ㅡ 등이었다고 믿어진다. 그러면, 이들이 결합해서 말이 되었겠는데, 그 규칙은 어떠했던가?

音韻變異와 規則 이 시대의 音韻은 이러한 사실로 보아 후대보다 간결한 구조였다. 이들 音韻의 結合規則도 복잡하지 않았을 것이나, 역시 자료의 제한으로 명확한 사실을 귀납하기 어렵다. 우선 당시 音節은 8子音과 5母音이 합한 것 45, 重母音 j 先行 4, w 先行 2, j 後行 10, 도합 16개가 자음과 합한 것 128, 이들 173개에 3받침이 각각 결합한 것 519, 그래서 총계 692로 계산된다. 45개의 單母音, 128개의 重母音, 45개와 128개의 받침으로 된 音節表가 되나, 이것은 논리적인 音節이다.

이 표는 계산에 의한 결과일 뿐이며, 개개의 機能負擔量은 헤아릴 길이 없다. 따라서, 그 부담량 영 즉 쓰이지 않던 것을 가르지 못하고, 또 音素의 부담력을 구분하지 못한다. 다만, 現代國語에 대한 부담량의 분석(金敏洙 1983. 51~52)에 비추어, 初聲 ㄱㄷㅅㄴㄹㅈㅎㅁㅂㅊ, 中聲 ㅏㅣㅓㅡㅗㅜㅔ, 終聲 ㄴㄹㅇㄱㅁㅅ 등의 순서에서 이들은 거의 높은 부담력을 가진 유로 나타났다. 결론을 서두르면, 이 사실은 이들 音韻이 체계화의 經濟性과 安定性이 높고, 소실될 가능성이 거의 없다는 뜻이다.

13.4) 音韻變異(용례: 「三史」 地理志 기타, 13.3) 참조)

1) ㄹ/ㄴ添加: 刀良(34:11b)/大良(江 다라), 古衣(37:6a)(鵠 고니/고리), 古所於(37:4b)(獐 고사니/고라니) 등, ㄱ/∅: 伏史(37:5a)/夫斯(松 보시), 德頓(37:4b)(十谷 더두누) 등, ㅎ/∅: 波兮/波衣(35:2b)(岩 바히) 등.

2) 母音調和: ㅏ~ㅏ 大良(江 다라), ㅏ~ㅗ 巨老(34:10b)(鵞 가로), ㅗ~ㅣ 夫斯(35:10a)(松 보시), ㅗ~ㅏ 古良(36:3a)(靑 고라), ㅓ~ㅜ 今勿(35:1b)(黑 거무루), ㅜ~ㅜ 功木(37:4a)(熊 구무), ㅣ~ㅣ 於乙

(37:3b)(井 이리), ㅣ~ㅏ 伊伐(35:8a)(鄰 이부루), ㅏ~ㅣ 奈兮(35:2a)(白 나히), ㅓ~ㅣ 濟次(35:2b)(孔 서시), ㅗ~ㅣ 古次(37:4a)(口 고시), ㅜ~ㅣ 內米(35:6b)(池 누미), ㅗ~ㅏ~ㅣ 古所於(獐 고사니) 등.

音韻의 結合規則은 音節이 구성되기 위한 接合, 두 음절이 결합되기 위한 連結로 나뉜다. 그 接合에서는 현대의 頭音規則과 末音規則이 있지만, 이 시대에도 있었을 것으로 추측되는 頭音規則은 입증하기 어렵고, 末音規則은 破裂音 받침이 없어서 없었던 것으로 보인다. 그러나, 그 連結에서는 借字上의 편의도 겹쳐 위 1)과 같은 變異가 나타나고 있는데, 단순한 예가 약간 보인다. 반면에, 母音調和는 가능한 한 韻母를 잘 가려 의식적으로 살리려던 규칙이라는 점에서 중요한 특징으로 꼽힌다.

위에서 제시한 이 시대의 音韻體系는 간결함이 특징이라고 했는데, 이 간결성은 言語類型論의 관점에서 해석해 볼 측면이 있다. 가령, 母音體系는 3母音(i a u)을 기본으로 하고, 4母音(3 + ε), 5母音(4 + o), 6母音(5 + ɨ, ɔ), 7母音(6 + ə) 등과 같은 유형의 보편성이다. 그러면, 5母音體系가 가질 것은 ε인데, 후대의 기록이나 日本語의 音寫 e: ㅓ(「伊路波」(1492) 1)는 우연이 아닐 것이다. 절대적은 아니라도 自然言語의 보편적 이론을 이처럼 개개의 言語史에서 주목해 볼 여지는 충분하다고 여긴다.

漢字音과 音韻表記 古代國語의 借字表記에서 특히 '不譯下'에 해당하는 表音은 漢語史의 上古音에 근거해서 해독되어야 한다고 이미 언급했다. 그러면, 漢語의 上古音과 우리의 古代音과의 차이를 알 필요가 있다. 上古音의 고증은 첫째 3천 년 전 「詩經」의 押韻, 둘째 六

書의 하나로 일찍 생성된 形聲字(聲符)의 同韻部 원칙을 근거로 하며, 그 귀결의 예는 위 12.2)의 3) 11類30部의 분류로 나타났다. 그런데, 알려진 대로 聲母와 韻母로 구성된 漢字音에서 韻母를 구성한 韻腹은 불가결한 것이다.

14.1) 上古音의 樣相

1) 字音(예: 巴 ba, 廣 guang): 聲母(b, g), 韻母(a, uang)=韻頭(u) + 韻腹(a) + 韻尾(ng) (唐作藩 1972. 7~9). ※ IMVF/T, MVF/T

2) 從外民族向漢語借的詞看: 朝鮮語把"風"叫[palam]。中國宋代有朝鮮把"風"叫"孛纜"的記載。在古籍中還把"風"叫"噴輪, 焚輪, 飛廉, 毗藍, 勃嵐"等等。這些詞有兩個共同的特點: 1. 按"古無輕唇"的原則, 第一個字是雙唇音聲母: 孛 [b], 噴 [p'], 焚 [b], 飛 [p], 毗 [b]。第二個字都有邊音聲母 [l], 而且除"輪"字外都收 [-m]韻尾。與朝鮮音完全相合。而"風"字接"古無輕音說", 也是雙唇音聲母, 上古歸"侵部", 也收 [-m]韻尾。…因此我們可以說在上古時代, 漢語的"風"本來發[plam]的音, 應該是個複輔音聲母字。(李思敬, 1985. 117) ※ 卵 kl-, 鏐 gl-, 卯 ml-, 系 sm-, 亘 sr- 등.

3) "風"字, …從這樣一個形式出發, 就可以解釋如下的音變: [-iuəm] 〉 [iuəŋ] 〉 [-iuŋ] ①(≪詩經≫時代) ②(過渡時代) ③(≪切韻≫時代)。音變說明: ①形式的開口韻尾[-m]受前邊合口介音[-u]的導化作用變成[-ŋ](因爲介音[-u]和韻尾[-m]都有雙唇動作, 發音動作的重複, 使其中的一個音改變發音部位), 于是產生了 ②形式的[-iuəŋ]。②形式中的[ə]是個不稳定的央元音, 受介音[-u]的高化作用([i] [u] 都是高元音), 再加上韻尾[-ŋ]是個舌根音, 發音部位靠后, 于是就把[ə]變成了后高元音[u]。介音里的[-u-]和主要元音[u]經過合流, 就變成了 ③的形式: [-iuŋ]。因爲介音說可以更方使更合理地解釋歷史音變現象。因此我們采取上古有介音說。不過上古的介音和中古的介音雖然相應, 但未必完全相同。(李思敬, 1985. 109~110)

4) 關于上古的聲調系統, 至今尙無統一的意見。…當代學者王力先生對上古聲調的看法是: …王先生的這個聲調系統是三大類六小類。如果平聲, 上聲不論陰陽, 實際上是四個聲調, 卽平, 上, 長入, 短入。這個結論吸收和發辰了淸人的研究成果。…我個人認爲王力先生提出的長入短入之分是很正确的, 這樣就可以對中古相當數量的去聲字在上古時代跟入聲關係非常密切這一現象, 進行合理的解釋。(何九盈, 1991. 79~80)

이러한 上古音이 古代國語의 표기에 어떻게 반영되었는가 하는 문제는 아직 뚜렷한 해답을 얻지 못하고 있다. 4세기 이전의 古代前期는 2세기 兩漢時代 이전의 上古音과 3~10세기 魏晉~隋唐代 中古音에 걸치나, 그 漢字音에는 上古音이 반영되었을 것으로 보인다. 그런데, 上古音과 古代漢字音이 어떤 對應關係에 있었는가는 밝혀진 것이 거의 없다. 이 단계에서는 성급하지만 추정되는 地名解讀의 예에 따라 용감한 시도를 해 보는 수밖에 없다. 먼저 약간의 단편적인 예를 찾아보기로 한다.

14.2) 上古音과 古代漢字音과의 對照(용례: 「三史」 地理志)

1) 聲母: 次淸 → 全淸, 全濁 → 全淸, 齒頭音/正齒音 → 齒音, 精母/照母(ㅈ) → ㄷ, 曉母 → ㅎ, 日母 → ㅅ 등 체계적 반영.

2) 韻頭: ɪæi 〉 ai 皆(一伯), ɪa 〉 a 巴(一衣), wa 〉 u 古(一次), jə 〉 ə 〉 u 流(沸一)/仇(一知), ɪai 〉 ai 沙(一尸良), jɤ 〉 u 首(一爾), jən 〉

ən 隱(難一), jwən 〉ən 分(辛一) 등 삭제

3) (韻頭)/韻尾: ai 〉a 羅(發一), jæi 〉i 次(忽一)/兮(波一), wai 〉a 波(一珍), wət 〉u 忽(一次), jaŋ 〉a 良(毛一), ɪap 〉a 甲(一比)/莟(一匕) 등 삭제. jwət 〉ət 〉ər 勿(一居)/述(一爾)/勿(今一), at 〉ar 達(功木一), wat 〉at 〉ur 忽(買一) 등 韻尾 ㄷ의 流音化, 連音 등.

4) 韻腹: a 〉a 乃(一勿), ʌ 〉a 毛(一良), jwa 〉u 所(一比), jəm 〉ə 今(一勿), jæt 〉i 乙(於乙), ɪæ 〉je 買(一尸達), jæ 〉i 斯(於一), jwa 〉a 〉o 居(勿一) 등의 대조.

위와 같은 대조에서는 어떠한 對應規則을 뚜렷이 나타내 주지 않는 것으로 보인다. 결과적으로 聲母에서는 그런대로 규칙성이 어느 정도 있으나, 韻母에서는 복잡한 양상이다. 대체로는 음성적 환경에 따라 기록하는 사람의 편의와 이에 의한 습관 등이 개재했을 것으로 추측되기도 한다. 특히 t入聲의 弱化가 用字의 편의에서 온 것인지, 아니면 中古音 후기의 반영인지는 의문이다. 中古音의 반영이라면, 이들 地名表記도 당연히 그 시기인 8세기 이후에나 비로소 기록했다고 해야 할 것이다.

실제로 4세기의 金石文이나 文書를 위시하여 7세기 이전의 적지 않은 자료에 고유명칭이 있고, 이 기록은 이후의 表記에 연계되어 있다. 이러한 맥락 속에서 이미 언급한 대로 古代漢字音을 실증적으로 재구성하는 작업이 시급한 것은 물론이다. 그 성과에 따라 이 시대의 聲調에 대한 추측도 짐작되지만 기대하기는 어렵다. 기대한다면, 上古音에서 추정된 長短音일지도 모른다. 그리고, 모든 自然言語가 기본적으로 가지고 있는 語調는 어떠한 형태이든지 본래부터 가지고 있었다고 할 것이다.

2.1.2 語彙와 形態表記

本來語와 漢字語 이 시대의 어휘는 이미 예시한 人地名, 官職名 등 고유명칭에서 보듯이 전래한 本來語의 체계였음이 분명하다. 이 사정은 신라, 백제, 고구려가 같았을 뿐만 아니라, 이들 3국의 言語도 큰 차이가 없었다. 借字表記의 해독이 불완전한 단계에서 세밀한 比較는 어려우나, 대체로 3국이 하나의 共通言語圈을 이루었다. 이 체계는 東晉, 先秦과의 빈번한 文化交流의 영향으로 더욱 다양하고 풍부한 양상을 띠기 시작했다. 그 현저한 영향은 주로 서쪽에서 새로 전래한 文物이었다.

15.1) 漢字語의 수입

1) 고구려: 小獸林王 …二年夏六月, 秦王苻(符)堅遣使及浮屠順道, 送佛像經文, 王遣使迴謝, 以貢方物, 立太學, 教育子弟. (「三史」 권18:4, 高句麗本紀 제6) (소수림왕 2(372)년에 前秦王 부견이 사신을 시켜 부처, 승려, 경문을 전하니, 소수림왕은 사신을 보내 회사했다. 태학을 세우고 자제에게 儒學을 가르쳤다) ※ 浮屠(僧 誤). 四年, 僧阿道来. 五年春二月, 始創肖(省)門寺, 以置順道, 又創伊弗蘭寺, 以置阿道, 此海東佛法之始. (「三史」 권18:4, 高句麗本紀 제6) (소수림왕 4(374)년에 승 아도가 왔다. 5(375)년에 절을 창설하여 승 순도를 두고, 또 절을 세워 승 아도를 두니, 이것이 해동 불교의 시초였다)

2) 백제: 枕流王 …秋七月, 遣使入晉朝貢, 九月, 胡僧摩羅難陁自晉至, 王迎致宮內禮敬焉, 佛法始於此. (「三史」 권24:10, 百濟本紀 제3) (침류왕 원(384)년에 호승 마라난타가 東晉에서 오자, 침류왕이

그를 맞아 궁내에 두고 예경하니, 불법이 이로부터 시작했다)

此之御世〔應神朝〕 …亦百濟國主照古王, 以牡馬壹疋, 牝馬壹疋, 付阿知吉師以貢上〔此阿知吉師者阿直央等之祖〕, …又科賜百濟國, 若有賢人者貢上, 故受命以貢上人, 名和邇吉師卽「論語」十卷, 「千字文」一卷, 幷十一卷, 付是人卽貢進〔此和邇吉師者文首等祖〕. (日本「古事記」中卷) (백제 근초고왕(346~374)이 응신조(270~310)의 요청으로 화이길사(王人)에게 딸려 「논어」와 「천자문」을 보냈다) ※ 年代 僞作.

3) 漢代梵文對音把Buddha譯爲"浮屠". "屠"是魚部字, 必然那時主要元音是[a], 才能用這個字來對梵文的ddha. (李思敬 1985. 111) ※ 漢代 BC 206 ~ AD 219. 浮 竝幽 pĩu, 屠 定魚 da

서쪽의 영향은 372년에 前秦에서 고구려에 전래한 儒敎와 佛敎, 384년에 東晉에서 백제에 전래한 佛敎, 이전에 전래한 儒敎 등이었다. 위 2)에서 374년경에 이미 학자와 經書가 日本에 전해진 기사로 보아, 經書의 학습은 훨씬 빨랐던 것이다. 그래서, 이와 함께 漢字語가 수용되기 시작했는데, 위 기사에 나타난 것은 浮屠, 順道, 佛像, 阿道, 肖(省)門寺, 伊弗蘭寺, 摩羅難陀, 經文, 太學, 論語, 千字文 등이다. 개중에는 梵語를 음사한 漢語의 外來語 浮屠(Buddha), 摩羅難陀(Māra Nanda) 등도 있다.

儒敎는 孔子(BC 551~479)에 의하여 고래의 思想을 대성한 人倫道德이며, 2세기에 後漢에서 융성하면서 그 經書의 연구가 크게 발전해 간 東洋哲學이다. 당시 이러한 유교의 전래는 특히 추상적 개념이나 知的 개념을 나타내는 어휘의 도입을 가져왔다. 실증할 자료는 없으나, 가령 學問, 陰陽, 理致, 知識, 智慧 등이나 天倫, 道德, 孝子, 忠臣,

友愛, 眞心 등과 같은 어휘가 新語로서 점차 수용되기 시작했을 것은 추측하기 어렵지 않으며, 그 선도자는 太學을 위시한 일부 계층이었다고 여겨진다.

佛敎는 釋迦牟尼(BC 6~5C)에 의하여 인간의 고뇌를 해결하려고 창시된 宗敎이며, 1세기경에 後漢을 거쳐 점차 東北亞로 전파된 관계로 經典이 거의 漢文이었다. 당시 이러한 불교의 전래는 위에서 열거한 외에도 功德, 生死, 菩提, 十方, 因緣, 懺悔, 煩惱, 苦行, 供養, 衆生, 法界 등과 같이 생소한 新語를 가져오기 시작했던 것이다. 이런 어휘는 처음에 사찰을 비롯한 佛家에 정착되었겠으나, 불교가 점차 민간에 전파되면서 이들 어휘도 신앙심의 위력과 함께 광범하게 퍼져 갔을 것은 분명하다.

單語構造와 品詞 기록상 서방에서 문물과 함께 漢字語가 유입된 시기는 4세기였다. 이 시기가 더 소급되더라도, 당시의 漢字語는 극히 부분적인 현상이었다. 3국의 어휘가 반영된 고유명칭의 借字表記가 모두 本來語였음이 밝혀졌기 때문이다. 반면에, 이들 자료는 당시의 單語構造에 대하여 시사하는 바가 적지 않다. 이 표기에 대한 해독이 미진하여 선명한 語形까지는 몰라도, 기본적인 구조를 추출해 내기는 불가능하지 않을 것이다. 다음 예시는 자료에서 單語構成의 용례를 골라 본 것이다.

15.2) 本來語의 單語構成(용례: 「三史」 地理志 기타)

1) 고구려: 買-忽(35:2b)(水城 마-구루), 伏斯-買(37:5a)(深川 보시-마), 買-旦-忽(37:4b)(水谷城 마-다나-구루), 扶蘇-岬(35:5a)(보소-누), 백제: 仍利-阿(36:10a)(海濱 나리-가), 丘斯-珍(36:9a)(珍原 구시-더

러), 毛良-夫里(36:9b)(高敬 마라-보리), 季-川(36:8a)(長澤 기-나), 沙尸-良(36:3b)(黎地 사리-라), 신라: 漆-巴火(34:4a)(載岩 시루-바호), 推良-火(34:7a)(三城 미라-부루) 등 複合構成(語根-語根).

2) 고구려: 馬-斤(37:5a)(大陽 마라-거러), 於斯-買(37:5a)(横川 어시-마), 沙熱-伊(35:7b)(清風 사나-리), 신라: 高思-曷-伊(東地 29)(冠 고시-가-리) 등 派生構成(接辭-語根, 語根-接辭). ※ 於斯=어시/엇(横)-買, 沙熱=사날(清)-이(伊), 高思=고사/곳-曷=갈(冠)-伊=이.

이것은 본래의 지명에 대하여 후에 바꾼 漢語의 뜻을 근거로 한 분석이다. 우선 複合構成에서 주목할 것은 '黎 실(載) 巴火(岩), 季 기(長) 川(澤)' 등의 '실(載), 기(季)'와 같이 用言의 語幹이 그대로 名詞처럼 쓰인 점이다. 그런데, 派生構成에서 '沙熱 사날(淸)-이'의 '사날(沙熱)' 같은 形態는 語幹인지 名詞인지 쉽게 알기 어렵다. 이 특징은 뒤에 다시 엿보기로 하고, 이 시대의 單語構造가 비록 단편적인 자료에서나마 이로써 본질적으로 中世國語와 큰 차이가 없었음을 짐작하게 되었다.

이 시대의 어휘를 品詞의 측면에서 보면, 名詞 예: 買(水 마), 巴火(岩 바호) 등, 代名詞 예: 伊(自 이) 등, 數詞 예: 推(三 미루) 등과 動詞 예: 黎(載 시루) 등, 形容詞 예: 伏斯(沈 보시), 季(長 기) 등에 冠形詞 예: 沙(新 사) 등이 발견된다. 이런 品詞體系에서 당연히 있었어야 하는 副詞와 感歎詞가 없는 것은 단지 자료의 탓이며, 다음 다른 자료에서 보게 될 것이다. 그러나, 당시의 冠形詞는 오늘과 달리 名詞의 범주였다고 여겨진다. 用言의 語幹이 名詞처럼 얹혀서 결합되는 구조에서는 고차원에서 보아야 하기 때문이다.

이런 구조가 構語法에 국한된 것인지는 더 규명해 보아야 하겠으나, 品詞의 機能은 體言, 用言, 修飾詞, 感歎詞로 분류하는 것이 이 단계의 시각이다. 그러면, 冠形詞의 기능은 있었으나, 그러한 품사가 없었고, 또한 接續詞의 기능은 있었으나, 그러한 품사가 없었다는 관점이다. 그러면, 실제로 冠形詞의 기능은 名詞가 담당했고, 필요한 接續詞의 기능은 零形態나 虛辭化해 가는 助詞, 語尾가 사용되었을 것이다. 같은 形態가 體言과 用言 두 기능으로 사용되는 것은 그래서 추정하기 어렵지 않다.

形態와 形態構造 이 시대의 單語構造는 역시 보편적인 複合法과 派生法에 의하여 單語가 생성된 것이었다. 따라서, 그 구조는 語根(root)과 接辭(affix)로 분석되고, 單語의 종류는 單一語와 複合語 및 派生語로 구분되었다(金敏洙, 1983. 176~181). 더 나아가서 엿볼 것은 그 語根이나 接辭의 形態에 대한 의문이다. 우선 數詞의 語形과 用法이 어떠했는지 궁금하다. 數詞의 冠形語形은 다음 용례와 같이 이 시대에는 없었던 것으로 보이고, 2) 후기의 자료에서도 계속 같았다는 점에서 주시된다.

16.1) 數詞의 形態(용례: 「三史」 地理志)

1) 數詞: 고구려…密(37:5a)(三 미루) - 波兮(峴), 于次(37:4b)(五 오시) - 呑(谷) - 忽, 難隱(37:3b)(七 나나) - 別(重 버러), 德(37:4b)(十 더) - 頓(谷 다나), 백제…豆肹(36:10a)(會/二 두후루) - 縣(會津縣), 豆(36:6b)(萬 두) - 乃(頃 나) - 山, 신라…一直/直寧(34:3b)(一 가다) - 縣, 一利(34:12a)(一 가리) - 郡(星山郡)/加利(一 가리) - 縣, 推良(34:7a)(三 미라) - 火(玄驍縣 부루) 등.

2) 一直/直寧(一 가다): 一等下叱 ᄒᆞ ᄃᆞᆫ핫, 一等肹 ᄒᆞ ᄃᆞᆫ ᄋᆞᆯ, 一等沙 ᄒᆞ

둔사(禱千手觀音歌), 豆肹(二): 二肹隱 두블은(處容歌), 二尸掌音 두블 손바룸(禱千手觀音歌) 등.

다음으로, 用言의 形態變化는 각종 機能을 갖기 위한 수단이기 때문에 없지 못할 用法이다. 전모를 밝히는 것은 역시 자료 탓으로 불가능하다. 다만, 다음 용례에서 '今勿(黑)-奴'는 未來冠形形으로 보아서 좋을 것이다. 그런데, 用言의 語幹은 위에서 언급한 대로 自立形으로 쓰이는 특징이 발견된다. 이 특징은 體言이 用言으로 쓰인 다음 2) 中世國語의 예와도 관련된다. 즉, 이 형상은 用言의 語幹이 원천적으로 體言에서 생성되고, 이 語幹은 본질적으로 自立形이었다는 실증이다(金敏洙, 1992).

16.2) 用言의 形態(용례: 「三史」 地理志)

1) 用言: 고구려…今勿(35:1b)(黑 거무루) - 奴(壤 노), 沙伏(35:2a)(赤 사보) - 忽(城 구루)/沙非(37:5b)(赤 사비) - 斤乙(木 거리), 伐力(35:7a)(綠 바라) - 川(驍 나), 那(35:7b)(大 나) - 吐(堤 도), 伏斯(37:5a)(深 보시) - 買(川 마), 屈(35:11a)(曲 구루) - 火(城 부루), 皆(35:3b)(王 가) - 伯(逢 마디), 買(37:5b)(水 마) - 伊(入 히), 馬(37:5a)(大 마루) - 斤(楊管 고리), 백제…今勿/今武(36:2a)(黑 거무루/거무) - 縣, 所比(36:3b)(赤 사비) - 浦(=烏 가라), 勿居/淸渠(36:5b)(淸 무루거/마라가) - 縣, 季(36:8a)(長 기루) - 川(澤 나), 居斯(36:7b)(靑 가시) - 勿(雄 무루), 馬尸(36:2a)(大 마시) - 山(다라), 신라…今勿(34:4b)(陰 거무루) - 縣, 助比(34:5a)(陽 사비) - 川, 入(34:7a)(仁/明 바라) - 居里(기리), 吉(34:5a)(長 기루) - 同(臼 두)/只(34:8b)(長 기루) - 沓(立 다), 荅匕(34:5b)(化 다비) - 達/沓

(化 다리/다비) - 達(地 다라), 南(34:11a)(餘 나마) - 內(善 노) 등.

2) 中世國語의 用言: 갈 刀(訓解 22) - 갈다 耕(杜初 二二25) 磨(月釋 一29), 깁 繒(訓解 22) - 깁다 補(楞經 五82), ᄀᆞᄆᆞᆯ 旱(龍歌 一1) - ᄀᆞᄆᆞᆯ다 旱(月釋 十84), 누리 世(訓字 中1) - 누리다 享(龍歌 十43), 되 升(月釋 九7) - 되다 測(釋詳 六35), ᄯᅴ 帶(月釋 八99) - ᄯᅴ다 橫腰(龍歌 十44), 빗 梳(杜初 二十45) - 빗다 梳(杜初 七12), ᄇᆡ 腹(月曲46) - ᄇᆡ다 孕(釋詳 十三10), 신 履(訓解 26) - 신다 著(杜初 七21), 자 尺(訓解 25) - 자히다 尺(杜初 二五50), 품 懷(杜初 二十17) - 품다 懷(楞經 八116), 날 日(月曲 46) - ᄂᆞᆰ다 久(月曲 155)/늙다 老(龍歌 九33), 발 足(月曲 119) - ᄇᆞᆲ다 踏(釋詳 六34) 길 路(月曲 86)/길 長(月釋 八12) - 길다 長(月曲 164), 오래 久(釋詳 六44) - 오라다 久(龍歌 九35), 널 板(訓解 25) - 너르다 寬(楞經 二7), 플 草(月釋 二72) - 프르다 綠(訓字 中15)/푸르다 靑(月釋 二31), ᄒᆡ 日(龍歌 七1)/ᄒᆡ 年(釋詳 六4) - ᄒᆡ다 白(杜初 九5), 믈 水(訓解 25) - ᄆᆞᆰ다 淸(釋詳 九4)/믉다 稀(譯類 下49), 블 火(月曲 101) - 불다 吹(月曲 102)/ᄇᆞᆰ다 明(龍歌 八26)/ᄇᆞᆰ다 丹(杜初 七15)/븕다 赤(龍歌 一11)/븕다 紅(月釋 二57) 등.

이러한 역사적 形態構成을 보면, 둘받침은 후대에 생성된 것이 확실해지고, 이 받침後生說(鄭暻海 1970.6)은 古代國語의 形態를 재구하는 하나의 전제가 될 것이다. 가령, 위의 예 '八居里(仁里)'의 해독에서 '八居(仁 발가) - 里(거리)'보다 '八(仁 바라) - 居里(里 거리)'의 가능성에 주목하는 것과 같다. 그러나, 이 시대의 文法的 形態는 단편적 자료에 잔존한 약간의 예를 엿보는 것이 고작이다. 그래도, 초기의 吏讀文에서 자료를 제공받아야 하는데, 이 자료는 유감스럽게도 가장 오래된 것이 5세기이며, 그것도 손꼽을 정도에 불과하다.

16.3) 5~6세기 初期吏讀文의 文法的 形態

1) 고구려 瑞鳳冢銀合杅(451): 延壽元年 太歲在卯 三月中 太王 敎造… ※ 三月中 三月에, 中原 高句麗碑(481): 五月中 五月에. 節賜 명하여 내리다, 節敎賜 명하여 주다 등.

2) 백제 蓋鹵大王刀銘(455): 始天下…(蓋)鹵大王世 奉(爲) 典(曹)人名无利工 八月中 用大鑄釜 幷四尺 (遷)刀 八十鍊 六十(振) 三才上好( )刀服 此刀者 長壽 子孫洋洋 得三恩也 不實 其所統作… ※ 奉爲 받들, 八月中 八月에, 遷刀 칼 벼려 등.

3) 신라 冷水里碑(443): 敎用 써서, 爲證爾 증거하여, 所白了事 사뢰어 마치다, 鳳坪碑(524): 所敎事 명령된 일이다, 節 감독하다, 川前里書石(535, 545): 節 때, 九月中 九月에, 前立人 앞에 선 사람 등.

이 吏讀文은 漢字로 썼으되 漢文이 아니다. 당연히 당시의 우리말로 읽어야 하는데, 아직 정확한 해독이 되어 있지 않다. 앞뒤의 文脈으로 보아 뜻을 짐작할 정도이며, 최근에 발견된 신라의 迎日冷水里碑(443)에서 敎用, 爲證爾, 敎耳, 別敎 등은 언급하기도 어렵다. 다만, 그런 속에서도 與格 -에(中)가 3국에서 공통으로 사용되었던 점은 눈여겨 볼 부분이다. 이와 관련하여, 백제 개로대왕이 倭王에게 보낸 칼의 銘文이 漢文 아닌 吏讀文이라는 사실이 무엇을 뜻하는지 깊이 새길 필요가 있다.

2.1.3 構文과 構文接辭

文章構造와 語順 이 시대의 構文을 실증할 자료는 전하는 것이 없다. 역시 5~6세기의 작품을 빌어서 그 모습을 엿보는 길밖에 없다. 그러나, 이러한 文法은 쉽게 변천하는 것이 아니기 때문에, 1~2백 년 정도 후대의 자료를 가지고 소급하는 것은 헛되지 않을 것이다. 국어는 널리 알려진 대로 形態上 膠着語(agglutinative language)이며, 語順上 主語 + 客語 + 述語(SOV)의 유형에 속한다(Greenberg, 1963). 그러면, 자료에 의하여 당시의 語順과 이에 따른 構文接辭의 양상을 검토해 보기로 한다.

17.1) 5~6세기 作品의 構文

1) 고구려 中原碑(481): 五月中 高麗大王相公( )新羅寐錦 世世爲願如兄如如弟 上下相和守天 東來之. (5월에 고려대왕 왕상공과 신라 매금은 세세에 형과 같고 아우와 같기를 원하여, 상하가 서로 수천을 어울리려 동으로 왔다.)

②고려대왕 왕상공과 ③신라 매금은 ④세세에 ⑤형과 ⑥같고 ⑦아우와 ⑧같기를 ⑨원하여 → ②③S + ⑤~⑧O + ⑨V, (②S + ⑤C + ⑥V, ③S + ⑦C + ⑧V), ①상하가 ②서로 ③수천을 ④어울리려 → ①S + ③O + ②④V, ⑤동으로 ⑥왔다 → (②③S) + ①⑤⑥V

2) 신라 향가 薯童謠(579~631): 善化公主主隱 他密只嫁良置古, 薯童房乙 夜矣卯乙抱遣 去如. (「三遺」 권2 武王) (선화공주님은 남 그스기 얼어 두고, 마동방을 밤에 알을 안고 가다.)

①선화공주님은 ②남 그스기 ③얼어 두고 → ①S + (④O) + ②③V, ④마동방을, ⑤밤에 ⑥알을 ⑦안고 가다 → (①S) + ④O + ⑤

⑦V, (①S) + ⑥O + ⑤⑦V

위의 비문은 아래 향가와 비교하여 확연히 드러나듯이 漢文句와 약간의 構文接辭로 구성되어 있다. 이것은 초기의 吏讀文에 속하나 당시의 語順을 실증하기에 충분한 金石文이다. 이와 함께 鄕歌를 아울러 자세히 분석해 보면, 이 시대의 語順 SOV型임이 확실하다. 따라서, 당시 漢文을 읽거나 쓸 때에 母語와 다른 漢文의 SVO構文을 의식했고, 때로는 안이한 SOV構文으로 쓰거나 의식적으로 誓記文을 썼을 것이기도 하다. 鄕札에 앞선 吏讀의 고안은 당시 문자생활에서 필연적인 발명이었다.

現代國語의 語順을 보면 SOV型임에는 틀림이 없으나, 실제로는 아주 느슨하여 자유로운 배열이 허락된다. SOV에 OSV도 자연스럽고, 위의 예 ①④②와 같이 副詞語는 얼마든지 S나 O 앞에 놓이는 자유를 갖고 있다. 그래서, 규정적인 것은 主語 + 述語, 修飾語 + 被修飾語의 원칙이다(金敏洙, 1983. 138~140). 이러한 語順의 면모가 위의 분석에서도 나타나 있다. 1천 6백 년을 격한 당시에 그러했던 만큼, 과연 기본적인 文法規則은 가변성이 적다는 사실을 실감하며 새삼 유의해 둘 필요를 느낀다.

한편, 文章에 필요한 構文接辭는 위의 鄕歌에 隱 ᄋᆞᆫ/은/ᄂᆞᆫ/는, 良 아/어, 古/遣 고, 乙 ᄋᆞᆯ/을, 矣 애/에, 如 다 등이 나타났다. 이에 앞선 中原 高句麗碑에는 성질상 에/애 하나만 쓰였으나, 읽을 때에는 와/과, ᄂᆞᆫ/ᄋᆞᆫ, ᄅᆞᆯ/ᄋᆞᆯ, 고, ᄒᆞ다 등과 같은 形態가 사용되었다고 추정해야 옳을 것이다. 이런 형태가 6세기에 갑자기 발생했다고 하기 어렵고, 5세기의 初期吏讀에 이미 그 일부가 있었기 때문이다. 다만, 그 형태가 당시 어떠했던가를 실증적으로 재구하는 문제가 과제로 남아 있을 뿐이다.

文章成分과 指標 이 시대의 構文이 언급한 대로 主語+述語 혹은 主語+客語+述語의 구성인 사실을 확인했다. 副詞語도 있고, 16.2)에서는 未來形 冠形語의 모습도 엿보았다. 의미표현에 불가결한 補語를 17.1) ⑤⑦로 확정하면, 당시도 必須成分에 主語, 述語, 客(目的)語, 補語, 隨意成分에 副詞語, 冠形語, 獨立語가 갖추어져 있었다고 볼 것이다. 그런데, 連結語가 있었을 가능성은 매우 희박하나, 향가 薯童謠에 나타난 提示語 혹은 主題語(예: 선화공주님은)는 이 시대까지 소급될 가능성이 농후하다.

17.2) 6~7세기 鄕歌의 構文

1) 신라 향가 彗星歌(579~631): …倭理叱軍置來叱多, 烽燒邪隱邊也藪耶. …彗星也白反也人是有叱多, 後句, 達阿羅浮去伊叱等邪. (「三遺」 5:17, 融天師)(…여릿군도 와잇다. 홰 ᄐᆞ얀 어여수플이야. …혜성이여 ᄉᆞᆯ바녀 사ᄅᆞᆷ이 이시다. 아야 ᄃᆞᆯ아라 ᄲᅥ가잇ᄃᆞ야)

2) 彗星歌의 構文: …여릿군도(主) 와잇다(述). 홰(ᄅᆞᆯ)(客) ᄐᆞ얀(述, 冠) 어여수플이야(獨). …혜성이여(獨) ᄉᆞᆯ바녀(冠) 사ᄅᆞᆷ이(主) 이시다(述). 아야(獨) ᄃᆞ라라(獨) ᄲᅥ가잇ᄃᆞ야(述).

이 構文에서는 우선 冠形語, 獨立語가 나타났고, 補語는 쓰이지 않았다. 위에서 기대하고 있던 品詞로서는 薯童謠의 副詞(예: 密只 그스기)에 이어 彗星歌에서 感歎詞(예: 後句 아야)가 나타났다. 이보다도 위에서 본 용례와 아울러 훨씬 늘어난 構文接辭에 관심이 쏠린다. 그것은 첫째 主格 伊 이, 述格 耶 이야 등의 體言吐, 둘째 冠形形 隱 ㄴ,

過去形 伊叱 잇 등의 用言吐, 셋째 謙稱 白反也 숣바녀 등이 출현한 사실이다. 특히 謙稱의 존재는 古代國語의 심층을 암시하는 점에서 중요시된다.

17.3) 6~7세기 構文接辭의 形態(홍기문 1957, 兪昌均 1994)

1) 體言토: 主格…(人)伊 (사룸)이, 對格…(薯童房)乙 (마동방)올, (烽)(∅) (홰)(∅), 與格…(夜)矣 (밤)애, 述格…(藪)耶 (수플)이야, 呼格…(彗星)也 (혜성)이여, (達)阿羅 (달)아라, 두루토…(倭理叱軍)置 (여릿군)도, (主)隱 (님)은 등. ※ (密)只 構語接辭.

2) 用言토: 接辭形…(嫁)良 (얼)어, (置)古 (두)고, 冠形形…(燒邪)隱 (亽라)ㄴ, (白反)也 (숣바)녀, 終結形…(去)如 (가)다, (來叱)多 (와이시)다, (浮去伊叱等)邪 (떠가이시드)야, 使動…(燒)邪 (투)야, 過去…(來)叱 (와)이시, 過去未完…(浮去伊叱)等 (떠가이시)드 등.

3) 敍述指標: (來)叱多一叱 이시(時稱, 過去), 多 다(敍法, 平敍)(謙稱, 下稱), (浮去)伊叱等邪一伊 이시(時稱, 過去), 等 드(時稱, 過去未完), 邪 아(敍法, 平敍)(謙稱, 下稱), (玄)多一∅(時稱, 現在), 多 다(敍法, 平敍)(謙稱, 下稱) 등. ※ 謙稱: 白反也 숣바녀.

위의 體言토에서는 형태가 같은 主格과 述格에서 같은 근원으로 시선이 끌린다. 실증될 자료가 없어 아쉽다. 用言토에서는 冠形形의 출현으로 위에서 추정했던 冠形語의 실존이 확인되었다. 이 실존은 構文上 冠形句의 존재가 입증되고, 이 입증은 이른바 敍述冠形語라고 하는 挿入(embedding)을 말하는 것이다. 이 冠形化는 變形生成文法에서 關係節化라고 하는 것이며, 위의 예는 [S1[NP[S2[NP烽(홰)][VP燒(亽라)]]S2[N邊也藪(어여수플)]]NP[VP△]]S1와 같은 구조에서 使動變形,

冠形化變化에 의하여 생성되었다고 보는 것이다.

한편, 모든 構文의 敍述指標는 보편적으로 時稱(tense)와 敍法(modality)의 표시로써 하나의 敍述이 완성되는 것은 알려진 사실이다. 用言토에 속하는 위의 이 지표는 역시 時稱과 敍法으로 구성되었으나, 또 하나 謙稱이 존재했다는 사실에 주목하고 싶다. 즉, 白反也 숣바녀의 사용이 이러한 謙稱의 실존을 뜻하기 때문에, 국어의 構文은 古代부터 독특한 세 지표로 구성되었다고 보는 것이다. 이상과 같은 모든 사실은 5~7세기 자료의 현상이 이 시대로 소급된다는 전제하의 추정임은 물론이다.

構文類型과 接辭 위에서 지적한 冠形化란 것은 揷入複合文의 구를 말하는 것이다. 敍述冠形語(예: '꽃이 피는 봄이 왔다.'의 피는)가 얹힌 구절의 述語(예: '꽃이(主) 피는(述)'의 피는)인 동시에 얹힘 받는 구절의 冠形語(예: '피는 봄이'의 피는)이기 때문이다. 따라서, 이 구조가 있다는 것은 揷入複合文이 다소간 존재했다는 증거가 된다. 主語節이나 副詞節 등으로 구성된 여타의 揷入複合文은 뒤에 발생했을지도 모르나, 連結複合文은 위의 예에서 쉽게 발견된다. 더 분명한 예를 보이면 다음과 같다.

17.4) 6~7세기의 構文類型(예: 鄕歌)

1) 構文類型: ① 單一文 여릿군도 와잇다. ②連結複合文 선화공주님은 (客語) 얼어 두고, (主語) 알을 안고 가다. ③ 揷入複合文 (主語) 쇄(룰) 트얀 어여수플이야 (述語). 혜성이여 숣바녀 사룸이 이시다. ④ 單語文 혜성이여.

2) 引用法構文: (主語, 元話者) '혜성이여'(라고) (補語, 元聽者) 숣바

녀 (사룸이 이시다). ※ 主語, 補語 생략, 引用文 '혜성이여', 傳達文 술바녀, 引用形 (라고) 생략, 元話者 어떤 사람, 元聽者/傳達者 작자, 傳達動詞 술바. 直接引用法.

이 시대의 構文은 이와 같이 기본적인 유형을 골고루 갖고 있었다. 그런데, 여기에서 우선 눈에 띄는 것은 構文成分의 생략이다. 의미의 전달에 꼭 필요한 경우가 아니면 생략하는 것이 일반적이다. 主語 없는 文章이 흔히 쓰이는 것은 현대도 같다. 이런 省略은 오히려 자연스럽고, 전달에도 장애가 없기 때문에, 西歐語 와 다른 하나의 특징이다. 가령, 薯童謠에서 앞에 한번 나온 主語(선화공주님)를 이하에서 계속 반복했다면, 껄끄러운 군더더기가 되어 삭제하게 되는 귀결이 이것을 반증한다.

또한, 시선이 쏠리는 것은 構文上 接辭의 생략이라고도 할 語根만으로의 사용이 현저한 점이다. 이것은 接辭의 발생이란 측면에서 후대에 빈번한 實辭의 虛辭化와 관련된다. 이러한 발전 이전의 단계에서는 자연히 構文構造가 비교적 단순하고 짧은 것이 일반적이었다. 위의 15.2)에서 엿본 고유명칭은 地名이란 특성에 연유했다고 할지 모르나, 그러한 생략 같기도 한 語根의 용법도 후대에는 위 11.3)에서 보일 岐灘 가린여흘, 防墻洞 마근담골, 白達 힌다리, 赤島 불근섬 등으로 되었기 때문이다.

요컨대, 이 시대의 構文은 그 나름의 특징이 있지만, 전반적으로 中世國語의 토대로서 現代國語와도 많은 공통성을 보이고 있다. 첫째, 文章構造는 SOV型이나 OSV가 자연스럽고, 構文接辭는 비교적 조금 발달한 단계로 보인다. 둘째, 構文成分은 다양하나 省略이 정상이고, 連結語는 발달하기 전의 단계로 보인다. 셋째, 構文類型도 고루 있었으나, 비교적 단순하고 짧았던 것으로 보인다. 또한, 敍述指標는 현대와 같이 이미 時稱, 敍法, 謙稱으로 표현되고, 語根만의 용법은 당시의 한 특징으로 꼽힌다.

2.2 古代後期國語(5~10세기)

古代國語 後期 6세기는 확실한 史料가 前期보다 풍부하여 실증적 기술이 가능하다. 전기의 자료은 人地名이나 관직명 등의 어휘에 불과했지만, 후기의 자료는 鄕歌를 위시한 金石文 등의 온전한 文章이 적지 않은 것도 특징이다. 그래도, 그 借字表記를 얼마나 옳게 해독하느냐가 역시 난점이다. 이 자료를 바로 분석만 한다면, 古代語도 中世語 못지 않게 再構, 體系化케 될 소지가 있는 것이다. 완성을 지향하여 전진하면서, 우선은 해독된 성과를 섭렵하는 노력이 최선의 길인 것은 확실하다.

2.2.0 史料와 漢字訓讀

文獻資料와 金石文　古代前期 서기전 2세기부터 서기후 4세기까지 6세기 사이의 國語史가 실존했던 것은 엄연한 사실이건만, 잔존한 그 言語資料는 이미 2.1.0에서 언급한 대로 매우 零星하다. 부득이한 편법이나 가장 가까운 5~6세기 자료의 보완을 통하여 그 言語의 再構를 시도해 보았다. 따라서, 그 5~6세기 史料가 당연히 이 시대에 속한다는 점을 천명하는 동시에, 古代史料의 시대적 구분을 그을 필요가 있다. 그 구분은 대략 다음과 같으나, 地名表記는 반드시 분명한 것은 아니다.

18.1) 5~10세기의 문헌: 10.1) 참조.

1) 金富軾 등, 「三國史記」(1145) 50권. 紀傳體 官撰史書. 記事 4세기 이전 古代前期國語, 이후 新羅 敬順王 9(935), 高句麗 寶藏王 27(668), 百濟 義慈王 20(660)년 등까지 古代後期國語 자료. 약칭 三史.

2) 僧一然, 「三國遺事」(1285) 5권. 私撰史書. 記事 4세기 이전 古代前期國語, 이후 新羅 10세기, 高句麗 7세기, 百濟 7세기 등까지 古代後期國語 자료. 6~9세기 鄕歌 11수 수록. 약칭 三遺.

3) 鄭麟趾 등, 「高麗史」(1451) 136권. 紀傳體 命撰史書. 記事 10세기 이전 太祖 1(918)~穆宗 2(999)년 古代後期國語 자료. 11세기 이후 中世國語 자료. 약칭 麗史.

4) 赫連挺, 「均如傳」(大華嚴首座圓通兩重大師均如傳)(1075) 1권 傳記. 第七에 鄕歌 11수(960), 第八에 그 967년 譯歌. 약칭 均如.

5) 均如, 「釋敎分記」(釋華嚴敎分記圓通鈔) 卷三, 29 口訣(960).

위 구분에서 우선 鄕歌 11수는 깊은 검토를 요한다. 이 작품이 그 一然에 의하여 생존시에 문자화했다고 추정해야 하기 때문이다. 물론 문헌의 板本에 대한 書誌的 고증도 필요하지만, 필경 13세기 말기에 당시 吏讀로 표기했을 이 작품의 言語는 13세기 자료와의 관련에 주목해야 한다는 뜻이다. 고구려의 작품인 '動動'이 반드시 高句麗語라고 하지 못하는 사정과 유사하다. 이런 문헌에 비하면, 金石文은 거의 그 造成年代와 일치하는 성향인데, 이 시대의 金石文 자료는 대략 다음과 같다.

18.2) 5~10세기의 金石文

1) 5~6세기 자료: 위 10.2) 참조.

2) 7~8세기 자료: 甘山寺彌勒菩薩像造成記(719), 甘山寺阿彌陀佛像造成記(720), 關門城石刻(722), 上院寺鐘銘(725), 无盡寺鐘銘(745), 山淸 石造毗盧遮那佛造像記(766), 葛項寺石塔記(758) 등. 文書로 華嚴經寫經造成記(755), 正倉院 新羅帳籍, 文書(758) 등이 중요. 약칭 밑줄.

3) 3~9세기 자료: 禪林院鐘銘(804), 昌寧 仁陽寺碑(810), 安養 中初寺幢竿石柱記(827), 菁州 蓮池寺鐘銘(833), 對馬島 竅興寺鐘銘(856), 慶州 禪房寺塔誌(879), 九州 松山村大寺鐘銘(904), 醴泉 鳴鳳寺凌雲塔碑陰記(941), 河南 校里磨厓藥師坐像銘(977) 등.

이 밖에도 목록상으로는 상당수가 등재되어 있으나, 言語資料로서 기대할 것은 많지 않다. 초기의 吏讀는 우리말 語順의 표기가 섞였거나 혹은 다 우리말 語順으로 표기한 것들이다. 후기의 이두는 초기에 中, 以, 之 등 단순했던 吏讀 吐가 在, 敎, 節, 事, 爲 등으로 발달해서 더욱 충실하게 우리말을 나타낼 表記法으로서 8세기부터 발전하기 시작한 것이다. 이에 비하면, 위 12.1), 12.3)에서 제시한 외국인의 문헌은 우리나라에 관한 기사와 함께 고유한 어휘의 일단을 보여줄 뿐이다.

이 시대의 借字表記는 이러한 형태의 吏讀에 口訣, 鄕札이 따로 있어서 전기보다 확장된 양상이었다. 吏讀의 語彙表記는 漢字를 이용하던 당초부터 사용했을 것이며, 여기서 나아가 우리말 표현을 표기한 것이 吏讀文이다. 반면에, 口訣은 漢文에 토를 달아 읽는 방식인데, 근래에 訓讀口訣이 발견되어 종전부터 알고 있던 音讀口訣과 함께 지칭하게 되었다. 借字方法이 이렇게 심화되면서 우리 詩歌를 온통 표기한 鄕札이 고안되었다. 따라서, 이제는 이들 다양한 表記를 푸는 부담을 지게 되었다.

訓讀口訣과 鄕札 吏讀는 漢字로 우리말을 표기하던 방식이고, 口訣은 漢文의 해석을 표기하던 방식이나, 다 우리말을 적었다는 뜻에서 借字表記에 포함된다. 이들은 漢字와 漢文을 수용하는 과정에 이룩된 우리 선조의 지혜로운 창안이며, 그 시작은 漢文이 도입되던 매우 오랜 시기로 소급될 것이라고 추측된다. 그러나, 기대할 자료는 그다지 오래지 않다. 특히 단순한 句節吐로만 알았던 口訣은 특이한 자료가 속출하여 주목의 초점이 되었다. 그것은 다음과 같은 10세기 均如의 訓讀口訣이다.

19.1) 均如, 「釋敎分記」 卷三, 29: 口訣(960) (安秉禧, 1987. 44~48)

1) 원문: 或有(如)佛性(隱)闡提人(隱)有(豆亦)善根人(隱)无(如好尸丁)或有(如)佛性(隱)善根人(隱)有(豆亦)闡提人(隱)无(如好尸丁)等云也.

※ 口訣은 원문에 없는 괄호로 표시. 闡提(外道). 善根(果報)

2) 해독: 或 잇다 不成은 闡提人은 잇오딕(잇두여) 善根人은 업다 홇뎌. 或 잇다 佛性은 善根人은 잇오딕(잇두여) 闡提人은 업다 홇뎌. 等云也. (安秉禧, 1977)

3) 번역: 혹 佛性이 있다 함은 闡提人은 있지만 善根人은 없다고 하는 것이거나, 혹 佛性이 있다 함은 善根人은 있지만 闡提人은 없다고 하는 것이거나 등등으로 말함이다.

4) 연대: 그 卷一 끝: 顯德七年庚申夏講時 所說所詮章記 說主均如大

師僧 記者惠藏法師 開泰寺敎藏付. ※ 庚申 966. 光宗 11年. 卷六 끝: 江華京辛亥十一月書. ※ 辛亥 1251: 高宗 38年.

이것은 말하자면 漢文의 우리말 번역문이다. 한문에 토를 달아 이와 같이 온전한 번역문을 표기한 것은 참으로 희한한 독창이다. 그런데, 그 借字가 상통하는 점에서 吏讀와 비등한 시기로 소급하겠으나, 현존하는 것은 위의 자료가 아직은 최초일 뿐이다. 이 訓讀口訣은 본질적으로 산문인 實用文을 표기한 吏讀文과 같고, 발전된 鄕札의 표기와도 구조적으로 동일하다. 그러면, 이 시대의 자료로서는 이러한 吏讀에 口訣 및 鄕札이 대상이고, 그 解讀이 매우 중요한 가치를 가지게 되는 것이다.

19.2) 鄕札과 鄕歌

1) 新羅 鄕歌: 薯童 薯童謠(2:28)(579~631), 融天師 彗星歌(5:17)(579~631), 민요 風謠(4:9)(632~647), 廣德 願往生歌(5:9)(661~681), 得烏 慕竹旨郎歌(2:8)(692~702), 牽牛老人 獻花歌(2:9)(702~737), 信忠 怨歌(5:21~22)(737), 月明師 兜率歌(5:12)(760), 月明師 祭亡妹歌(5:12~13)(745~765), 忠談師 讚耆婆郎歌(2:10)(742~765), 忠談師 安民歌(2:10)(742~765), 希明 千手大悲歌(3:38)(742~765), 永才 遇賊歌(5:24)(785~798), 處容郎 處容歌(2:8)(879) (三遺 권2, 3, 4, 5). 약칭 밑줄.

2) 高麗 鄕歌: 均如大師(923~973) 禮敬諸佛歌(21), 稱讚如來歌(21), 廣修供養歌(21), 懺悔業障歌(21), 隨喜功德歌(21~22), 請轉法輪歌(23), 請佛住世歌(23), 常隨佛學歌(23), 恒順衆生歌(23), 普皆廻向歌(23), 總結无盡歌(23~24) (均如傳 第七). 약칭 밑줄.

3) 鄉札: …我邦之才子名公, 解吟唐什, 彼土之鴻儒碩德, 莫解鄕謠, 矧復唐文, 如帝網交羅, 我邦易讀, 鄕札似梵書連布, 彼土難暗, …秦韓錦繡, 希隨西傳之星, 其在局通, 亦堪嗟痛, …宋曆八年周正月日謹序 (均如傳 第八) ※ 宋曆八年周正月 (967년 11월).

10세기 이전 鄕札의 자료는 위와 같이 풍부한 편이다. 그런데, 여기서도 유의할 것은 그 14수가 新羅 6~9세기의 작품이나, 수록된「三國遺事」의 편찬시기에 문자화되었는가 하는 점이다. 이 시기에 비로소 기록되었다면, 그 言語는 13세기의 습관이 반영된 것이기 때문이다. 또한 均如의 향가도 10세기의 작품이나, 백 년 후에 편찬한 기록을 八萬大藏經으로 역시 13세기에 간행을 보았다. 그래서, 이 작품이 어느 시대의 言語로 구성되었는가를 세심히 고증하는 것이 매우 중요하다고 하는 것이다.

요컨대, 古代後期國語는 전제되는 이러한 절차가 있기는 하나, 근접한 실증적 자료를 이용하여 기술될 가능성이 엿보인다. 755년 연대가 뚜렷한 華嚴經寫經造成記 이두문이 갑자기 나타난 기적적 사건이 1978년에 있었던 만큼, 자료의 발굴이 전망되지 않는 것도 아닐 것이다. 특히 訓讀口訣 자료는 1973년 충남 瑞山 文殊寺 金銅如來坐像 복장유물에서 14세기「舊譯仁王經」上 5장이 발견(沈在箕, 1975)된 이후, 언급한「釋敎分記」를 비롯하여 모두 6종을 세는 의외의 성과를 기록했기 때문이다.

口訣, 鄕札의 解讀 우리 고대의 借字表記를 자료화하기 위하여 어떻게 해독할 것인가 하는 문제는 위 2.1.0에서 방법을 강구해 보았다. 요컨대, 漢字의 借音에 대한 당시의 古代音, 借義에 대한 그 古代

語의 再構가 그 기본적 방법이다. 그래서, 시대는 15세기로 뒤지지만, 「龍飛御天歌」(1447)의 讀音에 기초한 借字規則이 어떤 형식으로 추출될 필요가 있는 것이다. 그런데, 그 地名表記는 상당히 오랜 연원을 갖고 있으며, 초기 發音은 시대의 변천에 따라 변화했을 것은 의심의 여지가 없다.

20.1) 固有地名의 解讀

1) 行政改革(九州): 三史 권9:6~7, 景德王十六年冬十二月, 改沙伐州爲尙州, …歃良州爲良州, …漢山州爲漢州, …首若州爲朔州, …熊川州爲熊州, …河西州爲溟州, …完山州爲全州, …武珍州爲武州.
※ 漢字二字制 지방행정 九州 개명. ※ 景德王十六年(757).

2) 地名改稱: 三史 권34:11b, 高靈郡, …新復縣, 本加尸兮縣, 景德王改名, 今未詳. 江陽郡, 本大良(一作耶)州郡, 景德王攺名, 今陜州. 三史 권35:4a, 交河郡, …峯城縣, 本高句麗述爾忽縣, 景德王改名, 今因之. 三史 권36:2b, 扶餘郡, …石山縣, 本百濟珍惡山縣, 景德王改名, 今石城縣. 三史 권36:10a, 錦山郡, 本百濟發羅郡, 景德王改名, 今羅州牧. 三史 권37:3b, 4ab, 七重縣(一云難隱別), …穴口郡(一云甲比古次), …水谷城縣(一云買旦忽), 十谷縣(一云德頓忽), …五谷郡(一云于次呑忽), 內米忽(一云池城 一云長池). 三史 권37:5ab, 牛首州, …橫川縣(一云於斯買), …文峴縣(一云斤尸波兮), …赤木縣(一云沙非斤乙) 등.

이 자료는 매우 귀중한 기록이다. 「三史」 권34~37(地理志 1~4)은 첫째 당대의 地方行政과 地名沿革의 기록일 뿐만 아니라, 둘째 당대 우리말 地名의 發音과 그 意味를 푸는 보고이며, 셋째 地名의 淵源이 오랜 성격에 비추어 上古代의 잔해를 발굴해 볼 희귀한 자원이기도 한 문헌이기 때문이다. 즉, 이 자료를 실마리로 하여 古代語의 실증적 再構를 푸는 광맥으로 캐 들어가자는 것이다. 이런 뜻에서, 7~8세기 이전의 地名을 해독하기 위한 시도가 얼마나 필요하고 중요한지 모를 일이다.

20.2) 地名改稱의 模型

1) 景德王十六年冬十二月(757): 신라 加尸兮(가시기/가시히)縣→(757) 高靈郡 新復縣→今(1145) 未詳, 고구려 大良/大耶(다라)州郡→(757) 江陽郡→今(1145) 陜州(경남 陜川), 백제 珍惡山(더러다라)縣→(757) 扶餘郡 石山縣→今(1145) 石城縣 등. ※ 20.1)의 2) 참조.

2) 唐高宗 總章二年二月(669): 고구려 赤里忽(시리구루)→(669) 鴨綠江以北逃城 積利城, 백제 古良夫里(고라보리)→(669) 都督府 麟德縣(靑陽), 백제 夫首只(보시기)→(669) 支潯州 子來縣 등. ※ 21.4)의 3) 4) 참조.

20.3) 「龍歌」 地名讀法의 模型(용=「龍歌」(1447) 약칭)

1) 地名變遷: 고구려 齊次巴衣縣→(757) 孔巖縣→今(1145) 孔巖縣→(1447) 孔巖 구무바회(용 3:13b), 백제 珍惡山縣→(757) 石山縣→今(1145) 石城縣→(1447) 石浦 돌개(용 1:38a), 신라 草八兮縣→(757) 八谿縣→今(1145) 草谿縣→(1447) 草莫 새와이(용 5:47b), 백제 炭峴→(1447) 炭峴 숫고개(용 5:29b) 등

2) 地名讀法: 谷 골(용 5:34a), 達 다리(용 2:22b)/달(용 3:13b), 大 한(용 3:13b), 山 모로(용 4:21b)/뫼(〃), 城 잣(용 7:7b), 原 두듥(용 5:36b),

津 ᄂᆞᄅᆞ(용 3:15a), 孛里 보리(용 7:23b), 峴 재(용: 1:50a) 등.

地名은 위 20.2)와 같이 대략 3단계 변천을 밝혀 놓았는데, 20.3) 예시와 같이 「龍歌」의 해독은 어떠한 단서를 제공해 주는 것으로 보인다. 즉, 그 地名이 갖고 있는 의미는 어느 정도 해석된다고 하겠으나, 거기서 기어코 놓치지 말 것은 다시 古代語의 형태를 재구하여 복원하는 일이다. 원래 地名에 옛말의 잔해가 박혀 있기는 하나, 그렇다고 不變色은 아니고 역시 그 言語에 따라 변하기 때문이다. 이런 뜻에서, '夫里 보리'의 잔해 '孛里 보리'의 발견은 매우 중요한 수확이다.

요컨대, 이 시대의 자료가 다양하게 전개되었다고 하더라도 역시 漢字의 借字表記인 만큼, 이전의 그 解讀方法이 계속 활용되어야 하는 것이다. 다시 말하면, 첫째 지금까지 축적된 그 연구의 업적을 세심히 검토하여 종합한다. 둘째, 해독한 결과를 귀납하여 보편적인 借字規則을 추출해낸다. 셋째, 이 규칙을 잣대로 하여 해독한 것을 재검토하여 그 규칙을 더욱 수정하고 보완해 간다. 동시에, 기피의 경향이던 演繹的 推理와 論證은 오히려 널리 변통할 새로운 방법론으로 재인식되어야 하겠다.

2.2.1 音韻과 發音表記

子音 古層의 發音 이 시대의 音韻은 현대에 비하여 아직도 많은 차이가 있다. 子音에서는 우선 된소리 즉 硬音은 이미 18.3)에서 지적했듯 생성될 조건이 조성되지 않았으나, 激音 즉 有氣音은 漢字音의 次淸 계열의 聲母가 있어서 音韻이었을 여지가 없지 않을 것이다. 그러면, 종종 논란의 대상이었던 이 시대의 인명 居柒夫(499~576), 異次頓

(506~527)의 '柒, 次' 등 借字表記를 재검토할 필요가 있는데, '六'에 대한 '柒, 眞'이나 '次, 頓' 같은 混用表記로 불확실하여 매우 부정적이다.

21.1) 有氣音 次淸(柒)의 解讀

1) 「三史」 권44:2b, 居柒夫(或云荒宗)/「三史」 권34:8a, 東萊郡, 本居柒山郡. 「三史」 권34:4a, 眞寶縣, 本柒巴火縣. ※ 柒 淸(ts')母, 質韻. 眞 照(ʈ)母, 眞韻. 12.2) 참조. 日語 柒 sit, 眞 sin.

2) 해독: (1) 李基文 1961. 51: 「居柒」(中世국어 거츨-), 「柒」 聲母 有氣音(ts'). (2) 류 렬 1983. 428: 居柒夫 가시리(가슬가슬의 가슬)보. 류 렬 1983. 482: 柒巴火 시루바고, 시루바호 → 眞寶 시루바호. (3) 김무림 1998. 14: 柒巴火 → 眞寶, 柒 = 眞).

21.2) 有氣音 次淸(次)의 解讀

1) 「三遺」 권3:6a, …姓朴字猒髑(或作異次, 或云伊處, 方言之別也. 譯云猒也. 髑, 頓, 道, 覩, 獨等皆隨書者之便, 乃助辭也. …故云猒髑, 又猒覩等也)./「三史」 권4:4b, 異次頓(或云處道). 「三史」 권37:5b, 母城郡 [一云也次忽]. 「三史」 권3:10b, 炤知 [一云毗處] 麻立干. 「三史」 권1:4a, [次次雄 或云慈充. 金大問云 方言謂巫也]. ※ 髑道獨 定, 次 淸, 處充 穿, 頓覩 端, 慈 從母. 12.2) 참조.

2) 해독: (1) 李基文 1961. 51: 「異次, 異處」 「잋-」은 中世語 「잋-」(困, 倦)에 對應. ※ 이쳐(困)(杜初 22. 16). (2) 류 렬 1983. 432: 異次頓, 伊處覩, …이디두, 이시두. 동 267: 也次忽 이시구루, 아시구루. 동 431: 炤知/毗處 비디, 비시. (3) 김무림 1998. 14~15: 也次=母 어시/어ᅀᅵ, 次次雄/慈充 次=慈, 毗處/炤知 處=知.

말하자면, 같은 發音에 대한 다른 借字表記, 즉 '柒 ㅊ, 眞 ㅈ' 등의 다른 聲母에 대하여 어느 편을 기준으로 읽을 것인가 하는 논란이다. 따라서, 이 문제는 同音異字의 解讀 여하로 좌우될 성질이다. 그런데, 朝鮮 漢字音은 唐代長安音 즉 慧琳(737~820)의 「一切經音義」(100권) 反切 같은 中古音을 모태로 近代音이 곳곳에 섞여서 되었으나, 그 모태에는 아래 예와 같이 淸(ㅊ)에 猜偲, 照(ㅈ)에 昭沼諄 등과 같은 古層의 ㅅ母가 아직 잔존해 있다는 것이다(河野 1968. 36~37, 99, 202~205).

21.3) 朝鮮漢字音 聲母의 古層(河野 1968. 초록)

1) 舌頭音: 端(t)…對敦 듸(古層)/鎚堆敦 퇴(新層), 透(t')…摘躍 뎍(古)/趯剔 텩(新), 定(d')…壇檀但 단(古)/彈誕憚 탄(新) 등.

2) 舌上音: 知(t)…張 댱(古層)/쟝(新)/脹漲 턍(新), 徹(t')…覘 뎜(古)/졈(新)/쳠(新), 澄(d')…茶 다(古)/차(新) 등.

3) 脣音: 幫(p)…杯盃輩背 빅(古層), 滂(p')…肧配妃 빅(古), 竝(t')…培裴倍琲 빅(古)/佩孛背倍 패(新) 등.

4) 齒頭音: 精(ts)…則 즉(古層)/측(新層), 晬 쉬(古), 淸(ts')…猜偲 싀(古), 倅淬 쉬(古), 從(dz')…罪 죄(古)/崔 최(新) 등.

5) 正齒音: 照(t's)…懾 셥(古層), 昭沼 쇼(古), 穿(t's')…瀋 심(古), 俶淑 슉(古), 莊(ts)…詐渣 사(古), 初(ts')…揷扱 삽(古), 牀(dz')…撰션(古)/젼(新), 漸 삼/참, 牀床 상/장, 楂査 사/차, 乍 사/자, 柴 싀/지, 愁 수/추 등.

이 古層의 발견은 매우 중요하다. 原音인 聲母에 벗어나는 것은 대부분 六書의 形聲字 聲符에 의한 類推(예: 該 기 > 히(亥) 등)인데, 또한 위와 같이 新層에 대한 몇 古層이 잔존한다는 것이다. 그래서, 위 淸 ㅊ, 照 ㅈ, 穿 ㅊ 등에서 無氣音(全淸)과 有氣音(次淸)의 漢朝對應이 혼란한 것은 원래 朝鮮語 音韻에 有無氣의 對立이 없었기 때문이다(河野 1968. 111, 114~115). 이런 시각에서, 우리 漢字音에는 당초에 원음인 漢語 上古音의 有氣音이 도무지 반영되지 않았을 것을 더욱 의심키 어렵게 되었다.

21.4) 개칭된 地名(669)의 ㅈ母

1) 「三史」 권22:11, (寶藏王二十七年十二月) …分五部, 百七十六城, 六十九萬餘戶爲九都督府, 四十二州, 百縣, 置安東都護府於平壤以統之. ※ 寶藏王二十七年 668년.

2) 「三史」 권37:15, 總章二年二月, …李勣等奏稱, 奉勑高麗諸城堪置都督府及州郡者, …遂便穩分割, 仍揔隸安東都護府. (唐高宗 總章 2(669)년 2월에 이 적 등이 아뢰어 '고려 제성에 도독부 및 주군을 설치하는 것이…' 드디어 적절히 분할하여 모두 안동도호부에 예속케 했다.)

3) 「三史」 권37:16a, 鴨綠以北逃城七: …積利城, 本赤里忽. 권37:17b, 古四州, 本古沙夫里五縣: …佐贊縣, 本上杜. 沙泮州, 本號尸伊城四縣: …佐魯縣, 本上老. ※ 赤 昌母鐸韻, 赤里 시리/積 精母錫韻, 積利 시리; 上 禪母陽韻, 杜 定母魚韻, 上杜 사도/佐 精母歌韻, 贊 精母元韻, 佐贊 사다; 上老 사나/佐魯 사노. 해독: 류 렬 1983.

4) 「三史」 권37:17a, 支潯州九縣: …支潯縣, 本只彡村. 魯山州六縣: …支牟縣, 本只馬馬知. ※ 支 章母支韻, 潯 邪母侵韻, 支潯 지서/只 章母支韻, 彡 山母侵韻, 只彡 지사; 牟 明母幽韻, 支牟 지마/馬 明母魚韻, 知 端母支韻, 只馬馬知 지마마리. 해독: 류 렬 1983.

위 古層을 자세히 보면, 舌音의 ㄷ(古)/ㅈ(新)/ㅌ(新), 齒音의 ㅅ(古)/ㅈ(古)/ㅊ(新) 등과 같은 관계가 주목된다. 이것은 역사적 계층으로 보아, ㅈ母는 ㄷ母나 ㅅ母보다 新層이고, 또한 ㅌ母나 ㅊ母보다는 古層임을 뚜렷이 보게 한다. 여기서 그 ㄷ母나 ㅅ母가 상당히 오랜 것으로 추정할 뿐, 그 근원이나 생성의 조건은 알기 어렵다. 다만, 이 古層 ㅅ母는 669년에 개칭된 地名에도 위 3)과 같이 종전대로였다. 또한, ㅈ母도 역시 위 4)와 같이 音節 '지'로 실현되어 변함이 없었던 것이다.

母音音韻의 發音 母音에서는 전대에 찾아내지 못한 ㆍ으가 우선 관심의 대상이다. 이 母音은 古代後期國語에 音韻으로 쓰인 자취가 분명치 않았는데, 漢字 中古音과의 [ə] : ㆍ, [ĭĕ] : ㅡ 對應은 다행스러우나 예외가 적지 않다. 그래서, 만족스럽지 않지만, 中世 한글表記에 대한 古代 借字의 계열을 소급해 보는 것도 한 방법이다. 이 借字의 발음도 解讀에 달렸겠으나, 하나의 시도를 예시하면 다음 예 2)와 같다. 즉, 借字表記가 다르게 混用된 현상을 音韻意識이 없었다고 분석하는 관점이다.

22.1) 母音 ㆍ의 表記

1) 攝(韻 발음): 한자음‥臻(痕 -ən): 呑 ᄐᆞᆫ, 曾(登 -əng): 恒 ᄒᆞᆼ, 止(支紙 -ĭĕ): 兒此斯 ㆍ, 止(脂至 -ĭei): 師次四 ㆍ, 止(之止 -ĭi): 子思巳 ㆍ, 蟹(咍海代 -ɒi): 開改哀海炫 ㆎ, 蟹(佳皆怪 -ai): 差埋排拜 ㆎ 등.

2) ㆍ 〈 아: ᄃᆞ비-(化)(용가 96) 〉 荅匕(化)(三史 권34:5b) 다비, ㆍ 〉 어: ᄇᆞᆯ(重)(금삼 2, 18) 〉 別(重)(三史 권37:17b) 버러, ㆍ 〉 오: ᄇᆞ리-(割)(杜初 6, 47) 〉 夫里(割)(三史 권37:17b) 보리, ㆍ 〉 우: ᄀᆞᄅᆞᆷ

(江)(용가 68) 〉屈(江)(三史 권35:5b) 구루. 谷: 呑 -ən/旦 -an/頓 -uan/知 -ie 등. 류 렬 1990. 152~154.

22.2) 母音 으의 表記

1) 攝(韻 발음): 한자음‥臻(欣隱 -ĭən): 斤謹殷 은, 深(侵 -ĭəm): 金今禁音淫 음, 曾(登等 -əng): 肯藤能朋 응, 曾(蒸證 -ĭəng): 矜興應陵乘升承 응, 止(支紙 -ĭe): 奇技宜義 의, 止(脂旨至 -ĭui): 飢器 의, 止(之止志 -ĭə): 其己姬喜矣 의, 止(微尾未 -ĭəi): 畿旣豈氣祈希衣 등.

2) 으 〈 아: 쌜(角)(훈자 下9) 〈 舒發(角)(三史 38:1b, 2a) 사바라, 으 〉 어: 글(文)(능엄 10, 9) 〉 斤尸(文)(三史 권37:5b) 거시, 슷(問)(능엄 7, 23) 〉 濟次(孔)(三史 권35:2b) 서시, 으 〉 오: 블(火)(원각 2, 1:47) 〉 夫里(陽)(三史 권36:3a) 보리, 으 〉 우: 믈(水)(훈해 25) 〉 勿(水)(三史 권35:5b) 무루, 블(火)(용가 69) 〉 弗(火)(東地 권22) 부루. 今 -ĭəm/干 ân, 斤 -ĭan/義 -a/乞 -ĭət. 류 렬 1990. 152~155.

이러한 表記의 混用만 아니라, 개중에는 總章二年(669)에 개칭한 지명에 위 2) '夫里(割) 〉 ᄇᆞ리-(割)'에서와 같이 ᄋᆞ가 반영되지 않은 예가 있다. 이것은 심한 자료의 제한에서 매우 희귀한 예증이며, ᄋᆞ가 7세기의 表記에서 의식되지 않았다는 방증이 되기에 족하다고 해석된다. 이 母音은 訓民正音解例 制字解의 설명과 같이 ᄋᆞ는 아오의, 으는 어우의 중간적이며 약화된 성격이기 때문에, 이들의 生成은 받침의 발생을 일으키는 요인이 될 것이다. 그러면, 그 밀접한 관계를 관련지어야 하겠다.

22.3) 重母音의 表記(류 렬 1990. 158~165)

1) 애 → 아: 새(新)(능엄 7:83) → 新村/散昆(三史 권37:16b) 사마라, 내ㅎ(川)(용가 2) → 素那/金川(三史 권47:2a) 소나, 되(狄)(훈자 중2) → 狄山/都山(三史 권34:11a) 도모로 등.

2) 同音表記: 蓋蘇文(三史 권49:2a) 가(개 泰母)/柯須彌(日書 皇極元年) 가수미, 異次髑/異次覩(三遺 권3:6a) 이시두(독 定母屋韻)/이시(쳐 昌母語韻)두, 阿老/野老(三史 권36:9a) 아라/아(야 余母馬韻)라, 惡支/約章(三史 권34:9a) 아(악 影母鐸韻)기/아(약 影母藥韻)지, 冬老/兆陽(三史 권36:8a) 도(동 端母冬韻)라/도(됴 澄母小韻)라(양 余母陽韻), 坐知(王)/金叱(三遺 권2:47b) 수(좌 從母果韻)리(디 知母支韻)/수리(즐 昌母質韻) 등.

역시 자료의 제한으로 전대에 重母音이 사용된 자취를 밝히지 못했는데, 이 시기에도 큰 차이가 없는 것으로 보인다. 위의 예증은 그 表記의 해독 여하로 달라질지도 모르나, 문제에 접근하기에는 도움이 될 것으로 믿는다. 그러나, 위 1) 散昆縣 은 669년에, 1) 都山縣, 2) 野老縣, 約章縣, 兆陽縣 등은 757년에 각각 개칭한 지명이라는 점에서 漢字二字制라면 音讀의 대상이 되어 달리 규명해야 할 것이다. 그래도, 그 밖의 용례로도 당시 重母音이 쓰인 흔적이 없었다는 것을 부인하기 어렵다.

요컨대, 이 시대의 音韻은 借字表記의 混用이나 同音異字 등의 용법으로 보아 有氣音, 硬音, 받침이나 ㆍ으, 重母音 등이 音韻으로 의식되지 않은 점에서 전대와 큰 차이 없었던 것으로 보인다. 또한, 荅 다(답 合韻), 惡 아(악 鐸韻), 冬 도(동 冬韻) 등의 解讀을 그대로 놓고 말한다면, 당시 그런 받침은 역시 의식되지 않은 發音 즉 音韻으로서의 의식에 없었던 것이라고 하게 될 것이다. 여기서 지적한 用字의 混用이라는 것은 당시 사용자의 관점에서는 단순한 同音字에 불과한 것이다.

地名大改革과 音韻 三國統一과 함께 필연적으로 단행된 行政改革 및 부수한 地名改稱은 國語史上 과연 충격적인 사건이었다. 개혁의 필연성은 新羅의 比斯伐(비시발), 比自火(비시발)(昌寧)와 百濟의 比斯伐, 比自火(全州) 같은 지명의 혼동을 구별함에 있지만, 간결한 漢字二字制의 선호도 작용했을 것이다. 地名改革은 이미 언급한 대로 21.4) 669년 개혁과 20.1) 757년 개혁 두 차례였는데, 충격이란 地名이 한자어로 바뀌어 당시 우리말의 發音에 획기적인 전환을 조성하는 거대한 요인으로 작용한 까닭이다.

23.1) 개칭된 漢字二字制 地名

1) 總章二年(669) 二月: …熊津縣, 本熊津村, 鹵辛縣, 本阿老谷, …古魯縣, 本古麻只, 平夷縣, 本知留(三史 37:15a, 17a) 등.

2) 景德王十六年(757) 冬十二月: …火王郡, 本比自火郡〔一云比斯伐〕, …景德王改名, 今昌寧郡(三史 9:6b, 7a), …全州, 本百濟完山, …景德王十六年, 改名, 今因之(三史 36:4b), …完山〔一云比斯伐, 一云比自火〕(三史 37:8b) 등.

개칭된 地名은 종전의 吏讀式 아닌 우리 字音으로 발음했을 것이다. 그 시기의 漢字音이 산실되기 전 「切韻」(601) 계통의 反切에 의거한 慧琳(820. 去)의 「一切經音義」가 전하는 反切 즉 唐代 長安(西安)音이 모태라고 한다. 이 中古 長安音을 모태로 하여 近代音이 섞인 朝鮮漢字音은 7~8세기 우리 漢字音의 모습을 얼마큼 포함하고 있다고 하겠다(河野 1968. 34~37). 그러면, 당시 地名의 발음에는 위 예만 보더라도 有氣音(ㅍㅊ), 重母音(야와), 받침(ㄱㅇ) 등이 나타나 있음을 볼 수 있다.

23.2) 朝鮮漢字音(河野 1968. 초록)

1) 攝(字 音): 山(殘 잔, 員 원), 咸(合 합), 梗(爭 징), 宕(讓 샹), 江(雙 솽), 果(波 파), 假(者 쟈), 蟹(灰 회, 快 쾌, 害 해, 贅 췌, 溪 계), 効(照 조) 등.

2) 攝(字 音): 臻(乙 을), 深(參 츰), 曾(特 특), 通(宗 종), 止(義 의, 机 궤, 危 위, 醉 취), 流(走 주), 遇(貯 져) 등.

3) 攝(切韻音)(慧琳音) 조선음: 山(寒 -ân)(寒 -ân) 안, (曷 -ât)(曷 -ât) 알, 咸(覃 -âm, 談 -âm)(覃 -âm) 암, (合 -âp, 盍 -âp)(合 -âp) 압, 宕(唐 -âng)(唐 -âng) 앙, (鐸 -âk)(鐸 -âk) 악 등.

특히 漢字의 傳來(承)音을 주시하면, 이러한 15세기 이후의 자료에서 그 定着期 당초 字音의 母胎가 엿보일 것이다. 그러면, 개정된 그 地名의 漢字는 대략 위와 같은 發音이겠는데, 이것이 적어도 당시 공적으로 요구되었던 명칭임은 분명하다. 즉, 생소한 有氣音, 重母音 등 발음의 지시였는데, 그렇다고 그러한 發音의 音韻化가 즉시 이루어졌다고 보기는 어렵다. 가령, 無氣(都)와 有氣(土) 같은 판별이 압박되었겠으나, 그러한 발음의 觀念化는 세기를 넘어도 좀처럼 정착될 성질이 아니기 때문이다.

23.3) 古代後期의 音韻

1) 音韻對立의 發生: 都山縣(三史 권34:12a)/土山縣(三史 권35:7a), 兔山郡(三史 권35:4b) …都(端模 도)/土(透姥 토), 兔(透暮 토); 固

城郡(三史 권34:10a), 高城郡(三史 권35:12b)/谷城郡(三史 권36:9b) …固(見暮 고), 高(見豪 고)/谷(見屋 곡); 重城郡(三史 권35:3b)/秋成郡(三史 권36:8b): 重(澄腫 듕)/秋(淸尤 츄) 등.

2) 舌音入聲의 流音化: ① 唐後代 漢語西北方音 弱化入聲 傳來說(羅常培(1933)說 自體弱化說 入聲 p, t, k 〉 弱化 b, r(d), g 〉 消失) …r(d) → ㄹ[l]. 9세기경 入聲 r 〉 ㄹ. ② 古代의 漢音對應說 …入聲音節化十有聲音間 流音化(예: 波珍(바돌) 〉 바를(용가 18), 契丹(글단) 〉 글란(훈자 상18), 몯(不) + 알-(知) 〉 몯 알- 〉 모ᄅᆞ-) + 縮約(예: 고마(熊) 〉 곰, 셔마(島) 〉 셤). ③ 流音化 時期 …奈麻 〔或云奈末〕(三史 권38:2a), 奈末 = 奈麻禮(日書 繼體記 23) namare. 儒理尼師今九年春, …又設官有十七等(三史 권1:7a). ※ 儒理王 9년(32). 河野 1968. 12, 16~17, 136~137.

3) 音韻體系(괄호 속 후기의 생성. 13.2) 참조)

子音:	ㅂ p	ㄷ t	(ㅈ c)	ㄱ k	
	(ㅍ ph)	(ㅌ th)	(ㅊ ch)	(ㅋ kh)	
		ㅅ s		(ㅎ h)	
	(ㅸ β)	(ㅿ z)			
	ㅁ m	ㄴ n	ㄹ r	ㅇ ŋ	
받침:	ㅁ	ㄴ	ㄹ	(ㅇ)	(ㅅ)

母音:	ㅣ i	(ㅡ ɨ)	ㅜ u
	ㅓ e		ㅗ o
		ㅏ a	(ㆍ ɐ)

重音 ㅑ ㅕ ㅛ ㅠ ㅘ ㅝ
(ㅐ ㅒ ㅔ ㅖ ㅙ ㅚ ㅞ ㅟ ㅢ ㆎ
ㆇ ㆉ ㆊ ㆌ ㆈ ㆋ)

요컨대, 古代後期國語의 音韻은 자료의 제한으로 미흡하나, 전기와 거의 같았던 것으로 상정된다. 다만, ㄷ入聲의 流音化는 ㄹ받침의 범위에서 위 2)와 같이 이미 생성된 것으로 보이며, 일부 받침과 重母音은 音韻縮約으로 생성되는 경향이었을 것이다. 반면에, 757년 地名改革은 그 音韻의 中世化에 파문으로 촉진되고 진행되어 갔겠으나, 그 定着까지는 많은 세월이 소요된다. 그러면, 中世的인 7~9세기의 鄕歌는 13세기 문자화된 실상과 관련, 후대의 윤색을 엄밀히 추구하여 식별해야 할 일이다.

2.2.2 語彙와 形態構造

制度改革과 語彙 어휘는 으레 그 시대 文物의 투영을 받게 마련이다. 이 시대 어휘의 특징은 여전히 더욱 성행한 吏讀, 鄕札의 本來語에 제도개혁으로 증가하기 시작한 漢字語가 꼽힌다. 이미 언급한 儒敎와 佛敎의 전래에 이어 이와 이단적인 道敎의 전래로 더욱 증가되었다. 이러한 7세기부터 나타나기 시작한 奈麻 昔强首, 翰林 薛 聰 등 유학자와 名筆 金 生, 그리고 安含, 元曉, 義相 같은 高僧과 道家 道銑 등의 등장은 당시 어휘상 漢字語 증가를 방증하는 요인이었다고 생각된다.

24.1) 道敎의 傳來

1) 「三史」 권20:13a, 榮留王 …七年春二月, …命道士, 以天尊像及道法, 往爲之講老子, 王及國人聽之. …八年, 王遣人入唐, 求學佛老教法, 帝許之. (7년 2월에 …도사에게 명하여 천존상과 도법을 가지고 가서 노자를 강하게 하니, 왕과 국인이 모두 들었다. …8년에 왕이

사람을 唐에 보내어 佛老의 교법을 구학케 하니 唐帝가 이를 허락하였다.) ※ 榮留王七年(624). 老子 李耳(BC 604?~531).

2) 「三史」 권21:1ab, 寶藏王 …二年三月, 蘇文告王曰: 三教譬如鼎足, 闕一不可. 今儒釋 竝興, 而道教未盛, 非所謂備天下之道術者也. 伏請遣使於唐, 求道教以訓國人, 大王深然之. 奉表陳請, 太宗遣道士叔達等八人, 兼賜老子道德經. 王喜, 取僧寺館之. (3월에 蘇文이 왕에게 고하되 '三敎는 솥발과 같아 그 하나라도 없어서는 안 되겠습니다. 지금 유교, 불교는 함께 성하나 도교는 그렇지 못하니, 천하의 도술을 갖추었다고는 할 수 없습니다. 청컨대, 사신을 보내 도교를 구하여 국인을 가르치게 하소.' 하였다. 대왕이 그렇게 여겨 국서를 보내 요청하였다. 唐太宗은 도사 叔達 등 8인을 보내고 노자의 「도덕경」도 보내주었다. 왕이 기뻐하여 절에 그들을 거처케 하였다.) ※ 寶藏王二年(643). 蘇文 淵蓋蘇文(? ~ 665) 고구려 장군.

制度는 어느 시대나 그 어휘를 生成케 하는 필연적 요건이다. 669년과 757년의 行政改革에 따른 地名의 개칭에 대해서는 논급한 바와 같거니와, 503년 國王名, 687년 五廟制, 759년 職官 칭호, 788년 讀書三品科 등 새로운 제도는 역시 漢字語 수용의 촉진제가 되었다. 그런데, 특히 주목하고 싶은 것은 景德王 18년(776)에 종전의 吏讀式을 漢文式으로 고친 직관의 칭호를 17년 만에 종전대로 환원하는 대복원을 단행한 점이다. 이 사실은 바로 급진적인 무리가 감당키 어려움을 말하는 증언이다.

24.2) 制度改定

1) 國王名稱: 智證麻立干 …四年冬十月, 群臣上言, …又觀自古有國家者, 皆稱帝稱王, 自我始祖立國, 至今二十二世, 但稱方言, 未正尊號, 今群臣一意, 謹上號新羅國王, 王從之. (三史 권4:2) (4년 10월에 군신이 아뢰되, 또 생각건대 자고로 국가를 가진 이가 다 帝라 王이라 칭했는데, 우리 시조가 건국한 지 22세로되, 단지 우리말로 칭하여 존호를 정치 않았으니, 지금 군신은 한뜻으로 삼가 新羅國王이란 존호를 올립니다.) ※ 智證麻立干四年(503).

2) 五廟制: 第二十二代智證王, 於始祖誕降之地奈乙, 創立神宮以享之. 至第三十六代惠恭王, 始定五廟, …蓋以王制曰: 天子七廟, 諸侯五廟, 二昭二穆與太祖之廟而五. (三史 권32:1) (22대 지증왕 때에 시조 탄생지 奈乙에 신궁을 창립하고 제향하였다. 36대 혜공왕 때에 이르러 처음으로 五廟制를 정하였다. …대개「禮記」王制篇에 천자는 7묘요, 제후는 5묘니, 二昭(左에 2世, 4世), 二穆(右에 3世, 5世)과 太祖廟를 합하여 5가 된다.) ※ 지증왕 3년(502). 奈乙 나리리, 蘿井. 혜공왕 12년(776). '照知麻立干 …九年(487)春二月, 置神宮於奈乙, 奈乙始祖初生之處也. (三史 3:11)' 神宮에 관하여 앞선 기사. '神文王 …七年(687)夏四月, …遣大臣於神廟, 致祭曰: …(三史 권8:4)' 五廟에 관하여 앞선 기사.

3) 官號 개칭(漢語化): 景德王 …十八年春五月, 改兵部, 倉部卿監爲侍郎, 大舍爲郎中, … (三史 권9:7). 大舍二人, 眞平王十一年置, 景德王十八年, 改爲郎中 [一云眞德王五年改], 位自舍知奈麻爲之. (三史 권38:2~3) ※ 경덕왕 18년(759). 진평왕 11년(589).

官號 환원: 惠恭王 …十二年春正月, 下敎, 百官之號, 盡合復舊. (三史 권9:11b) (혜공왕 12년 정월에 왕이 하교하여 백관의 칭호

를 모두 구에 회복하였다.) 舍知二人, 神文王五年置, 景德王十八年, 改爲員外郞, 惠恭王十二年, 復稱舍知, 位自舍知至大舍爲之. (三史 권38:3a) ※ 혜공왕 12년(776). 舍知 마시지(기). 신문왕 5년(685).

4) 讀書三品科 설치: 元聖王 …四年春, 始定讀書三品, 以出身, 讀「春秋左氏傳」, 若「禮記」, 若「文選」, 而能通其義, 兼明「論語」, 「孝經」者爲上. 讀「曲禮」, 「論語」, 「孝經」者爲中. 讀「曲禮」, 「孝經」者爲下. 若博通五經, 三史, 諸子百家書者, 超擢用之. 前祇以弓箭選人, 至是改之. (三史 권10:3ab) (원성왕 4년 봄에 처음으로 독서삼품과를 정하여 출신케 하니, …전일에는 궁술로써 인물을 선택하더니, 이때에 이르러 개혁하였다.) ※ 원성왕 4년(788).

이 시대의 漢語化는 보기보다 쉽게 진행되지 않았다. 3) 고친 칭호를 도로 환원한 사건은 革新에 대한 反動이나, 그 요인은 첫째 漢語에 대한 語衆의 親熟度가 아직 가깝지 않았음을 뜻한다. 즉, 여전히 익숙한 本來語를 일시에 버릴 수 없었다. 따라서, 둘째 7세기 統一新羅가 漢化政策을 강행했다고 보는 것은 사실과 다르다. 복잡해진 물량에 대처한 간결성 위주의 漢字化를 지향했을지라도, 그 母語意識은 결코 무디지 않았다는 뜻으로 해석된다. 君子之國으로 호칭되던 나라가 아니었던가?

24.3) 古代後期의 語彙

1) 本來語: 心音 ᄆᆞᅀᆞᆷ(兜率), 秋察 ᄀᆞᄉᆞᆯ(怨歌), 必只 반ᄃᆞ기(稱知), 城叱 자시(彗星), 母史 어시(安民), 牟羅 무라(鳳坪), 一等 ᄒᆞᄃᆞ(亡妹), 二尸 두블(千手) 등.

2) 漢字語: 公主(薯童), 太平(安民), 東京(處容), 彌勒(兜率), 觀音(千手), 慈悲(〃), 破戒(遇賊), 功德(風謠), 生死(亡妹), 佛體(禮佛), 道士(道敎), 神仙(〃), 符籍(〃), 小子(正帳), 追子(〃), 助子(〃), 丁女(〃) 등.

요컨대, 이 시대의 語彙는 本來語를 근간으로 하고 漢字語를 수용해 가던 상황이었다. 이러한 수용은 拜外的 追從이 아니라 자체의 능동적 필요에 의한 것이었으며, 이로 인하여 어휘는 점차 다양화, 풍부화되어 갔다. 그러나, 그 구체적 양상은 자료의 미비로 알기 어렵고, 더구나 그 計量的 構成은 엿볼 길이 없다. 따라서, 위 24.3)에서 보인 어휘의 예는 단순한 예시에 불과한 것이다. 특히 正倉院 新羅帳簿(약칭 正帳, 758)에 나타난 것은 당시 자체의 漢字語였다는 점에서 시선이 끌린다.

ㅎ末音名詞 原形 古代後期의 構文接辭는 전기에 비하여 실제로 상당한 차이가 있었다고 보아야 옳을 것이다. 전후기 연대의 차이가 6백 년인 만큼, 사회의 변화가 더디더라도 달라졌을 것이야 말할 것도 없다. 그런데, 문제는 그 사실을 명시할 실증이다. 대개 연대가 정확한 金石文 吏讀는 자료가 영성하고, 비교적 자료가 풍부한 鄕歌는 이미 언급한 바와 같이 후대의 潤色으로 그 진부를 옳게 가리지 못하기 때문이다. 향가에서 한 예를 들어 문제의 구체적인 상태를 엿보면 다음과 같다.

25.1) ㅎ末音名詞의 末音 ㅎ(金敏洙 1952)

1) 鄕歌의 용례: 城叱肹良(彗星), 邊希(獻花), 吾肹(〃), 花肹(〃), 磧

惡希(耆婆), 際叱肹(〃), 大肹(安民), 此肹(〃), 地肹(〃), 膝肹(千手), 目肹(〃), 一等下叱(〃), 一等肹(〃), 二肹隱(處容) 등.

2) 花肹 (獻花): 곶 + 올(梁柱東 1942. 237~238), 골 + 홀(兪昌均 1994. 296~299). 膝肹(千手): 무룹 + 흘(梁柱東 1942. 456), 무룹 + 홀(兪昌均 1994. 574~576).

3) 地肹(安民): 따 + 흘(梁柱東 1942. 290~294), 따 + 홀('地'의 中世語는 'ᄯᅡᇂ'이다. 그러나 신라어는 '달'이나 '-닿'이었을 가능성이 있다(兪昌均 1994. 378). '土'는 後漢 이전이 d'ag이며, 이것은 국어의 '닿'와 유사하다. '地'도 漢代의 d'jar은 '달'이 될 수 있다. …이러한 사실은 '地'가 국어의 '따'와 어원을 같이하는 것이라 하겠다(兪昌均 1994. 357). ※ 地 徒四切(廣韻), 四 質韻 dĭēt. 土 t'ag/d'ag(上古音).

鄕歌 해독에서 가령 '花肹'를 中世語 '곶'과 이른바 ㅎ助詞 '肹(흘)'로 분석하면 결국 '곶 + 올'로 해독한 것이 된다. '膝肹'에 대한 '무룹 + 흘'의 경우도 마찬가지다. 이것은 8세기 전반기에 有氣音 ㅊㅍ 등이 음운화했다는 해석이며, 國語音韻史上으로 매우 중대한 선언이 되는 것이다. 이 향가가 수록된 「三國遺事」가 편찬될 때에 13세기 당시의 中世語가 윤색된 부분이라고 보아야 할 것이다. 이런 뜻에서, 위 3) '地肹'의 해독도 유사하나, 이것은 특히 ㅎ助詞의 生成을 푸는 실마리로서 매우 중요하다.

25.2) 入聲 〉 ㅎ末音(K. = Karlgren 1940)

1) 入聲 〉 ㅎ末音名詞: 地(四, 定至 dĭēt) 〉 ᄯᅡㅎ(地. 釋譜 6:26), 笛(定覺 di ǎuk) 〉 뎌ㅎ(笛, 釋譜 13:53), 梁(=道 K. *d'ôg) 〉 돌ㅎ(梁, 杜

初 7:5), 等(K. *təg) 〉 드ㅎ(等, 月曲 23), 褓(K. *pog) 〉 보ㅎ(袱, 內訓初 1:67), 臂(幫錫 pĭēk) 〉 볼ㅎ(月曲 192) 〉 폴ㅎ(臂, 杜重 12:4), 沼(K. *ţiog) 〉 소ㅎ(潭, 佛頂 12), 藪(K. *sug) 〉 수ㅎ(林, 月釋 8:99), 褥(日屋 ɳ̣ĭwŏk) 〉 쇼ㅎ(月曲 117) 〉 요ㅎ(褥, 內訓 1:49), 尺(昌鐸 ts'āk) 〉 자ㅎ(尺, 龍歌 9:35), 醋(淸鐸 ts'āk) 〉 초ㅎ(醋, 無寃 1:19) 등.

2) 기타의 예: 庫(溪魚 K. *k'o) 〉 고ㅎ(庫, 飜小 8:20), 艫(來魚 K. *lo) 〉 노ㅎ(艫, 杜初 10:45), 常(禪陽 ʑ'ĭāŋ) 〉 샹ㅎ(常, 飜小 10:9); 此肹(安民) 〉 이ㅎ(此, 釋譜 11:6), 目肹(千手) 〉 눈퉁이 등.

3) 入聲 ㄱㅂ 〉 ㅎ: 俗(邪屋 zĭwŏk) 〉 쇼ㅎ(俗, 釋譜 6:22), 솝(裏, 月釋 8:11)/속(裏, 杜初 16:49) 〉 소ㅎ(前間恭作 1936. 97). 粟(心屋 sĭwŏk) 〉 조ㅎ(粟, 龍歌 2:22), 국(구석, 校時調) 〉 귀퉁이 등.

中世語의 ㅎ末音名詞 'ᄯᅡㅎ'의 淵源은 '地 dĭēt/土 t'ag'으로 소급되고, '*닫/*닥 〉 *다ㅎ 〉 ᄯᅡㅎ' 등과 같이 生成되었다고 추정된다는 것이다. 이 점은 위 일련의 1)이 뒷받침하고 있으며, 3) 후대의 예도 다소 발견되고 있다. 이것은 漢語 上古音의 入聲이 그대로 수용되지 않고 非閉鎖音인 ㅎ으로 인식되었다는 뜻이다. 대략 6~9세기 新羅鄕歌에 14종, 10세기 高麗鄕歌에 3종 정도 나타났는데, 이 ㅎ의 연대를 그대로 인정한다면, 有氣音(예: ᄯᅡ콰, 드토, 안팟 등) 音韻이 문제로 대두된다.

따라서, 이 시대 助詞類나 語尾類의 生成에 관하여 자료가 영성하더라도 國語史의 관점에서 이와 같이 면밀한 검토를 통하여 실존여부를 추정할 것이다. 主格(-이)과 述格(-이다)의 同形分化說(장하일 1956)을 위시한 依存動詞 등의 生成에도 그래서 유의해야 하겠으나,

그렇지 못한 상황에서는 단순히 鄕歌의 用例를 위 17.3)과 같이 정리해 보는 수밖에 없을 것이다. 이런 귀납은 中世語의 形態를 편의상 대조해 본 것이라는 전제를 잊지 말고, 古代語의 形態에 더 많은 관심을 기울일 것이다.

古代語의 傳來變異 전래된 古代語의 形態를 보면, 國語史의 관점에서는 그 原形이 어떠했던가에 관심이 쏠릴 것이다. 시대마다 그 言語의 정확한 形態를 밝히는 것이 매우 중요하기 때문이다. 속담은 고대부터 전래하는 것이 많은데, 개중에는 잘못 변한 것도 있다. 가령, '내 일 바빠 한데 방아'라는 속담에서 '한데'는 아무래도 이상하고, 다음과 같이 '한댁(大家)'의 와전임이 밝혀졌다. '한댁'이 전래하며 '한데'로 변한 것이다. 그래서, 이 사실을 명시해 주는 문헌이 얼마나 소중한지 모른다.

26.1) 郁面說話와 俗談

1) 俗談: 緣我事急, 野碓先蹋 [言彼妨我路, 我不得不助彼功, 而開其路.]

○ 내일바빠 한데방아. (丁若鏞, 「耳談續纂」 東諺)

2) 郁面說話: 主僧其不識, 每給穀二碩, 一夕春之, 婢一更春畢, 歸寺念佛 [俚言 '己事之忙, 大家之春促, 盖出乎此'], 日夕微怠. (三遺 권5:7) (주인은 그가 일을 잘하지 않음을 미워하여 늘 곡식 두 섬을 주어 하루저녁에 다 찧으라고 했는데, 婢女 郁面이 초저녁에 다 찧고 절에 와서 염불하여 [속담에 '내 일 바빠 한댁 방아를 서두른다.' 함은 아마 여기서 나온 것이겠다.] 밤낮으로 게을리하지 않았다. ※ 景德王代(742~764), 康州(晉州 혹은 慶北 順安) 貴珍

家의 郁面 이야기(郁面婢念佛西昇).

실제로 '한데'가 '한댁'의 와전이고, 그 '한댁(上殿宅)'이 8세기 古代語의 어휘였음이 밝혀졌는데, '大家'를 '한댁'으로 해독한다는 사실은 의외의 큰 소득이다. 다만, '한댁'이 '큰댁(宗家)'의 의미가 있는지는 모르겠고, 다른 表記 '大(한)'의 해독에 응용될 것이 기대된다. 이런 뜻에서, 다시 볼 것으로는 處容歌가 있다. 이것은 악귀를 쫓기 위하여 거행하던 儺禮(나례)라는 의식의 하나로서 춤과 함께 부르던 가사이며, 오랜 전통을 가진 재래의 民俗으로서 기록된 歌詞를 전재하면 다음과 같다.

26.2) 處容歌의 歌詞와 鄕歌

1) 歌詞 處容歌: …東京 ᄇᆞᆯ근 ᄃᆞ래/ 새도록 노니다가/ 드러 내 자리ᄅᆞᆯ 보니/ 가ᄅᆞ리 네히로새랴/ 아으 둘흔 내해어니와/ 둘흔 뉘해어니오/ 이런 저긔 處容아비 옷 보시면/ 熱病神이ᅀᅡ 膾ㅅ가시로다/ 七寶ᄅᆞᆯ 주리여 處容아바/ 千金 七寶도 말오/ 熱病神를 날 자바주소서 …(或 倪, 柳子光, 「樂學軌範」 초간(1493) 권 5:13, 「樂章歌詞」 14~15.)

2) 주석: 東京…東京卽鷄林府(「高麗史」 권71:44, 三國俗樂). 네히로새라…네ㅎ+이+로+샤(시+아)+ㅣ+라. ※ 어쁘새라(時樂12).

3) 鄕歌 處容歌: 東京明期月郎/ 夜入伊遊行如可/ 入良沙寢矣見昆/ 脚烏伊四是良羅/ 二肹隱吾下於叱古/ 二肹隱誰支下焉古/ 本矣吾下是如馬於隱/ 奪叱良之何如爲理古 (三史 권2:18, 處容郞 望海寺(879))

4) 해독: 동경 발근 달에/ 밤들이 노니다가/ 들어사 자리의 보곤/ 다리 어이 넷일러라/ 둘흘은 내해엇고/ 두흘은 뉘기해언고/ 본의 내해이다마어는/ 앗아를 어떠할고.

동경 달 밝은 밤에 늦도록 쏘대다가 들어와 자리를 보건대 다리가 어찌하여 넷일러라 둘은 내해어니와 둘은 뉘해 인고 본듸 내해이다 마는 빼앗긴들 어떠하리오. (정열모 1947. 3. 정렬모 1947. 9. 3면)

이 가사는 新羅鄕歌의 마지막을 장식한 9세기의 處容歌로 소급되나, 양자의 차이는 위에서 보듯 너무 크다. 이것은 아마도 疫神을 내쫓는 탈춤 處容舞의 인식에 따라 후대에 가사를 윤색한 까닭이 아닐까 여겨진다. 말하자면, 處容歌가 전래된 이유는 그 가사의 전승에 있지 않고, 이른바 驅儺(구나) 즉 악귀를 쫓아내는 연극의 행위에 뜻이 있었기 때문이다. 그래도, 한자어로 음독할 '東京'이나 독특한 形態結合 '네히로섀라' 등은 역시 古代語 잔해의 뿌리로서 가치가 매우 크다고 생각된다.

요컨대, 古代後期의 어휘나 形態도 古代前期와 시대적으로 6세기나 격차가 있는 만큼, 현격한 차이가 있는 것은 물론이다. 그런데, 그 사실을 밝히는 것은 잔존한 자료에 의지해야 하는 마당에 일시에 규명하기는 매우 어려운 일이다. 원래 어휘가 가장 변하기 쉽고, 제도에 따라 무조건 교체되는 경향임에 비해, 일반적 어휘나 文法的 形態는 일정한 理法에 따라 체계적으로 변해 가는 것이 원칙이다. 그렇다고, 하기에 따라 소급할 形態의 原形이나 접근할 古代語의 잔해가 없는 것은 아니다.

2.2.3 천착할 古代語 문제

合成音韻의 발생 지금까지 古代後期의 國語에 대하여 개략을 종합해 보았다. 모두에서 이미 언급했지만, 이상과 같은 古語의 서술은 자료의 희소로 인하여 재론의 여지가 없을 수 없다. 우선 子音音韻에 ㅊㅋㅌㅍ 有氣音이 있었는가의 논란이다. 激音 즉 有氣音(aspirate)은 우리 漢字音이 형성되기 이전, 그 이전 이미 音韻으로 발전해 있었다고 한다(렴종률, 1992. 28~35). 이 반론은 그 漢字音이 현대와 같다는 전제하에, 옛날 人地名表記에 나타난 漢字音의 有氣音을 실례로 제시한 주장이다.

27.1) 有氣音(次淸)의 문제

1) 人地名: 古次(37:4a)(口, 구시)(次 淸ts母), 居柒(34:8a)(荒, 거시리)山(柒, 七 淸母), 毗處(3:10b)(光 비디)(處 昌t'母), 肖巴(37:15b)(酒, 수부)(肖 淸母); 快 溪k'母(예 없음), 居陁(34:9b)(一, 가다)(陀 定d母), 沙涿(三遺 1:10b)(邑里, 사다)(涿 端t母), 首乙呑(37:5b)(首谷, 마리다나)(呑 透t'母), 吐上(35:12b)(堤上, 도마라)(吐 透母), 巴衣(37:3b)(岩, 바히)(巴 幫p母), 波旦(35:11b)(海, 바다나)(波 幫母) 등.

2) 鄕歌의 表音: 次叱(家 짓)(次 지, 치), 秋察(秋 ᄀᆞᄉᆞᆯ)(察 初ts'母), 爾處米(忘, 이즈며)(處 치, 즈), 七史(間 스시, ᄉᆞᆺ)(七 ᄉᆞ, 스), 呑隱(-ᄃᆞᆫ)(呑 ᄃᆞᆫ, 든), 八陵隱(排 버른)(八 幫母, 파, 바) 등.

그러나, 이 논증에는 비약이 있다. 우리 漢字音이 서기전 훨씬 이전에 고정되었고, 고정된 이후에는 좀체로 바뀌어지지 않았다는 추정은 더 많은 천착을 필요로 하기 때문이다. 위의 예시에서 보듯이, 借

字表記의 임의적 해독을 반드시 증거라고 하기도 어렵다. 같은 관점에서, 그 시기 서기 전후에 이미 重母音 ㅑㅕㅛㅠㅐㅔㅘㅝㅒㅖㅚㅟㅢ가 존재했었다고 하는 반론도 역시 천착할 여지가 있다. 당시도 물론 發音의 縮約으로 母音의 合成이 이루어질 가능성은 있지만, 그 실증이 문제인 것이다.

27.2) 合成音韻의 문제

1) 氣音化: ㄱㅎ 〉 ㅋ 伏忽(36:8a)(복홀 〉 보콜), 竹峴(35:12a)(죽현 〉 주켠); ㅂㅎ 〉 ㅍ 甲忽(37:16b)(갑홀 〉 가폴), 甲火良(34:8a)(갑화량 〉 가파량) 등.

2) 重母音化: ㅣㅏ 〉 ㅑ 乃利阿(36:6b)(내리아 〉 내랴), 也尸買(37:5a)(야시매); ㅣㅗ 〉 ㅛ 知烏(三遺, 王曆 13a)(지오 〉 죠), 開要(37:100)(개요); 烏阿忽(37:4a)(오아홀 〉 와홀),, 古所於(37:4b)(고소어 〉 고숴), 奈乙(35:8a)(나이 〉 내), 古西伊(36:10b)(고서이 〉 고세), 烏伊(13:2b)(오이 〉 외), 水入(37:9b)(수입 〉 쉽) 등.

3) 終聲(받침)化: ㄴ 買旦(37:4b)(마다나 〉 마단), ㄹ 忽居(36:5b)(무루거 〉 물거), ㅁ 南內(34:11a)(나마노 〉 남노), ㅅ 於斯買(37:5a)(어시마 〉 엇마), 烏斯回(37:5a)(도시다리 〉 돗다리), ㅇ 朱蒙(13:1a)/鄒牟/鄒蒙/東明(도모/두무) 등.

이 예로 보면, 古代에 일찍이 有氣音, 重母音, 받침 등이 있었던 것으로 보아야 할 것이다. 그러나 이것은 이미 언급한 대로 現代語와 거의 같은 당시의 우리 漢字音으로 그 借字表記를 읽는다는 가정 아래 예시해 본 것이기 때문에, 이 가정이 입증되지 않은 조건이면 물론 성립되지 않는 것이다. 다만, 解讀이 성립된 용례에서 받침 ㄴㄹ

ㅁ만은 임의적 縮約으로서 있었다고 할 것이나, 15세기의 八終聲에서 ㄷ과 양립한 ㅅ, 借字表記에서 읽지 않은 ㅇ 등의 받침은 존재했었을 까닭이 없다.

27.3) 硬音化와 同化의 조건

1) 硬音化: ㄲ 碧骨(36:6a)(벽골 〉 벼꼴), 十谷 (37:4b)(십곡 〉 십꼭); ㄸ 息達(35:7a)(식달 〉 식딸), 押督(34:7b)(압독 〉 압똑); ㅃ 甲比(37:4a)(갑비 〉 가삐), 捉濱(37:9b)(착빈 〉 착삔); ㅆ 伏斯(34:3b)(복사 〉 복싸); ㅉ 所力只(36:7a)(소력지 〉 소력찌) 등.

2) 漢字音 된소리: 雙 山ʃ母(상 「三韻聲彙」 1751, 쌍 「全韻玉篇」 1799), 氏 禪z母(시 「字類註釋」 1856, 씨 「字典釋要」 1909), 喫 溪k'母(긱 「全韻玉篇」, 끽 「字類註釋」) 등.

3) 子音同化: 欲乃(36:9b)(욕내 〉 용내), 津臨(35:5b)(진림 〉 질림), 月奈(36:8b)(월나 〉 월라); 伏龍(36:7b)(복룡 〉 봉농), 押梁(34:7b)(압량 〉 암냥), 赤木(35:9a)(적목 〉 정목), 檐魯(梁書 百濟)(담로 〉 담노), 僧梁(35:4b)(승량 〉 승냥), ㄹㄹ 舌林(36:2a)(설림), 述禮(三遺 王曆 5a)(술례) 등.

같은 시각에서, 당시 된소리나 子音接變은 있었다고 보기 어렵다. 특히 된소리 즉 濃音, 硬音(fortis)은 漢字音에도 없었고, 위 1) 같은 조성의 조건이 없었다. 子音同化도 형성될 조건이 조성돼 있지 않았다. 그 조건은 받침이 아직 발달되지 않은 상황이다. 위의 예에서 파악되는 그 조건으로 이해되듯, 그러한 合成音韻이 형성되는 조건이란 받침이 있는 音韻環境이다. 즉, 후대에 형성된 받침은 특히 漢字音 入聲 ㄱㄷㅂ 받침이 우리말에 반영됨으로써 다양한 合成音韻이 발생되게 한 것이다.

動動과 井邑詞 高麗歌謠의 하나인 "井邑詞"가 百濟의 口傳歌謠인데, 그 "動動"은 최근에 高句麗의 가요로 확신케 되었다. 영성한 자료에 이처럼 보태게 된 것은 다행이나, 구전되어 오는 과정에 어느 정도 변화가 있었어도 입에서 굳어진 노래여서 원칙적으로 원래의 노래를 거의 그대로 유지한 고구려의 언어라고 하는 것(렴종률 1992. 24)은 불찰이다. 그 가요가 분명히 고구려 작품이라고 하더라도, 번역되듯이 후대의 언어로 개변된 현존의 그 언어를 고구려어라고는 해서는 안 될 것이다.

28.1) 動動(불행한 여성이 임을 그리워 부른 고구려의 노래. 「成宗實錄」 권 132:4 : 중국사신 앞에서 ≪동동춤≫에 대하여 고구려 때부터 추어오던 것이라고 설명(김영황 1986. 55~56).

1) 「樂學軌範」(1493) 5:8, 德으란 곰ᄇᆡ예 받ᄌᆞᆸ고/ 福으란 림ᄇᆡ예 받ᄌᆞᆸ고/ 福이여 福이라 호ᄂᆞᆯ/ 나ᄋᆞ라 오소이다/ 아으 動動다리

正月ㅅ 나릿 므른/ 아으 어져 녹져 ᄒᆞ논ᄃᆡ/ 누릿 가온ᄃᆡ 나곤/ 몸하 ᄒᆞ올로 녈셔/ 아으 動動다리

二月ㅅ 보로매/ 아으 노피 현/ 燈ㅅ블 다호라/ 萬人 비취실 즈ᅀᅵ샷다/ 아으 動動다리

三月 나며 開ᄒᆞᆫ/ 아으 滿春 ᄃᆞᆯ욋고지여/ ᄂᆞᄆᆡ 브롤 즈ᅀᆞᆯ/ 디녀 나샷다/ 아으 動動다리 (이하 十二月슈까지 생략)

2) 合成音韻: ㅊㅍ, ㅑㅕㅒㅖㅝㅐ·ㅣㅔㅚㅟㅢ 등. 받침: 덕받ᄌᆞᆸ릿동 등.

子音同化: 나릿 므른, 녯나, 수릿날, 받ᄌᆞᆸ노이다, 보실 니믈 등.

28.2) 井邑詞(남편을 산에 올라 기다리며 부른 백제의 노래. 「高麗史」 卷七一 樂二 46), 「三史」 36:5a : 井邑縣本百濟井村, 今因之.

1) 「樂學軌範」(1493) 五10: ᄃᆞᆯ하 노피곰 도ᄃᆞ샤/ 어긔야 머리곰 비취오시라/ 어긔야 어강됴리/ 아으 다롱디리

져재 녀러신고요/ 어긔야 즌ᄃᆡ를 드ᄃᆡ욜셰라/ 어긔야 어강됴리 / (아으 다롱디리)

어느이다 노코시라/ 어긔야 내가논ᄃᆡ 졈그ᄅᆞᆯ셰라/ 어긔야 어강됴리/ 아으 다롱디리

2) 合成音韻: ㅊㅋㅍ, ㅑㅕㅛㅖㅐㆍㅣㅟㅢ 등. 받침: 강 등.

이들 가요의 言語는 위에서 보는 바와 같이 서로 다름이 없고, 있다면 자료의 양적 제한의 차이뿐이다. 그 合成音韻의 분포를 잘 보면, 그 言語는 가요를 구전에서 文字로 기록한 成 俔, 柳子光 등 「樂學軌範」의 편찬연대인 15세기 中世後期의 國語를 반영한 것으로 추정된다. 특히 "動動"의 오소이다, 므른, 몸하, 즈슬 등, 혹은 "井邑詞"의 ᄃᆞᆯ하, 노피곰, 어느이다 등의 表記와 形態가 그러하다. 따라서, 이들 가요의 언어는 좀처럼 변치 않는다는 그 構文構造에서나 다소 엿보게 될 것이다.

28.3) 古代歌謠의 構文과 構文接辭: 2.1.3 참조.

1) 動動: S(생략) O德으란 V곰ᄇᆡ예 받ᄌᆞᆸ고, S(생략) O德이여 福이라 호ᄂᆞᆯ V나ᄋᆞ라 오소이다. S(생략), SOV.

2) 井邑詞: Sᄃᆞᆯ하 V노피곰 도ᄃᆞ샤, S(생략) V머리곰 비취오시라. SV + SV. S(생략) V져재 녀러신고요, S(생략) O즌ᄃᆡ를 V드ᄃᆡ욜셰라. SV + SOV.

3) 動動: 德 + 을(對格 ᄋᆞᆯ/를/ᄅᆞᆯ) + 안(補助詞), 곰ᄇᆡ + 예(處格 에/애/ᄋᆡ/의), 받 + ᄌᆞᆸ(謙稱 ᄉᆞᆸ/ᅀᆞᆸ) + 고(重複形 오) 등.

4) 井邑詞: ᄃᆞᆯ + 하(呼主格 아/야/여/이여), 높 + 이(副詞化轉成接尾辭) + 곰(副詞强義接尾辭 옴), 돋 + ᄋᆞ샤(尊稱接尾辭 샤), 비추 + 이(使動接尾辭 히/리/기/우) + 오(意志形 우) + 시 등.

그 가요의 構文은 이미 2.1.3에서 제시한 바와 같이 6~7세기의 鄕歌와 대체로 같다고 하겠으나, 構文接辭의 形態는 차이가 있다고 할 것이다. 그 자료의 양적 제한으로 본격적인 비교는 무리하지만, 가령 오소이다, 어느이다 같은 形態, 특히 그 ㆁ은 후대에 생성된 모습이라고 할 것이다. 요컨대, 역사상 첫째로 語彙의 變化가 가장 빠르고, 둘째로 發音도 빨리 변하나, 그 音韻體系는 변하기 더디고, 셋째로 構文에서 語順은 변하기 어려우나, 그 形態는 쉽게 변하는 것이 言語史의 理法이다.

28.4) 表記의 解讀과 分析

1) 動動: 림(님) + ᄇᆡ(림 ※ 러울(獺 訓解 28)/넝우리(獺 훈몽 上10)), 호ᄂᆞᆯ ᄒᆞ + 오 + ㄴ(過去動名詞形) + ᄋᆞᆯ ※ ᄒᆞᄂᆞ로(용가 11) ᄒᆞ + ㄴ + ᄋᆞ로, ᄒᆞᄅᆡ(永嘉 下31) ᄒᆞ + ㄹ(未來動名詞形) + ᄋᆡ, 오 + 소(숑) + 이 + 다 (ㆁ ※ 이다(용가 14), 잇고(용가 28)), 다리 (※ 乃利(三史 36:6) 나리 〉 나이 〉 내), 滿春 + ᄃᆞᆯ욋(달래/진달래) + ㅅ/滿春ᄃᆞᆯ + 욋(외/오얏), 넷(옛) + 날 + ᄋᆞᆯ(넷 ※ 님(月曲 246), 닐굽(月曲 8), 너느(釋譜 6:10) 등.

2) 井邑詞: (後腔全) 져재/(後腔) 全(全州) + 져재 등.

고문헌의 해독이나 그 言語의 분석은 한글로 표기된 자료라도 논란이 있게 마련이다. 위 지적에서 우선 ㄹ, ㄴ 頭音規則은 현대와 격차가 있었고, 또 끊기나 쪼개기로 적지 않은 이견이 갈리기 때문이다. 특히 '全져재'의 '全'이 757년에 개칭한 全州의 약칭이면, 그 연대나 백리 밖의 저자 등으로 빗나간다. 반면에, 9.3)에서 지적한 ㄴ, ㄹ 時稱動名詞形, '내(川)'의 古形 '나리' 등의 노출은 古代國語가 化石化된 잔해로 보인다. 그렇다면, 이런 문헌도 言語資料로서 끝내 경시될 것이 아니다.

吏讀의 語順과 吐 吏讀는 漢字에 의한 우리말의 記寫法으로서 이미 언급한 대로 오랜 역사를 가지고 있다. 그러면, 吏讀와 漢文과의 차이는 우리말과 漢語와의 차이인데, 실제로 吏讀는 한문과 다른 語順, 漢字表記의 語彙, 한문에 없는 吐 등으로써 특징짓는다. 우선 이두식 語順은 이두가 발생한 초기의 형태로서 이두 토가 발달하기 이전의 형태를 말한다. 그러나, 이것은 漢文을 잘 알고 면밀히 분간해 보아야 할 매우 어려운 대상이다. 다음과 같은 것이 이미 지적했던 그 예시들이다.

29.1) 吏讀의 語順(홍기문 1957. 24, 26~29)

1) 廣開土王陵碑(414): (제1면) …王臨津言曰, 我是皇天之子, 母河伯女郎, 鄒牟王, 爲我連葭浮龜. (왕이 물가에 임해서 말하기를 '나는 하느님의 아들이요, 어머니가 물을 맡은 신령의 딸이요 추모왕이다. 나를 위해서 갈대를 연하고 거북을 띄우라.')

…因遣黃龍來下迎王, 王於忽本東崗黃龍負(履龍頁)昇天. (곧 누른 용을 보내서 내려와 왕을 맞게 하니, 왕을 忽本(卒本) 東崗에

서 황룡이 업고(용의 머리를 딛고 서서) 하늘로 올라갔다.) ※ 말하는 순서로 죽 해석해야 뜻이 통함.

2) 壬申誓記石(552, 612): …今自三年以後(지금부터 3년 이후. 漢文으로는 自今三年以後). 中初寺幢竿石柱記(827): …中初寺東方僧岳, 一石分二得. (中初寺 동쪽 僧岳에서 돌 하나가 갈라져 돌이 되었다. 漢文으로는 分一石得二). 등.

이런 예는 漢文 속에 혼입된 구절이라도 한문으로 읽어서는 뜻이 잘 통치 않는 것들이다. 말하자면, 吏讀式 語順으로 한문을 개편했다고 하겠는데, 과연 그런지 아닌지는 한문의 관점에서 검토할 사항이다. 그런데, 이런 초기의 방식으로 글의 명확성이 의문시될 경우가 드물지 않았던지, 거기에 口頭語의 토를 쓰기 시작했고, 이 토는 이두식 토로 발전해 갔다. 이 토가 漢文의 助辭인지 이두식 토인지는 역시 깊은 한문의 지식이 아니면 판별되기 어려울 것이다. 다음과 같은 예가 그것이다.

29.2) 吏讀 吐(홍기문 1957. 26~29)

1) 无盡寺鐘銘(745): …一切檀越 併成在願旨者, …成在節, 唯乃秋長幢主. (모든 단월과 아울러 서원의 뜻을 이룬 자, …이룬 때의 유내는 추장당주다.)

2) 葛項寺石塔記(758): …戊戌中 立在之 娚姉妹三人 業以 成在之 娚者 零妙寺言寂法師在於, …. (무술에 세우시니라. 형제와 자매 셋이 업으로 이루시니라. 형제는 零妙寺 言寂법사이며, …) 등. ※ 밑줄 부분의 在, 中, 以 등이 이두 토.

3) 蓮池寺鐘銘(833): 太和七年 三月日 菁州 蓮池寺鐘成內節. 傳合入

金 七百十三廷, …. (태화 7년 3월 일에 정주(晉州) 연지사 종이 이루어지다. 전하기를 들어간 쇠가 합하여 713정이니, …) ※ 토 표시 없음.

초기의 吏讀에는 이와 같이 약간의 토가 나타나고, 개중에는 전혀 토가 나타나지 않은 것도 있다. 이러한 이두식 語順이나 이두식 토가 초기 吏讀의 기본적 요소인데, 高麗 초기에 이르기까지 金石文에 한하여 후기에도 거의 초기의 이두로 기록된 것은 금석문에 사용하던 관습으로 해석된다. 이러한 吏讀는 관청 문서용인 세칭 吏札로 전승되는 한편, 6세기에 당시 우리말을 漢字로 완전히 표기하기 시작한 이른바 鄕札로 발전해 갔다. 이 향찰은 借字表記의 완성으로 극치를 다한 것이었다.

요컨대, 초기의 吏讀는 三國時代 고구려, 백제, 신라의 金石文에서 발견되나, 어려운 그 判讀을 다하는 것이 또한 천착할 과업이다. 특히 이두식 토에서 處格 中(에/애), 助格(로/으로), 對格 於(를/을), 終止形 之(다/니라) 등이 종종 나타나는데, 그 '中, 於'는 鳩摩羅什 409년 漢譯 불경 「中論」에 유래한다는 사실이 밝혀졌다(李浚碩 1999. 169~204). 이것은 古典梵語의 8格이 반영된 것으로 우리 시선을 주목케 한다. 이런 뜻에서, 힘써 천착할 古代國語의 문제는 화수분이라고 할 것이다.

三十六母字圖 引類清濁

是牙音	見 經堅 全清	溪 輕牽 次清	羣 勤乾 全濁	疑 銀研 不清不濁	
舌頭音	端 丁顛 全清	透 汀天 次清	定 廷田 全濁	泥 寧年 不清不濁	
舌上音	知 珍邅 全清	徹 癡脠 次清	澄 陳纏 全濁	娘 紉尼 不清不濁	
脣音重	幫 賓邊 全清	滂 繽篇 次清	並 貧便 全濁	明 民綿 不清不濁	
脣音輕	非 分番 全清	敷 芬蕃 次清	奉 墳煩 全濁	微 文亡 不清不濁	
齒頭音	精 津煎 全清	清 親千 次清	從 秦前 全濁	心 新先 全清	邪 餳涎 半濁半清
正齒音	照 真氊 全清	穿 嗔燀 次清	牀 神潺 全濁	審 身羶 全清	禪 脣蛇 半濁半清
是喉音	影 因煙 全清	曉 馨軒 次清	匣 刑賢 全濁	喻 寅延 不清不濁	
舌齒音	來 鄰連 不清不濁	日 人然 不清不濁			

切韻指掌圖 四九

※「集韻」(1067)에 依據 作圖, 等圖로는 最古「切韻指掌圖」(宋 司馬光撰 착오, 楊中修撰) 권두 三十六母字圖(→字母圖)

一

	見	溪	羣	疑	端	透	定	泥	知	徹	澄	娘	幫	滂	並	明	非	敷	奉	微
平	高	尻	〇	敖	刀	饕	淘	猱					褒	橐	袍	毛				
	交	敲	〇	聱					嘲	颲	䄻	鐃	包	胞	庖	茅				
	嬌	趫	喬	〇					朝	超	晁	〇	鑣	〇	〇	苗	〇	〇	〇	〇
	驍	鄡	翹	堯	貂	祧	迢	〇					飈	漂	瓢	蛗				
上	暠	考	〇	䫜	倒	討	道	惱					寶	〇	抱	蓩				
	絞	巧	〇	咬					獠	〇	〇	穋	飽	〇	鮑	卯				
	矯	〇	驕	鱎					〇	[illegible]	肇	〇	表	[illegible]	藨	〇	〇	〇	〇	〇
	皎	𥑮	〇	磽	鳥	朓	窕	嬲					褾	縹	摽	眇				
去	告	鎬	〇	傲	到	韜	導	腝					報	〇	暴	帽				
	教	敲	〇	樂					罩	趠	棹	橈	豹	砲	靤	貌				
	〇	趬	嶠	[illegible]					〇	朓	召	〇	裱	剽	驃	廟	〇	〇	〇	〇
	叫	竅	轎	顤	弔	糶	蓧	尿					〇	〇	〇	妙				
入	各	恪	〇	咢	〇	託	鐸	諾					博	頼	泊	莫				
	覺	殼	〇	嶽					斲	逴	濁	搦	剝	璞	雹	邈				
	腳	却	噱	虐					芍	[illegible]	著	逽	〇	〇	〇	〇	〇	〇	〇	〇
	〇	〇	〇	〇	〇	〇	〇	〇					〇	〇	〇	〇				

	精	清	從	心	斜	照	穿	牀	審	禪	影	曉	匣	喻	來	日	韻
平	糟	操	曹	騷	〇						鏖	蒿	豪	〇	勞		豪
						聯	謅	巢	梢	〇	坳	虓	肴	〇	顟		交
						昭	怊	〇	燒	韶	妖	囂	〇	鴞	燎	饒	宵
	焦	鍬	樵	蕭	〇						么	膮	〇	遙	聊		蕭宵
上	早	草	皁	嫂	〇						襖	好	皓	〇	老		皓
						爪	煼	巐	數	〇	拗	〇	澩	〇	〇		巧
						沼	[illegible]	肇	少	紹	夭	〇	〇	〇	〇	擾	小
	勦	悄	〇	篠	〇						窅	曉	皛	鷕	了		篠小
去	竈	操	漕	喿	〇						奥	秏	號	〇	嫪		號
						抓	鈔	巢	稍	〇	靿	孝	効	〇	〇		效
						照	〇	〇	少	邵	要	〇	〇	〇	尞	饒	笑
	醮	陗	噍	嘯	〇							歊	〇	燿	顤		嘯笑
入	作	錯	昨	索	〇						惡	臛	涸	〇	落		鐸
						捉	娖	浞	朔	〇	握	吒	學	〇	犖		覺
						灼	綽	〇	爍	妁	約	謔	〇	〇	略	若	藥
	爵	鵲	嚼	削	〇						〇	〇	〇	藥	〇		藥

「切韻指掌圖」(宋 楊中修撰) 一圖

※ 平: 高(一等韻), 交(二等韻), 嬌(三等韻), 驍(四等韻). 上去入도 同.

第3章 中世國語(11~16세기)

信行具足復有五道一切衆生復有他方不
可量衆復有變十方淨土現百億高座化百
億須彌寶花各各座前花上有無量化佛有
無量菩薩比丘八部大衆各各坐寶蓮花花
上皆有無量國土一一國土佛及大衆如今
無異一一國土中一一佛及大衆各各說般
若波羅蜜他方大衆及以化衆此三界中衆
十二大衆皆來集會坐九劫蓮花座其會方
廣九百五十里大衆僉然而坐
爾時十号三明大滅諦金剛智釋迦牟尼佛
初年月八日方坐十地入大寂室三昧思緣
放大光明照三界中復於頂上出千寶蓮花
其花上至非想非非想天光亦復雨乃至他
方恒河沙諸佛國土時無色界雨無量變大
香花香如車輪花如須彌山王如雲而下十
八梵天王雨百變異色花六欲諸天雨無量

1973. 12. 端山文殊寺 복장유물에서 처음 발견된 訓讀口訣 자료
「舊譯仁王經」 上卷(1250.경) 낱장(2) 전반부

3.0 古代國語와 中世國語

高麗의 라티움 開城 936년 高麗의 後三國統一은 문화의 중심을 지역상 한반도 동남부로 치우친 慶州에서 중앙부 開城으로 옮기게 하고, 신라의 開州方言이 共通語의 토대가 되도록 여건을 조성한 점에서 매우 뜻이 깊다. 이에 앞서, 676년 統一新羅는 그 수도 徐羅伐의 언어를 토대로 한 新羅語를 통용해 왔던 만큼, 高麗統一은 國語史上 매우 중대한 사건이라고 할 것이다. 로마 라티움(Latium)의 언어가 라틴語가 된 것처럼, 高麗語는 공통어로서 확고한 위치를 확보해 있었기 때문이다.

30.1) 三國과 高麗의 人口

1) 고구려: 「三史」 권22:11, 寶藏王 …二十七年 …十二月, …分五部, 百七十六城, 六十九萬餘戶. ※ 5명 평균 350만 명, 7명 평균 480만 명. (「三遺」 권1:9, 高(句)麗全盛之日, 二十一萬五百八戶.)

2) 백제: 「三史」 권28:8, 義慈王 …二十年 …六月, …國本有五部, 三十七郡, 二百城, 七十六萬戶. ※ 5명 평균 380만 명, 7명 평균 530만 명. (「三遺」 권1:10, 卞韓百濟, 百濟全盛之時, 十五萬二千三百戶.)

3) 신라: 「三遺」 권1:10, 辰韓 [亦作秦韓], 新羅全盛之時, 京中十七萬八千九百三十六戶. ※ 戶를 口로 보아 17만, 신라 170만 명 추정.

4) 고려: 元 托克托 등, 「宋史」 권487, 列傳 246, 高麗, 西京最盛, 總之凡三京四府八牧, 郡百有十八, 縣鎭三百九十, …男女二百十萬口.

後高麗를 자처하던 王 建 高麗는 935년에 新羅를 항복시키고, 936

년에 後百濟를 멸망시킴으로써 統一高麗(936~1392)가 이룩되었는데, 그 物量은 인구로 보아 외세를 끌어들여 통일한 新羅를 능가한 것이었다. 또한, 「高麗史」(1:13~, 2:34, 5:15 등)에 기록된 渤海遺民의 來投도 수10만에 이르렀다. 따라서, 中世國語 高麗語 는 역사적 민족국가의 재통일에 의하여 새로 형성되었고, 이것은 開城方言을 토대로 신라 慶州方言, 백제 泗沘方言, 고구려 平壤方言, 발해 上京方言이 다소간 가미되었다는 뜻이다.

이런 뜻에서, 高麗統一과 高麗語의 성립은 역사상 보기보다 더욱 주목할 가치가 있다고 생각한다. 王 建(877~943) 太祖의 訓要十訓其四에 '不必苟同'(「高麗史」 2:15)이라고 했듯 자못 민족적 主體性을 표방했으나, 강성해진 契丹族 遼(916~1125), 女眞族 金(1115~1234), 蒙古族 元(1271~1368)의 힘에 억눌려 많은 시련을 겪었다. 특히 고려는 對蒙抗戰으로 몹시 피폐했건만, 나라의 위상을 굳게 지켜 갔다. 그래서, 그 民族語는 소멸되지 않았고, 現代國語로 면면히 계승케 하는 대업이 성취되었다.

中世國語의 位相 이러한 高麗語는 後三國統一과 함께 성립되기 시작했다고 할 것이나, 中世前期國語는 11~13세기의 국어라고 구분했다. 이들 사이의 격차가 64년인데, 時代區分이란 원래 인위적인 편의상의 구분이기 때문에 문제될 것이 없다. 말하자면, 10세기 말엽의 古代語와 11세기 초엽의 中世語가 시대구분한 대로 반드시 달라야 한다고 하지 않아도 되는 것과 같다. 따라서, 가령 中世前期國語를 구분한 11~13세기 3세기 기간 그 언어의 同質性이 시종일관 완전하게 균등한 것은 아니다.

古代國語의 音韻으로서는 有氣音이나 받침은 없었다고 추정하고,

地名改革에 도입된 漢語中古音의 영향을 받아서 새로 생성되었을 것이라고 언급했다. 그러나, 그러한 發音이 세기를 뛰어넘어 10세기에나 음운화되었을는지도 실증하기 어렵다. 물론 鄕歌를 실례로 들면 되지만, 향가가 기록된 上限보다 下限 13세기의 습관이 가미된 탓으로 그렇게 완전치 못하다(2.2.0 참조). 바꿔 말하면, 13세기에는 이미 有氣音이나 받침이 생성되어 있겠고, 이 점은 즉 中世國語의 한 특징이 되었다고 할 것이다.

30.2) 中世語의 系譜

1) 系譜: 首都(地名 연대)

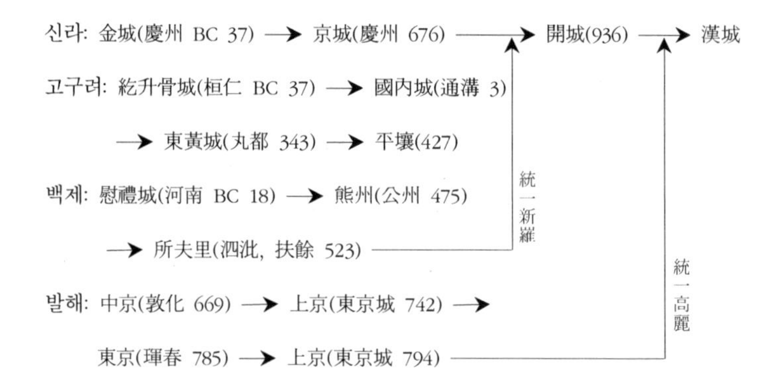

2) 신라:「三史」34:2, 初赫居世二十一年, 築宮城, 號金城. 고구려:「三史」 37:1~2, 自朱蒙立都紇升骨城, 歷四十年, 孺留王二十二年, 移都國內城, …都國內, 歷四百二十五年, 長壽王十五年, 移都平壤, 歷一百五十六年, 平原王二十八年, 移都長安城, 歷八十三年, 寶臧王二十七年而滅. 백제:「三史」37:7, 東明王第三子溫祚, …自卒本扶餘至慰札城, 立都稱王, 歷三百八十九年, 至十三世近肖古王, 取高句麗南平壤, 都漢城, 歷一百五年, 至二十二世文周王, 移都熊川,

歷六十三年, 至二十六世聖王, 移都所夫里, 國號南扶餘, 至三十一世義慈王, 歷年一百二十二, 至唐顯慶五年, 是義慈王在位二十年, 新羅庾信與唐蘇定方討平之. 발해: 李龍範 1976. ※ 桓仁…중국 遼寧省 本系市. 通溝…吉林省 梅河口市. 丸都…吉林省 通化市 集(輯)安縣. 敦化…吉林省 延邊朝鮮族自治州 敦化市. 東京城…黑龍江省 牡丹江市 寧安縣. 琿春…吉林省 延邊朝鮮族自治州 琿春縣.

이처럼 高麗語의 형성은 단순치 않다. 이전의 新羅語도 676년 三國統一의 여파로 고구려의 平壤語나 백제의 泗沘語가 얼마큼 가미되었겠는데, 開城方言을 토대한 高麗語는 936년 後三國統一의 여파로 또한 그런 新羅語가 가세하고, 멀리 북방에서 渤海方言이 그 遺民과 함께 다소라도 윤색되었을 것으로 보아야 하기 때문이다. 그리고, 地名改稱으로 인한 파문은 古代語에 中世的 要件을 생성케 한 점에서 면밀히 추적할 대상이다. 그 中世的이란 가령 有氣音의 音韻化 같은 中世的 양상을 말한다.

古代國語의 傳乘 이러한 中世語 형성의 양상은 國語史上 급진적 改新을 조성한 要因이 되었다고 해석된다. 실제로 古代語의 中世語로의 전승에서 종종 계보의 단절에 부딪치는 것은 바로 이 때문이다. 즉, 中世語에서 古代語로 소급하기에 직결이 어려운 것은 고구려나 발해 등 北方系와 신라나 백제 등 南方系 사이에 은연히 형성된 격차의 탓이라는 뜻이다. 그래도, 中部地方의 高麗語가 中世語로서 古代語를 계승하여 남북 양극을 수용한 것은 그 격차를 최소화한 점에서 뜻깊은 일이었다.

30.3) 古代語의 변천　※ 中前 = 中世前期國語, 中後 = 中世後期國語

1) 單一系列: 꽃/꼿(花)…古代: 舌(花)(三史 34:7) 가(고)라/가(고)시 〉 中前: 骨(鷄林 66) 골/*곧 〉 中後: 곶/곳(訓會 18) 〉 近世: 곳(松江 下14)/ᄭᅩᆺ(漢淸 10:66)/ᄭᅩᆾ(朴通新 1:7)

물(水)…古代: 買(水/川)(三史 37:3) 마 〉 中前: 沒(鷄林 58) 믈 〉 中後: 믈(釋譜 13:33)/물(釋譜 6:5) 〉 近世: 물(倭語 上9)/믈(譯語 上7)

돌(石)…古代: 珍惡(石)(三史 36:2) 다(도)라 〉 中前: 突(鷄林 57) 돌 〉 中後: 돌ㅎ(釋譜 9:24) 〉 近世: 돌(譯語 上14)

하나(一)…古代: 一直(三史 34:3) 가다나 〉 中前: 河屯(鷄林 19) ᄒᆞᄃᆞᆫ 〉 中後: ᄒᆞ나ㅎ(月曲 89) 〉 近世: ᄒᆞᆫ나(譯語 上64)/일(倭語 上55)　※ Fitötu(一つ)(萬葉集 276), katana(一)(日本 二中曆).

2) 複合系列: 골(谷)…古代: 頓, 旦, 呑(谷)(三史 37:4) 다나(두누)/得烏(谷)(三遺 2:6) 시로 〉 中前: *실/*골 〉 中後: 실(시내ㅎ)(杜初 7:8)/골(杜初 8:51) 〉 近世: 실(시내)(漢淸 1:44)/골(同文 上8)

산(山)…古代: 達(山)(三史 35:4) 다라 〉 中前: 每(鷄林 56) 뫼 〉 中後: 뫼ㅎ(釋譜 6:31)/산(朴翻 上37) 〉 近世: 모(兵學 1:121)/뫼(漢淸 1:37)/산(山)(〃)

성(城)…古代: 忽(城)(三史 37:1) 구루/兮(三史 35:11) 기(히)/己(三史 36:3) 기 〉 中前: *잣 〉 中後: 잣(龍歌 1:52)/셩(城)(翻小 9:91) 〉 近世: 셩(同文 上40)　※ kï(城)(萬葉集 4331)

솔(松)…古代: 夫斯(松)(三史 35:7)/扶蘇(三史 35:5) 보시 〉 中前: *솔 〉 中後: 솔(法華 1:148) 〉 近世: 솔(漢淸 13:28)

言語史의 흐름은 일정한 속도에 의한 전후 因果關係의 반복으로 전개되는 것이 원칙이라고 할 것이다. 위 單一系列의 예에서 대략 그 같은 전개를 엿보게 되는데, 다음 複合系列의 예는 그렇지 못하다. 가령, '골(谷)'에서 실이나 골, '산(山)'에서 뫼 등의 生成은 앞뒤가 단절된 상태여서 변천의 흐름이 끊김을 말한다. 또한, 漢字語 '城'의 도입은 명백하나, '기'나 '잣'의 生成을 규명하기는 매우 어렵다. 이것은 남북 양극이 끼쳐 言語系統이나 國語史 서술을 난처케 한 장애라고 할 것이다.

30.4) 國語史의 諸段階(李基文說)

1) 李基文(1967. 5. 89)

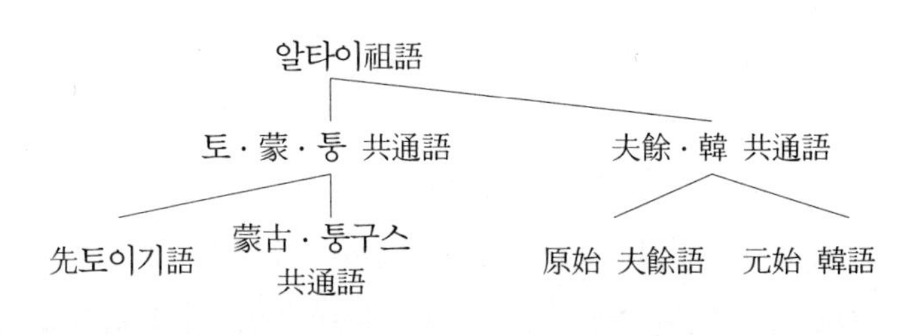

※ 5.1) 참조.

2) 李基文(1972. 11. 41, 1967. 5. 91)

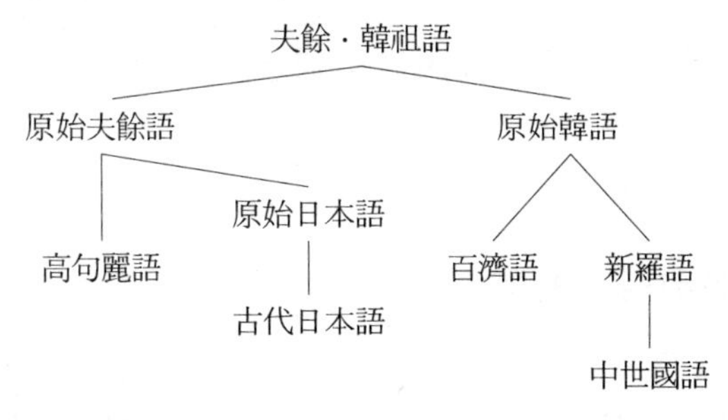

※ 新羅語 = 古代國語

이러한 國語史上의 장애를 해소하려면 北方系와 南方系를 섞지 않고 구분하여 각각 따로 분석해야 하는데, 이 방법은 필요한 양의 자료가 있어야 충족된다. 이 방법의 시도로는 영성한 자료에도 「三史」 고구려 지명을 분석하여 위 표와 같은 결론을 맺은 것이 있다(李基文 1968). 그 결과 高句麗語는 日本語와 자매를 이루어 夫餘·韓諸에 속하고, 國語史의 시발점은 新羅語에 한정된다고 했다. 즉, 문제는 三國時代의 고구려어나 백제어를 古代國語의 범위에서 제외하여도 되겠느냐 하는 것이다.

3.1 中世前期國語(11~13세기)

中世語는 古代語를 전승하여 시대구분으로 6세기 동안 지속되었는데, 편의상 전기와 후기로 다시 양분하게 되었다. 中世語가 高麗語의 형성으로 성립된 것은 사실이나, 전승한 古代語의 범위를 新羅語로 한정하자는 견해가 있다. 이에 대한 비판(김수경 1989)과 함께 中世語의 고구려, 渤海系統說에도 유의해야 할 것이다. 그 中世語의 시기가 11세기로 내려오지만, 그렇다고 필요한 자료가 보존된 것도 아니다. 역시 제한된 借字表記의 자료를 대상으로 올바르게 해독하여 그 체계를 파악할 것이다.

3.1.0 中世前期의 史料

記錄文獻과 金石文 11세기부터 13세기까지 中世前期의 言語資料는 여전히 借字表記로서 미흡한 편이다. 이 시대의 자료도 다음과 같이 단편적인 吏讀文, 나열적인 語彙에 그쳐 제대로 기술하기 어려운데, 위 19.1)에서 언급한 이른바 訓讀口訣이 새로 추가된 것은 매우 기쁜 일이다. 이것은 10세기의 단편적 기록에 불과했으나, 1973년에 처음으로 「舊譯仁王經」 上卷 낱장 5장이 발견된 이후 계속 나타난 것은 요행히 11~13세기의 기록이어서 묘하게도 中世前期國語 자료에 해당하는 것들이다.

31.1) 11~13세기 자료 (※ 밑줄 약칭) (李承宰 1992)

1) 11세기: 醴泉 開心寺石塔記(1010), 漆谷 淨兜寺五層石塔造成形止記(1031), 梁山 通度寺國長生石標銘(1083), 羅州 西門內石燈記(1093) 등.

2) 12세기: 宋 孫 穆, 「鷄林類事」(1103), 睿宗(1105~22), 悼二將歌, 日本 三善爲康, 「二中歷」 13권(1139), 密陽 五層塔造成記 (1109), 尙州 安永寺鐘銘(1178.경), 宋 徐 兢, 「高麗圖經」(1124) 등.

3) 13세기: 「鄕藥救急方」 3권(1236.경), 修禪社寺院現況記(1221.경), 利義寺飯子(1224), 尙書都官貼文(1262), 松廣寺奴婢文書(1281), 鄭仁卿功臣錄券(1289) 등.

이런 자료에 보충된 訓讀口訣은 언급한 대로 우리의 독창적인 번역문이다. 주어진 漢文에 간화체 口訣을 기입하는 것으로 완전한 우리말 번역이 되는 만큼, 비범한 지혜가 아니었던들 이런 창조가 이룩되지는 못했을 것이다. 표현으로서는 吏讀文이나 鄕札文과 같기 때문에, 이에 긴장된 마음으로 관심이 쏠리는 것은 당연하다. 그 옛날의 사실을 까맣게 모르고 있다가 이제야 발견되면서 비로소 각광을 받게 되었다. 또, 같은 성격의 다음 2) 訓讀口訣의 자료가 추가돼 얼마나 다행인지 모른다.

31.2) 口訣文獻 (※ 밑줄 약칭) (南權熙 1997. 南豊鉉 1990)

1) 訓讀口訣: 「釋華嚴敎分記圓通抄」 권3(960), 「華嚴經疏」 권35(1100.초), 「華嚴經」 권14(1150.경), 「合部金光明經」 권3(1200.초), 「舊譯仁王經」 上卷(1250.경), 「瑜伽師地論」 권20.(1250.후) 등.

2) 順讀口訣: 唐 般剌密帝 譯, 「首楞嚴經」 10권 安東本 · 朴東燮本(1250.경), 大邱本 · 南權熙本(1250.후) 등.

3) 借字表記(李承宰 1992. 14)

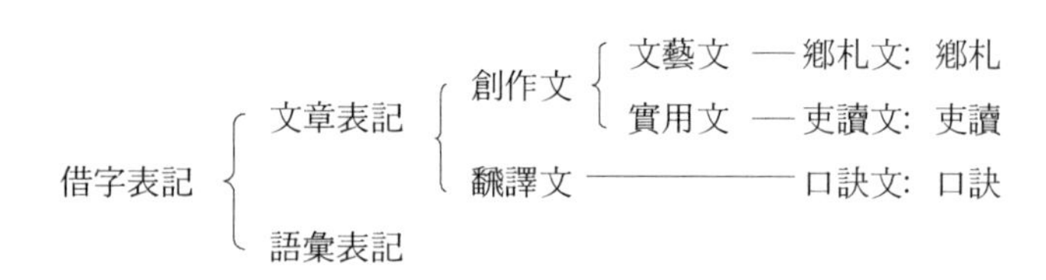

요컨대, 이 시대의 자료는 종전보다 풍성해졌다. 그러나 아직은 유의하고 규명할 사항이 많다. 기본적으로 그 借字表記에 대한 정확한 解讀이 필요한 것은 물론이지만, 가령 같은 漢字로 표기된 口訣이라도 표기된 시대가 경과함에 따라 달라진 讀法의 차이가 무엇인가 하는 것이다. 반면에, 같은 表記를 같은 환경에서 다른 자료라고는 하지 못할 것이다. 이런 뜻에서, 특히 그 口訣의 敍述指標를 바로 해독하고 옳게 체계화하는 문제는 시급히 해명하지 않으면 기대에 부응하기 어려울 것이다.

訓讀口訣과 順讀口訣 가장 오래된 「敎分」의 順讀口訣은 顯德七年 庚申(960) 여름에 均如大師가 행한 講說을 당시 제자 惠藏法師가

기록한 것이다. 위 19.1)에 제시한 이 口訣이 단편이나마 존재하는 사실은 訓讀口訣이란 것이 借字表記의 발전상 그 초기부터 이미 발생했을 것으로 믿게 하거니와, 후대에 발전하여 12세기경에 발생한 것으로 보이는 順讀口訣은 이와 달리 漢文을 漢文의 語順으로 읽으며 토를 단 것이다. 이 신자료에 따라 口訣은 訓讀과 順讀 및 音讀을 구분하게 되었다.

32.1) 訓讀口訣(예: 「仁王」 上卷 1250.경)

0) 訓讀口訣은 판본 漢文에 붓글씨로 기입한 것. 아래 1)의 윗줄은 원문 우측 표시, 아랫줄은 원문 좌측 표시. ・점 逆讀点. 口訣 역자를 정자로, ①②와 한글 등은 첨가한 것.

1) 원문: 復爲隱　有叱在彌　五道叱　一切衆生是・
　①ᄒᆞㄴ　④ㅅ겨며,　② ㅅ　③　　이
　/復爲隱　有叱在彌　他方叱
　①ᄒᆞㄴ　⑦ㅅ겨며, ②　ㅅ
不知是飛叱　可叱爲隱　量乎音　衆・　(2:1~2)
⑤디이ᄂᆞㅅ　④ㅅᄒᆞㄴ　③호ㅁ　⑥

2) 해독: ①ᄯᅩᄒᆞᆫ ②五道ㅅ ③一切衆生이 ④잇겨며, / ①ᄯᅩᄒᆞᆫ ②他方ㅅ ③量홈(이) ④짓ᄒᆞᆫ ⑤안디이ᄂᆞᆺ ⑥衆(이) ⑦잇겨며,

3) 해석: 또한 五道의 一切衆生이 있었으며, / 또한 他方의 量홈이 可치 아니한 衆이 있었으며,

32.2) 順讀口訣(예: 「楞安」 1250.경)

0) 順讀口訣은 판본 漢文에 붓글씨로 기입한 것. 아래 1)의 밑줄 口訣은 원문의 우측 행간에 기입한 약자를 정자로, ①②와 한글 등

은 첨가한 것.

1) 원문: 現在汝前印大隱 汝應以手以 確實指陳古火羅(2, 7b:11)

① 인대ㄴ ② 로 ③ 고ᄇᆞᆯ라.

/ 二物是 不來乎隱亦中 汝自齅鼻爲舍 爲香可

① 이 ② 호ㄴ여긔 ③ ᄒᆞ샤 ④ 가

爲臭可(3, 7b:5)

⑤ 가?

2) 해독: ①現在汝前인댄 ②汝應以手로 ③確實指陳고ᄇᆞᆯ라. / ①二物이 ②不來혼여긔 ③汝自齅鼻ᄒᆞ샤 ④爲香가 爲臭가?

3) 언해: ①現在汝前인댄 ②汝ㅣ 應以手로 ③確實指陳ᄒᆞ라. (楞諺 2, 47b) / ①二物이 ②不來어든 ③汝ㅣ 自齅鼻ᄒᆞ라 ④爲香가 爲臭아? (楞諺 3, 45b) ※ 諺解 1462년 간행. 音讀口訣.

4) 언해: ①네 알ᄑᆡ 現ᄒᆞ야 이숋딘댄 ②네 반ᄃᆞ기 소ᄂᆞ로 ③구디 ᄀᆞᄅᆞ쳐 니르라. (楞諺 2, 48b) / ①두 物이 ②오디 아니ᄒᆞ얫거든 ③네 네 고ᄒᆞᆯ 마ᄐᆞ라 ④香가 臭아? (楞諺 3, 45b) ※ 訓讀口訣.

이처럼 訓讀口訣은 漢文이 능숙해짐에 따라 順讀口訣로 충족되었겠는데, 이 단계는 國漢文의 정착으로의 심오한 고비였다고 해석된다. 이 順讀口訣은 音讀口訣로 귀착됨으로써 國漢文의 정착을 보게 되지만, 이것은 文章表記로 시작한 것이어서 필요에 따라 각종 번역문에 활용하게 되었던 것이다. 이 과정의 파악이 중요한 것은 위와 같이 같은 문헌의 전후 口訣이 비교되기 때문이다. 즉, 그 諺解와의 비교에서 口訣 古火羅 고ᄇᆞᆯ라 〉 ᄒᆞ라, 可 가? 〉 아? 등은 그 해석을 규명케 해 주는 것이다.

32.3) 飜譯吏讀(예: 「牛馬治療方」 1541.)

1) 원문: 治牛馬時疫病 獺肉及屎煮汁 停冷灌之 (1a) (漢文)

2) 이두: 牛果 馬矣 交相傳染病乙 治療爲乎矣, 獺肉是乃 獺糞是乃 煎煮, 待冷爲良 牛馬口良中 灌注爲乎事 (번역) ※ 果(와), 矣(의, ᄃᆡ), 乃(나), 良(야), 良中(아긔, 아희), 爲乎事(ᄒᆞ온일) 등.

3) 언해: 쇠며 ᄆᆞ리며 서르 뎐염ᄒᆞ얏ᄂᆞᆫ 병을 고툐ᄃᆡ, 너고릐 고기나 너고릐 ᄯᅩᆼ이나 므레 글혀 그 즙을 머믈워, ᄎᆞ거든 이베 너으라.

이 문헌은 종전의 訓讀과 후대의 諺解를 겹쳤다는 점에서 아주 특이하고, 두 번역 사이의 차이가 주목의 대상이다. 번역에 해당하는 구시대의 吏讀와 해석에 해당하는 신시대의 諺解가 한곳에 그것도 16세기에 공존하고 있기 때문이다. 같은 원문에 대한 번역으로서 이두는 名詞體의 義譯인데, 언해는 常體의 해석적 義譯이다. 여기에서도 양자와의 비교에서 '良中 아긔/아희 〉 에, 灌注爲乎事 灌注ᄒᆞ온일 〉 너으라' 등은 그 口訣의 해석이나 변천을 규명케 하는 실마리로서 시선을 끌기에 충분하다.

轉寫資料와 그 解讀 이 시대의 자료가 여전히 영성한 吏讀, 鄕札이던 터에 추가된 訓讀口訣의 문헌으로 풍부해졌음은 이미 논한 바와 같다. 거기에 특이한 「鷄林類事」나 「鄕藥救急方」 같은 자료가 있어서 더욱 풍족하게 되었다. 전자는 宋나라 사신이 高麗語를 기록한 문헌이고, 후자는 약으로 쓰이는 동식물명을 기록한 문헌이다. 특히 전자는 외국인의 對應轉寫라는 점에서 특이하다. 따라서, 그 해독도 吏讀나 口訣 같은 借字表記와 달리 전사자의 시각에서 규명하도록 방법을 전환할 것이다.

33.1) 「鷄林」(1103)의 音韻對應 (姜信沆 1977, 1978)

1) 聲母: 全淸/次淸 ① p/p'…工匠曰把(幫 p)指(바지) / 硯曰皮(竝 p')盧(벼로), 高曰那奔(幫 p)(노푼), ② t/t'…五曰打(端 t)戌(다솟)/石曰突(透 t')(돌)/淺曰泥底(端 t)(녀티), ③ ts/ts'…鼠曰觜(ts)(쥐)/秤曰雌(淸 ts')孛(저블)/鵲曰渴則(精 ts)寄(가치), ④ k/k'…大曰家(見 k)稀(가히)/珠曰區(溪 k')戌(구슬)

不淸不濁 ⑤ m/ㄴ…母曰丫彌(明 m)/客曰孫命(明 m)(손님), ⑥ l/ㄴ…風曰孛纜(來 l)(ᄇᆞᄅᆞᆷ)/走曰連(來 l)音打(넌다)/痩曰安里(來 l)(아니), ⑦ ŋ/ㄴ…嫂曰(長)漢吟(疑 ŋ)(하님), ⑧ j/ㄴ…口曰邑(影 j)(입)/七日曰一(影 j)急(닐굽), ⑨ ts'/ㅿ…妹曰丫慈(從 ts')(아ᅀᆞ), ⑩ s/ㅿ…寫曰乞核薩(心 s)(글그슬), ⑪ ts/ㅅ…傘曰聚(從 ts)笠(슈룹) 등. ※ 有氣音(次淸) 계열은 흔치 않음.

2) 韻尾: 入聲 ① p ㅂ…絹曰及(緝 p)(깁)/草曰戌(術 t)(숩)/鼓曰濮(屋 k)(붑)/九曰雅好(晧 ∅)(아홉), ② t ㄷ…笠曰蓋音渴(曷 t)(갇)/馬曰抹(末 t)(ᄆᆞᆯ)/丐曰丐(曷 t)剝(걷밧)/猪曰突(沒 t)(돋)/醬曰密(質 t)祖(며주), ③ k ㄱ…鶴曰鶴(鐸 k)(학)/簾曰箔(鐸 k)(발)/丐曰丐剝(覺 k)(걷밧)/大穀曰麻帝骨(沒 t)(마디곡)/去曰匿(職 k)家(니거)/柴曰孛南木(屋 ㄱ)(블나모)

不淸不濁 ④ n/ㄹ…準曰笑利彖(換 n)畿(소로듣기), ⑤ n/∅…痩曰安(寒 n)里(來 ㄹ)(아니)/天曰漢(翰 n)捺(하ᄂᆞᆯ), ⑥ ŋ/ㅁ…客曰孫命(映 ŋ)(손님) 등. ※ 받침은 8終聲.

3) 韻母: ① i 이…工匠曰把指(旨 iɨ)(바지)/七曰一(質 iə)急(닐굽), ② ɨ 으…黑曰黑(德 ə)(흑)/火曰孛(沒 uə)(블), ③ ə 어…母曰丫(麻 ə)彌(어미)/燭曰火炬(語 iə)(화거), ④ a 아…父曰丫(麻 a)祕(아비), ⑤ u 우…二曰途(模 uə)孛(두블), ⑥ o 오…硯曰皮盧(模

uə)(벼로)/紅曰眞紅(東 ə)(진홍), ⑦ ʌ ᄋᆞ…月曰妲(曷 a)(ᄃᆞᆯ)/高曰那奔(魂 uə)(노ᄑᆞᆫ), ⑧ ʌj ᄋᆡ…梨曰敗(夬 ai)(ᄇᆡ)/腹曰擺(蟹 ai)(ᄇᆡ)/船曰擺 등. ※ 單母音은 7母音體系를 보이고 있으나, 이 문제의 관건은 으, ᄋᆞ 등에 달려 있음.

이 轉寫音은 北宋使가 高麗에 와서 보고 들은 말을 기록한 만큼 12세기 초의 近代音으로 해독한다는 전제가 있다. 漢語의 宋代音은 唐代보다 有氣音이 많고, 元代에 소실한 入聲이 최후로 보존되고 있었다. 이런 麗宋對應音에서 특히 次淸, 入聲 등이 불규칙한 것은 이 까닭이라고 하겠다. 그러면, 가령 t入聲은 그 首都 汴(開封) 가까운 西北方言에 따라 거의 r音이라고 하되, '花曰骨'(곶, 골) 같은 것은 무엇을 기준으로 어떻게 해독할지 의문이다. 이론은 단순해도 실제는 그렇게 간단치 않다.

33.2) 「鷄林」(1103)의 對應表記(姜信沆 1978)

1) 餘音表記 翅(書 s): ① 皮曰渴(曷 t)翅(갓이), ② 面曰捺(曷 t)翅(낫이), ③ 問物多少曰密(質 t)翅(몃이) 등.

2) 間音表記 子(精 ts): ④ 사이ㅅ…松曰鮓子南(잣남), 斧曰烏子蓋(돗긔), ⑤ 사이ㅿ…剪刀曰割子蓋(ᄀᆞᇫ개), 帶曰腰帶亦曰謁子帶(오ᇫᄃᆡ), 林檎曰悶子訃(무ᇫᄇᆡ). ※ 叔伯母皆曰丫子彌(아ᄌᆞ미), 斧曰烏子蓋(오지개) 등.

3) 韻尾連繫: ⑥ 連音…霜露皆曰率(物 t)(서리), 深曰及(緝 p)欣(曉 x)(깁흔), ⑦ 重複…天曰漢(翰 n)捺(泥 n)(하ᄂᆞᆯ), 畵曰乞(迄 t)林(來 l)(그림), 醬曰密(質 t)祖(精 ts)(며조) 등.

4) 韻尾消去: ⑧ t…醬曰密(質 t)祖(며주), 飽曰擺咱(曷 t)(ᄇᆡᄎᆞ), ⑨

k…柴曰孛南木(屋 k)(블나모), 射曰活索(鐸 k)(활소) 등. ※ 末音 k가 많은 것은 그 消失이 이름을 뜻한다.

5) 誤脫字: 五曰打戍(戍→戌), 四十曰麻兩(兩→刄), 七十曰一短(短→訓), 蝨曰裾(裾→裩), 嫂曰長漢吟(長 삭제), 男兒曰了姐(→丫姐)亦曰同婆記(婆→裟), 椅子曰馳馬(馳→馳), 來曰鳥囉(鳥→烏), 無曰不鳥實(→烏不實), 淺曰眼底(眼→泥) 등.

위의 對應音에서 北宋의 開封音은 朱 熹(1130~1200) 「楚辭集注」 등의 反切로써 밝혀졌지만, 전사된 그 發音은 따로 강구한 表記方式의 측면에서도 검토되어야 한다. 가령, 위 1) 餘音, 2) 間音을 한 문자로 표기, 3) 韻尾를 연계 내지 중복시키거나 4) 있는 韻尾를 소거하거나 한 것이다. 5) 오탈자를 교정하는 것은 기본이거니와, 이 같은 表記上 考案에 대한 규명은 정확한 해독을 위해 필요한 요건이다. 그래도, 韻尾에 관한 처리는 역시 무엇을 기준으로 구분할지는 천명해야 할 난관이다.

3.1.1 音韻과 轉寫表記

改稱地名과 中世音韻 이 시대의 음운은 開州方言을 토대로 생성된 高麗語로 보아 전대와 다른 특징이 있을 것으로 여겨진다. 그런데, 그 실상의 파악은 借字表記로 기록된 漢字를 어떻게 해독하느냐가 관건이다. 우선 검토할 것은 2.2.1에서 논한 改稱地名에 반영된 音韻이다. 그 地名은 종전의 吏讀와는 달리 대체로 音讀의 漢字二字制 이기 때문에, 그 漢字音의 발음에는 有氣音, 重母音, 받침 등이 등장했음을 이미 논급했다. 그래서, 이제 그 發音에 대한 실상을 다시 검토할 계제가 되었다.

35.1) 개칭된 地名(757)「三史」漢字音의 子音

1) ㅍ: 波平(35:3b)…波(幫母 ㅂ), 平(幫母 ㅂ), 金浦(35:3a)…浦(滂母 ㅍ), 咸豊(36:10b)…豊(滂母 ㅍ) 등.

2) ㅌ: 躭津(36:10b)…躭(端母 ㄷ), 高澤(36:7a)…澤(定母 ㄷ), 土山(35:7a)…土(透母 ㅌ), 馳道(35:8b)…馳(定母 ㄷ) 등.

3) ㅊ: 分嵯(37:8a)…嵯(初母 ㅊ), 臨川(34:7b)…川(淸母 ㅊ), 泉井(37:5b)…泉(從母 ㅈ), 浸溟(36:10b)…浸(精母 ㅈ) 등.

4) ㅎ: 河東(34:10a)…河(匣母 ㆅ), 穴口(37:4a)…穴(匣母 ㅎ), 荒壤(35:3b)…荒(曉母 ㅎ), 休壤(37:6a)…休(曉母 ㅎ) 등.

5) ㅈ: 鷄子(34:11a)…子(精母 ㅈ), 靑正(36:3a)…正(章母 ㄷ), 後水(35:8b)…後(心母 ㅅ), 赤城(35:2a)…赤(昌母 ㅊ) 등.

35.2) 개칭된 地名(757)「三史」漢字音의 받침

1) ㅂ: 岬城(36:9a)…岬(狎韻 ㅂ), 十谷(37:4b)…十(緝韻 ㅂ), 壓海(36:11a)…壓(葉韻 ㅂ), 水入(37:5b)…入(緝韻 ㅂ) 등.

2) ㄷ(ㄹ): 八谿(34:11b)…八(黠韻 ㄷ), 潔城(36:3b)…潔(屑韻 ㄷ), 蔚珍(35:11b)…蔚(物韻 ㄷ), 咸悅(36:5b)…悅(月韻 ㄷ) 등.

3) ㄱ: 玉果(36:8b)…玉(屋韻 ㄱ), 德水(35:5b)…德(職韻 ㄱ), 朔州(35:7a)…朔(鐸韻 ㄱ), 客連(37:5b)…客(陌韻 ㄱ) 등.

4) ㅇ: 東平(34:8a)…東(東韻 ㅇ), 平(庚韻 ㆁ), 唐恩(35:2b)…唐(陽韻 ㅇ), 獐項(37:4a)…獐(陽韻 ㅇ), 項(講韻 ㆁ) 등.

이러한 발음은 地名의 행정적 시행으로 고착됨에 따라 마침내 國

語에 반영되어 音韻化했을 것이 분명하다. 문제되는 그 시기는 下限을 中世前期 11세기로 보겠는데, 그 중요한 근거는 「均如傳」이 편찬된 1075년이다. 鄕歌가 수록된 책으로 가장 오래되었고, 有氣音 ㅊ(禮佛: 滿賜隱), ㅌ(禮佛: 佛體), 받침 ㄱ(稱如: 功德), ㅂ(廣供: 法供) 등이 수록된 그 鄕歌에서 文字化되어 사용된 發音이기 때문이다. 이 시기는 崔行歸가 均如大師 생존 시에 그의 향가를 漢譯한 967년으로 소급될 수 있을 것이다.

35.3) 개칭된 地名(757) 「三史」 漢字音의 母音

1) 으: 金馬(36:7a)…金(侵韻 ĕ), 文登(35:9a)…登(登韻 ə), 北原(35:7b)…北(德韻 ə), 德殷(36:5b)…殷(欣韻 ĭə) 등.

2) ᄋᆞ: 泗川(34:10a)…泗(至韻 ï), 烏兒(36:8b)…兒(支韻 ĭe), 子春(35:11b)…子(止韻 ĭe), 烏蠶(37:11b)…蠶(覃韻 ɒ) 등.

3) ᄋᆡ: 開寧(34:4b)…開(咍韻 ɒi), 昧谷(36:4a)…昧(隊韻 ɐi), 白城(35:2a)…白(陌韻 ɐ), 解顔(34:7b)…解(蟹韻 ai) 등.

4) 애: 介山(35:2a)…介(怪韻 ɐi), 甘蓋(37:16b)…蓋(泰韻 ɑi), 大丘(34:7a)…大(泰韻 ɑi), 蘇泰(36:4a)…泰(泰韻 ɑi) 등.

5) 예: 季水(36:8a)…季(至韻 wi), 金堤(36:6a)…堤(齊韻 iei), 豊歲(36:1b)…歲(祭韻 ĭwεi), 海際(36:11a)…際(祭韻 ĭεi) 등.

6) 와: 玉果(36:8b)…果(果韻 uɑ), 五關(35:16b)…關(刪韻 wa), 平倭(37:17b)…倭(戈韻 uɑ), 化寧(34:5b)…化(禡韻 wa) 등.

7) 워: 闕城(34:11a)…闕(月韻 ĭwɐ), 珍原(36:9a)…原(元韻 ĭwɐ), 花園(34:7a)…園(元韻 ĭwɐ) 등.

8) 외: 槐壤(35:1b)…槐(皆韻 wɐi), 牢山(36:11a)…牢(豪韻 ɑu), 橫川(37:5a)…橫(庚韻 wɐ), 會津(36:10a)…會(泰韻 uɑi) 등.

9) 위: 貴旦(37:18a)…貴(未韻 ǐwəi), 軍威(34:4b)…威(微韻 ǐwəi), 取城(35:7a)…取(麌韻 ǐu), 鷲岳(37:16a)…鷲(宥韻 ǐəu) 등

10) 의: 機張(34:8a)…機(微韻 ǐəi), 杞溪(34:9a)…杞(止韻 ǐə), 宜桑(34:11b)…宜(支韻 ǐe), 義安(34:6a)…義(寘韻 ǐe) 등.

이 시기의 漢字音은 2.2.1에서 논급한 대로 中國 唐代 7~8세기 그 수도 長安(西安)音이 기반이 되었겠으나, 이전 1~2세기 東漢音, 3~4세기 魏晉音, 5~6세기 南北朝音 등의 古層과 자체의 傳乘音이 잔존해 있어 단순치 않다. 筆(붇 〈 필), 遮(쟈 〈 차)日 등이 그 잔해일지 모른다. 그래서, 위 母, 韻으로 보듯 양자의 對應音韻을 찾기 어렵게 되었다. 특히 南北朝音이 아래아에 반영된 점에서 그 한자음은 長安音 이전의 음을 모태로 하여 생성되었을 가능성을 검토할 여지가 없지 않을 것이다.

對應聲韻과 音韻表記 음운을 찾아내려면 지금과 같이 吏讀나 口訣 등 자료의 해독에 의지하는 방법, 외국의 對應轉寫를 분석하여 귀납하는 방법, 후대의 자료에서 재구하는 방법 등을 예상케 된다. 그런데, 그 轉寫(transcription)로는 1103년 宋나라의 「鷄林類事」가 양이 많은 편이다. 유사한 자료로는 「朝鮮館譯語」가 있으나, 연대가 1408년 경이어서 훨씬 뒤쳐진다. 이런 전사는 轉字(transliteration)와 달라, 저들의 청각으로 구별될 異音(allophone)의 표기에는 현혹되는 일이 없도록 할 것이다.

36.1) 「鷄林」 轉寫의 子音(姜信沆 1977)

1) ㅍ: 高曰那奔 노픈…奔(幫 ㅂ→ㅍ), 深曰及欣 깁흔…及(緝 ㅂ)+

欣(曉 ㅎ), 虎曰監鋪檻切 범…鋪(滂 ㅍ→ㅂ) 등.

2) ㅌ: 雷曰天動 텬동…天(透 ㅌ), 豆曰太 태…太(透 ㅌ), 淺曰泥底 녀티…底(端 ㄷ→ㅌ), 石曰突 돌…突(透 ㅌ→ㄷ) 등.

3) ㅊ: 扇曰孛采 부(불)채…采(淸 ㅊ), 飽曰擺咱七加反 빅ᄎᆞ…七(淸 ㅊ), 問物多少曰密翅易成 몇치 이셔…翅(書 ㅅ→ㅊ) 등.

4) ㅋ: 螺曰蓋慨 게케…慨(溪 ㅋ), 珠曰區戌 구슬…區(溪 ㅋ), 皂衫曰 軻門 거믄…軻(溪 ㅋ→ㄱ).

5) ㅎ: 天曰漢捺 하ᄂᆞᆯ…漢(曉 ㅎ), 犬曰家稀 가히…稀(曉 ㅎ), 深曰及 欣 깁흔…欣(曉 ㅎ) 등.

6) ㅈ: 前曰記載 그제…載(精 ㅈ), 醬曰密祖 며주…祖(精 ㅈ), 粟菩薩 좁ᄡᆞᆯ…田(定 ㄷ→ㅈ)

36.2)「鷄林」轉寫의 받침(姜信沆 1978)

1) ㅂ: 七曰一急 닐굽…急(緝 ㅂ), 眉曰嫩涉 눈섭…涉(葉 ㅂ), 鼓曰濮 붑…濮(屋 ㄱ→ㅂ), 深曰及欣 깁흔…及(緝 ㅂ)欣(曉 ㅎ) 등.

2) ㄷ: 笠曰蓋音渴 갇…渴(曷 ㄷ), 猪曰突 돋…突(沒 ㄷ), 皮曰渴翅 갓…渴(曷 ㄷ)翅(心 ㅅ→ㅈ), 鬲曰窣 솓…窣(沒 ㄷ) 등.

3) ㄱ: 黑曰黑 흑…黑(德 ㄱ), 墨曰墨 먹…墨(德 ㄱ), 大穀曰麻帝骨 마디곡…骨(沒 ㄷ→ㄱ), 索曰郍又曰朴 바…朴(覺 ㄱ→∅) 등.

4) ㅇ: 江曰江 강…江(江 ㅇ), 紅曰眞紅 진홍…紅(東 ㅇ), 齒刷曰養支 양지…養(養 ㅇ) 등.

12세기 초의 이 轉寫에는 위 35) 개칭된 地名에 실현된 音韻이 거의 나타나 있다. 즉, 有氣音이나 入聲 받침 등이 실현되었던 사실이 확인된 것이다. 이 확인은 國語史上 中世前期의 음운이 빠르면 960년대에 생성되어 있었음을 증명케 하는 뜻에서 매우 중요하다. 그런데, 이 전사에서 있어야 할 對應規則이 자료 자체의 탓인지 그렇게 파악되지 않는 점, 위 解讀에서 전사에 적용한 宋代音과 원용한 15세기 문헌의 용례와의 괴리 등은 장차 규명해야 할 과제로 반드시 기억해 둘 부분이다.

36.3) 「鷄林」 轉寫의 母音(姜信沆 1978)

1) 으: 前曰記載 그제…記(志 ǐe), 暮曰占沒 져믈…沒(沒 uɑ) 등.

2) 애: 胡桃曰渴來 ᄀ래…來(咍 ɒi), 雀曰賽 새…賽(代 ɒi) 등.

3) 에: 明日曰轄載 후제…載(海 ɒi), 螺曰蓋慨 게케…蓋(泰 uɑi) 등.

※ 게: 揭(霽), 憩(霽)/계: 戒(卦), 季(寘), 計(霽) 등.

4) 와: 燭曰火炬 화거…火(果 uɑ), 弓曰活 활…活(禾 uɑ) 등.

5) 워: 官曰圓理 원/원이(원이레)…圓(仙 ǐwe) 등.

6) 외: 袴曰珂背 ᄀ뵈…背(隊 uɒi), 山曰每 뫼…每(賄 uɒi) 등.

7) 위: 耳曰愧 귀…愧(至 wi), 五十曰舜 쉰…舜(稕 ǐuě) 등. ※ 숴: 焠(隊), 취: 吹(至), 醉(寘), 嘴(紙) 등.

8) 의: 女子勒帛曰實帶 실쯰…帶(泰 uɑi), 相別曰羅戲 여희…戲(寘 ǐwe) 등. ※ 긔: 己(紙), 氣(未)/기: 棄(寘), 技(紙), 싀: 偲(支), 廝(支)/시: 矢(紙), 時(支), 츼: 淄(支), 輜(支)/치: 侈(紙), 齒(紙), 희: 希(微), 喜(紙)/히: 屎(支) 등.

이 母音의 轉寫에도 역시 地名의 경우와 거의 같다. 하나 묘한 것은 地名 한자음에 나타난 三重母音 '예'와 이에 해당하는 「鷄林」 表音에 나타난 二重母音 '에'와의 관련인데, 그것은 이들 사이에 말하자면 相補分布(complementary distribution)의 관계 즉 對立을 이루고 있다는 점이다. 따라서, 이 두 母音은 異音의 표기로 분석되어서는 안 된다. 그러나, 위 7)에 참고로 제시한 한자음에서 '취'와의 대립이 발견되지 않는 '츼'와 같은 조건은 그렇지 않아 示差機能이 없는 경우에 해당한다.

中世前期의 音韻 이 시대의 음운은 지금까지의 규명으로 그 윤곽이 거의 드러났다. 그런데, 地名 한자음과 「鷄林」 전사음에 실현된 表音 사이에 다소의 차이가 있다. 우선 양자간에 공통되는 表音은 音韻으로 설정하기에 족하나, 한쪽에만 나타난 表音은 그 聲韻 사이의 관계가 소원하여 신중한 검토가 요구된다. 검토할 것은 다음과 같이 거의 「鷄林」의 기록이고, 그 表音은 轉寫音인 만큼 으레 異音을 갖고 있게 되는데, 對立의 짝을 찾기 어려운 ㅿ이나 ㆁ가 바로 이런 경우에 해당한다.

37.1) 검토할 「鷄林」 轉寫音(姜信沆 1977, 1978)

1) 子音 ㅿ: 剪刀曰割子蓋 ᄀᆞᄉᆞ개…子(精 ㅈ), 妹曰丫慈 아ᄉᆞ…慈(從 ㅈ), 盜曰婆兒 바ᄉᆞ…兒(日 ㅿ), 寫字曰乞核薩 글그슬…薩(心 ㅿ) 등.

2) 子音 ㅲ: 女兒曰寶姐 ᄯᆞᆯ…寶(幫 ㅂ)姐(端 ㄷ), ㅄ: 白米曰漢菩薩 힌ᄡᆞᆯ…菩(並 ㅂ)薩(心 ㅅ), ㅺ: 女子勒帛曰實帶 실ᄯᅴ…帶(端 ㄷ, 泰 ai) 등.

3) 받침 ㄷ 〉 ㄹ: 石曰突 돌…突(沒 ㄷ→ㄹ), 花曰骨 곶/골…骨(沒 ㄷ→ㄹ), 簾曰箔 발…箔(鐸 ㄱ→ㄹ), 存曰薩羅 사라…薩(曷 ㄷ→∅) 등.

4) 받침 ㅅ: 梳曰苾音必 빗…必(質 ㄷ→ㅅ), 松曰鮓子南 잣남…子(精 ㅈ→ㅅ), 面曰捺翅 ᄂᆞᆾ…捺(曷 ㄷ)翅(書 ㅅ) 등.

5) 받침 ㅿ: 帶曰腰帶亦曰謁子帶 욠듸…子(精 ㅈ→ㅿ), 林檎曰悶子計 뭀빅…子(精 ㅈ→ㅿ) 등.

6) 母音 ᄋᆞ: 今日曰烏捺 오ᄂᆞᆯ…捺(曷 ɑ), 低曰捺則 ᄂᆞᄌᆞᆨ…則(德 ə), 高曰那奔 노ᄑᆞᆫ…奔(魂 uə) 등.

7) 母音 ᄋᆡ: 帶曰腰帶 요ᄃᆡ…帶(泰 ɑi), 腹曰擺 ᄇᆡ…擺(蟹 wai), 銀曰漢歲 ᄒᆡᆫ쇠…漢(翰 a) 등.

위 전사음 중에서 가장 난삽한 것은 2) ㅲ, ㅄ, 이른바 合用竝書, 4) ㅅ 받침 등이다. 「訓民正音解例」 合字解에 규정된 合用竝書는 15세기 자료에 선행된 용례라는 점에서 주목되나, 그 연구는 논란이 그치지 않는다. 그 ㅲ, ㅄ 등이 된소리로 분석되더라도 과연 音韻으로 의식했던가 하는 의문이 그치지 않고, ㅅ 받침은 역시 그 終聲解에 규정된 八終聲에 ㄷ 받침과 함께 兩立의 관계에 있기 때문이다. 검토할 문제를 미루고, 먼저 지금까지의 논의를 간추려 보면 다음 종합과 같을 것이다.

37.2) 中世前期의 音韻體系(괄호 속 未生成)

子音:	ㅂ 幫	ㄷ 端	ㅈ 精	ㄱ 見
	ㅍ 滂	ㅌ 透	ㅊ 淸	ㅋ 溪
	(ㅸ 非)	(ㅿ 日)	ㅅ 心	ㅎ 曉
	ㅁ 明	ㄴ 泥	ㄹ 來	ㅇ 喩
받침:	ㅁ 侵	ㄴ 翰	ㄹ 沒	ㅇ 東
	ㅂ 緝	ㄷ 沒	ㅅ 翅	ㄱ 德

母音: ㅣ 支 ㅜ 虞 ㅡ 登
ㅓ 語 ㅗ 模
ㅏ 麻 (ㆍ 曷)

重音 ㅑㅕㅛㅠ ㅘㅝ
(ㅐㅒㅔㅖㅙㅚㅞㅟㅢㆎ
ㆇㆈㆊㆌㅙㅞ)

37.3) 中世前期의 音韻變異(용례「三史」지명) ※ 39.1) 참조.

1) 氣音化: ㅂ ㅎ‥壓海(36:11a), 河邑縣(34:10a), (ㄷ ㅎ‥薩寒 (37:5b), 尙質縣(36:5b)), ㄱ ㅎ‥綠驍(35:7a), 比屋縣(34:4a)

2) 硬音化: ㄸ‥瀑池(35:6b), 漆隄(34:6b), ㅉ‥約章(34:9a), 密津(34:6b), ㅆ‥白城(35:2a), 岬城(36:9a), 密城(34:6b), ㄲ‥玉果(36:8b), 習谿(35:12a), 八谿(34:11b) 등.

3) 子音接變: 直寧(34:3b), 竹嶺(35:12a), 玉馬(35:8a), 新良(36:3b), 新寧(34:8a), 天嶺(34:11a), 三嶺(35:8b), 東萊(34:8a), 八里(34:7a), 鎭嶺(36:3a), 古寧(34:5b) 등.

4) 頭音: ㄹ‥蘭浦(34:10a), 良州(34:5b), 連城(35:9a), 綠驍(35:7a), 龍山(36:7b), 栗津(35:2b), 綾城(36:10a), 利山(34:5a), 來蘇(35:3b), 牢山(36:11a), 니‥尼山(36:1a) 등.

5) ㄷ/ㄹ‥頭曰麻帝 마디/마리, 髮曰麻帝核試 마디…/마리…, 馬曰末 맏/말, ㄷ/ㅂ‥草曰戌 숟/숩, ㄱ/ㅅ‥丐曰丐剝 걸박/겻밧(乞人), ㄱ/ㄹ‥簾曰箔 박/발, ㄱ/ㅂ‥鼓曰濮 북/붑, ㄴ/ㅁ‥身曰門 몬/몸, ㅇ/ㄴ‥客曰孫命 손닝/손님 등. ※ 이 항「鷄林」의 용례.

이러한 中世前期 音韻의 특징은 古代에 비하여 有氣音과 入聲 받침의 生成, 7母音體系 등이 꼽힌다. 따라서, 위 1) 氣音化는 有氣音 生成에 수반하는 당연한 현상이다. 또한, 入聲 받침에 따라 鼻音化를 위시한 子音接變이 빈번하게 된 것도 의당하다. 그러나, 이 받침으로 으레 수반될 위 2) 硬音化는 음운으로 생성되지 않은 상황이라는 점에서 音聲的 현상으로 볼 것이다. 다만, 4) 頭音法則은 증거가 없어 단순한 추정이고, 5) 發音相通은 轉寫上 개별적 변통에 지나지 않는다고 할 것이다.

3.1.2 語彙와 單語造成

語彙構成과 借字表記 이 시대 어휘의 특징은 역시 借字表記의 심화에 의한 本來語의 확장, 고등한 概念의 수요에 따른 漢字語의 증가 등이 지적된다. 그러나, 그 용례를 제시하기에는 여전히 자료가 영성하다. 현재 어느 정도 解讀이 진행된 문헌에서 다소 열거해 보면 다음과 같다. 특히 「鷄林」은 위에서 지적한 바와 같이 문헌 자체나 轉寫의 와전이 解讀上의 문제이나, 그 本來語는 이미 알려진 15세기 문헌어에 비해 예상보다 차이가 많고, 漢字語도 종전보다 훨씬 더 많아진 모습이다.

38.1) 「鷄林」(1103)의 語彙(姜信沆 1975)

1) 本來語(數): 一曰河屯 ᄒᆞᄃᆞᆫ(katanɑ), 二曰途孛 두ᄫᅳᆯ(tuhuri), 三曰酒厮乃切 세(towi), 四曰迺 네(sawi), 五曰打戍 다ᄉᆞᆺ(esusu), 六曰逸戍 여슷(hasusu), 七曰一急 닐굽(tarikuni), 八曰逸苔 여ᄃᆞᆲ(tirikuni), 九曰鴉好 아홉(etari), 十曰噎 열(etu), 四十曰麻刄 마ᅀᆞᆫ,

百曰醞 온. ※( ) 속「二中歷」(1139) 假名의 로마자화.

2) 本來語: 明日曰轄載 후제, 胡桃曰渴來 ᄀᆞ래, 林檎曰悶子計 믓ᄇᆡ, 鷄曰喙音達 ᄃᆞᆯ, 螺曰蓋慨 게케(소라), 酒曰酥孛 수불, 醬曰密祖 며주, 熟水曰泥根沒 니근믈, 冷水曰時根沒 시근믈, 金曰那論義 누런쇠, 銀曰漢歲 힌쇠, 袴曰珂背 ᄀᆞ뵈(고의), 紫曰質背 ᄃᆞᄇᆡ, 秤曰雌孛 저불, 席薦曰質薦 지즑(기직), 椅子曰馳馬 도마, 齒刷曰養支 양지, 豆曰太 태, 柴曰孛南木 블나모, 少曰亞退 아촌 등.

3) 漢字語: 雷曰天動 텬동, 佛曰孛 불(佛), 千曰千 쳔, 萬曰萬 만, 春夏秋冬同 츈하츄동, 東西南北同 동셔남븍, 江曰江 강, 鶴曰鶴 학, 羊曰羊 양, 吏曰主事 쥬ᄉᆞ, 遊子曰浮浪人 부랑인, 兵曰軍 군, 銅曰銅 동, 帶曰腰帶 요ᄃᆡ, 繡曰繡 슈, 紅曰眞紅 진홍, 印曰印 인, 車曰車 챠, 卓子曰食床 식상, 瓶曰瓶 병, 墨曰墨 먹, 旗曰旗 긔, 生曰生 싱 등.

이들 어휘에는 二曰途孛(두불), 秤曰雌孛(저불) 등 ㅂ > ㅸ > ㅗ/ㅜ 변천 이전의 原形, 醬曰密祖(며주): 醬 미순(同類 上 61): 甘醬 미소(倭類 上47) 등에서 귀납되는 본래의 意味, 養齒와 다른 齒刷曰養支 양지(梵 danta-kāstha 齒木) 등이 있어 시선이 쏠린다.「鄕救」는 외국인의 轉寫와 달리 漢字의 音讀, 訓讀을 운용한 借字表記인 점이 다르다. 이보다 1세기 이후의 문헌이나, 藍 靑黛(쳥ᄃᆡ)에 대한 靑台(쳥ᄐᆡ), 즉 ㄷ, ㅌ 混記는 古代的 表記의 잔해라는 점을 시사하는 것이어서 역시 시선을 끈다.

38.2)「鄕救」(1236경)의 語彙(南豊鉉 1981)

1) 本來語: 決明子…狄小豆 되ᄑᆞᆺ(결명자), 鷄冠…鷄矣碧叱 ᄃᆞᆯᄀᆡ볏(맨

드라미), 戒火…塔菜 탑ᄂᆞᄆᆞᆯ(돋나물), 括樓…天叱月乙 하ᄂᆞᆳᄃᆞᆯ(하늘타리), 蕎麥…木麥 모밀(메밀), 蠷螋…影ケ伊汝乙伊 그르메너흐리(집게벌레), 蚯蚓…居兒乎 것휘(지렁이), 馬齒莧…金非陵音 쇠비름, 麥門冬…冬乙沙伊 겨ᅀᅳᆯ사리(겨우살이), 百合…犬伊那里根 가히나리블휘(개나리뿌리), 射干…虎矣扇 범의부체(범부채), 紫胡…猪矣水乃立 도ᄐᆡ믈나리(멧미나리), 鉛…那勿 나ᄆᆞᆯ(납), 郁李…山叱伊賜羅次 묏이ᄉᆞ랏(산앵두), 薏苡…伊乙每 이을ᄆᆡ(율무), 葶藶子…豆衣乃耳 두의나ᅀᅵ(두루미냉이), 菖蒲…消衣ケ 숑ᄋᆡ마(창포), 通草…伊乙吾音蔓 이흐름너줄(으름덩굴), 黃芩…所邑朽斤草 솝서근풀(속서근풀), 黃蓍…甘板麻 ᄃᆞᆫ널삼(단너삼), 疣目…斤次左只 ᄂᆞᆽ자기(티눈), 熨斗…多里甫里 다리보리(다리미) 등.

2) 漢字語: 乾藕…蓮根 련ᄀᆞᆫ(연근), 瞿麥…石竹花 셕듁화(석죽화), 薍子…小蒜根 쇼산ᄀᆞᆫ(달래), 膽…熊膽 웅담, 腐婢花…小豆花 쇼두화(팥꽃), 蘇子…紫蘇實 ᄌᆞ소실(차조기씨), 升麻…雉骨木 티골목(게절가리), 紫胡…青玉葵 청옥규(멧미나리), 郁李…山梅子 산ᄆᆡᄌᆞ(산앵두), 威靈仙…能消 능쇼(위령선), 玄蔘…心回草 심회초(현삼), 胡桃…唐楸子 당츄ᄌᆞ(호두), 牽牛子…朝生暮落花子 됴ᄉᆡᆼ모락화ᄌᆞ(나팔꽃씨) 등.

3) 借用語: 韮…厚菜 후ᄎᆡ, 薤…海菜, 海菜 ᄒᆡᄎᆡ, 藪…青台, 青苔 청ᄃᆡ(青黛), 當歸…黨歸(菜) 당귀(當歸), 無患子…木串子 모관ᄌᆞ(患匣母), 山茱萸…數要(木實) 수유(나모여름) 등.

鄕藥材는 거의 자연생의 동식물명인데, 그 어휘의 특징은 역시 本來語와 漢字語 및 借用語로 구성된 점이다. 이 차용어는 音讀字인 점에서 자칫 漢字語와 혼동되기 쉬우나, 漢語系 外來語의 개념이다. 즉,

古代의 붇(筆), 먹(墨) 등과 같은 당대의 外來語라는 뜻이다. 어쨌든, 이 책은 비록 단편적인 語彙表記라고 해도, 百合: 犬伊那里(가히나리), 紫胡: 山叱水乃立(묏믈나리) 등에서 접두사 가히 〉 개, 식물명 믈-나리 〉 미나리 등과 같은 原形이 있고, 또한 構語上 構文接辭도 있어 주목해야 할 대상이다.

借字表記와 形態構造 특히 「鄕救」에는 전통적인 借字表記의 모습이 엿보이고, 이 表記에 의한 形態分析은 그 표기의 대상인 單語構造의 파악을 가능케 하여 돋보인다. '獨活 虎驚草'는 가장 난해한 표기의 하나인데, 「鄕集」(1433) 78:9 獨活 地頭乙戶邑(짯둘흡) 「東醫寶鑑」 湯液篇 권2:40 둘흡 등으로 '두릅'의 원형임을 짐작케 되었다. 그러나, 그 解讀은 吏讀의 원리인 漢字의 音讀과 訓讀을 기본으로 한 運用을 종합해 볼 길이 있고, 이에 「鄕集」 등의 문헌은 정녕 중요한 방증이 될 것이다.

38.3) 「鄕救」(1236경)의 借字表記法(南豊鉉 1981)

1) 借字의 連結規則: ① 假字(音假字)…朴(苦瓠) 박, 所乙(丹毒) 솔, 屈召介(牡蠣) 굴조개 등. 訓假字 + 音假字…月乙老(亂子) 돌뢰(달래), 置伊存(茅花) 뒤잇(띠) 등. ② 音讀字…蓮根(藕) 련근, 章柳根(商陸) 쟝류근(자리공) 등. ③ 訓讀字…魚食(浮萍) 고기밥(개구리밥), 粘石(麥飯石) 출돌(方解石) 등. ④ 讀字 + 假字…鳥伊麻(菟絲子) 새삼(샘), 烏支(鸕鷀) 가마오디(가마우지), 車衣菜(威靈仙) 술위ᄂᆞᄆᆞᆯ(위령선) 등.

2) 連結規則의 配合型: (1) 假字 + ①②③④…屈 + 召介(牡蠣) 굴 + 조개, 只沙里 + 皮(枳殼) 기사리(탱자) + 거플 등. (2) 音讀字 + ①②

③④…生+鮑 [+甲] (石決明) ᄉᆡᇰ+보(전복) [+겁질], 山+梅子(郁李人) 산+ᄆᆡᄌᆞ(앵두) 등. (3) 訓讀字+①②③④…雉+鳥老 [+草] (升麻) ᄶᅵ(꿩)+됴로 [+플], 水+靑+木+皮(秦皮) 믈+프레+나모+겁질 등. (4) 讀字+假字+①②③④…犬伊+刀叱 [+草] (白斂) 가히+돗 [+플] (돕+ㅅ=돗, 개톱플), 楊等+柒(大戟) 버들+옷 등.

3) 屬格: ① 矣…豆音+矣+薺(葶藶) 두름+의+나ᅀᅵ(냉이), 牛+矣+小便(牛溺) 쇼+ᄋᆡ+오좀, 漆+矣+母(漆姑) 옷+ᄋᆡ+어ᅀᅵ 등. ② 叱(ㅅ)… [犬伊+] 刀+叱+草(白斂) [가히(개)+] 돗(돕+ㅅ)+플, 結+叱+加次(京三稜) ᄆᆡᄌᆞᆺ(ᄆᆡᄌᆞᆸ+ㅅ)+갗, 山+叱+伊賜羅次(郁李) 묏(뫼+ㅅ)+이ᄉᆞ랒 등. ③ 次(ㅅ)… [犬+] 刀+次+草(白斂) [가히(개)+] 돗(돕+ㅅ)+플 등. ④ 之(ㅅ)…廻+之+木(槐) 횟+나모 등.

4) 末音添記法: ① 訓讀字 末音表記…葦(乙)根(蘆根) ᄀᆞᆯ( )블휘, 虵(音)置良只菜實(蛇床子) ᄇᆡ얌( )두러기ᄂᆞ믈ᄡᅵ, 鳥(伊)麻(菟絲子) 새( )삼, 楊(等)柒(大戟) 버들( )옷, 影(亇伊)汝乙伊(蠷螋) 그르메( )너흐리, 車(衣)菜(威靈仙) 술위( )ᄂᆞ믈 등. ② 訓假字 末音表記…天叱月(乙)(括蔞) ᄒᆞᄂᆞᆳᄃᆞᆯ( ), 置等(羅)只(癮疹) 두드러( )기, 豆也味(次) 두여맛( ) 등. ③ 音假字 末音表記…叱(乙)根(葛根) 즐(칡)( )블휘, 三(於)大棗(酸棗) 사미( )대조 등.

이것은 「鄕救」의 전통적인 借字表記에 대하여 音讀字, 訓讀字, 音假字, 訓假字의 네 원리로 구성된 借字體系라고 하고, 借字의 連結規則으로 분석한 방안이다. 그 규칙은 한 개념을 단위로 하여 ①~④ 네 연결을 기본단위로 하고, 이들을 配合形 (1)~(4)로 그 표기를 분석하는 것이다. 특히 그 ①②③ 유형은 오랜 삼국시대부터, ④ 유형은 신라통일 전후에, 鄕札은 이 네 유형의 복합으로써 각각 생성되었다고 보고, 이 鄕名表記도 鄕札의 일종이라고 했다. 따라서, ④는 末音添記法으로서 주목된다.

38.4) 中世文獻의 外來語

1) 漢語系: 갸ᄉᆞ 家事(세간)(月釋 23:74), 갸ᄌᆞ 架子(선반)(漢淸 4:56), 고리 栲栳(柳器)(四解 下18), 노고 鑼鍋(노구솥)(訓蒙 中6), 다홍 大紅(赤黃)(朴初 上14), 보ᄇᆡ 寶貝(龍歌 9:35), 빙쟈 餠炙(빈대떡)(譯語 上51), 사탕 沙糖(救諺 下64), 샹투 髻子(上豆)(訓蒙 中12), 심ᄉᆞ 心兒(心)(朴初 上28), 죠ᄅᆡ 笊籬(조리)(訓蒙 中7), ᄌᆞ디 紫(자주)(楞嚴 5:57), 쳔량 錢糧(財)(釋譜 6:15), 퉁 銅(釋譜 6:28), 햐츄 下處(숙소)(老初 上58), 황호 荒貨(황아)(老初 下57) 등.

2) 入聲消失語: 대련 搭連(걸낭)(朴諺 上29), 무면 木綿(무명)(老初 下69), 미라 蜜蠟(밀랍)(同文 下23), 비갸 比甲(승마복)(朴初 上27), 비ᄎᆡ 白菜(배추)(訓蒙 上7), 야투로 鴨綠(鴨頭綠)(朴初 上29), 쥬벼ᄋᆞ 酒鼈兒(술병)(譯語 下13), 파란 琺瑯(법랑)(漢淸 10:43), 피리 觱篥(訓蒙 中16), 허ᄌᆞ 褐子(모직)(漢淸 10:58), 후시 護膝(膝甲)(朴初 上29), 휘 斛(곡)(譯補 36) 등.

3) 蒙語系: 가라ᄆᆞᆯ 黑馬(老初 下9), 구툴 靴子(蒙解 上45), 무시 麨麵(미시)(蒙解 上45), 보라매 秋鷹(訓蒙 上8), 숑골 海靑(訓蒙 上8), (아기)바톨 勇士(龍歌 7:10), 아질게 兒馬(訓蒙 上10), 악대 犍牿(去勢畜)(訓蒙 下4), 졀다ᄆᆞᆯ 赤馬(老初 下8), 타락 酡酪(젖기름)(月釋 10:120), 털릭 帖裏(武官服)(朴初 上27), 퉈곤 白黃鷹(訓蒙 上8) 등. 滿語系: 무시 麨麵(미시)(同文 上59), 슈슈 高粱米(수수)(同文

下3), 투먼 豆漫(萬)(龍歌 1:8) 등.

위 38.2)에서 예시한 借用語가 外來語인 까닭은 가령 그 薤(ɤɒi)菜에 대한 解(ɤai)菜, 海(ɤɐi)菜가 원어 薤菜의 發音表記이기 때문이다. 이런 관점에서 당시 外來語가 적지 않았겠으나, 지금은 후대의 산재한 용례를 엿볼 뿐이다. 따라서, 그 外來語가 생성된 시기는 확실치 않지만, 蒙語系가 元代 영향(1270~1368)일 것은 분명하다. 또, 木綿(무명) 같은 入聲消失語는 元代 13세기를 上限年代로 언제인가 생성되었겠지만, 木麥(모밀), 乃立(나리) 등 「鄕救」의 표기는 달리 古代的 잔해로 볼 것이다.

語彙의 語史的 特徵 그 사이 中世前期國語는 15세기의 풍부한 言語資料로 미루어 크게 다르지 않을 것이라고 은연히 요량해 왔다. 그러나, 위에서 예시한 분석으로도 의외로 많은 특징이 나타났음을 알게 되었다. 그러면, 그 특징을 다시 주시할 필요가 있는데, 시기로는 11~13세기로서 中世後期 14~16세기로 계승되기 이전의 독자적 기간이다. 다음 서술은 편의상 「鄕救」(1236경)에 의거했기 때문에, 그 특징은 마지막 13세기의 현상이 되고, 자연히 後期初 14세기에 가까운 경향을 띠게 되었다.

39.1) 中世前期의 音韻的 特徵 (南豊鉉 1981. 273~277)

1) 音韻同化: ① ㄴ 〉 ㅇ/_ㄱ…當歸: 黨歸(菜) 당귀 〉 旦貴(草) 단귀 〉당귀, ② ㅂ 〉 ㅁ/_ㄴ…皁莢: 注也邑 주엽 〉 鼠厭木(實) 주염나모, ③ 우 〉 위/_이…皁莢: 注也邑 주엽 〉 鼠厭 쥐염, ④ 이 〉 야/이_…芜蔚: 目非阿次 눈비앗 〉 目非也次 눈비얏, ⑤ ㅅ 〉 ㅿ/_V…

獨走根: 勿叱隱提阿 ᄆᆞᆯᄉᆞᆫᄃᆞᆯ아 〉 勿兒隱提良 ᄆᆞᆯᄉᆞᆫᄃᆞᆯ아. ※ 獨走根 一名馬兜鈴: ᄆᆞᆯ(馬) + ᄉᆞᆫ(冠, 兜) + ᄃᆞᆯ아(鈴) 등. 37.1)의 1) 참조.

2) 音韻變化: 母音調和…皁菜: 조협 〉 注也邑 주엽/鼠厭 쥐염, 注也邑 주얍 〉 주엽, 商陸: 者里宮 쟈리궁 〉 쟈리공(東湯 3:17), 商陸: 章柳根 쟝류근 〉 쟈리공, 白斂: (犬伊)刀叱(草) (가히)돕ㅅ(플) 〉 돗 등.

3) 未變化(變音): ① 無氣音…葛根: 叱乙(根) 즐 〉 츩(救簡 1:113), 藊豆: 汝注乙(豆) 너줄 〉 너출(月釋 1:43), 白斂: 犬伊刀叱(草) 가히돗 〉 犬矣吐叱 가ᄒᆡ톳(藥集 79:26), ② ㅂ(〉 ㅸ 〉 ㅗ/ㅜ)…麩: 只火乙 기블 〉 밄기울(訓蒙 6:86), 落蹄: 熊月背 곰ᄃᆞᆯᄫᅵ 〉 곰ᄃᆞᆯ외(訓蒙 上5), 熨斗: 多里甫里 다리브리 〉 다리우리(內訓 序4), ③ ㄷ 〉 ㄹ…萵苣: (紫)夫豆 (ᄌᆞ)부두 〉 부루(訓蒙 上14). ※「鷄林」頭曰痲帝(마디) 〉 마리(釋譜 6:44) 등.

4) 未變化(脫音): ④ ㄱ 〉 ㅇ/_이…紫苑: 迨加乙 ᄐᆡ갈 〉 ᄐᆡ알(救簡 2:78). ※ 楸洞 ᄀᆞ래올(←골)(龍歌 10:19), ⑤ 보독 〉 ᄠᅩᆨ…藺茹: 烏得夫得 오독보독 〉 오독보독 〉 狼毒 오독ᄠᅩ기(東湯 3:19). ※「鷄林」女兒曰 寶姐(보ᄃᆞᆯ) 〉 ᄠᆞᆯ(續三孝 19), 白米曰漢菩薩(ᄒᆡᆫ보ᄉᆞᆯ) 〉 ᄡᆞᆯ(釋譜 6:14), ⑥ 大麥: 包來 보ᄅᆡ 〉 보리(救簡 1:22), 威靈仙: 車衣(菜) 수ᄅᆡ 〉 수리(救簡 6:58), 百合: 犬伊那里 가히나리 〉 介伊日伊 개나리(藥集 79:9), 薏苡: 伊乙梅 이을믜 〉 有乙梅 율믜(藥月 7) 등.

5) 以外: ⑦ 蝟皮: 高參猪 고ᄉᆞᆷ돗 〉 高所音猪 고솜돗(藥集 83:1), 橡實: 猪矣栗 토ᄐᆡ밤 〉 도토밤(杜初 24:39) 〉 도토리(訓蒙 上6), ⑧ 韭: 厚菜 후ᄎᆡ 〉 府菜(부ᄎᆡ)(藥集 85:10) 등.

中世의 前期語는 이와 같이 古代와 다르고, 中世後期와도 다른 특징을 갖고 있다. 주시할 것은 3) 이하에서 예시한 後期語로 변화하기 이전의 原形이다. ② ㅸ 이전의 ㅂ도 눈에 띄지만, 특히 주목할 것은 ⑤ ㅲ, ㅄ 등 合用竝書가 아직 생성되지 않았다는 점이다. 즉, 이 竝書는 축약으로, 脣輕音은 변화로 後期에 조성되었다는 뜻인데, 이들 原形 내지 古形의 발견은 中世前期國語의 이런 특징이 확인되었다는 점에서 매우 뜻깊다. 이에 대한 우리의 깊은 관심이 요구되는 것은 이 때문이다.

39.2) 中世前期의 文法的 特徵 (南豊鉉 1981. 277~278)

1) 格形態: ① 有情屬格 矣(의, ᄋᆡ)…半夏(上8): 雉矣毛老邑 씨의모롭, 漆姑(中6): 漆矣於耳 오ᄉᆡ(ᄋᆡ)어ᅀᅵ, 馬齒莧(中5): 金非陵音 쇠(ᄋᆡ 〉 이)비름, ② 無情屬格 叱, 之(ㅅ)…白歛: 犬伊刀叱草 가히돗(돕 + ㅅ=돗)플, 郁李(上18): 山叱伊賜羅次 묏(ㅅ)이ᄉᆞ랏, 槐: 廻之木 횟(ㅅ)나모, 括蔞(上15): 天叱月乙 하ᄂᆳ(ㅅ)ᄃᆞᆯ, ③ 零形態(∅)…茅香(中20): 置伊有根 뒤잇(∅)블휘, 露蜂家: 牛蜂家 쇼(∅)벌(∅)집 등.

2) 構語法: ④ 接尾辭 -악/-억…蚝(上5): 所也只 소(螯) + 악 + 이 〉 소야기, 癮疹(上5): 豆等良只 둗(出) + 을 + 억 + 이 〉 두드러기, 蠐螬(中23): 所也只 부븨(揉) + 억 + 이 〉 부븨여기. ※ 현대어: 뜨락, 주먹, 무더기. ⑤ 邑(읍, ᄋᆞᆸ)…半夏(上8): 雉矣毛老邑 씨의모롭(ᄋᄈ), 雉矣毛立 씨의모릅(읍), 京三稜(下3) 結次邑 ᄆᆡᄌᆞᆸ(ᄋᆞᆸ), 皁莢(上9): 注也邑 주엽(ㅂ?). ※ 매듭. ⑥ 複合語…齒齼(下2): (齒)所叱史如 (니 + ∅)솟(聳) + ᄉᆡ(酸) + 다 등.

3) 古語彙: ① 借用語…黃芩(上12): 所邑朽斤草 솝서근플, ※「藥集」黃芩: 陶隱居云, …其腹中皆爛, 故名腐腸. 隱居 齊代(5세기) 人. 爛 썩어 문드러짐. 5세기 차용? ② 無患(上16): 木串子 모관

ᄌᆞ, ※ 李時珍, 「本草綱目」藏器曰, 世人相傳, 以此木爲器, 用以厭鬼魅, 故號曰無患, 人又訛爲木患也. 陳藏器 「本草拾遺」(唐開元 713~741) 인용. 8세기 이전 차용? ③ 括蔞(中19): 天原乙 하ᄂᆞᆯㅎ + ∅ + ᄃᆞᆯ 〉 하ᄂᆞᆯᄐᆞᆯ, ※ ᄃᆞᆯ(懸, 垂). 동사 어간 'ᄃᆞᆯ' 사용. 16.2)의 2) 참조.

4) 古語形: ④ 薯蕷: 亇支 마디, 맏. ※「三遺」2:28 薯童謠: …夜矣卯乙抱遣去如. 卯乙 ᄆᆞᆯ, 알ᄒᆞᆯ → 마ᄃᆡᆯ, 마ᄃᆞᆯ. 해독 적용. ⑤ 落蹄(上5): (熊)月背 (곰)ᄃᆞᆯ빅. ※「藥集」79:38 羊躑躅: 盡月背 진ᄃᆞᆯ빅, ᄃᆞᆯ빅 紫赤色. 「鷄林」紫曰質背 딘뵈 → ᄃᆞᆯ빅, 「三遺」2:9 獻花歌: 紫布岩乎邊希, 紫布 딘뵈 → ᄃᆞᆯ빅(紫赤色). ⑥ 黃耆(中14): 數板麻 수녈삼, 수(綿). ※「鷄林」羅曰速 수. 「三遺」5:24 …今呑藪未去遣省如, 藪 ᄉᆞᆷ, ᄃᆞᆷ → 수(羅)? 등.

이 시대의 특징은 이와 같이 文法的 측면에서 발견된다. 1) 有情性은 中世後期에 소실되나, 유례로 '의그에'(에게)가 잡힌다. 현대에 계승된 2) 당대 構語法의 용례가 있고, 古代의 3) 借用語나 4) 古形의 어휘가 전습된 것으로 추정되는 용례도 나왔다. 이들은 이미 언급한 대로 中世前期國語의 중요한 특징이거니와, 동시에 中世後期國語의 실태를 규명하는 단서로서도 얼마나 유용한지 모른다. 또한, 발견된 그 古形은 이전 古代國語의 영성한 부분을 다소라도 보충한다는 뜻에서 역시 유용하다.

3.1.3 訓讀口訣의 構文

飜譯文章의 構造 이 시대의 構文構造는 전기와 거의 같겠으나,

그 構文接辭는 形態의 종류여서 변천에 의한 차이가 예상된다. 古代의 構文에 대하여 위 2.1.3에서 서술하면서 이러한 文法은 쉽게 변천하는 것이 아닌 것, 우리말은 이른바 膠着語로서 SOV 유형에 속하는 것 등을 전제했는데, 이것은 교착어라든가 SOV 유형에 속한다든가 하는 구조적 성질이 잘 변치 않는다는 뜻이다. 이 유형의 특징은 英語나 漢文 같은 SVO 유형과 다르고, 그 구조를 도해로 보이면 대략 다음과 같다.

40.1) SOV 類型의 構文 (金敏洙 1983. 145~159, 184~193)

1) SOV 유형의 基本構文

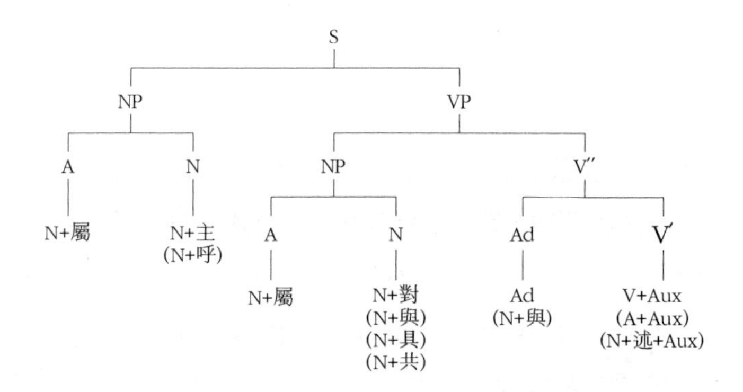

A···Adjective(形容詞) Ad···Adverbial(副詞句)

Aux···Auxiliary(樣相部) Tns···Tense(時稱)

Hum···Humility(謙稱) Mod···Modality(敍法)

′ (V′) prime-notation. (X̄(V̄) bar-notation,

V^1 numerical superscript)

2) VP의 下位構造

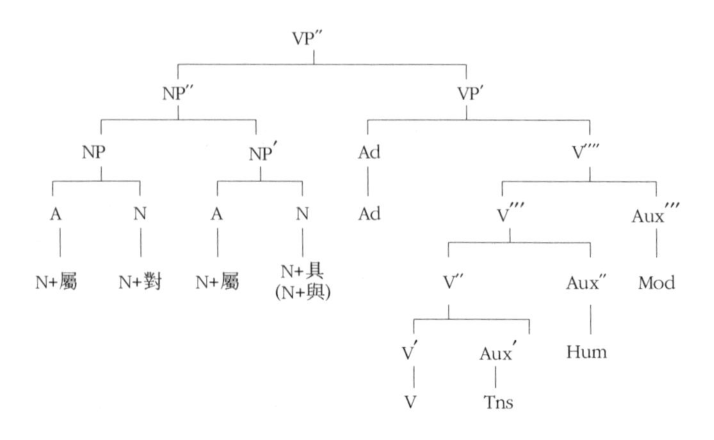

3) 括弧圖: $[_{S}[_{NP}[_{A}N][_{A}N]_{NP}[_{VP}[_{NP}[_{A}N][_{N}N]]_{NP}[_{V'}[_{Ad}Ad][_{V'}V]]_{V'''}]_{VP}]_{S}$

$[_{VP''}[_{NP''}[_{NP}\cdots]_{NP}[_{NP'}\cdots]_{NP'}[_{VP'}[_{Ad}Ad][_{V''''}[_{V'''}[_{V''}[_{V'}V][_{Aux'}T]]_{V''}[_{Aux''}H]]_{V'''}[_{Aux'''}M]]_{V''''}]_{VP'}]_{NP''}$

이러한 現代國語의 基本構文은 이 시대의 構文에도 그대로 적용될 것으로 예상된다. 漢文의 번역인 訓讀口訣의 예로서 「仁王」(1250.경)의 예문을 적용해 보기로 한다. 이 문헌은 1973년에 최초로 발견된 13세기의 자료이며 낱장 5장에 불과한 양이다. 불경 판본에 필사한 口訣의 해독에 따라 분석해 본 그 構文은 다음 3)과 같다. 아직 해석이 미비한 점이 있으나, 그 대체적인 구조를 알아보기에는 어려움이 없어 보인다. 여기서 특히 주시해야 할 부분은 시대를 뛰어넘은 古形態의 잔존이다.

40.2) 「仁王」(1250.경 上:2a)의 構文 ※ 32.1) 참조.

1) 원문: 復有五道一切衆生, 復有他方不可量衆, 復有變十方淨土, 現百億高座, 化百億須彌寶花, 各各座前花上有無量化佛, …

2) 해독: (復爲隱) 五道叱 一切衆生是 有叱在彌/ (復爲隱) 他方叱量乎音(果) 可叱爲隱 不知是飛叱 衆 有叱在彌/ (復爲隱) 十方淨土乙 變爲齊/ 百億高座乙 現爲齊/ 百億須彌寶花乙 化爲齊乎隱飛 有叱在隱亦/ 各衣各衣良爾 座前叱 花以叱 上中 量無叱隱 化佛是有在只示彌/ … ※ 各衣各衣良爾 제의제의아곰. 花以叱 곳롯.

3) 構文分析: (쏘혼) [S[NP[A오돗][N일체중생이]]NP[VP[V'[V잇겨][Aux며]]V']VP]S / (쏘혼) [S1[NP[S2[NP[A타방ㅅ][N헤아룜(이)]]NP[VP[V짓혼안디놋]]VP]S2[N중(이)]]NP[VP[V잇겨][Aux며]]V']VP]S / (쏘혼) [S[NP…]NP[VP[NP십방정토를][V변ᄒᆞ][Aux져]]VP]S / [S[NP…][NP백억고좌를][V'[V현ᄒᆞ][Aux져]]V']VP]S / [S[NP…][VP[NP백억수미보화를][V'[V화ᄒᆞ져혼ᄂᆞ 잇겨][Aux ㄴ여]]V']VP]S / …

4) 古形態: 尊稱…(有叱)在(彌) (잇)겨(며), 可能…可叱爲隱 짓혼, 否定…不知(是飛叱) 안디(이놋), 感歎…(有叱在隱)亦 (잇견)여, 미상…(有在)只(示彌) (잇겨)기(시며), 冠形形…(八部亦)(乎令)叱 (팔뷔여)(홀)이 + ㅅ(홀 + 잇) 등

위에서 우선 보기 어려운 接續詞의 용례 '復爲隱(쏘혼)'이 나타나 있다. 처음 나타난 것이 사실이면, 그것은 역사상 漢文 번역문에서 생성되었다고 할 것이다. 이러한 古語의 잔존은 訓讀口訣이 추정보다 훨씬 오랜 古代에 성립되었음을 뜻하는 것이라고 생각된다. 이 자료가 13세기에 되었다고 해서, 그 口訣도 高麗時代에 형성되었다고 하겠는가? 어쨌든, 이 자료는 위 3) 분석과 같이 SOV 유형에 어긋나지 않고, 또한 그 구조에 따른 構文接辭의 첨가로 文章이 구성되어 있는 사실도 밝혀졌다.

構文成分과 接辭類 이미 서술한 古代國語의 2.1.3 構文과 構文接

辭는 편의상 鄕歌의 용례를 열거한 것이었다. 訓讀口訣에도 역시 이런 接辭類가 갖추어져 있었다는 사실을 이미 위 19.1), 32.1), 40.2) 등에서 다소간에 엿보았다. 이제 그 接辭類를 종합하여 形態를 열거할 필요가 있다. 다음 예는 다소 해독이 미진한 것도 있겠으나, 특히 ① 弋 익/이기, ⑤ 乙以只 으록, 以叱 ᄋᆞ롯, ⑨ 爲尸丁 홀뎌, ⑮ 乙火 를븟 등과 같은 것은 근원이 하도 오랜 탓인지 유난히 생소하게 느껴진다.

41.1) 訓讀口訣의 體言토 ※ 출처는 張:行 표시. 17.3) 참조.

1) 格助詞(자리토): ① 主格…(衆生)是(仁王 2:9) 이, (身音)弋(華疏 9:4) (몸)익/이기, ② 對格…(波羅蜜)乙(仁王 2:7)을, (云何叱爲隱)乙(仁王 3:22) (엇ᄒᆞᆫ) + ᄋᆞᆯ, (無二)爲隱月乙(仁王 15:6) ᄒᆞᆫᄃᆞ + ㄹ, (定)乙 從叱(仁王 3:13)을 좃(어간), ③ 屬格…(彼)衣(華嚴 14:13) (뎌)의, (乎令)衣(華嚴 19:22) (호리)ᄋᆡ, (神通)叱(華嚴 13:4) ㅅ, (大海)良叱(華嚴 9:3) 아 + ㅅ, (衆生)衣 爲沙音(金光 3:1) ᄋᆡ 삼, ④ 與格…(佛)中(仁王 3:22) 긔, (上)中(仁王 2:3) (우)긔, (花上)良中(仁王 2:5) 아긔, (東方)良叱(仁王 3:8) 아 + ㅅ, (大小師)良中 의긔, (菩薩)尸中(華嚴 1:4) ㅅ긔, ⑤ 具格…(因緣)以(仁王 15:2) 으로, (塵)乙以只(華嚴8:10) 으로 + ㄱ, (花)以叱(仁王 2:3) (곳)ᄋᆞ로 + ㅅ, (稟)爲在隱入以(華嚴 20:6) ᄒᆞ견ᄃᆞ + 로 등.

⑥ 呼格…(善男子)良(仁王 11:24) 아, (大王)下(仁王 15:11) 하, (佛子)亦(華嚴 2:11) 여, (不只爲在利隱入)以亦(金光 14:3) (안ᄃᆞᆨᄒᆞ겨린ᄃᆞ)로여, ⑦ 共格…(比丘)亦 (八部)亦 乎令叱(仁王 2:3) 여 여 홀 + 이 + ㅅ, (法)亦 (淨名)亦 爲戾 等爲示隱(仁王 3:2) 여 여 홀다ᄒᆞ신, (等)果 (慧)果 (灌頂)果叱(仁王 11:1) 과 과 과 + ㅅ, ⑧ 述

格(이 + 다)…(因緣)是多(仁王 3:23) 이 + 다, (五)是只(金光 2:23) 이기/익, (獲)飛利羅(華嚴 2:13) 늘 + 이 + 라, (作爲叱行 爲示臥隱)是良叱古(仁王 2:23) 이 + 앗고, ⑨ 引用…(生圓滿乙) 名下 (…處所)亦(瑜地 3:19) 일하 …여, (是乙 幻諦叱 衆生)亦(仁王 14:11) 여, (是乙 名下 … 入)爲尸丁(瑜地 23:22) ᄒᆞ + ㄹ + ᄃᆞ + 여 등.

2) 補助詞(두루토): ⑩ 은/는…(方廣)隱(仁王 2:9) ᄋᆞᆫ, (佛)隱(仁王 2:10) 은, ⑪ 도…(光)刀(仁王 2:13) 도, (作樂)乎尸刀(仁王 3:12) 홀 + 도, (一切法)良中刀(仁王 15:17) 아긔도, ⑫ 이야/야…(支)沙(華嚴 2:5) 사, (無刀 無)爲隱知沙(仁王 15:1) ᄒᆞᆫ디 + 사, (登)爲去只示隱是沙(仁王 11:7) ᄒᆞ거기시니 + 사, (說)尸 己沙 爲古(華嚴 8:21) ㄹ + 이ᄆᆡ + 사 + ᄒᆞ고, ⑬ 마다…(念念)良中ケ多(華嚴 4:19) 아긔 + 마다, (徧)ケ多乎隱(華嚴 13:3) 마다 + 혼, ⑭ 이나/나…(見)示隱乃(仁王 15:16) (보)신 + 나, (不知隱)乃以(仁王 15:30) (안 딘)나 + 로, ⑮ 곳/옷…(福德)火叱(金光 3:13) 븟, (說法師)乙火(金光 15:6) 를 + 븟 등.

이러한 接辭類는 用言에 이리저리 첨가하는 것도 많다. 이렇게 많은 接辭類가 복합된 것을 합쳐 무수히 사용되는 사실을 보면, 우리말이 옛적부터 膠着語(agglutinative language)요 添加語요 하는 말에 새삼 실감을 느끼게 한다. 口訣에서 종합한 다음 예에서는 특히 2) 飛叱 ᄂᆞᆺ, 令叱 릿, 3) 飛 ᄂᆞ, 如 다, 5) 在 겨, 6) 齊 져, 古斤 고ᄂᆞᆯ, 地火叱 디붓, 果雖斗 과두, 叱徐 ㅅ뎌 등이 특이하고 古色이 그윽하다. 이런 정황에서, 古代國語 形態의 再構도 마치 접근된 것처럼 느끼는 심경이다.

41.2) 訓讀口訣의 用言토 ※ 출처는 張:行 표시. 17.3) 참조.

1) 名詞形: ① ㄴ…如這 (異爲)隱(仁王 2:5) ᄀᆞᆫ (異ᄒᆞ)ㄴ, (幻化)是在隱是羅(仁王 14:11) 이겨 + ㄴ + 이라, (五 + 里是)隱乙(仁王 2:9) ㄴ + ᄋᆞᆯ, (覺寤)爲是白古只示隱(仁王 3:12) ᄒᆞ이숣고기시 + ㄴ, ② ㄹ…(說)尸(華嚴 8:20) (니르)ㄹ, (說乎)尸(仁王 14:21) (니로)ㄹ, (作樂)乎尸刀(仁王 3:12) 호 + ㄹ + 도, (謂言)爲在尸(仁王 2:19) ᄒᆞ겨 + ㄹ, (思惟)爲白乎尸矣(金光 13:12) ᄒᆞ숣오 + ㄹ + ᄃᆡ 등.

2) 冠形形: ① 無叱隱(仁王 2:3) 업스 + ㄴ, 見五尸(仁王 15:16) 보오 + ㄹ, ② ㄴ + ᄂᆞ(依) + ㅅ(屬)…(無極)爲隱飛叱(仁王 11:4) ᄒᆞᆫᄂᆞᆺ, (如支)爲飛叱(華嚴 2:12) ᄒᆞ + ᄂᆞᆺ, 無叱示隱飛叱(仁王 14:2) 업스신ᄂᆞᆺ, ③ ㄹ + 이(依) + ㅅ(屬)…(不)爲令叱(華嚴 7:6) (안ᄃᆞᆯ)ᄒᆞ + 릿, (護)乎令叱(仁王 3:18) 호 + 릿, 逆示令叱(金光 15:1) 거스리싯 등.

3) 依存名詞: ① 飛 ᄂᆞ…(卽)爲隱飛(仁王 15:4) ᄒᆞᆫ + ᄂᆞ, 無叱示隱飛叱(仁王 14:2) 업스신 + ᄂᆞ + ㅅ, 不知是五隱飛良(仁王 14:18) 안디이온 + ᄂᆞ + 아, ② 如 다…(微塵)如支爲隱乙(華嚴 9:9) 다 + ᄒᆞᆫᄋᆞᆯ, ③ 入 ᄃᆞ…(涅槃是多 爲尸)入隱(金光 5:18) (…이다 ᄒᆞᆯ)ᄃᆞᆫ, (一是多爲古尸)入隱(仁王 14:7) (一이다ᄒᆞ골)ᄃᆞᆫ, (爲是尸)入乙(爲利羅)(金光 28:2) (일)ᄃᆞᆯᄒᆞ리라, ④ 是 이…(犯爲隱)是(瑜地 17:10) (犯ᄒᆞᆫ)이, ⑤ 所良…(見乎尸)所良(仁王 15:16) (보올)바 등.

4) 使動: ① 令是/爲是 ᄒᆞ이…(泰然爲齊) 令是彌(金光 15:7) ᄒᆞ이며, (成熟)令是果(金光 3:9) ᄒᆞ이과, (向)令是在利彌(華嚴 10:3) ᄒᆞ이겨리며, (不善爲齊) 令是乎尸矣(金光 5:4) ᄒᆞ이올ᄃᆡ 등.

5) 敬稱: ① 示/賜 시…知示彌(仁王 3:13) 아ᄅᆞ시며, 說賜乎隱(華嚴 8:3) 니ᄅᆞ시온, ② 白 숣…(佛隱 …座上良中 坐)爲白乎隱(仁王 3:13) ᄒᆞ숣온ᄃᆡ, (佛是 出世)爲白乎尸入乙(瑜地 3:1) ᄒᆞ숣온ᄃᆞᆯ, ※

ㄴ, ㄹ 名詞形. ③ 在 겨…如多爲在多(仁王 11:23) 다ᄒᆞ겨다, (供養)爲在音叱多(華嚴 17:1) ᄒᆞ겸ㅅ다, (成)在良(仁王 3:21) (일)겨아, (思惟)爲在尸(瑜地 23:21) ᄒᆞ결, 生是在隱是多(華嚴 9:11) 나이견이다 등.

6) 接續形: ① 接續(져)…(化)爲齊(仁王 2:3) ᄒᆞ져, 聽彌(仁王 3:19) 드르며, ② 條件(ㄹ든)…爲尸入隱(金光 9:8) ᄒᆞᆯ든, 爲古尸月隱(仁王 14:7) ᄒᆞ골든, 除古斤(瑜地 4:5) 덜고늘, (在家)爲隱多中隱(華嚴 2:18) ᄒᆞᆫ다긘, ※ (…爲)彌兮(楞 4,8a:12) (…ᄒᆞ)며히, ③ 假定(ㄴ듸)…(有叱)乎隱矣(仁王 2:4) (잇)온듸, (爲白)乎尸矣(仁王 11:9) (ᄒᆞᇫ)올듸, ④ 讓步(과두)…(爲示音叱)果雖斗(瑜地 3:12) (ᄒᆞ심ㅅ)과두, (有斗在)果雖斗(瑜地 4:3) (두겨)과두, ⑤ 意圖(과)…(問白欲)果(仁王 3:17) (믓ᄉᆞᆸ)과, (度是)古只齊(華嚴 14:9) (거리)고기져, (作)爲叱彼(仁王 2:23) ᄒᆞᆺ뎌, ⑥ 可能(ᄋᆞᆶ)…(爲)飛音叱多(金光 14:15) (ᄒᆞ)ᄂᆞᆷㅅ다, (知)乎音應叱多(瑜地 28:6) (알)옶다 등. ※ 終結形 41.3)의 3) 참조.

위 용례에 없는 名詞形 ㅁ이 '有阿米(亡妹) 이사믹'라고 향가에 나타난 것은 향가가 후대의 윤색이라는 의심을 짙게 하거니와, 위 28.1) 動動 '어져 녹져'의 '져'가 口訣 6) 接續形으로 소급되는 것도 흥미롭다. 이것은 결국 口訣의 연원이 오래임을 뜻한다고 할 것이다. 실제로 圓敎國師 義湘(625~702)의 講論을 기록한 「錐穴問答」이나 「道身章」을 '雜以方言'이라고 하여 訓讀口訣인 것으로 주석한 大覺國師의 「義天錄」을 근거로 薛 聰보다 오랜 7세기로 추정한 견해가 있다(南豊鉉 1988).

構文과 敍述指標 이 指標에 대해서는 이미 17.3)의 예시를 설명한 바가 있다. 構文이란 전달하려는 내용을 현실과 연결시킴으로써 표현이 마물리는 것이다. 현실과 연결시킨다는 것은 표현할 내용을 時稱, 敍法 같은 敍述樣式으로 표명한다는 뜻의 敍述作用이다. 이 작용은 갖가지 양식으로 나타내나, 國語에서 필수적인 것은 보편적인 時稱과 敍法에 謙稱이 더 필요하다. 즉, 한 構文은 이 지표로써 敍述性을 얻게 되는데, 결여된 것은 敍述性도 갖지 못한다. 이 지표도 다음과 같이 다양하다.

41.3) 訓讀口訣의 敍述指標

1) 時稱(Tns): ① 現在 飛 ᄂᆞ…(說)飛只示多(仁王 2:6) (니ᄅᆞ)ᄂᆞ + 기시다, (現)飛尸亦(金光 14:20) (나토)ᄂᆞ + ㄹ(名) + 여, (具足爲)飛利彌(華嚴 10:11) ᄂᆞ + 리(ㄹ + 이)며, (免支)飛立(華嚴 2:19) (벗)ᄂᆞ + 셔(命令), (下爲古)飛乙彌(仁王 2:15) (下ᄒᆞ고)ᄂᆞ + ㄹ며, 臥 누…(爲在)臥多(仁王 11:22) (ᄒᆞ겨)누 + 다, (汲井爲)臥隱乙(華嚴 5:17) 눈을, ② 過去 多 다/더…(爲)多在隱乙(仁王 11:21) 다 + 견을, (如多爲)在多(仁王 11:23) (다ᄒᆞ)겨 + 다, (問)去在隱丁(華嚴 2:12) (묻)거 + 견뎌, (說)良只示乎多(仁王 2:23) (니르)아 + 기시오다, ③ 未來 利 리(ㄹ + 이)…(具足爲飛)利彌(華嚴 10:11) (…ᄒᆞᄂᆞ)리 + 며, ※ 위 ⑦ 意圖 참조.

2) 謙稱(Hum): ① 白 ᄉᆞᆲ…(爲)白彌(華嚴 9:14) (ᄒᆞ)ᄉᆞᆲ + ᄋᆞ며, (說)白乎音叱多(仁王 3:19) (니르)ᄉᆞᆲ + 옶다, (說)白乎隱(仁王 11:24) (니르)ᄉᆞᆲ온, (說賜)乎隱(華嚴 8:3) (니르시)오 + ㄴ, 古 고…(功德是)古飛隱彼(華嚴 9:6) (…이)고 + 는뎌, (爲在利)良叱古(華嚴 2:9) (ᄒᆞ겨리)앗 + 고, 乎 오…(說白)乎隱(金光 3:25) (니르ᄉᆞᆲ)오 + ㄴ 등.

3) 敍法(Mod): ① 平敍 多 다…(無叱在)多(華嚴 9:5) (없겨)다, 羅 라…(王)是羅(仁王 11:3) 이라, ② 疑問 古 고…(可叱爲利)尸古 (仁王 15:5) (짓ᄒᆞ릴) + 고, (爲在利良叱)古(華嚴 2:9) (ᄒᆞ겨리앗)고, (爲古乎令)乎(仁王 3:23) (ᄒᆞ고오리)오, (爲古乎令)良(仁王 14:18) (ᄒᆞ고오리)아 ※ 고 〉 오, 가 〉 아. ③ 命令 立 셔…(知古只賜)立(華疏 10:18) (알고기시)셔, (免支)飛立(華嚴 2:19) (벗)ᄂᆞ셔, (爲在)良(仁王 14:23) (ᄒᆞ겨)아(라?), (指陳)古火羅(楞 2,7b:9) 고블라, ④ 感歎 亦 여…(有叱在)隱亦(仁王 2:3) (잇겨 + ㄴ)여, (爲飛尸)亦(金光 14:17) (ᄒᆞᄂᆞᆯ)여, (善賜古隱)哉彼(華嚴 9:2) (어드시곤) ᄃᆞ(依名) + 여 〉 뎌, (無賜乎隱)知亦(華嚴 15:10) (업으시온)디여, (爲尸)丁(仁王 15:5) (ᄒᆞᆯ)뎌 등.

4) 否定(Neg): ① 不冬 안ᄃᆞᆯ…不冬 (偏令多乎隱)(華嚴 13:3) 안ᄃᆞᆯ (偏ᄒᆞ이다혼), ② 不知 안디…(可叱爲隱) 不知(是飛叱)(仁王 2:1) (짓ᄒᆞᆫ) 안디(이ᄂᆞᆺ), 不知(是乎隱飛良?)(仁王 14:18) 안디(이온ᄂᆞ아?), ③ 非知(齊 爲在多)(仁王 14:7) 안디(제 ᄒᆞ겨다), (續爲令) 不知(彌)(仁王 14:7) (續ᄒᆞ리) 안디(며), ④ 不冬(乎利是在多)(仁王 3:24) 안ᄃᆞᆯ호리이겨다, (具尸) 不只(爲臥隱刀)(金光 7:20) (ᄀᆞᆶ) 안ᄃᆞᆨ(ᄒᆞ눈도), 未是(爲飛叱 時中)(仁王 15:18) 아니(ᄒᆞᄂᆞᆺ 삐) 등.

이 지표는 위와 같이 몇 形態가 결합되고 복합되어 매우 복잡한 양상이다. 즉, 개별적인 敍述樣式이 경우에 따라 각각 複合形을 이루게 되는데, 이들이 敍述性을 갖기 위하여 다시 복합하게 되어 있다는 뜻이다. 그러한 形態의 복합은 아래 指標分析에서 점차 해명을 시도하겠으나, 가령 다음 1)의 ① (照 + ᄒᆞ)시 + 고 + ㄹ(며) 접속형은 尊敬(시), 強調(곧)와 복합되어 있는 것과 같다. 이러한 複合의 理法은 國

語의 본질적 특징인 만큼 現代語도 같으나, 실제의 형태는 의외로 많은 격차가 있다.

41.4) 構文指標와 指標分析

1) 複合形: ① 接續…(照爲示)古乙彌(仁王 11:10) (照ᄒᆞ)시 + 고 + ㄹ+ 며, (說)古飛利彌(華嚴 14:16) (니르)고 + ᄂᆞ + 리 + 며, ② 條件…(異是多 爲)古尸入隱(仁王 14:8) (ᄒᆞ)고 + ㄹ + ᄃᆞ + ㄴ, (爲白)古(在)尸入隱(金光 12:23) (ᄒᆞᇸ)고(겨) + ㄹ + ᄃᆞ + ㄴ, (除)古斤(瑜地 6:13) (덜)고 + ᄂᆞ + ㄹ, ③ 意圖…(願)古尸入隱(華嚴 2:19) (바라)고 + ㄹ + ᄃᆞ + ㄴ, (度是)古只齊(華嚴 14:9) (거리)고기져, ④ 可能…(等)古令(無良)(華嚴 14:7) (ᄀᆞᆲ)고리(없), ⑤ 理由…(得)在隱入以(華嚴 18:21) (얻)견 + ᄃᆞ + 로, ⑥ 前提…(無)古在隱(華嚴 9:5) (업)고 + 겨 + ㄴ, (說)古只示隱(仁王 11:11) (니르)고 + 기 + 시+ ㄴ 등.

2) 指標分析: 「仁王」 上 2:1~2

① (復爲隱) 五道叱 一切衆生是 有叱在彌/ (復爲隱) 他方叱 量乎音 可叱爲隱 不知是飛叱/ …有叱在隱亦 ② 五道ㅅ 一切衆生이 잇겨며/ 他方ㅅ 量홈(이) 짓ᄒᆞᆫ 안디이ᄂᆞᆺ/ …잇견여 ③ (五道)ㅅ (一切衆生)이 (잇)겨며/ (他方)ㅅ (量홈)이 (짓ᄒᆞ)ㄴ 안디이ᄂᆞᆺ/ …(잇)견여 등.

④ 敍述指標: (잇)겨며…時稱 겨(과거), 謙稱: ∅(常體), 敍法: 며(接續 중복) / (짓ᄒᆞ)ㄴ 안디이ᄂᆞᆺ…時稱: ᄂᆞ(현재), 謙稱: ∅(常體), 敍法: ㄴ 안디이ᄂᆞᆺ(否定冠形) ※ ㄴ(속격), 안디(부정명사), 이(술격), ᄂᆞ(현재), ㅅ(속격, 관형형). / (잇)견여…時稱: ∅(常體), 敍法: 여(감탄) 등. ※ 現代語: (꽃이 붉)다…時稱: ∅(현재), 謙稱: 다(해라, 常體), 敍法: 다(평서).

이렇게 난삽하여 이해하기 어려운 것은 위에서 논급한 대로 口訣文의 연원이 오랜 탓이겠으나, 보수적인 表記文字 자체의 성격에도 연유했을 것이다. 그렇기 때문에, 現代語에서 누구나 직감적으로 의식되는 零形態(∅) 같은 것도 느끼기 어렵고, 더구나 同音異義形은 좀처럼 인지되지 않는다. 그러면, 자료의 재검토, 古代語를 재구하고 中世語를 재정리하는 재료의 재분석이 필요한 것은 아닌지? 다만, 확실한 것은 이런 訓讀口訣의 대량 출현으로 당대의 황량했던 構文構造를 밝히게 된 사실이다.

3.2 中世後期國語(14~16세기)

이 시대는 14~16세기 3세기 기간이다. 흔히 이 시대라면 풍부한 正音文獻을 떠올린다. 가령, 시대를 15세기부터 구분하더라도 그 15세기 전반의 수다한 자료를 제치고 하는 말이다. 그런데, 이 자료는 中世前期와 正音文獻 사이의 공간을 보전하는 뜻에서 경시할 대상이 아니다. 이런 특성에 유의하면, 이 시대는 그러한 位相에 따라 세기별로 구분하여 서술하는 것이 최선일 것이다. 이 관점은 그 서술을 뒷받침하는 자료의 측면에서도 충족되게 해 주어 서술의 전환을 어렵지 않게 한다.

3.2.0 中世後期의 史料

借字文獻과 金石文 이 시대의 자료는 正音文獻만 아니라, 借字表記에 의한 문헌 및 금석문이 여전히 변천하면서 꾸준히 지속되었다.

본기의 자료는 이러한 상황에 비추어 借字文獻과 金石文, 15세기의 正音文獻, 16세기의 正音文獻으로 구분해야 한다고 생각된다. 그런데, 전기에 성행하던 訓讀口訣에서 발전한 이른바 順讀口訣의 자료가 계속 발굴되었다. 그것은 거의 14~15세기의 佛經類이나, 그 口訣은 역시 당대의 중요한 문헌임에 틀림없다. 諺解와도 연계되는 이 口訣도 세밀히 규명할 대상이다.

42.1) 借字表記

1) 14세기: 高士褧, 金 祗 譯, 「大明律直解」 30권(1395), 咸昌金氏丙子羊准戶口(1336), 淸州牧官文書(1349), 感恩寺飯子(1351), 海南尹氏奴婢文書(1354), 白巖寺貼文(1357, 1378), 慶州司首戶長行案(1361, 1379), 密陽朴氏壬子年准戶口(1372), 南氏奴婢文書(1381), 張戩所志(1385), 高麗末和寧府, 開京戶籍文書(1390~91), 李和開國功臣錄卷(1392), 太祖賜給芳雨土地文書(1392), 南誾遺書(1398.경) 등.

2) 15세기: 會同館, 「朝鮮館譯語」(1408.경), 韓尙德, 「養蠶經驗撮要」(1415), 兪孝通 등, 「鄕藥採取月令」(1431), 兪孝通 등, 「鄕藥集成方」 85권(1433), 馬天牧佐命功臣錄卷(1401), 太祖賜給㫋致家垈文書(1401), 曺恰賜婢文書(1401), 張戩妻辛氏同生和解文書(1404), 長城監務關字(1407), 張戩妻辛氏所志(1427), 金務許與文記(1429), 權明利許與文記(1443), 尹 壕 등, 「救急簡易方諺解」 8권(1489) 등.

3) 16세기: 「新刊農書撮要」(1517), 「朱子增損呂氏鄕約」(1517. 金安國), 「正俗諺解」(1517. 金安國), 「重刊警民編諺解」(1519. 金安國), 「書傳大文」(1551. 乙亥字本, 1550.경 頭註本), 「地藏菩薩本願經」 3권(1558. 全羅道 安心寺), 「牛馬羊猪染疫病治療方」(1541. 平安道), 「童蒙先習」(1587. 密陽府) 등.

4) 順讀口訣: 「楞嚴經」 10권 祇林寺本(1400.초), 宋成文本(1400.초), 奎章閣本(1400.전후) 「證道歌南明繼頌諺解(南明集)」 2권(1350.후반), 「直指心體要節」(1400.전후), 「佛說四十二章經」(1400.전후. 尹炯斗本), 「梵網經」(1400.경) 국립도서관본, 精文院本, 「圓覺略疏注

參考文獻

第1章 國語의 系統

姜吉云 1988. 1.「韓國語系統論」서울, 大邱: 螢雪出版社.

金澤庄三郎 1910. 1.「日韓兩國語同系論」東京: 三省堂.

金庠基 1948. 12. "韓·濊·貊移動考."「史海」1(1948. 12. 12), 3~16.

金庠基 1954. "東夷와 淮夷·徐夷에 對하여."「東方學志」1(1954).

렴종률 1992. 4.「조선말력사문법」(참고서) 평양: 김일성종합대학출판사.

류 렬 1990. 3.「조선말력사」1. 평양: 사회과학출판사.

白鳥庫吉 1898. "日本の古語と朝鮮語との比較."「國學院雜誌」4-4~4-12.

服部四郎 1956. 7. "日本語の系統(2) (日本祖語の年代)."「圖說日本文化史大系」1. 東京: 小學館.

服部四郎 1957. 12. "日本語系統論(3) (音韻法則と語彙統計學的 水深測量)." 武田祐吉 編「古事記大成」3 言語文字篇 東京: 平凡社.

傳斯年 1935. "夷夏東西說."「蔡元培先生六十五歲論文集」(北平: 國立中央硏究院歷史語言硏究所), 下 1093~1134. 千寬宇 譯,「韓國學報」14(1979. 3. 10), 210~243.

辛容泰 1984. "韓國語·日本語와 上古漢語와의 類似性에 대하여."「日本學報」12. 辛容泰,「原始 韓·日語의 硏究」(1988. 11. 서울: 東國大學校 出版部), 3~23.

辛容泰 1985. "韓國語·殷(商)語·日本語의 單語族硏究序說(韓·日語의 祖語를 探索하기 위한)."「국어교육」51/52(1985. 2). 辛容泰, 위 책, 25~50.

兪昌均 1994. 10.「鄕歌批解」서울, 大邱: 螢雪出版社. 補訂版 1996. 7.

장우진 1989. 10.「조선사람의 기원」평양: 사회과학출판사.

Aston, W. G. 1879. 8. "A comparative study of the Japane and Korean languages." *Journal of the Royal Asiatic Society of Great Britain and Ireland*. New Series XI, 3. 317~364.

Баскаков, Н. А. 1981. *Алмайская семья языков и её изучение*. Москва: Институт языкознания, издателвство Наука.

Dallet, Charles. 1874. *Histoire de l'église de Corée*. Paris: Victor Palmé.

Edkins, Joseph. 1871. *China's Place in Phonology.*

Edkins, Joseph. 1887. "Connection of Japanese with the adjacent continental languages." *Transactions of the Asiatic Society of Japan*, XV.

Edkins, Joseph. 1895. "Relationship of the Tatar languages." *The Korean Repository*, Ⅱ-11.

Edkins, Joseph. 1896. "Korean affinities." *The Korean Ropository*, Ⅲ-6.

Finck, Franz N. 1909. *Die Sprachstämme des Erdkreises.* (Aus Natur und Geisteswelt. Bd. 267) Leipzig-Berlin.

Hulbert, H. B. 1895. "The origin of the Korean people." *The Korean Repository.* Ⅱ-6~7.

Hulbert, H. B. 1905. *A Comparative Grammar of the Korean Language and the Dravidian Dialects of India.* Seoul.

Lees, Robert B. 1953. "The Basis of Glottochronology." *Language*, 29-2, Part 1, 113~127.

Miller, Roy Andrew. 1971. *Japanese and the Other Altaic Languages.* Chicago: The University of Chicago Press.

Parker, Edward H. 1886. "Chinese, Corean and Japanese." *The China Review*, XIV 4.

Parker, Edward H. 1893. "Touching Burmese, Japanese, Chinese and Corean." *Transactions of the Asiatic Society of Japan*, XXI.

Poppe, Nicholas. 1960. *Vergleichende Grammatik der altaischen Sprachen*, 1, Vergleichende Lautlehre. Wiesbaden: Otto Harrassowitz.

Ramstedt, G. J. 1916. "Ein anlautender stimmloser Labial in der mongolisch-türkischen Ursprache." *Journal de la Société Finno-Ougrienne*, 32.2.

Ramstedt, G. J. 1957. *Einführung in die altaische Sprachwissenschaft* Ⅰ, Lauthehre. Bearbeitet und herausgegeben von Pentti Aalto. Helsinki: Suomalais-Ugrilainen Seura.

Rosny, Léon de. 1864. "Aperçu de la langue Coréenne." *Journal Asiatique*, VI, 3, 287~325.

Saussure, Ferdinand de. 1916. *Cours de linguistique générale.* Lausanne et Paris: Payot.

Schmidt, Pater W. 1926. *Die Sprachfamilien und Sprachenkreise der Erde.* Heidelberg: Winter.

Scott, James. 1891. English-Corean Dictionary. Seoul.

Старостин, С. А. 1991. Алтайская проблема и происхождение японского языка. Москва: Наука.

Swadesh, Morris. 1955. "Lexico-Statistic Dating of Prehistoric Ethnic Contacts, with Special Reference to North American Indians and Eskimos." *Proceeding of the American Philosophical Society*, 96-4, 452~463.

Swadesh, Morris. 1955. "Towards Greater Accuracy in Lexicostatistic Dating." *International Journal of American Linguistics*, 21, 121~137.

Владимирцов, Б. Я. 1929. *Сравнительная грамматика монгольского письменно го языка и халхаского наречия.* Введение и фонетика. Ленинград: Ленинтрадский Восточный институт имени А. С. Енукидзе.

Winkler, H. 1884. *Uralaltaische Völker und Sprachen.*

Zenker, E. V. 1926. "Das japanische Lautwesen im Zusammenhange mit dem Koreanischen und dem der Liu-Kiu-und der Ainu-sprache." *Mitteilungen des Seminars für orientalische Sprachen an der Friedrich-Wilhelms-Universität zu Berlin.* XXIX.

第2章 古代國語 (前期)

金敏洙 1980. 2.「新國語學史」全訂版 서울: 一潮閣.

金敏洙 1983. 2.「新國語學」全訂版 서울: 一潮閣.

金敏洙 1992. 2. "겹받침의 發音과 表記에 대하여."「順天鄕語文論集」1(1992. 2. 28), 7~20.

金完鎭 1957. 8. "-n, -l 動名詞의 統語論的 機能과 發達에 對하여."「國語硏究」(서울大 大學院) 2(1957. 8. 1), 43~72.

金完鎭 1957. 12. "原始國語의 子音體系에 對한 硏究(語頭有聲唇音 b-를 主로 하여)."「國語硏究」(서울大 大學院) 3(1957. 12. 10), 1~70.

唐作蕃 1972. 8.「漢語音韻學常識」香港: 中華書局香港分局.

렴종률 1992. 4.「조선말력사문법」(참고서) 평양: 김일성종합대학출판사.

류 렬 1990. 3.「조선말력사」1. 평양: 사회과학출판사.
傳斯年 1935. "夷夏東西說."「蔡元培先生六十五歲論文集」(北平: 國立中央硏究院歷史言語硏究所), 下 1093~1134. 千寬宇 譯,「韓國學報」14(1979. 3. 10), 210~243.
梁柱東 1942. 11.「古歌硏究」京城: 博文書館. 增訂版 1965. 3. 서울: 一潮閣.
王 力 1985. 5.「漢語語音史」北京: 中國社會科學出版社.
兪昌均 1994. 10.「鄕歌批解」서울, 大邱: 螢雪出版社. 補訂版 1996. 7.
李基文 1961. 8.「國語史槪說」(國語國文學講座) 서울: 民衆書館. 改訂版 1972. 11. 日譯 藤本幸夫, 1975. 獨譯 B. Lewin, 1977.
李思敬 1985. 6.「音韻」(漢語知識叢書) 北京: 商務印書館.
鄭暻海 1970. 6.「바침後天論」(국어국문학회 13회 전국대회 발표용) 油印本.
何九盈 1991. 11.「上古音」(漢語知識叢書) 北京: 商務印書館.
韓國古代社會硏究所 編 1992. 10.「譯註 韓國古代金石文」(史料叢書 ①~④) 4권 서울: (財)駕洛國史蹟開發硏究院.
홍기문 1957. 12.「리두 연구」평양: 과학원 출판사.
Greenberg, Joseph H. 1963. "Some Universals of Grammar with Particular Reference to the Order of Meaningful Elements." Greenberg. ed. *Universals of Grammar*. Cambridge, London: The MIT Press.
Greenberg, Joseph H. eds. 1978. *Universals of Human Language*. 4 vols. Stanford: Stanford University Press.
Karlgren, Bernhard. 1923. *Analytic Dictionary of Chinese and Sino-Japanese*. Paris: Librairie Orientaliste Paul Geuthner. 1970. 7. 번각 台北: 成文出版社.
Karlgren, Bernhard(高本漢). 1940. *Grammata Serica: Script and Phonetics in Chinese and Sino-Japanese*(中日漢字形聲論). (Bulletin of the Meseum of Far Eastern Autiquities Stockholm, No. 12) Stockholm. 1971. 번각 台北: 成文出版社.
Miller, Roy Andrew. 1971. *Japanese and the Other Altaic Languages*. Chicago: The University of Chicago Press.
Poppe, Nicholas. 1965. *Introduction to Altaic Linguistics*. Wiesbaden: Otto Harrassowitz.

郭錫良 1986. 11. 「漢字古音手册」 北京: 北京大學出版社 出版, 新華書杏北京發行所 發行.

국립국어연구원 1998. 12. 「국어의 시대별 변천 연구 3 고대 국어」 서울: 국립국어연구원.

權仁翰 1990. 12. "알타이어학상 *R2, *l2 論議의 現狀과 科題." 「周時經學報」 6(1990. 12. 22), 97~106.

김무림 1998. 12. "고대 국어 음운." 국립국어연구원 1998. 7~39.

金敏洙 1952. 11. "ㅎ助詞 硏究." 「國語國文學」 1(1952. 11. 1), 11~14, 16.

김영황 1986. 1. 「언어학사전」 1(조선어력사편) 평양: 김일성종합대학출판사.

南廣祐 1957. 12. "ㅎ曲用(添用 declension) 語攷." 「論文集」(中大) 2, 163~192.

南豊鉉 1998. 12. "고대 국어 자료(국어학의 상대 자료)." 국립국어연구원 1998. 207~241.

羅常培 1933. "唐五代西北方音." 「國立中央硏究院歷史語言硏究所專刊」 十二 上海: 同硏究院. 1961. 北京: 科學出版社.

렴종률 1992. 4. 「조선말력사문법」(참고서) 평양: 김일성종합대학출판사.

류 렬 1983. 9. 「세나라시기의 리두에 대한 연구(사람, 벼슬, 고장 이름의 표기를 통하여)」 평양: 과학, 백과사전출판사.

류 렬 1990. 3. 「조선말력사」 1. 평양: 사회과학출판사.

박성호 1998. 12. "고대 국어 어휘." 국립국어연구원 1998. 77~120.

박진호 1998. 12. "고대 국어 문법." 국립국어연구원 1998. 121~205.

沈在箕 1975. 12. "舊譯仁王經上 口訣에 대하여." 「美術資料」 18, 19~35.

安秉禧 1977. 3. 「中世國語口訣의 硏究」 서울: 一志社.

安秉禧 1987. 12. "均如의 方言本 著述에 대하여." 「國語學」 16(1987. 12. 30), 41~54.

梁柱東 1942. 11. 「古歌硏究」 京城: 博文書館. 增訂版 1965. 3. 서울: 一潮閣.

王 力 1985. 5. 「漢語語音史」 北京: 中國社會科學出版社.

兪昌均 1994. 10. 「鄕歌批解」 서울, 大邱: 螢雪出版社. 補訂版 1996. 7.

李基文 1961. 8. 「國語史概說」(國語國文學講座) 서울: 民衆書館. 改訂版 1972. 11. 日譯 藤本幸夫, 1975. 獨譯 B. Lewin, 1977.

이승재 1998. 12. "고대 국어 형태." 국립국어연구원 998. 41~75.

李浚碩 1999. 2.「國語 借字表記法의 起源 研究」서울: 高大 博士學位論文.
장하일 1956. 10. "임자자리 말끝(Nominative Case Ending) '-이'."「한글」120(1956. 10. 20), 56~71.
前間恭作 1936. 5.「校註歌曲集」필사본. 영인 1951. 5. 서울: 正陽社.
정열모 1947. 3. "새로 읽은 향가(鄕歌)."「한글」12-1(통권 99)(1947. 3. 20), 12~22. 정렬모 (편)「신편고등국문독본」고문편(1947. 9. 25. 서울: 동방문화사), 1~12 수록.
정렬모 1965. 11.「향가 연구」평양: 사회 과학원 출판사.
河野六郎 1968. 9.「朝鮮漢字音の研究」東京: 河野六郎.「河野六郎著作集」2(1979. 11. 東京: 平凡社) 295~512 수록.
黃淬伯 1937.「慧琳一切經音義反切考」(國立中央研究院歷史語言研究所 單刊六)
홍기문 1956. 12.「향가 해석」평양: 과학원.
홍기문 1957. 12.「이두 연구」평양: 과학원 출판사.

第3章 中世國語 (前期)

姜信沆 1977. "鷄林類事「高麗方言」의 聲母와 中世韓國語의 子音."「李崇寧古稀論叢」(1978. 서울: 塔出版社), 1~24. 姜信沆 1980. 재록.
姜信沆 1978. "鷄林類事「高麗方言」의 韻母音과 中世國語의 母音 및 末音."「大東文化研究」(成大) 12. 1~38. 姜信沆 1980. 재록.
姜信沆 1980. 9.「鷄林類事「高麗方言」研究」(首善新書 1) 서울: 成均館大學校出版部.
金敏洙 1983. 2.「新國語學」(全訂版) 서울: 一潮閣.
김수경. 1989. 5.「세나라시기 언어력사에 관한 남조선학계의 견해에 대한 비판적 고찰」평양: 평양출판사.
金亨奎 1975. 8.「國語史概要」서울: 一潮閣.
南權熙 1997. 12. "차자 표기 자료의 서지."「새국어생활」7-4, 147~194.
南豊鉉 1981. 8.「借字表記法研究」서울: 檀大出版部.
南豊鉉 1988. 12. "釋讀口訣의 起源에 대하여."「국어국문학」100, 233~242. 南豊鉉 1999. 재록.
南豊鉉 1998. 12. "고대 국어 자료(국어학의 상대 자료)." 국립국어연구원 207~241.

南豊鉉 1999. 8. 「口訣研究」 서울: 太學社.
박병채 1989. 8. 「국어발달사」 서울: 世英社.
박진호 1998. 12. "고대 국어 문법." 국립국어연구원 1998. 121~205.
沈在箕 1975. 12. "舊譯仁王經上 口訣에 대하여." 「美術資料」(國立中央博物館) 18. 19~35.
李基文 1967. 5. "韓國語形成史." 「韓國文化史大系」 V(서울: 高麗大學校 民族文化研究所), 19~112.
李基文 1968. 7. "鷄林類事의 再檢討(주로 音韻史의 觀點에서)." 「東亞文化」 8, 205~248.
李基文 1968. 9. "高句麗의 言語와 그 特徵." 「白山學報」 4, 101~142.
李基文 1972. 11. 「改訂國語史概說」 서울: 民衆書館.
李承宰 1972. 3. 「高麗時代의 吏讀」(國語學會 國語學叢書 17) 서울: 太學社.
이승재 1998. 12. "고대 국어 형태." 국립국어연구원 1998. 41~75.
李龍範 1976. 4. 「古代의 滿洲關係」(春秋文庫 020) 서울: 한국일보社.
鄭在永 1997. 12. "借字表記 연구의 흐름과 방향." 「새국어생활」 7-4, 31~59.
국립국어연구원 1998. 12. 「국어의 시대별 변천 연구 3: 고대 국어」 서울: 국립국어연구원.

「國語史講義」 手稿本

國語史講義

金敏洙

차 례

第1章 国語의 系統

第2章 古代国語 (BC 2~10세기)

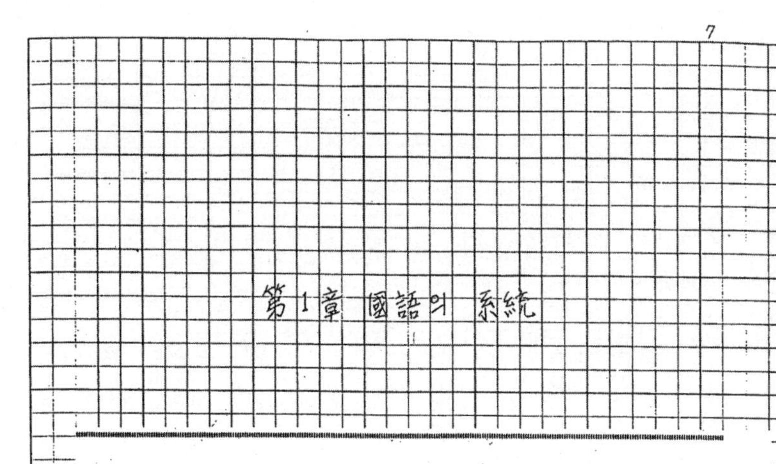

언어의 뿌리는 유인원의 「털 쓰다듬기」

劉潤鐘기자

『인간이 언어를 만든 이유는 유인원들처럼 서로 털을 손질해줄 수 없게 됐기 때문이다』

최근 미국에서 언어의 기원에 대한 이색 주장을 담은 책이 출간돼 눈길을 끌고 있다. 인터넷 서점 아마존(http://www.amazon.com)과 뉴욕 타임스 북리뷰에 소개된 로빈 던바의 신간 「몸손질, 가십, 언어의 진화」. 이는 지금까지 인류학자들이 수렵 농사 등 생산활동을 위한 필요에서 언어의 기원을 찾았던 데서 탈피, 집단을 유지하기 위한 「잡담」, 즉 가십에서 이를 찾고 있다.

말의 주기능은 친밀감의 표시
「남들 이야기」가 대화의 대부분

던바는 침팬지나 고릴라가 서로의 털을 쓰다듬고 이를 잡아주는 「몸손질」행동에 주목하고 있다. 이런 행동은 위생상의 필요에서 시작됐다기 보다는 접촉에서 오는 안락감 등 일종의 최면효과를 통해 집단의 친밀성을 유지시켜주는 기능에서 비롯됐다는 것. 그러나 영장류 집단의 크기가 커지면서 몸손질을 통해 집단의 친밀감을 유지하기가 힘들어졌다는 것이다. 결국 원시단계의 인간은 성대를 사용해 의사전달을 하는 방법을 창안해 냈고 이것이 오늘날의 언어로 이어졌다는 것이 던바의 설명이다. 「언어」라는 새 친밀감 표시 방법은 동시에 여러 사람과 할 수 있으며 요리 등 다른 작업과 동시에 해낼 수 있는 이점도 있다.

원시인이 몸손질 대신 만들어낸 언어는 어떤 내용을 담고 있었을까. 최초의 언어는 집단의 친밀감을 유지하기 위해 만들어졌으므로 대부분 집단속의 「남얘기」를 담고 있었다고 던바는 설명한다. 이런 기능은 지금도 이어져 오늘날에도 사람들이 대화에 담는 내용은 결국 남들 이야기, 즉 가십이 대부분이라는 것이다.

던바는 여러 영장류 집단의 크기에도 주목하고 있다. 사고작용에 관계하는 대뇌 신피질(新皮質)의 크기는 그 종(種)이 이루는 집단의 크기와 비례한다는 것. 이 이론에 따르면 인간에게 가장 적합한 집단크기는 1백50명 정도이다. 현대인 한사람이 면식을 트고 지내는 사람의 수도 여기서 벗어나지 않는다는 것이 던바의 주장이다. 하버드대 출판부 펴냄.

/인터넷 책세상

「몸손질, 가십, 언어의 진화」

로빈 던바 지음

GROOMING, GOSSIP, AND THE

EVOLUTION OF LANGUAGE

ROBIN DUNBAR

東亞日報 1997. 3. 13(木). No. 23498. p.34

1.0 言語系統과 그 接近法

言語分化와 同族語　이 세상에는 民族마다 다른 수많은 言語가 쓰이고 있다. 다른 言語와 통하지 않는 점을 보면, 이들 言語는 서로 무관한 별개의 것으로 생각하기 쉽다. 그러나, 言語는 한 개인의 族譜와도 같이 같은 祖語(parent langage)에서 분화된 言語끼리 同族関係(cognation)를 맺고 있다. 그래서, 言語学에서는 이 관계에 주목하여 하나의 共通祖語를 추정하고 같은 祖語로 소급되는 言語를 묶어서 語族(language family)이라고 하며, 세계의 言語를 이 같은 語族으로 나눈 것을 系統的 分類라고 한다.

1.1) 言語의 系統的 分類(Schmidt, 1926)

1) 印欧語族, 2) 함셈語族, 3) 우랄語族, 4) 알타이語族, 5) 드라비다語族, 6) 印支(漢藏)語族, 7) 南亜語族(Austro-asiatisch), 8) 南島語族(Austro-nesisch), 9) 阿洲諸語, 10) 美洲諸語

이 系統的 分類(genetic classification)는 학자에 따라 다르나, 보편적이고 간결한 분류는 8大語族 혹은 阿洲諸語와 美洲諸語를 설정한 는 10大語族이다. 語族이란 하나의 言語에서 갈라진 同族語(cognate language)라는 뜻이므로, 누구나 자신의 言語가 무슨 語族에 속하는가에 대하여 관심을 갖지 않을 수 없다. 그러나, 한 言語의 系統은 比較言語学에 의하여 同族語라는 사실이 실증된 결과이기 때문에, 이런 實證이 안되는 言語는 부득이 고립된 소속불명의 言語라고 처리해 두는 것이 일반적이다.

言語의 分化作用은 地域의 차이와 時間의 경과를 조건으로 하여 이루어진다. 가령, F 지역에 살던 사람이 F′ 지역으로 이동했을 때, 그의 言語 a는 변함이 없으나, 그 후손의 言語는 시간이 흐를수록 변화해서 조상의 言語와 달라진다. 그러면, 제1고향인 F 지역에 사는 후손의 言語 b와 제2고향인 F′ 지역에 사는 후손의 言語 c는 달라졌기 때문에 분화했다고 한다. 즉, b, c 두 言語가 오랜 세월이 흘러 별개의 言語가 되면, 이들 두 言語는 同族語이며, a라는 祖語로 소급한다는 것이다.

1.2) 言語分化 (Saussure, 1916. 270~280)

```
F          F′
a  <---->  a          F  | 산,   |  F′
|          |          b  | 바다, |  c
↓          ↓             | 강    |
b          c
```

言語分化의 원리는 地域의 차이와 時間의 경과 두 조건에 있으나, 地域의 차이란 산이나 바다와 같이 왕래하기 어려운 장벽으로 막힌 경우를 말한다. 장벽이 사람의 교류를 차단하여 각각 독자적인 言語로 발전하는데, 분화된 초기에 方言의 차이였던 것이 수천년이 지나면 별개의 言語가 된다. 이때에 그 장벽은 대외적인 方言境界線 내지 言語境界線, 대내적인 等語線(isogloss)이 되고, 그 領域 안의 言語現象은 공통성을 가지고 있다. 따라서, 方言과 言語의 구분이 반드시 분명한 것은 아니다.

自然言語의 恣意性

이 지상의 言語는 구분하기에 따라 1천 내지 4천개로 집계되고 있다. 이들이 가령 10大語族으로 분류된다는

10

뜻은 수천년 전에 있었던 10종의 言語가 각기 분화하여 그처럼 수천종이 되었다는 것이다. 그 이전의 사상은 실증되지 않았을 뿐, 言語가 발생하지 않았다는 것은 아니다. 人類는 4족의 類人猿(hominoid)에서 2종의 猿人類(hominid)로 진화했을 때, 앞발이 변한 손으로 도구를 만들면서 명확한 伝達에 필요한 言語가 비로소 발생하기 시작했을는지도 모를 일이다.

그렇다면, 인류는 第3紀 中新世 말기 내지 鮮新世 초기 7~8백만년 전이나 늦어도 50만년 전에 原人類는 言語를 사용하기 시작한 것이 되고, 이 言語는 동물에게 공통된 선천적이고 본능적인 부르짖음과 구별된다. 즉, 言語는 후천적으로 서로 협정한 계약의 성질이다. 動物言語나 신호와 電算語 같은 人工言語와 구별하여, 근래에는 이것을 특히 自然言語라고 한다. 인간의 言語는 즉 記号의 성질과 体系의 성질이며, 그 記号性은 구성된 音声形式과 意味内容과의 결합관계가 恣意的이라는 뜻이다.

동물의 부르짖음은 갖고 태어나서 어떤 表現과 표시하는 意味와의 관계가 항상 변하지 않기 때문에 절대적이다. 그런데, 인간의 言語는 가령 짐승 개(犬)에 대하여 狗 gǒu(漢), 인다훈(滿), 노해(蒙), it(維), 이누(倭), seta(Ainu) 등 각각 임의로 발음되고, 개는 中世語 '가히'에서 변화했다. 이처럼 言語와 시대에 따라 다른 사실로 입증된 記号의 恣意性은 自然言語의 중요한 本質이다. 이로써 言語가 변화하는 원인이 쉽게 규명되는 한편, 동물에 없는 言語史가 성립되는 이유도 밝혀지게 되었다.

이러한 言語가 발생한 이후 면면히 이어와서 오늘의 言語가 있게 되었지만, 言語史에서는 입증할 자료의 한정으로 최근 수천년밖에 서술하지 못할 뿐이다. 第4紀(Quaternary period)에서도 完新世(Holocene

11

epoch) 후기로 한정되었으니, 극히 일부분 최근의 역사에 불과하다고 하겠다. 어쨌든, 인간이 知識의 축적으로 思想과 技術을 발전시켜 거대한 人類文化를 창조한 것은 그 言語가 있었기 때문이다. 言語는 실로 막중한 소임을 다했고, 앞으로도 무한한 尖端技術을 비약시키는 소임을 다할 것이다.

時代区分과 研究方法 어떤 言語史의 경우도 자료의 한정으로 많은 제약을 받는다. 国語史의 史料는 6세기를 소급하기 어려우며, 소급한다고 해도 희소한 자료로 만족할 역사적 서술은 거의 불가능하다. 따라서, 国語의 形成도 추측해야 하고, 형성된 이후의 역사도 소략하게 마련이다. 그러나, 역사에서는 時代区分이 요구되는데, 끊임없는 시간을 인위적으로 끊는 이 구분은 역사적 흐름을 파악하기 위한 것이다. 이런 측면에서, 国語史의 時代区分을 대략 3세기를 기준하여 구분하면 다음과 같다.

1. 3) 国語史의 時代区分

1) 史前国語 BC 3세기 이전 漢四郡(BC 108)

2) 古代国語(BC 2~10(12)세기)

古代前期語 BC 2~4(6)세기 平壤遷都(427)

古代後期語 5~10(6)세기 高麗統一(936)

3) 中世国語(11~16(6)세기)

中世前期語 11~13(3)세기 三別抄抗戰(1270)

中世後期語 14~16(3)세기 壬辰倭亂(1592)

4) 近世国語 17~19(3)세기 甲午更張(1894)

5) 現代国語 20~21(2)세기 8.15光復(1945)

12

이 3세기 기준은 時代區分의 필요조건이거나 원칙도 아니다. 1세기를 단위로 할 수도 있으나, 言語變化의 촉진과 관계되는 서울의 천도나 전쟁 혹은 나라의 흥망 등과 관련지어 변화추세의 파악에 주의를 기울인 것뿐이다. 그런데, 古代國語는 기원전 수세기 이전으로 끌어올리면 좋겠으나, 자료의 뒷받침이 없는 것이 최대의 난관이다. 물론 比較言語學의 방법을 원용하여 同族語와의 對應을 근거로 추정하는 방안을 생각할 수도 있으나, 이러한 比較는 아직 신빙할 성과를 기대하기는 미흡하다.

國語史의 연구는 위에서 언급한 대로 옛날부터 오늘까지 사용되어 온 言語의 변천과정을 실증하여 체계적으로 파악하는 작업니다. 그래서, 사실을 실증하는 방법을 강구하는데, 우선 근거할 것은 文獻이다. 이 史料에 당시의 사실이 어떻게 반영되어 있는가를 면밀히 검토해서 체계화해야 하지만, 문헌이란 원래 부분적이고 극히 최근으로 한정되어 있다. 이런 미비점을 보충하기 위해서 필요한 방법이 이른바 再構(reconstruction), 方言學의 원용 등이며, 실제로 적용할 기본적인 방법은 比較方法이다.

再構의 방법에는 外的再構와 內的再構가 있다. 外的再構는 同系語 사이의 비교를 통하여 문헌 이전의 言語에 대한 가설을 실증하는 방법이며, 內的再構는 한 言語 내부의 비교로 化石처럼 잔존한 古形을 찾아내는 방법이다. 후자의 예: 이틀, 이태, 이틀해 → *읻 > *이드(두). 그리고, 方言은 改新波(innovating wave)의 설명 그대로 먼 곳일수록 古語가 많아서, 方言의 비교는 절실한 자료원이다. 예: 확(臼) > 호왁(杵臼 之) > *호박 > 호박(慶尙, 咸鏡方言). 이들은 문헌의 한계를 뛰어넘는 가장 중요한 방법이다.

1.1 蒙古人種의 言語

한 民族은 그나름의 역사가 있고, 그 역사의 일부인 言語史는 옛날부터 오늘에 이르기까지 그 民族의 생활상을 반영하고 있는 것이다. 그러나, 言語史의 서술이 人類史나 政治史를 추종해서는 안된다. 言語史는 독자적인 언어체계의 발달을 서술하는 것이기 때문이다. 이러한 성격의 國語史에서는 우선 그 기원과 형성이 밝혀져야 한다. 그러면, 당초의 國語에 대한 실증적 연구와 체계적 파악이 가능할 것이다. 그런데, 그 接近法은 어디까지나 言語學的 方法에 의거해야 한다는 사실을 못박고 싶다.

1.1.0 古아시아族의 言語

人種과 言語 이미 언급한 猿人類는 洪積世 전기 약 300만년 전에 이르러 最古人類에 속하는 手才人(Homo habilis) 曙人類(hominine) 혹은 先人類(prehuman)로 진화하고, 洪積世 중기 약 150만년 전에 直立人(Homo erectus) 原人類(paldeo-man)로 발전했다. 걸어다니며 礫石器(pebble) 文化를 창조한 曙人類도 言語를 사용했을 것으로 추정되나, 불을 발견하고 握斧(hand-axe)文化를 개척한 原人類는 뇌의 발달로 보아 이미 言語能力을 가졌던 것이 확실하다. 이것은 化石人骨을 연구하여 추정한 귀결이다.

당시의 原人은 반복되던 氷河期에 불을 발견하여 추위를 이기게 되었다. 불의 발견은 살기 어려운 환경에의 적응으로 人類文化의 발전과 확산을 더욱 촉진시켰다. 이 原人類는 旧石器時代 중기 약 40만년 전에 智慧人(Homo sapiens) 古人類(proto-man)로, 旧石器時代 후기 약 10만년 전에는 지금에 가까운 新人類(neo-man)로 변해 갔고,

식량을 위한 사냥의 기술도 향상했다. 특히 주목할 것은 그처럼 기술이 점차 향상하면서 줄어든 사냥감을 찾아 인구가 이동하기 시작하여 확산해 간 점이다.

2. 1) 新生代(Cenozoic era)의 人類文化 ※연대 1만년은 1만년 전의 뜻.

1) 第3紀(Pertiairy period) 6,500만~250만년 靈長類(primate)

古第3紀(Pleogene period) 6,500만~2,600만년 原猿類(prosimian)

新第3紀(Neogene period) 2,600만~ 250만년 猿猴類(simian, ape)

中新世(Miocene epoch) 2,600만년~ 類人猿(4足)

鮮新世(Pliocene epoch) 700만년~ ① 猿人類(2足)

2) 第4紀(Quaternary period) 250만~1만년

更新世(Pleistocene epoch)
洪積世(Diluvial epoch) } { 250만년~ ② 曙人類(能才人, 礫石器文化) / 200만년~ ③ 原人類(直立人, 握斧文化)?

旧石器時代 60만~1만년

前期 60만년~ ③ 原人類(直立人, 握斧文化)

中期 40만년~ ④ 古人類(智慧人, 兩面石器文化)

後期 10만년~ ⑤ 新人類(智慧人, 磨製石器文化)

完新世(Holocene epoch)
沖積世(Alluvial epoch) } 1만년~현재

中石器時代 1만년~ 수렵, 어로

※연대는 絶対年代 즉 放射性元素에 의하여 측정한 放射年代이나 지역에 따라 편차가 있다. 특히 化石이나 石器 등의 편차는 移動의 경로와 밀접한 관계가 있다고 해석되고 있다.

現生人類의 조상인 新人類는 각지에 산재한 古人類의 여러 개체에서 거의 동시에 발생한 것으로 추정되며, 당초에 동질적인 種族이던 것이 점차 人種分化의 경향이 나타났다. 化石人骨의 유형에 의하여 귀결된 것은 샹슬라이드(Chancelade)人型이 蒙古人種(Mongoloid), 그리고 말

15

한국일보 No.14431 1994年3月11日 (金曜日) 국제 (6)

"호모사피엔스 역사 훨씬 오래됐다"

TIME 本紙特約

「인류조상」싸고 새反論

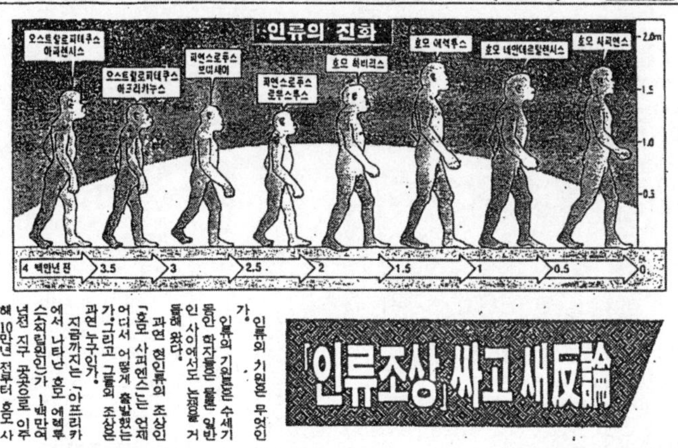

中발견유골 10만년 앞서
자바猿人도 2백만년돼

인류의 기원은 무엇인가.

인류의 기원은 수세기 동안 학자들은 물론 일반인 사이에서도 논쟁을 거듭해 왔다.

과연 현인류의 조상인 「호모 사피엔스」는 언제 어디서 어떻게 출발했는가. 그리고 그들의 조상은 과연 누구인가.

지금까지는 「아프리카에서 나타난 호모 에렉투스(직립원인)가 1백만여년전 지구 곳곳으로 이주해 10만년 전부터 호모 사피엔스로 진화해 현인류로 발전했다」는 이론이 정설로 받아들여져 왔다.

그러나 최근 중국 과학자들이 강력한 반대론을 제기함으로써 인류의 기원에 대한 논쟁이 또다시 불붙고 있다.

미국의 과학전문지인 네이처誌 최근 보도에 의하면 중국 과학자들은 10년전 현인류와 유사한 두개골을 중국에서 발견했으며 연구결과, 최소한 20만년전것으로 판명됐다고 주장했다. 이는 전세계 각지에서 발견된 호모 사피엔스의 두개골보다 10만년 이상 더 오래된것이다. 더구나 이 과학자들은 이 두개골이 현재의 아시아인 두개골과 유사하다고 주장하고 있다.

이 과학자들의 주장은 인류의 조상이 기존의 정설보다 훨씬 전에 아프리카를 떠났거나 인류는 아프리카뿐만 아니라 지구상의 여러 지역에서 동시에 진화했다는 가설을 뒷받침하고 있다. 또한 현인류의 조상인 호모 사피엔스는 모든 과학자들이 믿고 있는것보다 더 오래전에 지구상에 등장했다는것이다.

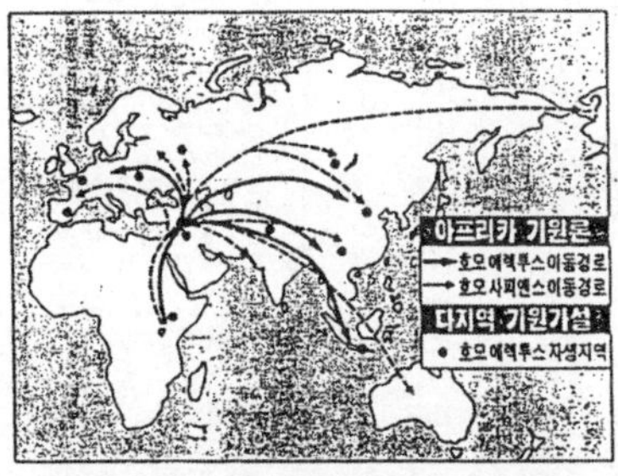

네이처지의 보도에 앞서 권위지인 사이언스誌는 더욱 놀라운 사실을 밝혔다. 미국과 인도네시아의 공동연구팀은 자바섬에서 발견된 호모 에렉투스의 두개골화석의 연대확인결과, 기존설보다 1백만년이 더 오래된 2백만년된 것이라고 밝혔다.

이연구는 최초로 불과 정교한 도구를 사용했던 호모 에렉투스가 기존 정설보다 수십만년 전에 고향인 아프리카를 떠나 세계 곳곳으로 이주했음을 의미하고 있다. 또한 이들 호모 에렉투스가 두개의 다른 인종, 즉 아프리카인종과 아시아인종으로 진화하는데 상당한 시간을 가졌다는 것이다.

아프리카·아시아人種 분리후 아시아系 멸종

대부분의 연구가들은 아프리카의 인종이 현인류로 진화했다고 믿고 있다.

그렇다면 아시아인종은 과연 어떻게 됐는가. 멸종했는가, 아니면 중국의 과학자들이 제시하고 있는 증거들처럼 호모사피엔스로 진화했는가.

인류기원연구소(IHO)의 지질연대학 권위자인 칼 스위셔박사는 아프리카와 아시아계 호모 에렉투스는 거의 1백만년전 분리됐으며 이들은 각각 다른 인종으로 진화한것으로 보고 있다.

그러나 그는 아시아계 호모 에렉투스는 새로운 환경에 적응하지 못해 멸종하고 현인류의 조상인 호모 사피엔스는 아프리카인종에서 진화했다고 주장한다.

【정리=朴熙正기자】

16

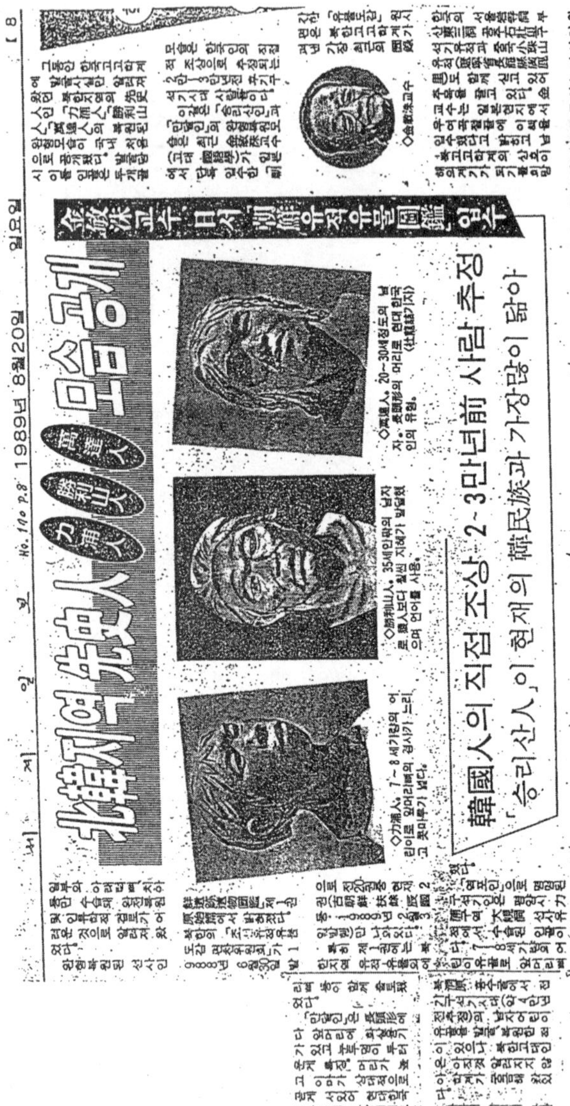

세계일보 No. 170 P.8 1989년 8월20일 일요일 【8

北韓지역 先史人 (力浦人·勝利山人·萬達人) 모습 공개

金敏洙교수, 日서 「朝鮮유적유물圖鑑」 입수

韓國人의 직접 조상 2~3만년前 사람 추정

「승리산人」이 현재의 韓民族과 가장많이 닮아

그동안 한국고고학계에 발굴사실만 알려져 왔던 북한지역의 先史人인 「力浦人」「勝利山人」「萬達人」의 복원된 완형모습이 국내 처음으로 공개됐다. 발굴당시 이들 인골은 두개골 일부와 아래턱뼈, 치아 등만 수습돼 완전복원 및 인류학적 검토가 어려운 것으로 알려져 왔었다.

완형복원된 선사인 모습은 한국인의 직접적 조상으로 추정되는 2만~3만년전 후기구석기시대 사람들이다.

이같은 「승리산인」과 「만달인」의 완형복원모습은 최근 金敏洙교수(고대 國語學)가 일본에서 단독 입수한 「朝鮮遺跡遺物圖鑑」제1권 原始篇에서 밝혀졌다.

북한의 「조선유적유물도감 편찬위원회」가 1988년 6월30일 발간한 「유물도감」 원시편은 북한고고학계가 펴낸 가장 최근의 圖錄으로 전20권중 현재 2권(古朝鮮·扶餘·辰國등·1989년 2월3일발행)만 나와있다.

특히 제1권에는 북한지역 유적·유물외에 한국의 서울岩寺洞 부산東三洞 공주石壯里구석기유적과 중국小珠山유적(遼寧省長海縣廣鹿島)도 함께 싣고 있어 주목을 끌고 있다. 金교수는 일본현지에서 우여곡절끝에 이 책을 입수했다고 밝히고 남·북고고학계의 상호이해의 계기가 되기를 희망했다.

「역포인」으로 명명된 구석기인은 평양시 力浦구역 大峴洞 선사유적에서 수습된 인골이다. 7~8세가량의 어린이유골로 앞머리뼈 [illegible] 오른쪽옆머리뼈가 나왔으며 원시인의 특징이 뚜렷하다. 앞머리뼈의 경사가 느리고 뒷마루가 대단히 넓은것등 원시인의 특징을 그대로 보여주고 있다. 특히 두눈의 눈두덩이 뚜렷하게 드러져 인간의 진화상태를 파악하는데 중요 단서를 제공하는 선사인으로 보고있다.

우리 고고학계에도 잘 알려진 「승리산인」은 현재의 韓民族과 가장 많이 닮은 특징을 갖고 있다. 승리산인의 아래턱뼈는 동일시기의 구석기인들보다 크고 튀어 넓은 편이다. 이것은 앞턱뼈가 넓은 한국인의 특징을 나타낸 것으로 보여지고 있다.

「승리산인」은 평안남도 德川 구석기유적에서 출토됐으며 35세안팎의 남자로 추정하고 있다. 이 유적은 고대·현대인의 화석이 동시발견되었고 어금니 어깨뼈 아래턱뼈가 수습돼 원형복원에 기초가 되었다. 이곳에서 발굴된 인골의 신체구조는 만달인보다 훨씬 발전하였음을 보여주고 있다.

「승리산인」의 아래턱뼈는 발달정도로 보아 언어사용을 통해 의사표시를 해왔음을 알 수 있고 두개골 용량으로 미루어 萬達人보다 훨씬 앞섰음을 입증하고 있다.

인류는 진화과정을 통해 두개골은 커지고 얼굴부분은 작아지는게 특징이다. 「승리산인」은 아래턱뼈에 현대인모습을 지니면서도 고대인의 원시적 특징을 함께 갖추고 있어 진화과정의 현대인임을 알 수 있게 된다.

2만년전의 후기구석기인으로 추정되는 「만달인」은 평양시 勝湖구역 萬達里에서 나온 유골로 25~30세 정도의 남자로 보고 있다. 발굴당시 머리뼈 아래턱뼈 팔다리뼈 넓적다리뼈 등이 함께 출토됐었다.

「만달인」은 長頭形에다 앞머리에 화살통기가 있고 눈두덩이 두터운게 특징. 머리가 높고 이마가 상대적으로 곧게 서있어 현대한국인유형에 포함시키고 있다.

국내에서는 83년 송[illegible] 북泗原 홍수굴에서 전기구석기시대(약 4만년전추정)의 남자어린이 유골을 발굴, 복원한 적이 있으나 북한고대인은 아직껏 알려지지 않아 학계가 궁금해 왔었다.

따라서 이번의 북한 「유물도감」발간확인은 남·북한 고고학계교류 필요성을 한층 절박히 해주며 교착상태에 빠진 남북관계가 안타깝다는게 학계의견이다. 궁벽상태에 가까운 우리의 고대사분야가 남·북고고학자 교류를 통해 메워진다면 민족의 동질성회복에도 크게 기여하리라는 기대다.

(李[illegible]기자)

◇力浦人. 7~8세가량의 어린이로 앞머리뼈의 경사가 느리고 콧마루가 넓다.

◇勝利山人. 35세안팎의 남자로 萬達人보다 훨씬 지혜가 발달했으며 언어를 사용.

◇萬達人. 20~30세정도의 남자. 長頭形의 머리로 현대 한국인의 유형. (杜[illegible]기자)

◇金敏洙교수

디(Grimaldi) 人型이 黑色人種(Negroid), 크로마뇽(Cro-magnon) 人型이 白色人種(Caucasoid)의 경향이다. 이 경향은 지역의 분리와 시간의 경과로 점차 고정되어 갔지만, 蒙古人種의 발생무대는 아시아대륙의 森林地帶였다고 추정되고 있다.

2.2) 言語의 人種的 分類 (Finck, 1909)

1) 코카시아人種(kaukasischen Rasse)의 言語: 印歐語族 등 5종.

2) 蒙古人種(mongolischen Rasse)의 言語: 濠洲語族 등 5종.

3) 美洲人種(amerikanischen Rasse)의 言語: 아사바스카語族 등 58종.

4) 에티오피아人種(äthiopischen Rasse)의 言語: 古아프리카語族 등 5종.

2.3) 蒙古人種의 言語

1) 濠洲語族(austrisch), 2) 印支語族(indo-chinesch), 3) 우랄알타이語族(ural-altaisch), 4) 極北語族(arktisch), 5) 수메리아語族(sumerisch)

이 분류는 人種이 각기 言語가 같았었다는 증명은 없으나, 그 성격은 系統的 分類의 上位分類를 시도한 것이다. 新人類의 人種分化가 거의 진행된 洪積世 말기 4~5만년 전의 상태를 가상하면, 각 人種의 言語가 같았으리라는 추측은 가능할 것이다. 이런 가능성에 근거하여 착안한 것이 國語의 系統에 대한 韓漢同系說과 韓美同系說로 나타났다. 옛 그 시기에 黃河流域에서 같은 蒙古人種이 사용하던 같은 言語에서 部族의 이동에 따라 분화되어 오늘과 같이 변화했을 것이라고 보는 가설이다.

韓漢同系說과 韓美同系說 이러한 견해는 1800년대 英國의 외교관, 선교사가 토로한 관심에 불과하다. 漢語와 國語 및 日本語는 지리적 분리로 멀어진 同系語 라틴語와 英語 및 露語와의 관계와 같다고 하여 외교관을 지낸 中國學者 파커는 韓漢同系說을 피력했다(Parker,

1886, 1893). 이것은 言語의 系統이 같다기보다 東洋의 라틴語와 같은 漢文의 위치를 밝히고, 차용된 漢字語를 규명하기보다 피차의 유사성을 주장한 것에 불과하다고 하겠다. 즉, 학설로서 문제삼을 대상은 아니라고 생각된다.

한편, 英國의 선교사이며 中國學者인 에드킨즈는 國語와 北美土語에서 文法과 單語의 유사점을 들고, 이것은 美洲土人이 아시아에서 베링해협을 거쳐 이동해 온 까닭이라고 했다(Edkins, 1896). 북부에 산재한 北美土語(Cree, Chipewyan, Dakota)와의 유사성은 1만년 전에 이동한 北東亞 蒙古人種의 言語에서 각각 분화했음을 뜻하는 것이다. 약 3만년 전에 사냥감을 따라 시베리아로 알라스카로 이동한 만큼, 美洲土人의 조상은 캐나다의 氷原이 열린 2만4천년 전에 남하한 古아시아族이겠기 때문이다.

이 사실이 人類學에서 입증되었어도, 言語學에서는 親族語 사이의 比較方法에 의하여 同系語임이 실증되어야 하기 때문에, 이 韓美同系說도 설 자리가 없다. 이에 비하면, 3천여년 전의 甲骨文字를 자료로 한 韓殷同系說은 부분적이라도 실증을 제시하고 있다. 夏나라에 이어서 6(기원전 18~12)세기 동안 존속한 殷(商)나라는 靑銅器와 甲骨文字로 유명한데, 東夷族이라는 설이 지배적인 殷의 言語에서 國語가 분화했다는 주장이다. 上古漢語를 殷語라고 하여 비교한 예를 약간 보이면 다음과 같다.

3.1) 單語族 形成(辛容泰, 1985)

1) t-V-p 系 (基本義 덮어 쌓다)

殷語: 襲 diap, 十 dhiap, 疊 dap, 習 diap, 踏 dap, 執 tiap

국어: 襲>덮, 習>덥>접, 執>잡/집

日語: 踏 > tabi (度, 旅), 疊 > taba (束) / 국어 다발

2) k(g, ɦ)-V-r 系 (基本義 回轉, 円形(体), 球形(体))

殷語: 回 ɦuər, 口 ɦiuər, 歸 kiuər, 圜 ɦiuər

국어: 回 > 구울 / 굴(窟) / 굴(木), 口 > 울 / 우리(檻)

日語: 回 > kuru (繰) / kuruma (車) / kuru-kuru (回轉)

3) k(g, ɦ)-V-m (基本義 감싸다, 속에 넣어 막다)

殷語: 今 kiəm, 含 ɦəm, 飮 iəm, 陰 iəm, 禁 giəm, 緘 kiəm

국어: 黔 > 검다(黑) / 곰(熊) / 구름(雲), 含 > 머금

日語: 含 > hu-kumu, 黔 > kami (神) / kuma (熊) / kumo (雲)

3. 2) 上古漢語의 變遷과 分化 (李賢熙, 1984)

1) 風 pljəm > pjuŋ > foŋ > fəŋ　風 pljəm > 바람 / 붊다

2) 綠 bljuk > ljok > lju > lü　綠 bljuk > 푸르다

3) 甲 kăp > kăp > kia > tšja　甲 kăp > 거풀 / 껍질

이런 音韻対応은 甲骨文字가 당초 殷商 이전부터 東北亜일대에 산재했던 古아시아語를 표현한 것이기 때문이라고 하고, 言語의 격차가 큰 것은 殷商族이 周에 패망한 뒤에 동북방으로 패주하여 오래 격리된 까닭일 것이라고 추측했다. 그러나, 原甲骨文語가 古아시아語라고 하니까, 国語가 古아시아語의 계통임을 증명해야 하는 난관이 큰 장벽이다. 또, 殷商語와 국어의 比較에서도 장애가 되는 借用語를 구분하고 체계적인 親族関係가 성립되기 위해서는 중요한 対応規則을 발견하지 않으면 안된다.

古아시아語와 南方說 — 위에서 언급한 古아시아語(Paleo-Asiatic)는 東北亜에 다수가 널리 분포되었던 가장 오랜 蒙古人種 후손의 言語 즉 新아시아族인 알타이族과 우랄族의 言語보다도 오랜 東北亜에서

가장 오랜 言語라는 뜻이다. 그러면, 지혜의 발달로 인구가 증가하자 추위를 극복한 그들은 사냥할 식량을 좇아 약 3만년 전에 東北方 삼림지대로 이동했겠지만, 그 명칭은 신세력에 쫓겨 동화하거나 대륙 변방으로 몰려났다는 뜻에서 점령해 온 新아시아族의 言語 新아시아語와 상대적 개념이다.

어쨌던, 舊石器時代 말기에 東北亞에서 그러한 교체가 있었다면, 사람을 따라가는 言語도 큰 변화를 가져왔을 것이다. 실제로 북동방으로 이동한 각종 古아시아語와 美洲까지 진출한 美洲土語가 있는 만큼, 東北亞에 산재했던 古아시아語가 흡수된 속에서도 어느 정도의 底層語(sub-strata)로 잔존했을 가능성이 있을 것이다. 이런 시각에서, 국어와 아이누(Ainu)語와의 친근성을 논하고(Zenker, 1926), 길랴크(Gilyak)語와의 同系說이 제기되었다. 길랴크語와 대조한 古亞同系說을 예로 들면 다음과 같다.

3.3) 古亞同系說(姜吉云, 1988. 182~, 190~, 240~)

1) 音韻対応 Kor—Gily: kal(刀)—xal, k'wəy(꿩)—haŋ, (k:x, k':h), pɛ(舟)—mu, paji(바지)—waš/vaš, (p:m, p:w/v), kərum(거름)—kelma, yəsk-(編)—yot-, (ə:e, ə:o), 母音調和 등.

2) 語彙対応: kasʌm(胸)—yašif, kahi(犬)—ŋaiak, t'ər(毛)—rtup, čʌ-(차다)—čar-, pam(夜)—parif, pahö(岩)—pax, či([illegible])—či, hyə(舌)—hilx, əmi(母)—imik, čumge(樽)—čumgi 등.

3) 文法対応: -ka/-i(主格)—-ŋa, -nʌn/-ʌn(提示格)—-an/-ŋan, -ta/-ra(敍述形)—-ta/-ra, -ka/-ko(疑問形)—-ŋa/-ŋu, -ra/-a(命令形)—-ra/-ya, 語順 SOV, 形容詞 活用, 助詞, 関係代名詞 등.

한편, 印度 데칸반도의 드라비다語(Dravidian)가 文法上 국어와 유사하다고 하고(Dallet, 1874), 이어 그 공통성을 열거한 드라비다語系統說이 제시되었다(Hulbert, 1895, 1906). 드라비다의 곤디(Gondi)族 일파가 바다를 건너와서 三韓族의 조상이 되고, 그 言語가 전국으로 퍼졌다는 것이다. 이 주장을 남방에서 왔다는 뜻에서 南方起源說이라고도 한다. 三韓의 于韓인 駕洛國의 왕비가 印度 동북부 阿踰陀國(Ayuthya)의 공주였다고도 하지만, 그러한 부분적 比較文法으로는 드라비다語와 同系라고 보기는 어렵다.

그러면, 그러한 유사점은 과연 어디에서 유래한 것일까? 그것은 드라비다語가 선주민의 언어에 끼친 上層語(super-strata)였기 때문이라는 견해가 최근에 나왔는데(姜吉云, 1988. 761), 이 주장은 영향을 끼쳤다는 점에서 南方說의 반론이다. 그러나, 이미 언급한 古아시아語가 新아시아語에 밀려 주위로 이동했다는 점에서 드라비다語가 일찍 갈린 古아시아語의 分派였기 때문이라고 상정키 어렵지 않다. 그러면, 蒙古人種인 드라비다族의 言語가 孤立語 즉 系統不明으로 처리되는 이유도 설득력을 갖는다.

1.1.1 新아시아族의 言語

北方說의 原点 19세기에 국어에 접한 歐美의 학자는 일찍이 그들에게 잘 알려진 言語와의 유사성에 주목하기 시작했다. 볼가(Волга 강 유역의 타타르(Tatar)語와 국어가 흡사하다고 제기하자(Rosny, 1864 국어는 타타르語에서 너무 멀어졌다고 하는가 하면(Edkins, 1871), 유사점을 들어 국어의 타타르語系統說을 주장하며 文法上 드라비다語와 흡사하다고 했다(Dallet, 1874). 또한, 국어는 우랄알타이語系에 속한다 하고(Winkler, 1884), 滿語, 蒙古語 등과 姉妹語라고 하여(Edkins, 1887) 북방과 관련을 지었다.

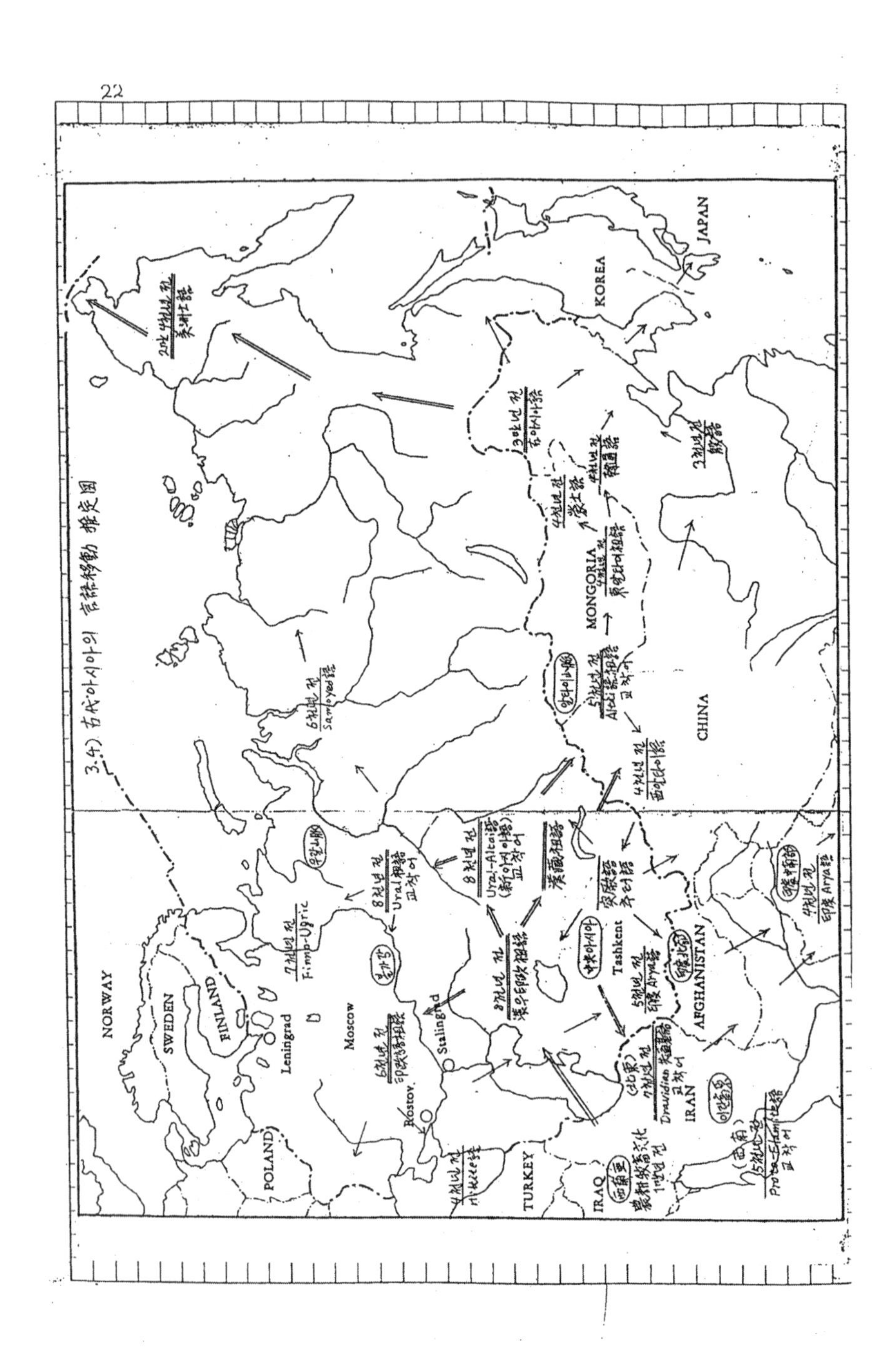
22
3.4) 古代아시아의 言語移動 推定図
NORWAY
SWEDEN
FINLAND
POLAND
Leningrad
Moscow
Stalingrad
Rostov
TURKEY
IRAQ
IRAN
AFGHANISTAN
Tashkent
MONGORIA
CHINA
KOREA
JAPAN
Samoyed語
Finno-Ugric
Ural祖語
Ural-Altai語
Dravidian
Arya語
Proto-Elamite語

이들 견해는 松花江 상류에서 韓半島로 남하하여 원주민을 정복하고 동화했다는 주장(Scott, 1891)으로 설명된다고 하겠으나, 특이한 것은 중앙아시아의 共通祖語에서 漢語, 타타르語, 印歐語와 함께 국어가 분화했다는 의견이다. 이것은 즉 8천년 전에 중앙아시아에 있던 祖語에서 6천년 전에 印歐語가 분화했다는 歐亞語族을 가정하는 관점이다(Edkins, 1895). 알타이祖語가 중앙아시아서 알타이산맥 남단으로 이동했다는 견해와 상통하며. 이런 시각에서 드라비다語의 유래도 추측해 볼 수 있을 것이다.

이상의 주장은 다 국어가 북쪽 대륙에서 왔다고 보았다는 뜻에서 北方起源說 혹은 大陸起源說로 묶인다. 北方說은 南方說과 상대적인 개념이다. 특히 北方說은 다양하게 보이나, 그 시각은 은연히 알타이語族을 가정한 것으로 생각된다. 거론한 타타르語가 알타이語族에서 突厥語派에 속하고, 우랄알타이語族에 속한다는 것은 그 알타이語派의 일파라는 뜻으로 해석되는 것과 같다. 이런 시각은 주로 種族의 이동에 주안점을 둔 것이며, 言語學의 차원에서 필요한 실증이 없었다는 점에 문제가 있다.

그러면, 원칙적으로 種族의 이동이 言語의 分化를 가져오는 것은 분명하나, 그러한 이동은 왜 일어났던가를 새겨 볼 필요가 있다. 위에서 언급했지만, 種族의 이동은 인구의 증가에 따라 식량을 구해야 하는 경제적 이유에 있었다. 그런데, 사냥감의 서식처나 이동할 거주지가 너무 한랭하거나 거조해서는 안되기 때문에, 절실한 원인은 철새처럼 기후와 관련된 환경적 이유에 있었다. 이러한 이유로 그처럼 광범한 이동을 했고, 환경의 오랜 영향은 種族의 体質도 변화를 가져왔다. 즉, 경제적 이유나 환경적 이유로 이동했으나, 환경은 이동방향의 지표로 작용했다.

新아시아語의 假說 이미 언급한 古아시아語는 가장 오래된 東北亞 한 種族의 言語라는 뜻이다. 당초에는 많은 인구가 넓은 지역에 걸쳐 있었으나, 새로운 種族의 세력에 밀려 변방으로 이동했다고 짐작된다. 이에 입각하면, 새로 이동해 왔다는 뜻에서 古아시아語와 상대적인 新아시아語(Neo-Asiatic)를 가정할 수 있다. 더 멀리 생각하면, 이들은 같은 蒙古人種의 言語이기 때문에 하나에서 갈라졌을 것이라는 추측이 가능하나, 그 사실을 증명할 자료가 없기 때문에 다만 추정이라고 해야 한다.

古아시아語는 그 일대의 民族調査에서 新아시아語에 속하지 않는 言語를 포괄해서 붙인 명칭이다. 즉, 이들 言語의 지리적 분류이며, 한 語族이라고 본 것은 아니다. 분포된 그 지역을 보고 極北語(Arctic, Hyperborean) 혹은 古시베리아語(Paleo-Siberian)라고도 하며, 이에 포괄시킬 言語에 대한 견해도 엇갈리고 있다. 특히 주장이 엇갈리는 아이누語는 국어나 日本語와의 사이에 類似度의 척도가 되는 基礎語彙의 통계에서 높은 수치를 나타내고 表現法에서도 이들 사이의 유사를 현저하게 보였다.

4.1) 古아시아(諸)語

1) 예니세이語(Yenisei), 케트語(Ket, Yenisei-Ostyak), 2) 길랴크語(Gilyak, нивх), 3) 유카기르語(Yukagir), 4) 이텔멘(Itelmen), 코랴크語(Koryak), 츄쿠치語(Chukuchee), 아이누語, 5) 에스키모語(Eskimo), 6) 아류트語(Aleut)

4.2) 우랄語族(Uralic languages)

1) 핀우그르語派(Finno-Ugric): 핀란드語(Finnish), 칼렐리아語(Karelian, Карелы), 베프스語(Veps), 이조르語(Izhorian), 보트語(Vote), 에스토니아語(Es

tonian), 리브語(Livonian), 사미語(Saami, Lapp), 모르드빈語(Mordvin), 마리語(Mari), 코미語(Komi), 우드무르트語(Udmurt), 칸티語(Khaty), 만시語(Mansi), 헝가리語(Hungarian)

2) 사모예드語派(Samoyedic): 네네쓰語(Nenets, Yurak S.), 에네쓰語(Enets, Yenisei S.), 가나산語(Nganasan, Tavgi S.), 셀쿱語(Selkup, Ostyak S.).

4. 3) 알타이(諸)語(Altaic Languages)

1) 突厥(諸)語(Turkic): 야쿠트語(Yakut), 투바語(Tuva), 카카스語(Khakas), 서유구語(Yellow Uighur, 西部裕固語), 카라임語(Karim), 타타르語(Tatar), 카자크語(Kazakh, 哈薩克語), 키르기즈語(Kirgiz), 알타이語(Altai), 우즈벡語(Uzbek), 新위구르語(New-Uighur, 維吾爾語), 살라르語(Salar, 撒拉語), 터크멘語(Turkmen), 터키語(Turkish), 아제르바이잔語(Azerbaydzhan), 추바시語(Chuvashi)

2) 蒙古(諸)語(Mongolian): 칼무크語(Kalmuck, Kalmyk), 오일라트語(Oilat, 衛拉特語), 부르야트語(Buryat, 布利亞特語), 몽골語(Mongolian, 蒙古語), 다구르語(Dagur, 達斡爾語), 샤라유구르語(Shera-yögur, 東部裕固語, 西拉裕語), 몬구오르語(Monguor, 土族語), 바오안語(Baoan, 保安語), 산타語(Santa, 東鄉語), 모골語(Mog(h)ol)

3) 퉁구스(諸)語(Tungus): 에벤키語(Evenki, 鄂溫克語 ← 雅庫特 Yakut, 通古斯, 索倫), 에벤語(Even, Lamut), 솔론語(Solon, 索倫語 → 鄂溫克語), 네기달語(Negidal), 우데헤語(Udehe, Udegei, 鄂倫春語(Orochon) ← Birar, Manegir), 오로치語(Orochi), 나나이語(Nanai, Goldi, 赫哲語), 올차語(Olcha, Ulchi), 우일타語(Uilta, Orok), 滿語, 錫伯語(Sibe, Xibo)

이 분류는 근래의 경향을 정리해 본 것이나, 이들의 관계는 단순치 않다. 즉, 古아시아語에 속한다는 길랴크語나 유카기르語가 孤立語

라 혹은 유카기르語나 츄쿠치語는 우랄語族과 혹은 에스키모아류트語族과 同系語라는 이론이다. 심지어 츄쿠치語는 西歐의 바스크語(Basque), 南露의 카프카즈語(Кавказские языки), 中國의 티베트語(Tibetan, 藏語) 등과의 語彙對應, 구조적 유사가 지적되고, 케트語는 語彙上 타타르語나 漢藏語, 印支語, 西南亞의 수메리아語, 印歐系 히타이트語(Hittite) 등과의 類似도 제기되었다.

이러한 산발적 유사나 유형적 유사는 지리적 관계에도 있겠으나, 더 넓은 시야에서 보면 이른 시기의 分化와 같은 역사적 관계에 기인했다고 할 것이다. 위의 言語分類에서 유사성이 혼란하지만, 新아시아語는 이러한 역사적 관점에서 가정해 본 것이다. 그러면, 언제인가 新·古아시아語로 갈라진 新아시아語는 다시 우랄諸語와 알타이諸語로 갈라졌다고 추정될 것이다. 이들은 지리적 근접에 의한 영향을 받으며 각기 분화하여 오늘에 이르렀겠는데, 문제는 그런 分化系統이 증명되지 않은 점이다.

우랄알타이語의 假說 이 지구상에는 계통이 밝혀지지 않은 孤立語가 적지 않다. 西歐에 걸쳐 산재한 바스크族은 印歐族 침입 이전의 원주민으로서 선진문화를 산출해낸 新人類 크로마뇽(Cro-Magnon)人의 직계라는 견해도 있다. 이러한 3~4만년 전의 바스크語가 3만년 전에 北東으로 이동했다는 古아시아語와 유사하다면, 이 類似는 新人類 言語의 잔해일지도 모른다. 좌우간, 이들이 膠着語의 성격이며 語順이 공통된다는 점에서 古아시아語와 新아시아語가 갈라졌으리라는 추정은 가능할 것이다.

人類學에서는 3~4만년 전의 新人類 北京上洞人이 갖고 있는 특징을 지적했는데, 그 중에서 산스라이드化石型의 특징, 西歐群에 속한다는 현존 아이누族과의 관계와 같은 것은 이미 언급한 種族移動과 관련하여 무엇인가를 시사하는 느낌이다. 이런 시사를 멋대로 해석한다면, 北京上洞人의 言語가 新旧아시아語로 갈라섰다고 가정하고 싶다. 이것은 기존의 견해와 어긋나나, 新아시아語는 이런 전제 아래 다시 갈라질 조짐을 예상하는 시각에서 共通祖語를 가졌던 우랄알타이語族이라고 해석될 것이다.

금세기 초기만 해도 우랄알타이語族說은 印歐語族과 대비하여 유행하는 경향이었다. 이 가설은 물론 우랄語와 알타이語가 하나의 祖語에서 분화되었다는 전제를 한 것이었다. 그러나, 구조상의 유사를 근거로 하던 同系語의 증명이 言語 사이의 엄밀한 對應規則을 요구하게 되자, 이 가설은 지나간 추측으로 망각되기 시작했다. 어쨌든, 이 同系說의 대전제는 먼저 알타이諸語 사이에서 증명된 同系關係이며, 이러한 토대 위에 두 語派의 분파가 성립되어야 하는데, 그 어느것도 충분한 것이 없었다.

토대가 되는 알타이語族說이 아직도 충분히 증명되지 않은 마당에, 상위의 가설이 성립되지 않을 것은 말할 나위도 없다. 그런데, 국어가 우랄알타이語族에 속한다든가 알타이語族에 속한다든가 해서 표현은 달라도, 그 뜻하는 바는 거의 같다. 우랄알타이語族에 속한다는 말은 결국 그 알타이語派에 속한다는 뜻이 되기 때문이다. 다만, 국어가 알타이語派 분화 이전에 갈라졌다고 한다면, 다른 뜻의 우랄알타이語族說이 될 것이다. 혹은 훨씬 오랜 고대의 古亞同系說을 뜻하는 경우도 있을 것이다.

1.1.2 알타이族의 言語

種族과 言語分化 중앙아시아에서 8천년 전에 동쪽으로 이동한 우랄알타이族은 8천년 전에 북쪽으로 이동한 우랄族과 5천년 전에 동쪽으로 이동한 알타이族으로 분화했다는 견해가 있다. 또한, 알타이族은 原鄕인 알타이山脈 남단에서 4천년 전에 동서로 이동하고, 다시 西알타이族은 추바시族과 터키族으로, 東알타이族은 蒙古族과 퉁구스族으로 각기 갈렸다는 것이다. 알타이族의 故地는 그보다 동쪽 興安嶺 혹은 松花江 상류라고도 하여 엇갈리지만, 이동한 연대는 신빙성이 거의 없어 보인다.

우랄族의 경우는 8천년 전의 故地였던 우랄山脈 북동단에서 6천년 전에 핀우그르族과 사모예드族으로 양분되었다고 하며, 그 두 종족의 言語가 우랄祖語에서 분화되었다는 실증이 比較言語学의 방법에 의하여 1950년대에 성공을 거두었다. 그 핀우그르語는 다시 5천년 전에 핀페름語(Finno-Permic)와 우그르語로, 핀페름語는 2천년 전에 핀볼가語(Finno-Volgaic)와 페름語의 分化로 밝혀졌다. 이에 대하여, 親族性이 소원한 알타이諸語가 이보다 늦은 연대로 추정되는 것은 수긍시키기 어려운 일이다.

한편, 알타이語의 계통이라는 전제 아래 言語年代学의 방법에 따라(Swadesh, 1955: 130) 추정한 分化年代로는 滿語와 日本語 9천년, 滿語와 韓国語 8천년, 韓国語와 日本語 6,7천년 전으로 보고되었다(服部, 1956). 韓国語와 日本語의 분화는 다시 4천년 전으로 추정해서(服部, 1957) 논란이 일어났지만, 앞의 계산은 그 言語가 알타이語 이전에 분화되었다고 하거나 알타이語 자체의 성립연대가 더 소급해야 한다고 암시하고 있다. 여기에서 하나 유의할 것은 연대가 다 中石器時代 이후라는 것이다.

言語年代学(glottochronology)은 두 言語 사이에서 2백개의 基礎語彙를 비교하여 일정한 共通殘存率을 기준으로 分化年代를 추정하는데, 그 방법으로 보아 語彙統計学(lexical statistics)이라고도 한다. 그 추정이

긴요한 방안이나, 걸림돌은 역시 借用語의 식별이다. 실제로 同系로 인한 유사와 借用에 의한 유사를 분명히 선별하기는 어려우며, 기록도 없이 사라진 死語의 영향이 있었다면, 그것을 밝히기는 거의 불가능하다. 그래서, 先史의 관계를 밝히는 것은 言語系統에서 가장 난제 중의 난제인 것이다.

알타이語의 假說 종전의 우랄알타이語族說은 하나의 語族으로 묶일 親族關係가 문제였다. 이에 대하여, 알타이祖語의 音韻対応을 근거로 한 최초의 알타이語族說이 대두하게 되었다(Ramstedt, 1916). 이 견해는 共通알타이語에서 먼저 蒙突單一語와 滿通單一語로 분화하고, 蒙突單一語가 다시 原蒙古語와 原突厥語로 갈렸다는 가설이다. 이와 유사한 견해가 지속되다가(Владимирцов, 1929) 한 전환을 가져온 것은 이른바 람스테드法則의 발견이다. 이것은 同系語임을 音韻対応의 측면에서 밝힌 한 자취이다.

그 전환이라는 것은 이러한 람스테드法則에 의거하여 共通알타이語가 滿通語, 蒙古語, 突厥語, 韓國語로 갈렸다는 4語族說이다(Ramstedt, 1957). 그러나, 이러한 音韻対応規則에도 견해의 차이는 가시지 않았다. 즉, 알타이單一語에서 먼저 原韓語가 분리되고, 남은 單一語가 다시 突厥單一語와 蒙滿單一語로 나뉘었다(Poppe, 1960), 혹은 原알타이語에서 原西, 原東알타이語로 양분된 후, 原東알타이語가 原蒙古語와 原通韓日語로, 原通韓日語가 다시 原퉁구스語와 原韓日語로 갈라졌다(Miller, 1971)고 주장하기도 했다.

5. 1) 알타이單一語說(Poppe, 1960. 1~8, 1965. 147) ※8.1) 참조.

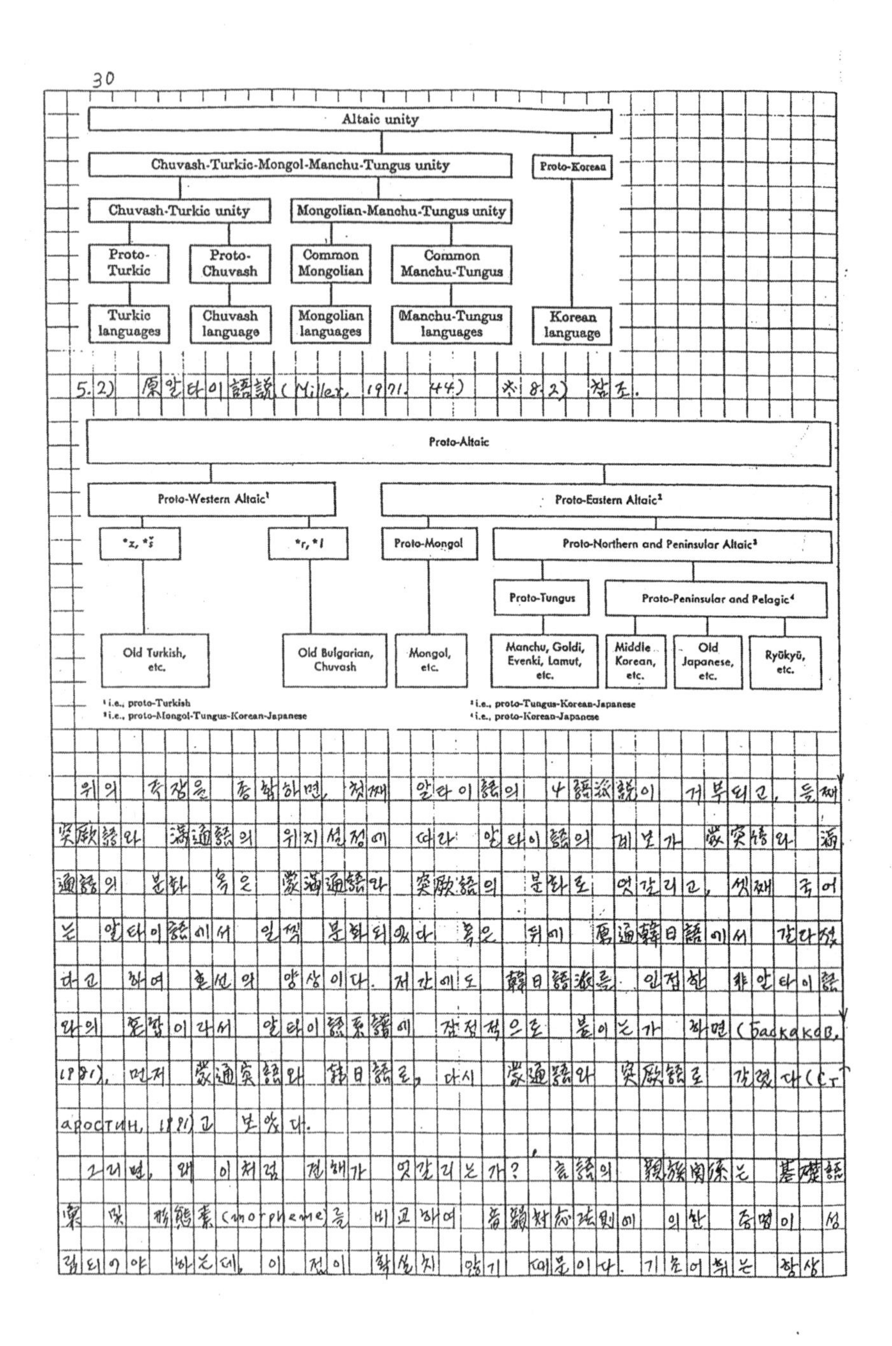

위의 주장을 종합하면, 첫째 알타이語의 4語族說이 거부되고, 둘째 突厥語와 滿通語의 위치 설정에 따라 알타이語의 계보가 蒙突語와 滿通語의 분화 혹은 蒙滿通語와 突厥語의 분화로 엇갈리고, 셋째 국어는 알타이語에서 일찍 분화되었다 혹은 뒤에 原通韓日語에서 갈라졌다고 하여 혼선의 양상이다. 저간에도 韓日語派를 인접한 非알타이語와의 혼합이라서 알타이語系譜에 잠정적으로 붙이는가 하면(Баскаков, 1981), 먼저 蒙通突語와 韓日語로, 다시 蒙通語와 突厥語로 갈렸다(Старостин, 1991)고 보았다.

그러면, 왜 이처럼 견해가 엇갈리는가? 言語의 親族關係는 基礎語彙 및 形態素(morpheme)를 비교하여 音韻對應法則에 의한 증명이 성립되어야 하는데, 이 점이 확실치 않기 때문이다. 기초어휘는 항상 자주 쓰이는 말이어서 차용하기 어렵고 祖語에서 거의 계승된 殘存語(residual)이며, 분화된 言語 사이에서는 일정한 殘存率을 유지하고 있다. 그래서, 이 방법으로 증명되어야 비로소 한 語族이라고 하고, 語族에 속한다는 것은 同系語로 입증되었다는 뜻이다. 알타이語의 문제는 바로 이 점에 있다.

韓日同系說의 假說 위에서 알타이語와 관련하여 언급했지만, 韓日同系說은 이미 音韻対応에 근거한 제안이 적지 않고(Aston, 1879. 白鳥, 1898. 金澤, 1910. 등), 이에 대한 이론도 못지 않다. 日本語에서 보면, 南島語族(Austronesian)이나 漢藏語族 藏緬語派와도 구조상 유사하여, 어느 쪽이 성립의 개연성이 많은가로 쏠린다. 심화된 연구로 중요한 기초어휘의 일치가 발견되어도 기대를 충족시키지 못하는 것은 복잡한 이유가 있겠으나, 하나는 분리된 연대가 너무 오래된 까닭이라고 생각되는 것이다.

借用語가 없는 基礎語彙는 1천년 후에 대략 81%를 보존하고, 두 同系語 사이에서는 81%의 81% 즉 66%가 일치한다고 한다. 言語年代学은 이것을 근거로 연대를 추정하는데, 이에 따른 기초어휘의 保有率은 3천년에 29%, 5천년에 12%, 7천년에 5%, 9천년 후에는 2%에 불과하다(Swadesh, 1952. Lees, 1953). 그 조정한 지역의 영향 기타를 고려하면, 分化年代가 4천년이 지나도 保存率 18%로서 同系語의 증명은 비관적이다. 이 경우 2천년 이전의 고문헌이 없으면, 증명은 불가능하다.

위에서 논의한 同系說이 가설에 머물러 있게 된 사정은 대략 이와 같이 해석되리라고 생각한다. 그래서, 알타이語族說의 문제는 겉으로 보기보다 질정하지 못하는 속사정은 매우 난감하다. 그럼에도 불구하고, 韓日同系說은 개연성이 짙고, 나아가 알타이語族說도 성립의 가능성을 배제하기 어렵다. 알타이語族說은 이미 실증된 우랄語族과 달리 아직 親族關係를 확정할 단계가 아니나, 한층 깊이 검토하여 소급된 音韻對應의 再構形에 있는 內的 發展法則(예: Ablaut)을 실증하면 비관만은 아닐 것이다.

어떤 방법으로 韓日同系說이 증명된다면, 그 성격은 고립된 韓日語族의 성립을 뜻하며, 그보다 상위에서 알타이語와의 계보를 밝혀야 하는 문제가 과제로 남는다. 오늘날 突厥語, 蒙古語, 通古斯語는 각각 성립되나, 구조상 유사한 3자 사이의 관계가 부정적인 상황에서 韓日語와 通古斯語 혹은 알타이語와의 어떤 계보를 논할 수는 없다. 그래서, 편의상 잠정적인 계보로 간주하는 실정이나, 기어코 이들이 근접한 지역에서 주고 받았을 借用關係를 구분하여 比較言語學의 요구가 충족되기 바랄 뿐이다.

1.1.3 古朝鮮族의 言語

古朝鮮과 種族 국어의 발생이나 형성을 밝히기는 매우 어렵고, 그 언어를 사용한 種族을 규명하는 것도 이에 못지 않게 어렵다. 그러나, 종족의 분포나 이동에 관해서는 人類學이나 考古學에 의해 어느 정도 확신을 갖게 된다. 古朝鮮族은 대체로 중앙아시아에서 이동해 온 종족의 한 부족이라는 견해가 유력하나, 이에 대한 반론도 있다. 반론은 발굴된 人骨化石, 평양의 力浦人과 平安의 德川人이 古人類이며, 德川의 勝利山人과 평양의 萬達人은 新人類이기 때문인 것이다(장우진 1989)(16면).

우선 古朝鮮族의 조상문제는 4~5만년 전에 중앙아시아에서 黑龍江 유역으로 확산된 新人의 旧石器文化, 3만5천년 전부터 1만년 전에 동과 남으로 전파된 南시베리아 新人의 旧石器 등 地理學의 관점을 고려해야 한다. 또, 1만년 전 中石器時代에 黑龍江 유역일대의 初期石器가 역시 북과 동남으로 전파된 地理学의 시각을 아울러 생각하면, 韓半島의 古文化는 파상적으로 변화한 것이 된다. 그러면, 力浦人이나 勝利山人이 조상이라도 반드시 변화한 부족이 아니라는 증거는 찾기 어려울 것이다.

言語를 창조한 人類가 原人이 아닌 古人이라고 하더라도 勝利山人층 新人 단계의 言語가 古朝鮮族에게 계승되었다(유 렬, 1990. (4))는 증거는 없다. 어쨌든, 新石器時代 중기에 어로생활을 하던 有文土器人 濊族과 농경생활을 하던 無文土器人 貊族은 中国 岐周(陝西省 岐山) 서부에서 韓城으로, 다시 河北省 固安 부근에 이르러 山東과 遼東 및 韓半島로 양분되었다고 보며(金庠基, 1948, 1954), 無文土器人 三韓族은 遼東에서 이동했다고 보는 경향이다(千寬宇, 1975). 이들이 즉 광의의 古朝鮮族이다.

6. 1) 東北亞의 種族과 文化

沖積世(完新世) 1만년~현재

1) 中石器時代	1만년~	(石刃, 礫石器)	수렵, 어로	① 自然採食	
2) 新石器時代	6천년~	(시베리아 節文土器, 滿洲 無文土器)		② 農畜生産	支石
前 期	6천년~	滿洲式 土器	수렵, 어로	수렵생활	
中 期(濊)	5천년~	櫛文有文土器	水辺 어로	居住생활	岩刻畫
後 期(貊)	3.8천년~	無文土器	丘陵 농경	촌락생활	岩刻畫
3) 青銅器時代	3.3천년~	(BC 13C 北方式, BC 12C 遼寧式)		③ 金屬革命	立石
前 期	3.3천년	遼寧式 銅器	丘陵 농경	部族国家	岩刻畫
後 期	2.3천년	細形銅劍	丘陵 농경	部族国家	文字
4) 鐵器時代	2.3천년~	(BC 6세기 中国 鐵器)			

34

제 1 期 2.3천년~ 鉄製農工具 재배, 농경 聯盟国家 文字使用

제 2 期 2천년~ 鉄製武器 재배, 농경 貴族国家 文字使用

※ 연대는 절대연대이나 지역에 따른 편차가 있다. 위 2.1) 참조.

農畜文化는 1만년 전 발상지 西南亞에서 동방으로 전파되어 왔다.

그러면, 이들 石器人은 어떤 種族이었던가? 우선 新石器人은 다른 나라와 마찬가지로 이 지역의 旧石器人과 직접 혈연이 없다는 견해가 지배적이다. 또한, 新石器時代에는 3단계로 발전했는데, 이것은 문화의 변화만 아니라 새로운 部族의 출현 즉 세 차례 부족이동이 있었다는 견해가 일반적이다. 특히 有文土器人이 퉁구스族이나 알타이族 혹은 古아시아族인지는 아직도 의문이다. 靑銅器에 반영된 有文土器의 文様은 문화적 계승이겠으나, 有文土器의 단절은 즉 정복된 암시로 해석되기 때문이다.

高離族과 三韓族 靑銅器時代에 이미 遼東 大凌河 유역에서 遼河 및 大同江 유역에 가장 선진족이던 古朝鮮, 中国東北 松花江 유역에 夫餘, 鴨綠江 유역에 濊貊, 동해안과 서해안에 眞番, 漢江 이남에 辰国 등이 部族国家를 형성하고 있었다. 中国에서 흔히 東夷라고 하던 이들 古朝鮮族의 국가는 2천6백년 전에 中国에도 알려졌었다. 中国 鉄器의 전래로 시작된 鉄器時代는 당분간 靑銅器時代 후기와 겹쳤지만, 鉄器文化는 부족국가를 聯盟国家로 발전시켜 부족이 통합되는 변화가 크게 일어났다.

이들 국가는 처음에 촌락단위의 협동체에서 시작하여 族長의 권위로 부족집단을 통솔하는 국가로 성장했다. 이 部族国家는 지역단위의 小国으로서 각기 지명이나 인연한 명칭으로 불렀기 때문에, 그 종족의 소속은 좀처럼 알기 어렵다. 또, 이 부족국가는 鉄器에 의한 힘의 축적으로 말미암아 聯盟王国으로 발전했는데, 이 국가도 역시 명칭으로는 종족의 소속을 알기 어렵다. 그래서, 中国史書의 기록을 검토하면, 東夷族의 古朝鮮族은 濊族과 貊族, 거기서 갈린 高離族과 三韓族을 총칭한 말이다.

6. 2) 中国史書의 東夷族

「史記」 朝鮮列伝 (BC102~91)	「漢書」 朝鮮伝 地理志 (58~75)	「三国志」 魏志 東夷伝 (265~97)	「後漢書」 東夷伝 (420~79)	「南斉書」 東夷 (502~49)
1) 古朝鮮族의 高離族(夫餘)				
朝鮮	朝鮮			
	夫餘	① 高離→夫餘	① 夫餘国	
		東夫餘	東夫餘	
	高句麗	② 高句麗	② 高句麗	① 高麗国
眞番	眞番—	東濊	東濊	
	穢貉(貊)	④ 濊	⑤ 濊	
	句驪	小水貊	③ 句驪, 貊	
臨屯	臨屯	③ 東沃沮, 沃沮	④ 東沃沮, 沃沮	
		③ 北沃沮	④ 北沃沮	
2) 古朝鮮族의 三韓族(辰国)				
衆国	辰国	⑤ 韓, 馬韓	⑥ 韓, 馬韓	② 百済国
		⑥ 辰韓	⑥ 辰韓(新羅)	
		⑦ 弁辰, 弁韓	⑥ 弁辰(伽耶)	③ 加羅国

※史書 아래의 숫자는 추정된 편찬연대. ①② 등은 史書 소제목의 순서. ( ) 속은 참고로 덧붙인 사항. 「三国志」 이후 東夷伝에 포함된 肅愼, 挹婁와 倭는 제외. 「三国志」에 인용된 「魏略」의 槀離를 편의상 高離로 바꿔 쓰기로 함.

이 기록이 시사하는 것은 첫째 1세기 이전에 朝鮮을 강력한 상대로 알았는데, 이후에는 여러 부족의 東夷로 더 자세히 알았었다. 둘째, 1세기 전에 소극적이던 漢의 天子와 東夷의 왕이라는 인식이 이후에는 西戎, 南蠻, 北狄에 대한 東夷로 적극화해 갔다. 즉, 착 잘 사는 동쪽의 부족, 君子國으로 우러르다가 四夷와 동류로 천시하는 中華思想으로 바뀌었다. 셋째, 東夷의 개념은 시대에 따라 등장하는 肅愼, 匈奴, 倭 등을 포함시켜, 시초에 古朝鮮族을 지칭하던 개념이 후에 크게 확대되었다.

이러한 漢族의 시각에서 본 시초의 東夷族 즉 古朝鮮族은 부족국가의 생성에 따라 변했으나, 濊族과 貊族, 북방의 高離族과 남방의 三韓族을 포함한 종족으로 보아야 한다. 여기서 밝혀 둘 것은 협의의 東夷族과 광의의 古朝鮮族을 전제로 했으며, 古朝鮮의 명칭은 이후의 朝鮮과 구별하기 위한 것이다. 그러면, 이들이 동족이라는 뜻인데, 과연 이들의 言語나 풍습에 어떤 공통성이 있는가? 이 해답은 史書의 기록을 널리 분석하고 종합한 후에 그 결과를 보고 다시 논해야 한다고 생각한다.

古朝鮮語의 形成 협의의 東夷族은 中國東北 松花江 유역과 遼河 유역에서 韓半島에 걸쳐 독자적인 靑銅器文化를 형성하고 있었다. 산재한 유적의 발굴로 밝혀진 北方系 원류의 이 문화는 中國殷代의 것과 구별된다. 이 東夷文化圈에 부족으로 나뉘어 살았고, 그 배경 속에서 檀君神話와 같은 신화나 전설이 출현했던 것이다. 孔子가 가려고 뜻할 만큼 東夷가 알려진 것을 보면, 東夷는 2천6백년 전에 이미 中國에 잘 알려졌다. 이러한 東夷族이 中國史書에는 과연 어떻게 반영되어 있는가?

6. 3) 中国史書의 高離族에 관한 記録

西晋 陳寿, 「三国志」 魏志東夷伝 (265~297)

1) 其印文言濊王之印, 国有故城, 名濊城, 蓋本濊貊之地而夫餘王其中, 自謂亡人, 抑有似也. 「魏略」曰 旧志又言, 昔北方有槀離之国者, ... (夫餘)
(부여 나라에서 쓴 도장에 예왕, 성을 예성이라고 한다. 「위략」에 밝히기를 옛기록에 북방에 고리라는 나라가 있었다)

2) 東夷旧語以為夫餘別種, 言語諸事, 多與夫餘同, 其性氣衣服有異. (高句驪) (동이에서 하던 옛말에 고구려는 부여의 별종이라고 하나, 고구려는 말과 모든 일이 부여와 대부분 같다) ※「後漢書」高句驪

3) 又有小水貊. 句麗作国, 依大水而居, 西安平県, 北有小水, 南流入海, 句麗別種依小水作国, 因名之為小水貊, 出好弓所謂貊弓也. (高句驪) (고구려의 별종이 소수에 의지해서 나라를 세웠기 때문에 소수맥이라고 한다) ※「後漢書」句驪

4) 其言語与句麗大同時時小異. 漢初燕亡人衛満王朝鮮時, 沃沮皆屬焉. (東沃沮) (동옥저의 말은 구려와 대체로 같고 때때로 조금씩 다르다) ※「後漢書」東沃沮

5) 挹婁. ... 其人形似夫餘, 言語不与夫餘句麗同. (사람의 모양은 부여와 비슷하나, 말은 부여나 구려와 같지 않다) ※「後漢書」挹婁

6) 濊. ... 其耆老旧自謂与句麗同種, 其人性愿慤少嗜欲, 有廉恥, 不請句麗, 言語法俗, 大抵与句麗同, 衣服有異. (그곳 노인이 하는 옛말에 예는 구려와 동족이라고 한다. 말과 법과 풍속이 구려와 대체로 같고, 의복은 다르다) ※「後漢書」濊. 愿 삼갈원, 慤 삼갈각.

6. 4) 中国史書의 三韓族에 관한 記録

西晋 陳寿, 「三国志」 魏志東夷伝 (265~297)

7) 辰韓, ... 其耆老伝世自言, 古之亡人避秦役來適韓国, 馬韓割其東界地

38

與之, 有城柵, 其言語不與馬韓同, 名國爲邦, 弓爲弧, 賊爲寇, 行酒爲行觴, 相呼皆爲徒, 有似秦人, 非但燕齊之名物也. (그 노인이 전하는 말에 진나라에서 피해 온 사람을 동쪽 국경지방에 두었다. 그 언어는 마한과 다르고, 진나라 사람과 비슷하다)

8) 弁辰與辰韓雜居, 亦有城郭衣服居處, 與辰韓同, 言語法俗相似. (변진의 의복과 거처가 진한과 같고, 말과 법과 풍속도 비슷하다)

宋 范曄, 「後漢書」 東夷伝(420~479)

9) 韓, 有三種, 一曰馬韓, 二曰辰韓, 三曰弁辰, …皆古之辰國也. (한나라는 세 종류가 있는데, 다 옛날 진국이다) ※「三国志」 韓

唐 令狐德棻, 「周書」 異域伝(628)

10) 百濟者, …王姓夫餘氏, 号於羅瑕, 民呼爲鞬吉支, 夏言並王也, 妻号於陸, 夏言妃也. (백제는 왕의 성을 부여, 이름을 어라가라고 하고, 백성은 건기지라고 부르는데 왕이라는 중국말이다. 처는 어륙이라고 하는데 비라는 중국말이다)

唐 姚思廉, 「梁書」 諸夷伝(632)

11) 百濟者, 其先東夷, …其人形長, 衣服淨潔, 其国近倭頗有文身者, 今言語服章, 略與高驪同. (백제란 동이가 조상이다. …지금의 언어와 복장은 대략 고구려와 같다)

12) 新羅者, 其先本辰韓種也, …無文字, 刻木爲信, 語言待百濟而後通焉. (중국인과 말하는데 백제사람을 중간에 두어야 통한다. 즉, 신라어와 백제어는 서로 잘 통한다)

당시 東夷族의 言語에 관한 中国의 기록은 3세기에 나타나기 시작했는데, 北方諸語에 관한 서술은 비교적 정확한 편이다. 당시 夫餘語, 濊語, 貊語, 沃沮語 등이 다 高句麗語와 거의 같다고 했다. 이 사실은 이들이 일찍이 북방계 單一語를 형성하고 있었음을 뜻하기 때문에, 이들은 하나의 祖語였던 高離語로 소급한다고 보는 것이다.
한편으로, 弁辰(伽耶)語는 辰韓(新羅)語와 같고, 馬韓(百濟)語는 辰韓語와 같다고 했다. 이 역시 하나의 三韓語로 소급된다. 그러면, 朝鮮과는 아무 관계도 없는가?

~~内国史書의 記録~~

7.1) 高麗 金富軾,「三国史記」(1145)

1) 巻第一 新羅本紀 第一, 国号徐那伐, 先是, 朝鮮遺民, 分居山谷之間為六村. (국명은 서라벌이라고 했다. 일찍이 古朝鮮의 유민이 이곳에 와서 골짜기에 나뉘어 6촌을 이루었다)

2) 巻第二十三 百済本紀 第一, …其世系与高句麗同出扶餘, 故以扶餘為氏. (그 계통이 고구려와 한가지로 부여에서 나왔기 때문에 부여로 성씨를 삼았다)

7.2) 高麗 僧一然,「三国遺事」(1285)

3) 巻第一 紀異第一 北扶餘, 古記云, …天帝降于訖升骨城, …立都稱王, 国号北扶餘, 自稱名解慕漱, 生子名扶婁, 以解為氏焉. (천제가 홀승골성에 내려, 도읍을 정하고 왕이 되어 나라를 북부여라고 했다. 왕은 자칭 해모수라 하며, 아들을 낳아 부루라고 하고 해로 씨를 삼았다)

4) 巻第一 紀異第一 高句麗, …壇君記云, 君与西河河伯之女要親, 有産子, 名曰夫婁, 今按此記, 則解慕漱私河伯之女而後産朱蒙, 壇君記云, 産子名曰夫婁, 夫婁与朱蒙異母兄弟也. (「단군기」에 단군이 하백의 모친과의 사이에 아들을 낳아 부루라 이름지었다고 한다. 이 기사에 해모수가 하백의 딸(柳花)과 통하여 주몽을 낳았다고 한 것은 「단군기」의 부루와 주몽이 배다른 형제라는 말이다)

5) 卷第一 紀異第一 新羅始祖 赫居世王, 辰韓之地古有六村, 一曰閼川楊山村, …按上文, 此六部之祖似皆從天而降. (진한에는 옛날에 여섯 촌이 있었다. 이러한 기사를 보면, 6부의 조상은 모두 하늘에서 내려온 것 같다)

6) 王曆第一, 高麗 第一東明王, 甲申立, 理十九, 姓高, 名朱蒙, 一作鄒蒙, 壇君之子. (첫째 동명왕은 서기전 61년에 일어서서 다스리기 19년이었다. 성은 고, 이름은 주몽 일명 추몽이며, 단군의 아들이다)

우선 新羅의 토착민 六村族이 북방에서 남하했다는 점에서 三韓族은 북방의 古朝鮮族 즉 濊貊族의 분파라고 믿어진다. 하늘에서 내려왔다든가 망한 나라의 유민이라든가 다 남하했음을 뜻한다. 百濟의 조상이 東夷族이란 것도 주목되나, 다만 百濟가 高句麗와 함께 夫餘族이라는 점은 위 (이)에서 보듯 百濟의 지배족을 지칭한 말이다. 한편, 神話의 차원이나, 『壇君記』와 夫餘系 神話가 같다거나 高句麗의 朱蒙이 檀君의 아들이라고 한 것은 古朝鮮族과 高麗族이 동계임을 시사하는 것임이 분명하다.

오랜 시대에 분화된 북방과 남방과의 관계를 간접적으로 입증해 보았는데, 하나의 古朝鮮語가 존재했을 것은 분명하다고 생각한다. 그러나, 그 성립의 시기나 상황에 대해서는 아직 뚜렷한 증거가 있는 것은 아니다. 古朝鮮語의 성립시기에 대해서는 막연히 新石器時代나 8~9천년 전의 中石器時代로 추정된 예가 있으나, 지목할 근거는 아직 없다고 하겠다. 또, 그 성립상황에 대해서도 新아시아語에서 혹은 알타이語에서 분화했을 것이라는 견해 등 의견이 적지 않으나 역시 실증된 것이 없다.

41

第2章 古代国語(BC 2~10세기)

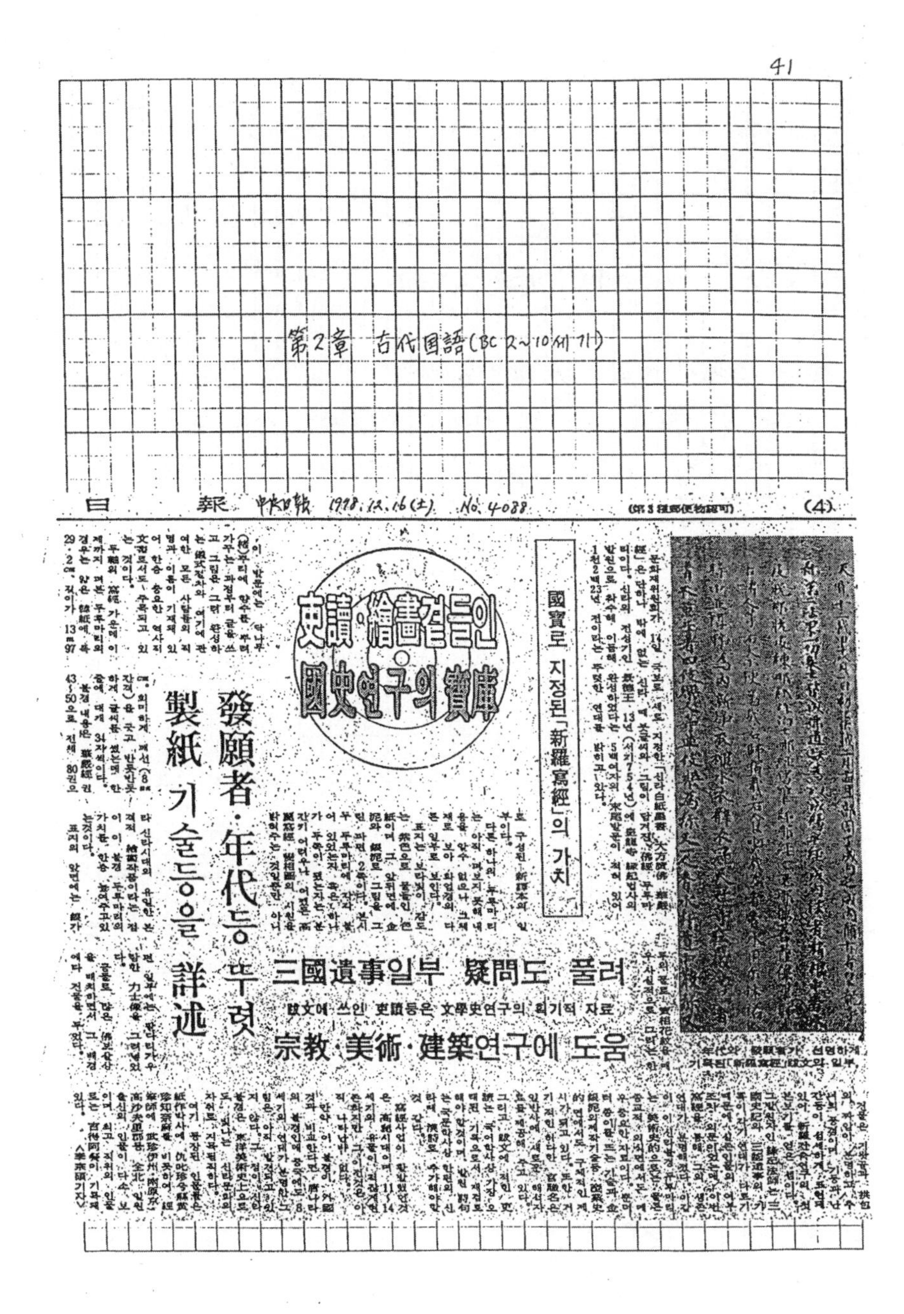

日 報 中央日報 1978.12.16(土) No. 4088 (4)

國寶로 지정된「新羅寫經」의 가치

문화재위원회가 14일 국보로 새로 지정한 「신라白紙墨書 大方廣佛華嚴經」은 단 하나 밖에 없는 신라 때 불경의 그림이 담겨진 佛經 두루마리이다. 신라의 전성기인 景德王 13년(서기754년)에 皇龍寺 緣起법사의 발원으로 착수해 이듬해 완성하였다는 5백여자의 末尾발문이 적혀 있어 1천2백23년 전이라는 뚜렷한 연대를 밝히고 있다.

吏讀·繪畫곁들인 國史연구의 寶庫

發願者·年代등 뚜렷

製紙 기술등을 詳述

三國遺事일부 疑問도 풀려

跋文에 쓰인 吏讀등은 文學史연구의 획기적 자료

宗教·美術·建築연구에 도움

年代와 發願者가 선명하게 기록된「新羅寫經」跋文의 일부

2.0 國語起源과 史前國語

國語의 起源과 形成 광의의 古朝鮮語 형성이 즉 國語의 형성이나, 오늘날 古朝鮮語를 실증할 만큼의 言語資料는 아직 없다. 같은 계통의 部族이라는 사실이 충분한 방증이라고는 하지만, 國語史의 측면에서는 실증되지 않은 가설에 불과하다. 이런 가설 중에서는 알타이語系統說이 우세한데, 言語學에서는 알타이語族說 자체가 아직 가설을 벗어나지 못하고 있다. 이 알타이語系統說은 근래에 다음 예와 같이 발전하여 유력해졌으나, 借用의 문제 때문에 학문적으로 증명된 정설이 된 것은 아니다.

8.1) 알타이語系統說(Poppe. 1965. 197~203) ※5.1), Ev. 등 4.3) 참조.

1) 通(Ev.) dala- (舐) = 蒙 doluγa- < *dalugà- = 古突 yalγa-
蒙 čilaγun < *tjālagūm(石) = 突(Chuv.) čul < *tjāl = 突(Yak.) tās, 古突 taš
通(Go.) pāra (雪明). 滿 fara = 蒙 aral (車底) = 突(Kirg.) ariš (矢柄)
通(Ev.) ur (겹위胃) = 蒙 öro (內側) = 突(Chuv.) var (中心) = 古突 öz (自身)

2)

滿通	蒙	突(Chuv.)	突	共通音韻	
l,	l,	l,	l,	$*l^1$	} *l
l,	l,	l,	š	$*l^2$	
r,	r,	r,	r	$*r^1$	} *r
r,	r,	r,	z	$*r^2$	

알타이語 *l, *r ─┬─ 原滿蒙語 *l, *r ─┬─ 滿通語 l, r
　　　　　　　　│　　　　　　　　　　└─ 蒙古語 l, r
　　　　　　　　└─ 原突厥語 *l, *r ─┬─ 추바시語 l, r
　　　　　　　　　　　　　　　　　　　└─ 터키語 š, z

8. 2) 알타이語系統說(Miller, 1971: 114~153) ※ 5. 2) 참조.

1) 알타이語 *tal₂(石), 蒙 čilaɣun, 突(Chuv.) čul, 古突 taš, 突(Yak.) tās, 古日 *yisi>isi, 韓 tol<中世韓 tolh, 原韓日 *dyoš

2) 알 *l₂, 突 š, 突(Chuv.) l, 蒙 l, 通 l, 原韓日 *š, 韓 l(h), 日 s(i)

```
                      ┌ *r, *r₂ > *r ── 原퉁구스語  r, l
                      │ *l, *l₂ > *l    原蒙古語    r, l
알타이祖語 ─────────────┤
*r, *r₂, *l, *l₂       │         *r, *r₂, *l, > *r              ┌ 韓 l
                      │         *l₂          > *š ── 原韓日語 ─┤
                      │                                         └ 日 r
                      └ 原突厥語
```

이 사실이 공인된다면, 알타이祖語에서 1차로 분화했거나 후에 분화한 古朝鮮語가 즉 시초의 國語일 것이다. 그러나, 이 가설이 확정되기 전이기 때문에, 國語는 자연히 소속미상의 언어 즉 孤立語가 되는 수밖에 없다. 역으로, 이런 國語의 起源이 입증되었다면, 國語는 알타이語族의 한 분파로서 分化의 상태나 형성된 國語의 실상이 학문적으로 밝혀졌을 것이다. 그렇지 못한 상태에서 국어의 기원이나 형성을 논한 것은 이미 언급한 대로 가설을 벗어나기 어렵고 이설의 대립을 면치 못한다.

지금까지의 견해를 종합하면, 中石器時代에 중앙아시아에서 동방으로 이동한 우랄알타이族은 동북으로 갈리고, 동쪽을 향한 알타이族은 발상지인 알타이山脈 남단으로 이동한 후에 다시 동서로 갈렸다. 동쪽으로 갈린 東알타이族은 계속 동쪽으로 이동하여 山東半島에 中國東北, 韓半島 등지에 산재한 東夷族이 되었다고 하겠다. 그런데, 上古史의 주인공이었던 濊貊系와 三韓系 東夷族이 본래 陝西 서쪽 渭河 상류에서 동방으로 이동했다는 견해와 일치하는 사실에 주목하여 깊이 음미할 필요가 있다.

이러한 古朝鮮族의 東來說은 이후의 南下說과 관련지어도 의심의 여지가 없다. 흔히 지적들 하는 北=後, 南=前의 同義現象(예: 北 뒤 북, 南 앒 남 「訓蒙字會」 中2)이 南進을 뜻하기 때문이다. 다만, 이 東來說의 시기는 종전의 추정보다 더 소급되어야 할 것이다. 파상적 이동에서 일정한 시기를 결정하기는 어려우나, 古朝鮮族이 東北亞 지역에 이동해 온 시기는 中石器時代에서 新石器時代 후기 8~4천 전이라고 볼 것이다. 土器의 유적으로 보아 5~4천년 전의 정착이 거의 확실시되기 때문이다.

東夷族과 殷商族 이와 같은 東來說을 음미할 때 떠오르는 것은 中国의 殷商族이다. 앞에서 韓殷同系說을 언급했거니와, 殷商族이 東夷族의 계열이라는 견해가 있어 주목된다. 殷商은 華夏族이 세운 4백여년의 夏王朝를 3천7백여년 전에 정복하고 山東에서 일어선 왕조였다. 그런데, 당시 정세를 夏周와 夷殷의 투쟁으로 보고 제기한 것이 이른바 夷夏東西說이다(傅斯年, 1935). 즉, 夷와 殷은 東方系에, 夏와 周는 西方系에 속하고, 같은 東方系이지만 殷과 夷는 같지 않다고 하는 관계를 밝혔다.

이 견해는 殷墟発掘을 주관했던 역사학자에 의하여 해박한 文獻考證과 해독된 甲骨文字로 뒷받침된 주장이다. 첫째, 殷商은 中国東北 河濟(黃河, 濟水)之間 즉 渤海灣 북방에서 발생하여 山東으로 남하했고, 夏后는 河南省 西方에서 殷商의 압박을 받았다. 둘째, 殷商神話의 卵生說은 東夷族과 東北서 이동한 淮夷族에게만 있는 것이다. 셋째, 夏后代는 殷商의 東夷 益, 羿, 湯 등과 대적했으나 湯에게 멸망하고, 武王 湯의 건설한 대제국 殷商은 29대 5백년을 누렸다. 이것은 과연 실증된 사실인가?

8.3) 殷商 東來說의 考證(傅斯年, 1935. 千寬宇, 1979)

1) 殷商의 發祥地: ① 「詩經」 商頌 玄鳥에 宅殷土芒芒 (하늘이 商으로 하여금 망망한 땅에 살게 했다), 「呂氏春秋」 有始覽에 河濟之間爲兗(연)州, 衛也 (하제지간 즉 황하와 제수 사이는 연주이니, 위 즉 은이다). ② 「詩經」 商頌 長發에 相土烈烈, 海外有截(대) (상토 때의 빛나는 업적을 남겨 해외 즉 渤海 밖 요동반도, 조선 서북까지 복속시켰다). 「詩經」 商頌 玄鳥에 景員維河 (은상이 황하로 경계를 삼았다). ③ 「山海經」 大荒東經에 有中容之國, 帝俊生中容 (중용지국이 있으니, 천자 준이 중용을 낳았다), 大荒北經에 東北之外, 大荒之中, 河水間, 附禺之山. ④ 甲骨文에 夔(기)는 殷의 高祖 帝嚳(곡), 帝俊, 帝舜 등이 다 殷商神話의 인물.

2) 殷商神話: ① 「詩經」 商頌 玄鳥에 天命玄鳥, 降而生商 (하늘이 제비에게 분부하여, 내려가 상의 조상을 낳게 했다), 商頌 長發에 有娀(융)方將, 帝立子生商 (광대한 나라를 가진 유융씨에게, 하늘이 상의 조상을 낳게 했다. ② 「詩經」 魯頌 閟宮에 至于海邦, 淮夷來同 (노나라의 국토는 해방 즉 황해 연안에 이르러, 준이도 와서 서약을 드렸다) 등.

3) 益, 羿, 湯의 東夷說: ① 「左傳」을 위시한 여러 문헌에 근거하여 小皞(호)族의 伯益을 東夷族의 조상이라고 고증. ② 「說文」에 羿, …亦古諸侯也, 一曰射師 (예는 옛 제후였고, 활을 잘 쏘았다), 「楚辭」 天問에 帝降夷(동)羿(예) (하늘이 내려보낸 동이 예), 「山海經」 海內經에 帝俊賜羿彤弓素矰(증), …羿是始去, 恤下地之百艱 (천자 준이 예에게 활을 주어 아래나라를 구제케 했다). ③ 「太平御覽」 皇王部 太昊庖犧氏에 皇王世紀曰, 太昊帝庖犧氏, 風姓也, 蛇身人首, 有聖德, 都陳, …繼天而生, 首德於木爲百王先, 帝出於震, 未有所因, 故

46

位在東方, 主春象日之明, 是稱太昊(태호제 포희씨 즉 伏羲氏는 성이 풍, …진 지금 河南省에 도읍했다. 하늘에 이기 태어났고, 천자 태호는 진(동방)에서 나와 밝은 태양을 상징으로 삼아 태호라고 일컬었다). ④ 「詩經」 商頌玄鳥에 武王載旆, …在武丁孫子(무왕 湯과 高宗 무정의 대에 세력을 크게 떨쳤다), 「書傳」 泰誓中에 我商必克, 康誥에 殪戎殷, 「左傳」 宣六에 周書曰, 殪戎商, …殪戎殷 등은 周나라에서 殷나라 사람을 호칭 융(오랑캐)이라 불렀으니, 그들이 동방의 부족이기 때문일 것이다.

이로써 殷商族과 그 이전 三皇의 伏羲氏나 五帝의 少昊가 다 東夷族으로 밝혀졌다. 원래 夷는 활을 잘 쏘는 동방인(「說文」 夷, 東方之人也, 從大從弓)의 뜻이었는데, 오랑캐의 뜻으로 비하된 것은 3세기 이후의 일이었다. 그 판도는 북쪽 濟水(현 小淸河), 서쪽 山西省 중심부, 남쪽 淮水 이남 合肥를 경계로 한 지역이었으나, 그 東夷族은 秦漢代 이후에 동화되고 말았다. 전설적인 太昊族과 少昊族을 5천년 전으로 가정하면, 이들은 古朝鮮族의 파상적 이동시기에 활동한 것으로 해석될 것이다.

그런데, 新石器時代에 혁혁한 문화를 창조한 이 東夷族이 古朝鮮族과 동류일 가능성은 강하나, 그 계통을 추정할 근거는 없다. 알타이族인가, 古아시아族인가도 불확실한 상황에서 그 言語의 계통을 논하는 것은 있기 어렵다. 특히 이 東夷族은 인접한 華夏族, 古朝鮮族과의 오랜 교섭으로 서로의 영향이 컸었기 때문에, 주고 받은 借用語가 적지 않을 것임에 틀림이 없다. 그러면, 東夷語나 殷商語의 계통은 미상이며, 이런 상태에서 인접했더라도 다른 言語와 관련짓는 것은 무모하다고 할 것이다.

史前国語와 文献資料 어쩌면 中石器時代로 소급할 古朝鮮語의 계통이나 그 言語의 모습을 규명하지 못한 채, 시야가 한위의 古代国語로 옮기게 되었다. 그러나, 지나가 버린 사실의 서술은 실재를 가름하는 자료에 달려 있다. 비교에 의한 再構의 방법이 유용한 무기이나, 이 방법도 실증자료를 토대로 하지 않으면 성립되지 않기 때문이다. 그런데, 문제의 자료는 6세기 이전으로 소급하기가 어려운 것이 명백하다. 그러면, 그 이전을 史前国語로 구분하고 가능한 추정을 시도해야 옳을 것이다.

6~7세기의 자료로 古代国語를 기술하면, 그 言語의 골격은 한 5백년 가량 소급된다는 짐작이다. 이러한 전제로 서기전 3세기 이전의 史前国語를 엿보려는데, 자료가 너무도 영성하다. 가장 오랜 기록이 斉 管仲의 「管子」 輕重(BC 645)에 나타난 '發朝鮮'이란 말이며, 6.2) 「史記」를 위시한 여러 史書의 자료도 다 단편적인 人地名, 官職名에 불과하기 때문이다. 그런데도, 희소한 이 자료를 漢字上古音으로 해독하여 서기전 10~3세기 古代国語의 특성이라고 제시한 것을 요약하면 다음과 같다.

9.1) 古朝鮮語(BC 10~3세기)의 音韻(류 렬, 1990: 30~80)

1) 子音: ㅂ… 發[管子 輕重](바라/버러), 夫(扶)餘[三国志 東夷伝, 三史 15:1](부러/바라), 卑離[三国志 東夷伝](비리/버러), ㄷ… 今彌達[三遺 1:2](거머다라/가미다리), 險(儉)瀆[史記 朝鮮列伝](가마두/거머두), 蓋馬大山[後漢書 東沃沮]/玄菟(거머다라/가마다라/거머두/가마두), ㄱ… 蓋馬大山/玄菟, 險(儉)瀆, 馬韓[三遺 1:4](마라가라/마가라), ㅅ… 神市[三遺 1:1](시나시), 阿斯達[三遺 1:2](아시다라/아사다라), 蘇塗[三国志 東夷伝](사다/서더), ㅈ… 臣智[後漢書 東夷伝](芝)(시나디/시나지), 樊祗[三国志 東夷伝](바라기/바라지), 殺奚[三国志 東夷伝](사라기/사라지), ㅁ… 今彌, 蓋馬, 馬加[三国志 東夷伝](마가라), ㄴ… 半那[三遺 1:4](바라나/버러나), 壇(檀)君[三遺 1:1](다나구루), 神市, ㄹ… 夫黎

(後漢書 郡国志?) (三国志 東夷伝) (史記 朝鮮列伝) (三遺 1:4) (通典 178) (說文 水)
(부리/바라), 買溝婁(마고로), 樂浪(부루나)/平那/白浪/浿水(바라나)

2) ㅂ ㄷ (ㅈ) ㄱ　　無声音: 激音(ㅎㅍㅌㅋㅊ), 硬音(ㆆㅃㄸㄲㅉ
ㅅ　　ㅆ), 有声音(b, d, g, z, ㅸ, ㅿ) 없고, ㅈ은
ㅁ ㄴ　　지(지의 ㅈ)만 있었을 것.
ㄹ　　有声音: 舌側音(l), ㆁ 없고, 받침은 거
의 없었을 것. 金完鎭 1957: 12.

3) 母音: ㅏ…琴, 阿斯達, 安那, ㅓ…今彌達, 險(儉)瀆, ㅗ…潽漯, 淩
(三国志 東夷伝)　(論語 字字疏:九夷)　(山海經 7)
盧(도로), 玄菟, ㅜ…夫(扶)餘, 鳥臾(부우/바라), 不與(부리/버러),
(三国志 東夷伝)
ㅣ…卑離, 神市/臣智, 邑借(이시/이지)

4) ㅣ　ㅜ　　單母音: ㅏ/ㅗ, ㅓ/ㅜ의 약화된 변종
ㅓ　ㅗ　　ㆍ, ㅡ 등, 前舌單母音 ㅐㅔㅚㅟ 없
ㅏ　　었을 것. 5母音体系.
ㅏ:ㅓ/ㅗ:ㅜ/ㅣ　　重母音: ㅑ, ㅘ, ㅙ 등도 없었을 것.

5) 音韻変異: 母音連続 기피(鳥臾 pu-u > pu-r-u), 口蓋音化(臣智
시니디 > 시니지, 殺奚 사라기 > 사라지), 母音調和(ㅏ:ㅓ/ㅗ:ㅜ/ㅣ),
声調(強弱, 高低) 등.

이것은 국내외 史書에 기록된 34개의 명칭에 대하여 漢字上古音을 기초로 서기전 3~2세기에 형성되었다는 古朝鮮漢字音을 재구한 결과라고 한다. 이 上古音은 隋 陸法言, 「切韻」(601)(610)에 근거하여 추정한 上古漢語의 音韻인데, 이것을 고대조선어 체계의 특성에 맞게 구성한 것이 古朝鮮語의 音韻이라는 뜻이다. 이러한 기초 위에 이후의 中世国語를 참조하여 재구하는 방법은 불가피하다지만, 타당한 것은 아니다. 반면에, 당시 漢字音은 현대와 거의 같았다라 주장하는 견해(김종훈 1992: 17~7)도 있다.

9.2) 古朝鮮語(BC 10~3세기)의 語彙와 文法(유 렬, 1990. 80~90)

1) 語彙: 거/가(해), 다라(달), 하나주루(하늘), 바라/버러/부루/비리…(불), 마(물), 다라/다/도(山, 터), 바라/버러(벌판), 나(내, 물), 디/지/시/기(사람, 者); 가(統治者), 니무가마/니무거머(임금), 가마도/거머도(都邑), 고로(城, 골), 부루(音樂), 도로(치마), 가마/거머(가맣다, 거멓다), 바라나/바라(파랗다), 마(北), 아시/아사(아흠), 가나/가라/가(王, 위), 아라(아래)

2) 造語法: 買滑婁 마-고로(물-城), 阿斯達 아시-다라/아사다라(아흠-달, 始初-山), 蘇塗 사-다/서-더(새-터), 臣智 시니-디/시니-지(王-사람), 秡奚 사라-지/사라-지(붉은-사람), 馬加 마라-가/마-가(말-사람), 今彌達 거머-다라(임금-터>首都), 布倫山 바라나-다라/버러너-다라(파란-山)(兴安嶺, 布倫譯言青)

3) 意味変異: 達/塗/瀆 다라/다/도(山>터>땅), 滑婁 고로(谷>城), 汗/韓/加 가나/가라/가(해>王, 벼슬), 樂/平/白浪 부루/바라/버러(吹>音樂), 發/夫餘/不与/鳧臾/卑離 바라/버러/보로/부루/비리/바리…(火>明>氏族名>地名>国名), 蓋馬/玄/今彌 가마/거머(玄>神>王).

4) 文法: 買滑婁 마-고로(물-城), 樂浪/白浪水/浿水 부루-나/바라-나/버러-나(벌-江) 등 토가 붙지 않은 形態構成, 儉側 가마-시/거머-시(가만 사람, 거먼 사람), 樊祇 바라-기/바라-지(파란 사람), 樂浪 부루-나(부는 江) 등 体言과 用言의 未分化形態(가마, 거머, 바라, 부루 등)

9.3) 알타이語의 接尾辭(李基文, 1961. 36~41, 1972, 19~23)

1) 格語尾(-*a/-e, -*ru/-rü): 알타이祖語 与格 -*a/e(터키語 -a, 蒙古語 -a, 퉁구스語 部分格 -a, 中世国語 -애/-에), 向格 -*ru/-rü

50

(古代터키語 -ru, 蒙古語 -ru, 國語 -로)

2) 動名詞形(-*r, -*m, -*n): 알타이祖語 -*r (古代터키語 現在形 -ur, 蒙古語 派生名詞形 -r, 퉁구스語 未來形 -r, 國語 -ㄹ), -*m (古代터키語 -üm, 蒙古語 -um, 퉁구스語 -m, 國語 -ㅁ), -*n (古代터키語 -in, 蒙古文語 -n, 에벤키語 -n, 國語 -ㄴ) ※金完鎭 1957: 8; 梁柱東 1942: 267~270)

이러한 古朝鮮語는 이후의 언어자료에 비추어 가능성이 큰 것으로 생각되나, 解讀에는 의문이 없지 않다. 가령, 布倫山 '上古音 pāk-lĭwən > pa-rən > pa-rana > para'의 과정에서 'parən'을 취하여 '바란山'으로는 해독되지 않는지? 위의 9.3) 動名詞形 -ㄴ이 알타이祖語 -*n 에까지 소급된다는 점에서 이 관점이 오히려 더 타당치 않은지? 그렇다면, 일부 有聲子音의 받침을 인정해야 하겠는데, 아니라면 그 動名詞形의 일치점을 어떻게 설명해야 할는지 의문이다. 뜻있는 검토가 더 전개되기를 기대한다.

2.1 古代前期國語(BC 2~4세기)

이제 서술하려는 古代國語의 단계는 학문적으로 실증된 것이어야 한다. 그러나, 전제해야 할 國語의 계통이나 史前國語의 실상에 대하여 명확한 결정을 유보한 채 생소한 古代國語의 파악에 착수하는 부담을 지고 있다. 이전과 이후의 古語와 역사적 관련을 짓는 것은 물론이지만, 그렇다고 풍부한 후대의 자료에 너무 의지한다면, 종전에 종종 빠졌던 이 방법으로는 실태파악이 혼선을 빚는다. 이 점에 유의하여 4세기 이전의 古代國語를 자료, 음운, 어휘, 문법으로 나누어서 서술하기로 한다.

2.1.0 史料와 古代國語

<u>言語資料와 表記</u> 国語史에서 구분한 古代国語는 漢字를 사용한 서기전 2세기에 시작하여 6백년의 前期와 5세기부터 6백년의 後期로 이루어져 있다. 이렇게 3백년 단위의 배수로 길게 구분해야 했던 속사정은 희소한 자료에 있었다. 이 전후기의 경계는 高句麗의 平壤遷都(427)를 겨냥하여 구분했지만, 그래도 4세기 이전 전기의 자료는 영성하기 짝이 없다. 그래서, 불가피한 편법이기는 하나, 이 시기의 서술은 5~6세기 자료의 원용이 요구된다. 우선 이에 해당할 자료를 살피기로 한다.

10.1) 4세기 이전의 国内文献 ※18.1) 참조.

1) 金富軾, 「三国史記」(1451): 古代 人地名, 官職名 등 고유명칭. 특히 권34~36, 志 3~5, 地理 1~3 新羅(속칭 新羅地理志), 권37, 志 6, 地理 4 高句麗(속칭 高句麗地理志), 百濟(속칭 百濟地理志). 약칭 三史.

2) 僧一然, 「三国遺事」(1285): 古代 人地名, 官職名 등 고유명칭. 원용: 권2 武王 薯童謠(서동노래)(眞平王代 579~632), 권5 融天師 彗星歌(살별노래)(眞平王代 579~632), 권4 良志使錫 風謠(오다노래)(善德女王代 632~647) 등 7세기 전반 이전의 鄕歌 3수. 약칭 三遺.

3) 盧思愼, 徐居正 등, 「三国史節要」(1476), 春秋館, 「世宗実録地理志」(1454). 盧思愼 등, 「東国輿地勝覽」(1486. 新增 1530). 洪鳳漢 등, 「東国文献備考」(1770. 增補 1908) 등. 人地名, 官職名 등 고유명칭 참조. 약칭 三要, 世地, 東地, 文備.

위의 자료에서 固有名稱은 언제 文字로 표기되었는지 일일이 밝히기 어려우나, 그 表記가 당대의 것이면 서기전 상당히 오랜 시기의 자료가 될 것이다. 이들 人地名이나 官職名 등은 어휘에 불과하나, 해독하기에 따라서 古代國語의 소중한 자료가 된다. 더 필요한 것은 6~7세기의 鄕歌인데, 이들 文章은 이른바 鄕札文으로서 이 시대 後期의 자료임이 분명하다. 그러나, 초기의 작품은 이 시대 後期의 방증자료로도 활용되지 않으면 안될 것이다. 또, 여기에 더 추가되어야 할 것은 金石文이다.

10. 2) 5세기 以후 國內金石文 ※18. 2) 참조.

1) 高句麗: 輯安 廣開土王陵碑(414), 慶州 瑞鳳塚銀合杅 우(바리) (451), 中原高句麗碑(481), 平壤城石刻 4종(566, 569, 589) 등. 약칭 밑줄.

2) 百濟: 石上 百濟七支刀銘(369), 船山 百濟蓋鹵大王刀銘(455~75), 百濟武寧王誌石 2종(525, 529), 百濟武寧王陵出土銀釧銘(520), 甲寅銘釋迦像光背(594) 등. 약칭 밑줄.

3) 新羅: 迎日 冷水里碑(443), 蔚珍 鳳坪碑(524), 蔚州 川前里書石 5종(525, 539, 545), 永川 菁堤碑(536), 丹陽 赤城碑(545), 慶州 明活山城碑(551), 慶州 壬申誓記石(552, 612), 大邱 戊戌塢作碑(578, 638), 慶州 南山新城碑 8종(591) 등. 약칭 밑줄.

이 자료에서도 위의 문헌자료와 같이 固有名稱은 귀중한 언어자료이며, 역시 文章을 기록한 吏讀는 더욱 귀중하다. 특히 中原高句麗碑, 蓋鹵大王刀銘, 冷水里碑 등의 글은 현존하는 초기의 吏讀文이기 때문에 얼마나 중요한지 모른다. 5~6세기의 이 吏讀는 더 소급될 가능성도 있지만, 현재로는 이것이 가장 오랜 자료라고 해야 하겠다. 좀 늦은 6~7세기의 壬申誓記石은 이와 달리 특수한 借字表記여서 誓記文이라고 하는 것이다. 결국 이 시대의 文章資料는 吏讀文, 鄕札文, 誓記文 등 3종이다.

요컨대, 이 시대의 언어자료는 모두가 漢字를 빌어서 쓴 借用表記이며, 그 종류는 語彙資料 고유명칭과 文章資料 吏讀, 鄕札, 誓記 등이다. 그런데, 誓記文은 漢字로 쓰되 국어의 語順에 따라 배열하는 방식이다. 배운 漢字로 이질적인 국어를 표기할 때 우선 제1차로 이런 誓記式을 취하게 된다는 관점에서는 이것이 제1단계의 借字表記라는 논리가 성립된다. 이 사실을 뒷받침할 物證은 없으나, 이에 입각한 文章의 借字表記가 즉 誓記式, 吏讀式, 鄕札式의 차례로 설명하는 3단계의 발전설이다.

<u>借字表記와 解讀方法</u> 이들이 국어 자료로 살아나기 위해서 불가결한 것은 借字表記의 정확한 解讀이다. 漢字는 形音義 3요소로 구성된 表義文字인데, 이 요소가 이질적인 言語表記를 위하여 어떤 방법으로 활용되었는가 하는 것이다. 表音文字가 아닌 漢字를 그것도 古代語로 읽어야 하기 때문에 쉽지 않다. 借用漢字를 유사한 후대의 言語로 대조하는 식의 추측을 피하기 위하여 어떤 과학적 방법과 치밀한 기술이 요구된다. 우선 과거에 漢字를 어떻게 읽는다고 했는지 문헌을 살피기로 한다.

11.1) 漢字의 古代發音 ([ ]속 夾註)

1) 「三遺」권1:10, 辰韓; …稱所居之邑里, 云沙涿·漸涿等[羅人方言, 讀涿音爲道, 故今或作沙梁, 梁亦讀道](사는 읍리를 사탁, 점탁 등이라고 한다(신라 어에서 탁의 음을 도(돌)라고 했으므로 지금도 혹 사량이라고 쓰고 량을 또한 도(돌)라고 읽는다]).

2) 「三遺」권1:11, 新羅始祖; 沙梁部[梁讀云道, 或作涿, 亦音道](사량부[량의 訓讀은 도(돌)라 하고, 혹은 탁이라고도 적으니 역시 도(돌)라고 발음한다]).

3) 「三史」권44:14, 斯多含; 旃(전)檀梁[旃檀梁城門名, 加羅語謂門爲梁云](전단량[전단량은 성문의 이름이다. 가야어에 문을 량(돌)이라 한다고 한다]). ※加羅(伽倻)語의 유일한 예 梁 돌(門).

54

4) 날개 ᄆᆞᆯ외노라 고기 잡ᄂᆞᆫ 돌해 ᄀᆞᄃᆞᆨᄒᆞ얏도다 曬翅(쇄시)滿漁梁(杜詩 初刊 七5) 梁=돌(둑), 渠 水道 돌(柳 僖, 物名考 권5 水)

渠=돌(도랑), 梁 돌랑 水橋也 又水堰(언)也 又石絶水為—(訓字 上

2) 梁=돌(다리, 둑, 물막이)

위 기록의 협주에서 新羅語의 涿을 道, 梁도 道로 훈독한다고 했는데, 그 發音으로 표시된 道의 음이 무엇인지? 伽耶語에서 門을 梁이라 한다고 한 梁은 위 4)와 같이 訓讀 돌로 읽어야 하지만, 道도 돌로 읽을 것인지? 道의 上古音은 定母晧韻 dʌ인데, *d'ôg/d'âu (Karlgren, 1940)라고 추정하는 예도 있다. 그러면, 道는 독/둑으로 읽을 것인가? 古代國語의 바른 解讀에서 첫째로 부딪친 관문은 그 上古音의 규명이다. 그래도, 이에 의한 古代國語 漢字音을 발견해야 할 둘째 관문이 또 있다.

11.2) 古代國語 借字表記의 解讀

1) 「三遺」권3:6, 猒髑滅身: 姓朴 名猒髑(或作異次, 或云伊處, 方音之別也, 譯云猒也, 髑·頓·道·覩·獨等皆隨書者之便, 乃助辭也, 今譯上, 不譯下, 故云猒髑, 又猒覩等也)(성은 박, 자는 염촉(혹은 이차 혹은 이처라 하니 방언음의 다름이다. 번역하여 염(이차)이라 한다. 촉, 돈, 도, 도, 독 등은 다 글 쓰는 사람에 따라 편한 것을 좇은이니 조사다. 지금 위 글자는 번역하고, 아래 글자는 번역하지 않으므로, 염촉 또는 염도 등이라고도 한다)이라고 했다).

2) 「三遺」권1:12, 新羅始祖: 身生光彩, 鳥獸率舞, 天地振動, 日月淸明, 因名赫居世王(蓋鄕言也, 或作弗矩內王, 言光明理世也, …)(몸에서 빛이 나고, 짐승이 따라 춤추며, 천지가 진동하고 일월이 청명한

55

지라. 인하여 그를 혁거세(赫居世)라 (아마 우리말일 것이다. 혹은 불거내(弗矩內, 밝가누)왕이라고도 하니, 밝게 세상을 다스린다는 뜻이다)이라 이름했다)

3) 「三遺」 권4 의18, 元曉不羈: 元曉亦是方言也, 當時人皆以鄕言稱之始旦也 (원효라는 뜻 또한 방언이다. 당시 모두 우리말로 시단(설새벽)을 칭함이다)

借字表記의 해독은 순교자 異次頓(506~527) 猒髑(이차, 아차), 新羅 초대 赫居世王 弗矩內(밝가누)王에 대한 독법이 기록되어 있으나, 薛元曉(617~686) 始旦에 대한 독법은 밝혀져 있지 않다. 그래도, 더 정확한 해독이 요구되며, 이보다도 주목할 것은 '釋上, 不釋下'와 不釋下 부분 즉 助辭에 대한 '隨書者之便'이라고 한 借字規則이다. 이것은 즉 半借義 및 半借音의 용법과 그 해독방법을 지시하는 대원칙을 밝혀 놓았기 때문이다. 그러면, 이 규칙이 실제로 어떻게 나타났는지 문헌의 실례를 엿보기로 한다.

11. 3) 古代国語 借字表記의 発音(四声点 생략)

1) 「龍飛御天歌」(1447)의 吏讀: 文音(山) 그믐(一39), 栗村 조ᄏ불(二22), 北泉洞 뒷심ᄭᅩᆯ(二32), 伊布 잇뵈(三13), 三田渡 삼밧개(三13), 城串 잣곶(四21), 金音洞 ᄆᆞᄋᆞᆷ골(五34), 松原 소두듥(五36), 橫防 엇마기(六40), 德積(島) 덕믈(六58), 豆毛島 ᄃᆞ모셤(六58), 省梁 ᄯᅩ솔(六59), 金城 쇠잣(七7), 荒山 거츨뫼(七8), 厚叱只 훗기(七25), 楸洞 ᄀᆞ래올(十19) 등.

2) 「救急簡易方諺解」(1489): 葶藶子 豆衣乃耳 두루믜나ᅀᅵ(一7), 栝蔞 天叱月乙 하ᄂᆞᆳᄃᆞ래(一22), 蜘蛛 居毛伊 거믜(二23), 牡蠣甲 屈召介甲 굴조갯거플(一21), 大蒜 亇汝乙 마ᄂᆞᆯ(一32), 熨斗 多里甫伊 다리우리(一43), 糯米 粘米 ᄎᆞᄡᆞᆯ(一69), 麩 只火乙 기ᄫᆞᆯ(二10), 薏

苽 伊乙毋 올미(二65), 蒲黃 蒲槌上黃粉 부들마치 우희 누른 ᄀᆞᄅᆞ(二89), 黃芩 所邑朽斤草 솝서근플(二107), 椿 杀只葉 쭉닙(二108), 百合 犬伊那里 개나리(二111) 등.

3) 「龍歌」(1447)의 外來語: 兀良哈 오랑캐(一7), 豆滿(江) 두만(一8), 童巾 동건(一8), 圖們浦 이싱개(一31), 加乙頓 갈두(一38), 吹螺赤 츄라치(一47), 雜類洞 다대골(五37), 阿其拔都 아기바톨(七10), 阿都哥 어두워(七22), 斡合 워허(七23), 禿魯兀 투루(七23), 阿木刺 아모라(七23), 可兒答哥 컬더거(七24) 등.

4) 表記 { 全借音(借音+借音) 예: 所邑…全讀音(讀音+讀音) / 半借義(借義+借音) 예: 文音…半讀訓(讀訓+讀音) / 全借義(借義+借義) 예: 栗村…全讀訓(讀訓+讀訓) } 讀法

이 讀法의 예에는 후대의 表記나 俗音도 섞여 있겠지만, 吏讀의 漢字用法이나 해독방법을 이해하기에는 족할 것이다. 요컨대, 借字는 표 4)와 같이 같은 내용이 쓰는 측과 읽는 측에 따라 용어와 개념이 다르고, 그 3종의 원칙은 서로 혼합하여 다양한 용례가 있게 되었다. 한편, 위의 讀音이나 讀訓은 글자의 뜻을 살린 것인데, 그렇지 않아서 뜻과 무관한 것은 假音(鼫鼯의 鼯), 借訓(鼫鼯의 鼫)으로 구별된다. 그러나, 실제의 解讀에는 축적된 경험을 통하여 체득한 능숙한 기술이 요구된다.

<u>外國資料와 解讀方法</u> 국어의 原語民(native speaker)에 의하여 기록된 자료로 國語史를 서술하는 것이 원칙이라고 하겠으나, 외국인이 기록한 자료에 의하여 중요한 부분이 보완되는 경우도 종종 있다. 이런 시각에서 이미 언급한 中國의 자료는 특히 유의할 대상이다. 그러나, 外國資料는 그 나라의 시각과 그 언어의 관점에서 기록한 것이기 때문에, 그 자료의 인용이나 분석에서는 반드시 전제하거나

57

유의할 점이 있다. 그러면, 우선 어떤 자료가 있는가 늘쑥이 보고 다시 논하기로 하겠다.

12.1) 中国의 古代前期国語에 관한 문헌

1) BC 2세기 이전 문헌: 斉 管仲(BC 645), 「管子」 軽重篇 発朝鮮 등. 漢 司馬遷, 「史記」 권115 朝鮮列伝(BC 102~91) 王険, 莫汗 등, 晋 郭璞(276~324), 「山海経注」 권7 不與 등 명칭.

2) 4세기 이전 문헌: 後漢 班固, 「漢書」(58~75) 권6~7 帝紀, 권99 王莽伝, 권28 地理志, 권95 朝鮮伝 東夷蔵君, 谿人, 久粗, 裨王 등. 晋 陳寿, 「三国志」(265~297) 권2~4 魏志本紀 濊貊, 韓那奚 등, 권30 魏志東夷伝 牟韓国, 臯離 등 명칭.

3) 4세기 이후의 문헌: 宋 范曄, 「後漢書」(420~479) 권1 光武帝紀 東夷韓国人, 貊人 등, 권23 郡国志 番汗, 西蓋馬 등, 권85 東夷伝 東明, 伯済 등 명칭. 梁 沈約, 「宋書」(488) 권3~10 帝紀, 권97 夷蛮伝 高璉, 映 등 명칭. 梁 蕭子顕, 「南斉書」(502~549) 권58 東南夷伝. 北斉 魏收, 「魏書」(551) 권1~12 帝紀, 권100 高句麗伝, 百済伝. 唐 令狐徳棻 등, 「周書」(628) 권49 異域伝. 唐 魏徴 등, 「隋書」(629) 권1~4 帝紀, 권81 高麗伝, 百済伝, 新羅伝. 唐 姚思廉, 「梁書」(632) 권2~4 本紀, 권54 諸夷伝. 唐 房喬 등, 「晋書」(644) 권1~10 帝紀, 권97 四夷伝. 唐 杜佑, 「通典」(801) 등.

역사적 서술은 으레 이전의 사실로 소급되나, 위 문헌에서는 한계가 있다. 특히 서기전 12~3세기의 地名이 기록되었다고 하는 「山海経」이나 기원전 7세기의 기록인 「管子」에도 별로 자료가 없고, 「史記」는 서기전 2세기로 한정되어 있기 때문이다. 이처럼 한정된 자

58

로라도 살려내기 위해서는 첫째 당시의 發音 上古音을 추정해서 알아야 하고, 둘째 上古音韻의 체계로 수용한 古朝鮮語 音韻과의 対応 規則을 밝혀서 적용해야 한다. 셋째, 이런 解讀은 秦漢人이 표기한 자료라는 전제가 조건이다.

12.2) 漢字의 上古音

1) 所謂"古音"是指先秦兩漢(公元二世紀以前)的語音；所謂"今音"主要是指隋唐時代(公元六世紀至十世紀)的語音。"古音"就是对"今音"來説的。这是傳統的提法。其实，在我們今天看来，"今音"应該叫做"中古音"，"古音"应該叫做"上古音"。因此，研究先秦兩漢的音韻的学问——古音学，也就应該叫做上古音韻学。(唐作藩，1972. 23)

梅祖麟在討論"之""其""底"的关系時，曾經談到："之"字上古早期的声母是krjʌg，上古晚期変成tjəg，理由之一是非如此設想才能解釋"底"的来源。(1983，《中国語言学報》) …現在我們拿梅先生的設想来説明"朱"的音変，同样是可行的。krjwə > kjwə > tjwə 这三个音代表"朱"字在远古·上古早期·上古晚期的讀音，由舌根音変為顎化的舌尖前塞音。(何九盈，1991. 複輔音問題 98~99)

2) 声母系統(「切韻」(601)音系 32字母 推断)：唇音…帮(非)[p]，滂(敷)[p']，並(奉)[b]，明(微)[m]，舌音…端(知)[t]，透(彻)[t']，定(澄)[d]，泥(娘)[n]，来[l]，精[ts]，清[ts']，從[dz]，心[s]，邪[z]，莊[tʃ]，初[tʃ']，崇[dʒ]，山[ʃ]，正齒音…照[ȶ]，穿[ȶ']，神[ȡ]，审[ɕ]，禪[ʑ]，日[ȵ]，牙音…見[k]，溪[k']，群[g]，疑[ŋ]，喉音…曉[x]，匣(云)[ɣ]，影[0]，邊(舌側)音…喻[ʎ] (何九盈 1991. 62~75)

3) 韻母系統(先秦韻)：介音 一等(欠缺)，二等 ɪ-，三等 j-，四等(元音) i-，開口(欠缺)，合口 w-，-w-. 이외 古韻 11類(行) 30部 참조.

1. 之 [ə]	2. 職 [ək]	3. 蒸 [əŋ]	18. 歌 [ai]	19. 月 [at]	20. 元 [an]
4. 幽 [ɤ]	5. 覺 [ɤk]	6. 冬 [ɤŋ]	21. 脂 [æi]	22. 質 [æt]	23. 眞 [æn]
7. 宵 [ʌ]	8. 藥 [ʌk]		24. 微 [əi]	25. 物 [ət]	26. 文 [ən]
9. 侯 [ɔ]	10. 屋 [ɔk]	11. 東 [ɔŋ]		27. 緝 [əp]	28. 侵 [əm]
12. 魚 [a]	13. 鐸 [ak]	14. 陽 [aŋ]		29. 葉 [ap]	30. 談 [am]
15. 支 [æ]	16. 錫 [æk]	17. 耕 [æŋ]	(何九盈, 1991. 27~61)		

中國의 자료는 원래 表音文字가 아니어서 그 上古音韻學의 성과를 원용해야 하는데, 上古音은 시기에 따라 서기전 10세기 「詩經」代의 遠古, 기원전 4세기 先秦代의 上古早期, 이후 兩漢代의 上古晩期 등 3기의 차이가 있다는 점에 유의해야 할 것이다. 또, 외국자료로서 日本文獻도 꼽히나, 이것은 借字表記이기 때문에 이와 같지 않다. 일찍부터 이들에 대한 解讀의 역사가 있다는 것도 큰 도움이 되고, 그 자료는 문헌의 편찬시기보다 오랜 기록을 담고 있어서 시기적으로 어긋나지는 않는다.

12.3) 日本의 古代前期國語에 관한 문헌 ※奈良時代 710~764.

1) 奈良 太安萬侶, 「古事記」(712) 3권, 韓 kara, 志良宜·新良 shiragi, 百濟 kudara, 高 koma, 牟漏 mure 등. (江戶 本居宣長, 「古事記伝」(1798) 44권). 약칭 古事.

2) 奈良 舍人親王, 太安麻呂 등, 「日本書紀」(720) 30권, 韓·韓良·加羅·柯羅·辛·空 kara, 新羅·斯良宜 shiragi, 百濟·久太良 kudara, 高麗·狛·胡摩 koma, 山·武羅·武例 mure 등. (江戶 谷川士淸, 「日本書紀通證」(1762) 35권). 약칭 日書.

3) 奈良 大伴家持 등, 「萬葉集」(773) 20권, 韓·漢·辛·可良 kara, 新羅奇·新羅 shiragi, 百濟 kudara, 高麗·狛 koma 등. (鎌倉 仙覺, 「萬葉集註釋」(1269) 10권). 약칭 萬葉. 約350년간의 450首 수록

60

4) 平安 萬多親王, 「新撰姓氏錄」(818) 31권, 韓·辛·加良·賀羅·加羅 kara, 新良貴·新羅·新良 shiragi, 百濟 kudara, 狛·肥·高句麗 koma 등. 약칭 姓錄.

5) 「常陸風土記」(717~724) 1권, 「出雲風土記」(733) 1권, 「播磨風土記」(716) 1권, 「豊後風土記」(740), 奈良 正倉院文書, 金石文 등.

뜻을 가진 漢字로 외국어를 표기한 것은 六書의 하나인 假借의 일종이다. 같은 漢字라도 言語가 변하듯 사용하는 나라에 따라서 또한 사용하는 시대에 따라서 다르기 때문에, 특히 假借는 이런 字音을 분간하는 것이 중요하다. 물론 표기하는 原語民의 字音과 표기자가 수용한 외국어의 發音을 추적하는 것이 그 解讀의 기본이지만, 표기자의 편법이나 문헌에 따라 다른 同音異字 혹은 異音同字를 규명하는 것이 큰 관문이다. 즉, 일종의 규칙이나 관용이라고 할 이 관건은 성패의 갈림길이다.

2.1.1 音韻과 借字表記

古代國語의 表音 문헌에 근거하여 고유한 古代文字가 있었다는 주장이 있으나, 아직 그 사실이 입증된 것은 없다(金敏洙, 1980: 37~41). 다만, 1970년대에 각처에서 발견된 고대의 많은 岩刻畫는 新石器時代에 사냥의 풍요를 빌던 종교적 유적으로 해석되고 있다. 이러한 文字 이전의 그림으로서는 言語資料의 대상이 되기가 어렵다. 반면에, 漢字가 일찍부터 차용된 사실은 분명하나, 그 시기는 확실치 않다. 殷商代의 甲骨文字, 이보다 천년 앞선 山東省 丁公村의 陶器文字는 어떠한지도 의문이다.

13.1) 漢字의 導入

1) 「魏略」曰, 昔箕子之後朝鮮侯見周衰, 燕自尊為王欲東略地, 朝鮮侯亦自稱為王, 欲興兵逆擊燕以尊周室, 其大夫禮諫之乃止, 使禮西說燕, 以止之攻. (「三國志」 魏志東夷伝 韓)(조선후는 주나라가 쇠한 것을 보고, 연나라가 왕을 칭하고(BC 323) 동쪽을 치려 하자, 조선후도 왕을 칭하고 연나를 치고자 했다. 그러자, 조선후가 주실을 존경해서 대부 예가 이것을 말렸다. 王, 大夫, 禮 등의 명칭)

2) 고조선의 유적, 유물에서 나온 기원전 3~2세기의 그릇붙이들에서 한자가 쓰인것을 보여주고 …《중국 동북지방의 유적발굴보고》 사회과학원출판사 1966년판 124~125페지 …한자를 써넣어 주을 정도라면 그것은 사회적으로 일정하게 통용되였다는 것을 전제로 할것이다. (유 렬, 1990. 33)

3) 國初始用文字, 時有人記事一百卷, 名曰留記, 至是刪修. (「三史」 권20:2, 高句麗本紀 제8, 嬰陽王 11년)(국초(BC 1C)부터 漢字를 사용하기 시작하여 역사 1백권을 기술하고 책명을 「유기」라고 했는데, 이때(600)에 이르러 그것을 산수한 것이다.)

古朝鮮은 일찍이 인접한 華夏나 殷商과 교류했으나, 서기전 23세기의 龍山陶文 등은 서기전 13세기 이전의 甲骨文字와의 접촉은 밝힐 길이 없다. 차용이 확실한 漢字는 大篆(BC 8~3C), 小篆(BC 3~2C), 隸書(BC 3~1C), 楷書(3C)로 변천한 만큼, 지필묵의 발전으로 漢代의 통용문자가 된 隸書가 수용되고, 그 전에는 쓰기 힘든 竹簡의 篆書가 수입되었을 것이다. 그러나, 漢字를 사용한 것은 서기전 4세기로 추정되고, 이것을 차용하기 시작한 예는 서기전 1세기 高句麗 「留記」의 고유명칭이었다.

13.2) 表音과 音韻(용례: 「三史」 地理志, 고구려, 백제, 신라 순서)

62

(37:3b) (36:10a) (38:1b) /바닿

1) 表音: ㅂ…波兮(岩 바히), 波羅(錦 바라), 波旦(海 바다라), ㄷ…

(37:4b) /단 (36:2b) (34:11b) (37:4a)

旦(谷 다나), 珍惡(石 다라), 大良(江 다라). ㄱ…甲比(穴 가비),

(36:9a) (34:11b) (35:4a) (36:2b)

古尸(岬 고시), 加尸(新領 가시), ㅅ…述爾(峯 수리); 沙(新 사),

(35:2b) (35:2a) (36:8a) /가홀 (35:

濟次(孔, 서시), ㅎ…奈兮(白 나히), 豆肹(豆原 가후루), 波兮, ㅁ…買(水

2b) (36:5b) /물거 (34:6b) /밀 (35:6b) (36:6b)

마이), 勿居(清 무루거), 密(推 미라), ㄴ…內米(池 누미/나미), 乃利(津

(34:11a) /남 (37:13a) (36:3a) (34:10b)

나리), 南(餘 나마), ㄹ…沸流(松 비리), 夫里(城市 부리), 巨老(鵝 가로) 등.

2) 音韻(졸고 위 책에의 생성. 26.3) 참조)

子音: ㅂp ㄷt (ㅈc) ㄱk 母音: ㅣi (ㅡɨ) ㅜu
(8) (5)

ㅅs ㅎh ㅓe ㅗo

ㅁm ㄴn ㄹr (ㅇŋ) ㅏa (·ʌ)

받침: ㅁ ㄴ ㄹ (ㅇ) 重音: ㅑㅕㅛㅠㅘㅝ(ㅐ…ㅔ…ㅙ…)
(3)

이것은 가장 오랜 명칭으로 인연한 地名表記를 자료로 古代前期国語의 音韻을 재구해 본 것이다. 「三国史記」 地理志에는 가령 '孔巖縣, 本高句麗濟次巴衣縣, 景德王改名, 今因之'(권.35, 2~3), '三峴縣(一云密波兮)'(권37, 5) 라고 있어, 바위(岩)가 高句麗語로 '巴衣, 波兮' 임을 밝혔다. 그러나, 현단계로서 이 試案은 검토를 위한 것이며, 특히 表記의 해독에서 문제되는 것은 계속 더 究明하면서 정정을 기해야 한다고 생각한다. 이 音韻은 제한된 자료에서 재구했다는 점에서도 보완의 여지가 있을 것이다.

13.3) 非音韻(용례: 「三史」 地理志 기타, 13.4) 참조)

(37:15b) (3:10b)

1) 子音의 混記: ㅈ/ㅊ→ㄷ…薦子(節 모디)(子 精 ts 母), 毗處(人名 비디)(處 昌 tʃ' 母); 朱蒙(人名 도무/두무)(朱 章 tʃ 母)/鄒牟(두무)(鄒 莊 tʃ 母)/東明(도마)(東 端 t 母); ㅊ/ㅈ→ㅅ…未鄒(人名 미시/미수)/未照(미시/미소)(照 章 tʃ 母); ㄱ/ㅎ→ㅎ…骨正(人名

68

ㅈ우사)(骨見K母)/忽爭(ㅈ우사)(忽曉x母); 見/群…久遲/仇知 등

2) 받침의 混記: ㅂ/φ…軟平/沙平(35:9b/36:2b)(新原 사버러), ㄷ/φ…豆衛/(42:9a) (37:14b) 支縣(周 두주), ㄷ/ㄹ…達乙/達(37:4b/35:5b)(高 다라), ㄱ/φ…加野/何老(37:10a)(가라), ㅇ/φ…朱蒙/衆解(13:1a)(→牟)(도모/주무) 등.

3) 母音의 混記: 아래아(ㆍ)→ㅏ…旦(37:4b)(谷 다나), →ㅓ…斤烏(34:8b)(沼 가라), →ㅗ…未里(36:3a)(城市 보리), →ㅜ…岳(37:4b)(山 구루), →ㅣ…知(37:17a)(谷 디); ㅡ →ㅓ…斤尸(37:5b)(文 거시), →ㅗ…未里(城市 보리), →ㅜ…勿(35:5b)(水 무주) 등.

그러나, 실제로 漢字의 上古音이 국어에 어떻게 반영되었는가를 자세히 따져 보면, 위의 예와 같이 국어에서 확실히 그 반영을 거부한 흔적이 역력하다. 즉, 같은 發音에 대한 借字의 声母나 韻母가 혼용된 사실이다. 이러한 同音異字는 고대인의 관념에 없기 때문에 분간하지 못했다고 해석된다. 따라서, 의미구별에 쓰이지 않은 發音은 子音 ㅈ, 次清(ㅍㅌㅊㅋ), 全濁(ㅃㄸㅉㄲㅆ), 받침 ㅂㄷㄱㅅㅇ, 母音 ㆍ, ㅡ 등이었다고 믿어진다. 그러면, 이들이 결합해서 말이 되었겠는데, 그 규칙은 어떠했던가?

音韻變異와 規則 이 시대의 音韻은 이러한 사실로 보아 추려보다 간결한 구조였다. 이들 音韻의 結合規則도 복잡하지 않았을 것이나, 역시 자료의 제한으로 명확한 사실을 귀납하기 어렵다. 우선 당시 音節은 8子音과 5母音이 결합한 것 45, 重母音 j先行 4, w先行 3, j後行 10, 도합 16개가 子音과 결합한 것 128, 이들 173개에 3받침이 각각 결합한 것 519, 그래서 총계 692로 계산된다. 45개의 單母音, 128개의 重母音, 45개와 128개의 받침으로 된 音節表가 되나, 이것은 논리적인 音節이다.

이 표는 계산에 의한 결과일 뿐이며, 개개의 機能負担量은 헤아릴

같이 없다. 따라서, 그 부담량 영 즉 쓰이지 않던 것을 가르지 못하고, 또 音素의 부담력도 구분하지 못한다. 다만, 現代國語에 대한 부담량의 분석(金敏洙, 1983. 51~52)에 비추어, 初声 ㄱㄷㅅㄴㄹㅈㅎㅁㅂㅊ, 中声 ㅏㅣㅓㅡㅗㅜㅔ, 終声 ㄴㄹㅇㄱㅁㅅ 등의 순서에서 이들은 거의 높은 부담력을 가진 유로 나타났다. 결론을 서두르면, 이 사실은 이들 音韻이 체계와의 經濟性과 安定性이 높고, 소실될 가능성이 거의 없다는 뜻이다.

13.4) 音韻変異(용례: 「三史」 地理志, 기타, 13.3) 참조)

1) ㄹ/ㄴ添加: 刀良/大良(34:11b 다라)(江), 古衣(37:6a)(鵠 고니/고리), 古所於(37:4b)(獐 고사니/고라니) 등, ㄱ/φ: 伏史/夫斯(37:5a)(松 보시), 德頓(37:4b)(十谷 더두누) 등, ㅎ/φ: 波兮/波衣(35:2b)(岩 바히) 등.

2) 母音調和: ㅏ~ㅏ 大良(다라)(江), ㅏ~ㅗ 巨老(가로 34:10b)(鵞), ㅗ~ㅣ 夫斯(보시 35:1a)(松), ㅗ~ㅏ 古良(고라 36:3a)(青), ㅓ~ㅜ 今勿(거무루 35:1b)(黑), ㅜ~ㅜ 功木(구무 37:4a)(熊), ㅣ~ㅣ 於乙(이리 37:3b)(井), ㅣ~ㅏ 伊伐(이부루 35:8a)(鄰), ㅏ~ㅣ 奈兮(나히 35:2a)(白), ㅓ~ㅣ 省次(서시 35:2b)(孔), ㅗ~ㅣ 古次(고시 37:4a)(口), ㅜ~ㅣ 內米(누미 35:6b)(池), ㅗ~ㅏ~ㅣ 古所於(고사니)(獐) 등.

音韻의 結合規則은 音節이 구성되기 위한 接合, 두 음절이 결합되기 위한 連結로 나뉜다. 그 接合에서는 현대의 頭音規則과 末音規則이 있지만, 이 시대에도 있었을 것으로 추측되는 頭音規則은 입증하기 어렵고, 末音規則은 破裂音 받침이 없어서 없었던 것으로 보인다. 그러나, 그 連結에서는 借字上의 편의도 겹쳐 위 1)과 같은 變異가 나타나고 있는데, 단순한 예가 약간 보인다. 반면에, 母音調和는 가능한 한 韻母를 잘 가려 의식적으로 살리려던 규칙이라는 점에서 중요한 특징으로 꼽힌다.

위에서 제시한 이 시대의 音韻体系는 간결함이 특징이라고 했는데,

이 간결성은 言語類型論의 관점에서 해석해 볼 측면이 있다. 가령, 母音体系는 3母音(i a u)을 기본으로 하고, 4母音(3+ɛ), 5母音(4+o), 6母音(5+ɨ, ɔ), 7母音(6+ə) 등과 같은 유형의 보편성이다. 그러면, 5母音体系가 가질 것은 ɛ인데, 후대의 기록이나 日本語와 音寫 e:ㅓ(「伊路波」(1492) 1)는 우연이 아닌 것이다. 절대적은 아니라도 自然言語의 보편적 이론을 이처럼 개개의 言語史에서 주목해 볼 여지는 충분하다고 여긴다.

漢字音과 音韻表記 古代國語의 借字表記에서 특히 '不讀下'에 해당하는 表音은 漢語史의 上古音에 근거해서 해독되어야 한다고 이미 언급했다. 그러면, 漢語의 上古音과 우리의 古代音과의 차이를 알 필요가 있다. 上古音의 고증은 첫째 3천년전 「詩經」의 押韻, 둘째 六書의 하나로 일찍 생성된 形声字(声符)의 同韻部 원칙을 근거로 하며, 그 귀결의 예는 위 12.2)의 3) 11類30部의 분류로 나타났다. 그런데, 알려진 대로 声母와 韻母로 구성된 漢字音에서 韻母를 구성한 韻腹은 불가결한 것이다.

14.1) 上古音의 様相

1) 字音(예: 巴 ba, 廣 guang): 声母(b, g), 韻母(a, uang)=韻頭(u)+韻腹(a)+韻尾(ng) (唐作藩, 1972. 7~9) ※IMVF/T, MVF/T

2) 從外民族向漢語借的詞看：朝鮮語把"風"叫[palam]。中国宋代有朝鮮把"風"叫"孛纜"的記載。在古籍中還把"風"叫"噴輪、焚輪、飛廉、毗藍、勃嵐"等等。這些詞有兩个共同的特点：1、按"古無輕唇"的原則，第一个字是双唇音声母：孛[b]、噴[p']、焚[b]、飛[p]、毗[b]。第二个字都有边音声母[l]，而且除"輪"字外都收[-m]韻尾。与朝鮮音完全相合。而"風"字按"古無輕唇音說"，也是双唇音声母，上古归"侵部"，也收[-m]韻

66

尾。…因此我们可以説在上古時代，漢語的"風"本來発[plam]的音，应該是个複輔音声母字。(李思敬, 1985. 117) ※卯 kl-, 鏐 gl-, 卯 ml-, 系 sn-, 㬎 sx- 등.

3) "風"字, …從這樣一个形式出発, 就可以解釈如下的音変：[-iuəm]＞[iuəŋ]＞[-iuŋ] ①(《詩経》時代) ②(過渡時代) ③(《切韻》時代). 音変説明：①形式的閉口韻尾[-m]受前辺合口介音[-u]的異化作用変成[-ŋ](因為介音[-u]和韻尾[-m]都有双唇動作, 発音動作的重複, 使其中的一个音改変発音部位), 于是产生了②形式的[-iuəŋ]。②形式中的[ə]是个不穩定的央元音, 受介音[-u]的高化作用([i][u]都是高元音), 再加上韻尾[-ŋ]是个舌根音, 発音部位靠后, 于是就把[ə]変成了后高元音[u]。介音里的[-u-]和主要元音[u]經過合流, 就変成了③的形式：[iuŋ]。用為介音説可以更方便更合理地解釈历史音変現象。因此我们采取上古有介音説。不過上古的介音和中古的介音雖然相応, 但未必完全相同。(李思敬, 1985. 109~110)

4) 関于上古的声調系統, 至今尚無統一的意見。…当代学者王力先生对上古声調的看法是: …王先生的這个声調系統是三大類六小類。如果平声、上声不論陰陽, 実际上是四个声調, 即平、上、長入、短入。這个結論吸收和発展了清人的研究成果。…我个人認為王力先生提出的長入短入之分是很正确的, 這樣就可以对中古相当数量的去声字在上古時代跟入声関係非常密切這一現象, 進行合理的解釈。(何九盈, 1991. 79~80)

이러한 上古音이 古代國語의 표기에 어떻게 반영되었는가 하는 문제는 아직 뚜렷한 해답을 얻지 못하고 있다. 4세기 이전의 古代前期는 2세기 兩漢時代 이전의 上古音과 3~10세기 魏晋~隋唐代 中古音에 걸치나, 그 漢字音에는 上古音이 반영되었을 것으로 보인다. 그런데, 上古音과 古代漢字音이 어떤 対応関係에 있었는가는 밝혀진 것이 거의 없다. 이 한계에서는 성급하지만 추정되는 地名解讀의 예에 따라 용감한 시도를 해 보는 수밖에 없다. 먼저 약간의 단편적인 예를 찾아 보기로 한다.

14.2) 上古音과 古代漢字音과의 対照 (용례: 「三史」 地理志)

1) 声母: 次清→全清, 全濁→全清, 歯頭音/正歯音→歯音, 精母(ts)/照母(t) (ㅈ)→ㄷ, 暁母(x)→ㅎ, 日母(n)→ㅅ 등 체계적 반영.

2) 韻頭: ɪæi>ai 皆(—伯), ɪa>a 巴(—衣), wa>u 古(—次), jə>ə>u 流(沸—)/仇(—知), ɪai>ai 沙(—尸良), jɤ>u 首(—尔), jən>ən 隱(難—), jwən>ən 兮(奈—) 등 삭제.

3) (韻頭)/韻尾: ai>a 羅(柒—), jæi>i 次(忽—)/兮(波—), wai>a 波(—珍), wət>u 忽(—次), jaŋ>a 良(毛—), ɪap>a 甲(—比)/若(—上) 등 삭제. jwət>ət>ər 勿(—居)/述(—尔)/勿(今—), at>ar 達(功木—), wat>at>ur 忽(買—) 등 韻尾 ㄷ의 流音化, 連音 등.

4) 韻腹: a>ɑ 乃(—勿), ʌ>a 毛(—良), jwa>u 所(—比), jəm>ə 今(—勿), jæt>i 乙(於乙), ɪæ>je 買(—尸達), jæ>i 斯(於—), jwa>a>o 居(勿—) 등의 대조.

위와 같은 대조에서는 어떠한 対応規則을 뚜렷이 나타내 주지 않는 것으로 보인다. 결과적으로 声母에서는 그런대로 규칙성이 어느 정도 있으나, 韻母에서는 복잡한 양상이다. 대체로는 음성적 환경에 따라 기록하는 사람의 편의와 이에 의한 습관 등이 개재했을 것으로 추측되기도 한다. 특히 t入声의 弱化가 用字의 편의에서 온 것인지, 아니면 中古音 후기의 반영인지는 의문이다. 中古音의 반영이라면, 이들 地名表記도 당연히 그 시기인 8세기 이후에나 비로소 기족했다고 해야 할 것이다.

실제로 4세기의 金石文이나 文書를 위시하여 7세기 이전의 적지 않은 자료에 고유명칭이 있고, 이 기록은 이후의 表記에 연계되어 있다. 이러한 맥락 속에서 이미 언급한 대로 古代漢字音을 실증적으로 재구성하는 작업이 시급한 것은 물론이다. 그 성과에 따라 이 시대의 声調에 대한 추측도 짐작되지만 기대하기는 어렵다. 기대한다면, 上古音에서 추정된 長短音일지도 모른다. 그리고, 모든 自然言語가 기본적으로 가지고 있는 語調는 어떠한 형태이든지 본래부터 가지고 있었다고 할 것이다.

2.1.2 語彙와 形態表記

<u>本來語와 漢字語</u> 이 시대의 어휘는 이미 예시한 人地名, 官職名 등 고유명칭에서 보듯이 전래한 本來語의 체계였음이 분명하다. 이 사정은 신라, 백제, 고구려가 같았을 뿐만 아니라, 이들 3국의 言語도 큰 차이가 없었다. 借字表記의 해독이 불완전한 단계에서 세밀한 比較는 어려우나, 대체로 3국이 하나의 共通言語圈을 이루었다. 이 체계는 東晋, 先秦과의 빈번한 文化交流의 영향으로 더욱 다양하고 풍부한 양상을 띠기 시작했다. 그 현저한 영향은 주로 서쪽에서 새로 전래한 文物이었다.

15.1) 漢字語의 수입

1) 고구려: 小獸林王 … 二年夏六月, 秦王符(苻)堅遣使及浮屠順道, 送佛像經文, 王遣使廻謝, 以貢方物, 立太学, 教育子弟. (『三史』권18:4, 高句麗本紀 제6) (소수림왕 2(372)년에 前秦王 부견이 사신을 시켜 부처, 승려, 경문을 전하니, 소수림왕은 사신을 보내 회사했

다. 태학을 세우고 자제에게 儒学을 가르쳤다) ※浮屠(僧 誤).

四年, 僧阿道来. 五年春二月, 始創肖(省)門寺, 以置順道, 又創伊弗蘭寺, 以置阿道, 此海東佛法之始. (「三史」권18:4, 高句麗本紀 제6) (소수림왕 4(374)년에 승 아도가 왔다. 5(375)년에 절을 창설하여 승 순도를 두고, 또 절을 세워 승 아도를 두니, 이것이 해동 불교의 시초였다)

2) 백제: 枕流王 …秋七月, 遣使入晋朝貢. 九月, 胡僧摩羅難陀自晋至, 王迎致宮内礼敬焉, 佛法始於此. (「三史」권24:10, 百済本紀 제3) (침류왕 원(384)년에 호승 마라난타가 東晋에서 오자, 침류왕이 그를 맞아 궁내에 두고 예경하니, 불법이 이로부터 시작했다)

此之御世〔応神朝〕…亦百済国主照古王, 以牡馬壹疋, 牝馬壹疋, 付阿知吉师以貢上〔此阿知吉师者阿直史等之祖〕, …又科賜百済国, 若有賢人者貢上, 故受命以貢上人, 名和邇吉师, 即「論語」十巻, 「千字文」一巻, 并十一巻, 付是人即貢進〔此和邇吉师者文首等祖〕. (日本「古事記」中巻) (백제 근초고왕(346~374)이 응신조(270~310)의 요청으로 와니길사(王仁)에게 딸려 「논어」와 「천자문」을 보냈다) ※年代 偽作.

3) 漢代梵文対音把Buddha訳為"浮屠". "屠"是魚部字, 以然那時主要元音是[a], 才能用這个字来対梵文的ddha. (李思敬, 1985: 111) ※漢代 BC 206~AD 219. 浮 並幽 pʻĭu, 屠 定魚 da

서쪽의 영향은 372년에 前秦에서 고구려에 전래한 儒教와 佛教, 384년에 東晋에서 백제에 전래한 佛教, 이전에 전래한 儒教 등이었다. 위 2)에서 374년경에 이미 학자와 經書가 日本에 전해진 기사로 보아, 經書의 학습은 훨씬 빨랐던 것이다. 그래서, 이와 함께 漢字語가 수용되기 시작했는데, 위 기사에 나타난 것은 浮屠, 順道, 佛像, 阿道, 肖(省)門寺, 伊弗蘭寺, 摩羅難陀, 經文, 太学, 論語, 千字文 등이다. 개중에는 梵語를 음사한 漢語의 外來語 浮屠(Buddha), 摩羅難陀(Māra Nanda) 등도 있다.

儒敎는 孔子(BC 551~479)에 의하여 고래의 思想을 대성한 人倫道德이며, 2세기에 後漢에서 융성하면서 그 經書의 연구가 크게 발전해 간 東洋哲學이다. 당시 이러한 유교의 전래는 특히 추상적 개념이나 知的 개념을 나타내는 어휘의 도입을 가져왔다. 실증할 자료는 없으나, 가령 學問, 陰陽, 理致, 知識, 智慧 등이나 天倫, 道德, 孝子, 忠臣, 友愛, 眞心 등과 같은 어휘가 新語로서 점차 수용되기 시작했을 것은 추측하기 어렵지 않으며, 그 선도자는 太學을 위시한 일부 계층이었다고 여겨진다.

佛敎는 釋迦牟尼(BC 6~5C)에 의하여 인간의 고뇌를 해결하려고 창시된 宗敎이며, 1세기경에 後漢을 거쳐 점차 東北亞로 전파된 관계로 經典이 거의 漢文이었다. 당시 이러한 불교의 전래는 위에서 열거한 외에도 功德, 生死, 菩提, 十方, 因緣, 懺悔, 煩惱, 苦行, 供養, 衆生, 法界 등과 같이 생소한 新語를 가져오기 시작했던 것이다. 이런 어휘는 처음에 사찰을 비롯한 佛家에 정착되었겠으나, 불교가 점차 민간에 전파되면서 이들 어휘도 신앙심의 위력과 함께 광범하게 퍼져 갔을 것은 분명하다.

單語構造와 品詞 기록상 서방에서 문물과 함께 漢字語가 유입된 시기는 4세기였다. 이 시기가 더 소급되더라도, 당시의 漢字語는 극히 부분적인 현상이었다. 3국의 어휘가 반영된 고유명칭의 借字表記가 모두 本來語였음이 밝혀졌기 때문이다. 반면에, 이들 자료는 당시의 單語構造에 대하여 시사하는 바가 적지 않다. 이 표기에 대한 해독이 미진하여 선명한 語形까지는 몰라도, 기본적인 구조를 추출해 내기는 불가능하지 않을 것이다. 다음 예서는 자료에서 單語構成의 용례를 골라 본 것이다.

15.2) 本來語의 單語構成(용례: 「三史」 地理志 기타)

마-구루(35:3b) 보시-마(37:5a) 마-다나-구루(37:4b) 보

1) 고구려: 買-忽(水城), 伏斯-買(深川), 買-旦-忽(水谷城), 扶

소-눈(35:5a) 나리-가(36:10a) 구시-더러(36:9a) 마라-모리

蘇-岬(松岳), 백제: 仍利-阿(海濱), 丘斯-珍(珍原), 毛良-夫里

(36:9b) 기-나(36:8a) 사리-라(36:3b) 시루-바호(34:4a) 미

(高敞), 季-川(長沢), 沙尸-良(黎地), 신라: 㯓-巴火(載岩), 推

라-부루(34:7a)

良-火(三城) 등 複合構成(語根-語根).

마라-거러(37:5a) 어시-마(37:5a) 사나-리(35:7b) 고

2) 고구려: 馬-斤(大楊), 於斯-買(横川), 沙熱-伊(淸風), 신라: 高

시-갈-리(東地 29)

思-曷-伊(冠) 등 派生構成(接辞-語根, 語根-接辞). ※於斯=어시/엇(横)-買, 沙熱=사날(淸)-이(伊), 高思=고사/곳-曷=갈(冠)-伊=이.

이것은 본래의 지명에 대하여 후에 바꾼 漢語의 뜻을 근거로 한 분석이다. 우선 複合構成에서 주목할 것은 '㯓 실(載) 巴火(岩), 季 기(長) 川(澤)' 등의 '실(載), 기(季)'와 같이 用言의 語幹이 그대로 名詞처럼 쓰인 점이다. 그런데, 派生構成에서 '沙熱 사날(淸)-이'의 '사날(沙熱)' 같은 形態는 語幹인지 名詞인지 쉽게 알기 어렵다. 이 특징은 뒤에 다시 엿보기로 하고, 이 시대의 單語構造가 비록 단편적인 자료에서나마 이로써 본질적으로 中世國語와 큰 차이가 없었음을 짐작하게 되었다.

이 시대의 어휘를 品詞의 측면에서 보면, 名詞 예: 買[매](水), 巴火[바호](岩) 등, 代名詞 예: 伊[이](自) 등, 數詞 예: 推[미루](三) 등과 動詞 예: 㯓[시루](載) 등, 形容詞 예: 伏斯[보시](深), 季[기](長) 등에 冠形詞 예: 沙[사](新) 등이 발견된다. 이런 品詞体系에서 당연히 있었어야 하는 副詞와 感歎詞가 없는 것은 단지 자료의 탓이며, 다음 다른 자료에서 보게 될 것이다. 그러나, 당시의 冠形詞는 오늘과 달리 名詞의 범주였다고 여겨진다. 用言의 語幹이 名詞처럼 앞에서 결합되는 자료에서는 고차원에서

보아야 하기 때문이다.

이런 구조가 構語法에 국한된 것인지는 더 究명해 보아야 하겠으나, 品詞의 機能은 体言, 用言, 修飾詞, 感歎詞로 분류되는 것이 이 단계의 시각이다. 그러면, 冠形詞의 기능은 있었으나, 그러한 품사가 없었고, 또한 接續詞의 기능은 있었으나, 그러한 품사가 없었다는 관점이다. 그러면, 실제로 冠形詞의 기능은 名詞가 담당했고, 필요한 接續詞의 기능은 零形態나 虛辭化해 가는 助詞, 語尾가 사용되었을 것이다. 같은 形態가 体言과 用言 두 기능으로 사용되었을 것은 그래서 추정하기 어렵지 않다.

形態와 形態構造 이 시대의 單語構造는 역시 보편적인 複合法과 派生法에 의하여 單語가 생성된 것이었다. 따라서, 그 구조는 語根(root)과 接辭(affix)로 분석되고, 單語의 종류는 單一語와 複合語 및 派生語로 구분되었다(金敏洙, 1983. 176~181). 더 나아가서 엿볼 것은 그 語根이나 接辭의 形態에 대한 의문이다. 우선 數詞의 語形과 用法이 어떠했는지 궁금하다. 數詞의 冠形詞形은 다음 용례와 같이 이 시대에는 없었던 것으로 보이고, 2) 후기의 자료에서도 계속 같았다는 점에서 주시된다.

16.1) 數詞의 形態 (용례: 「三史」 地理志)

미루(37:5a) 오시(37:4b) 나나(37:3b)
1) 數詞: 고구려… 密(三)-波兮(峴), 于次(五)-呑(谷)-忽, 難隱(七)-
버러 더(37:4b)다나 두루루(36:10a) 두(36:6b)
別(重), 德(十)-頓(谷), 백제… 豆肹(会/二)-県(会津県), 毛(萬)-
나 가단/가다(34:3b) 가리(34:12a) 가
乃(頃)-山, 신라… 一直/直寧(一)-県, 一利(一)-郡(星山郡)/加
리 미라(34:7a)부루
利(一)-県, 推良(三)-火(玄驍県) 등.

가단
2) 一直/直寧(一): 一等下叱 ᄒᆞᆫ 든핫, 一等肹 ᄒᆞᆫ 든을, 一等沙 ᄒᆞᆫ 든사(禱千手觀音歌), 豆肹(二): 二肹隱 두블은(處容歌), 二尸掌音

두블 손보로(禱千手觀音歌) 등.

다음으로, 用言의 形態変化는 각종 機能을 갖기 위한 수단이기 때문에 없지 못할 用法이다. 전모를 밝히는 것은 역시 자료 탓으로 불가능하다. 다만, 다음 용례에서 '今勿(黑)-奴'는 未来冠形形으로 보아서 좋을 것이다. 그런데, 用言의 語幹은 위에서 언급한 대로 自立形으로 쓰이는 특징이 발견된다. 이 특징은 体言이 用言으로 쓰인 다음 2) 中世国語의 예와도 관련된다. 즉, 이 현상은 用言의 語幹이 원천적으로 体言에서 생성되고, 이 語幹은 본질적으로 自立形이었다는 사정이다(金敏洙, 1992).

16.2) 用言의 形態(용례: 『三史』 地理志)

거무루(35:1b) 노 / 사보(35:2a) 구루 / 사비(37:5b) 거리
1) 用言: 고구려: 今勿(黑)-奴(壤), 沙伏(赤)-忽(城) / 沙非(赤)-斤乙(
바라(35:7a) 나 / 나(35:7b) 도 / 비시(37:5a) 마 / 구루(35:11a) 부루
木), 伐力(綠)-川(驍), 那(大)-吐(堤), 伏斯(深)-買(川), 屈(曲)-火(城),
가(35:3b) 마디 / 마(37:5b) 히 / 마루(37:5a) 고리 / 거무루/거무
皆(王)-伯(逢), 買(水)-伊(入), 馬(大)-斤(楊管), 백제: 今勿/今武
(36:2a) / 사비(36:3b) 가라 / 무루거/마라가(36:5b) / 기루(36:8a) 나 / 가
(黑)-県, 所比(赤)-浦(=烏), 勿居(淸渠(淸)-県, 季(長)-川(潭), 居
시(36:7b) 무루 / 마시(36:2a) 다라 / 거무루(34:4b) / 사비(34:5a) 나 / 바라
斯(靑)-勿(雄), 馬尸(大)-山, 신라: 今勿(陰)-県, 助比(陽)-川, 八(
(34:7a) 가리 / 기루(34:5a) 두 / 기루(34:8b) 다 / 다비(34:5b) 다리/다비: / 다
仁/明)-居里, 古(長)-同(山)/只(長)-沓(立), 答乙(化)-達/沓(化)-達
라 / 나마(34:11a) 노
(地), 南(餘)-内(善) 등.

2) 中世国語의 用言: 갈 刀(訓解 22)-ᄀᆞᆯ다 磨(月釈 一29), 갈다 耕(杜初 20:25), 깁 繒(訓解 22)-깁다 補(楞経 五92), ᄀᆞ뭄 旱(竜歌 一1)-ᄀᆞ물다 旱(月釈 十84), 누리 世(訓字 中1)-누리다 享(竜歌 十43), 되 升(月釈 九7)-되다 測(釈詳 六35), 씌 帶(月釈 八99)-씌다 横腰(竜歌 十44), 빗 梳(杜初 二十45)-빗다 梳(杜初 七12), 빈 腹(月曲 46)-빈다 孕(釈詳 十三10), 신 履(訓解 26)-신다 著(杜初 七21), 자 尺(訓解 26)-자히다 尺(杜初 二五50), 품 懷(杜初 二十17)-품다 懷(楞経 八116), 낟

74

日(月曲 46)－낡다 久(月曲 155)/늙다 老(龍歌 九33), 발 足(月曲 119)－ᄇᆞᆲ다 踏(救簡 六34)

길 路(月曲 86)/길 長(月釋 八12)－길다 長(月曲 164), 오래 久(救簡 六44)－오라다 久(龍歌 九35), 널 板(訓解 25)－너르다 寬(楞經 二7), 플 草(月釋 二72)－프르다 綠(訓字 中15)/푸르다 靑(月釋 二31), ᄒᆡ 日(龍歌 七1)/ᄒᆡ 年(救簡 六4)－ᄒᆡ다 白(杜初 九5), 믈 水(訓解 25)－ᄆᆞᆰ다 淸(救簡 九4)/ᄆᆞᆰ다 稀(譯類 下49), 블 火(月曲 101)－블다 吹(月曲 102)/ᄇᆞᆰ다 明(龍歌 八26)/ᄇᆞᆰ다 丹(杜初 七15)/븕다 赤(龍歌 一11)/븕다 紅(月釋 二57) 등.

이러한 역사적 形態構成을(鄭暻海 1970-6) 보면, ㄹ받침은 후대에 생성된 것이 확실해지고, 이 받침後生說은 古代國語의 形態를 재구하는 하나의 전제가 될 것이다. 가령, 위의 예 '八居里(仁里)'의 해독에서 '八居(仁)-里'(발가 거리)보다 '八(仁)-居里(里)'(바라 거리)의 가능성에 주목하는 것과 같다. 그러나, 이 시대의 文法的 形態는 단편적 자료에 잔존한 약간의 예를 엿보는 것이 고작이다. 그래도, 초기의 吏讀文에서 자료를 제공받아야 하는데, 이 자료는 유감스럽게도 가장 오래된 것이 5세기이며, 그것도 손꼽을 정도에 불과하다.

16.3) 5~6세기 初期吏讀文의 文法的 形態

1) 고구려 瑞鳳塚銀合杅(451): 延壽元年 太歲在卯 三月中 太王敎造… ※三月中 三月에, 中原 高句麗碑(481): 五月中 五月에. 節賜 명하여 내리다, 節敎賜 명하여 주다 등.

2) 백제 蓋鹵大王刀銘(455): 治天下…(蓋)鹵大王世 奉(爲) 典(曹)人 名无利工 八月中 用大鑄釜 并四尺 (廷)刀 八十練 六十(振) 三寸上 好( )刀服 此刀者 長壽 子孫洋洋 得三恩也 不失 其所

統作… ※奉爲 받들, 八月中 八月에, 還刀 칼 벼려 등.

3) 신라 冷水里碑(443): 敎用 써서, 爲證尒 증거하여, 所白了事 사뢰어 마치다, 鳳坪碑(524): 所敎事 명령된 일이다, 節 감독하다, 川前里書石(535, 545): 節 때, 九月中 九月에, 前立人 앞에 선 사람 등.

이 吏讀文은 漢字로 썼으되 漢文이 아니다. 당연히 당시의 우리말로 읽어야 하는데, 아직 정확한 해독이 되어 있지 않다. 앞뒤의 文脈으로 보아 뜻을 짐작할 정도이며, 최근에 발견된 신라의 迎日冷水里碑(443)에서 敎用, 爲證尒, 敎耳, 別敎 등은 인증하기도 어렵다. 다만, 그런 속에서도 處格 -에(中)가 3국에서 공통으로 사용되었던 점은 눈여겨 볼 부분이다. 이와 관련하여, 백제 개로왕이 倭王에게 보낸 칼의 銘文이 漢文 아닌 吏讀文이라는 사실이 무엇을 뜻하는지 깊이 새길 필요가 있다.

2.1.3 構文과 構文接辭

文章構造와 語順　이 시대의 構文을 실증할 자료는 전하는 것이 없다. 역시 5~6세기의 작품을 빌어서 그 모습을 엿보는 길밖에 없다. 그러나, 이러한 文法은 쉽게 변천하는 것이 아니기 때문에, 1~2백년 정도 후대의 자료를 가지고 소급하는 것은 헛되지 않을 것이다. 국어는 널리 알려진 대로 形態上 膠着語(agglutinative language)이며, 語順上 主語+客語+述語(SOV)의 유형에 속한다(Greenberg. 1963). 그러면, 자료에 의하여 당시의 語順과 이에 따른 構文接辭의 양상을 검토해 보기로 한다.

(17.1) 5~6세기 作品의 構文

76

1) 고구려 中原碑(481): 五月中 高麗大王相公( )新羅寐錦 世世爲願 如兄如弟 上下相和守天 東來之.(5월에 고려대왕 왕상공과 신라 매금은 세세에 형과 같고 아우와 같기를 원하여, 상하가 서로 수천을 어울리려 동으로 왔다.)

②고려대왕 왕상공과 ③신라 매금은 ④세세에 ⑤형과 ⑥같고 ⑦아우와 ⑧같기를 ⑨원하여→②③S+⑤~⑧O+⑨V, (②S+⑤C+⑥V, ③S+⑦C+⑧V), ①상하가 ②서로 ③수천을 ④어울리려→①S+③O+②④V, ⑤동으로 ⑥왔다→(②③S)+①⑤⑥V

2) 신라 향가 薯童謠(579~631): 善化公主主隱 他密只嫁良置古, 薯童房乙 夜矣夘乙抱遣去如.(「三遺」 권2 武王)(선화공주님은 남 그스기 얼어 두고, 마동방을 밤에 알을 안고 가다.)

①선화공주님은 ②남 그스기 ③얼어 두고→①S+(④O)+②③V, ④마동방을, ⑤밤에 ⑥알을 ⑦안고 가다→(①S)+④O+⑤⑦V, (①S)+⑥O+⑤⑦V

위의 비문은 아래 향가와 비교하여 확연히 드러나듯이 漢文句와 약간의 構文接辭로 구성되어 있다. 이것은 초기의 吏讀文에 속하나 당시의 語順을 실증하기에 충분한 金石文이다. 이와 함께 鄕歌를 아울러 자세히 분석해 보면, 이 시대의 語順 SOV型임이 확실하다. 따라서, 당시 漢文을 읽거나 쓸 때에 母語와 다른 漢文의 SVO構文을 의식했고, 때로는 안이한 SOV構文으로 쓰거나 의식적으로 誓記文을 썼을 것이기도 하다. 鄕札에 앞선 吏讀의 고안은 당시 문자생활에서 필연적인 발명이었다.

現代國語의 語順을 보면 SOV型임에는 틀림이 없으나, 실제로는 아주 느슨하여 자유로운 배열이 허락된다. SOV에 OSV도 자연스럽고, 위의 예 ①④②와 같이 副詞語는 얼마든지 S나 O 앞에 놓이는 자유를 갖고 있다. 그래서, 규정적인 것은 主語+述語, 修飾語+被修飾語의 원칙이다(金敏洙, 1983. 138~140). 이러한 語順의 면모가 위의 분석에서도 나타나 있다. 1천6백년을 격한 당시에 그러했던 만큼, 과연 기본적인 文法規則은 가변성이 적다는 사실을 실감하며 새삼 유의해 볼 필요를 느낀다.

한편, 文章에 필요한 構文接辭는 위의 鄕歌에 隱 으/은/ㄴ/는, 良 아/어, 古/遣 고, 乙 ㄹ/을, 衣 애/에, 如 다 등이 나타났다. 이에 앞선 中原高句麗碑에는 성질상 에/애 하나만 쓰였으나, 읽을 때에는 와/과, ㄴ/은, ㄹ/을, 고, ㅎ다 등과 같은 形態가 사용되었다고 추정해야 옳을 것이다. 이런 형태가 6세기에 갑자기 발생했다고 하기 어렵고, 5세기의 初期吏讀에 이미 그 일부가 있었기 때문이다. 다만, 그 형태가 당시 어떠했던가를 실증적으로 재구하는 문제가 과제로 남아 있을 뿐이다.

<u>文章成分과 指標</u> 이 시대의 構文이 언급한 대로 主語+述語 혹은 主語+客語+述語의 구성인 사실을 확인했다. 副詞語도 있고, 16.2)에서는 未來形 冠形語의 모습도 엿보았다. 의미표현에 불가결한 補語를 17.1) ⑤⑦로 확정하면, 당시도 必須成分에 主語, 述語, 客(目的)語, 補語, 隨意成分에 副詞語, 冠形語, 獨立語가 갖추어져 있었다고 볼 것이다. 그런데, 連結語가 있었을 가능성은 매우 희박하나, 향가 薯童謠에 나타난 提示語 혹은 主題語(예: 선화공주님은)는 이 시대까지 소급될 가능성이 농후하다.

17.2) 6~7세기 鄕歌의 構文

1) 신라 향가 彗星歌(579~631): …倭理叱軍置來叱多, 烽燒邪隱邊也藪耶. …彗星也白反也人是有叱多. 後句 達阿羅浮去伊叱等邪. (「三遺」

5:17, 融天師)(…여릿군도 와잇다. 해 든안 어여수플이야. …혜성이여 술바녀 사뢰이 이시다. 아야 도아라 ᄠᅥ가잇드야)

2) 慧星歌의 構文: …여릿군도(主) 와잇다(述). 해(를)(冠) 든안(述, 冠) 어여수플이야(独). …혜성이여(独) 술바녀(冠) 사뢰이(主) 이시다(述). 아야(独) 드라라(独) ᄠᅥ가잇드야(述).

이 構文에서는 우선 冠形語, 独立語가 나타났고, 補語는 쓰이지 않았다. 위에서 기대하고 있던 品詞로서는 薯童謠의 副詞(예: 密只 그스기)에 이어 慧星歌에서 感歎詞(예: 後句 아야)가 나타났다. 이보다도 위에서 본 용례와 아울러 훨씬 늘어난 構文接辭에 관심이 쏠린다. 그것은 첫째 主格 伊 이, 述格 耶 이야 등의 体言토, 둘째 冠形形 隱 ㄴ, 過去形 伊叱 잇 등의 用言토, 셋째 謙稱 白反也 술바녀 등이 출현한 사실이다. 특히 謙稱의 존재는 古代國語의 실상을 암시하는 점에서 중요시된다.

17.3) 6~7세기 構文接辭의 形態(홍기문 1956, 俞昌均 1994)

1) 体言토: 主格…(人)伊 (사롬)이, 对格…(薯童房)乙 (마동방)을, (烽)(φ) (해)(φ), 与格…(夜)矣 (밤)애, 述格…(藪)耶 (수플)이야, 呼格…(慧星)也 (혜성)이여, (達)阿羅 (달)아라, 특수토…(倭理叱軍)置 (여릿군)도, (主)隱 (님)은 등. ※(密)只 構語接辭.

2) 用言토: 接續形…(嫁)良 (얼)어, (置)古 (두)고, 冠形形…(燒邪)隱 (소라)ㄴ, (白反)也 (술바)녀, 終結形…(去)如 (가)다, (來叱)多 (와이시)다, (浮去伊叱等)邪 (ᄠᅥ가이시드)야, 使動…(燒)邪 (드)야, 過去…(來)叱 (와)이시, 過去未完…(浮去伊叱)等 (ᄠᅥ가이시)드 등.

3) 敍述指標: (來)叱多—叱 이시(時稱, 過去), 多 다(敍法, 平敍)(謙稱, 下稱), (浮去)伊叱等耶—伊叱 이시(時稱, 過去), 等 드(時稱,

過去未完), 邪 야(敍法, 平敍)(謙稱, 下稱), (去)多一Φ(時稱, 現在), 多 다(敍法, 平敍)(謙稱, 下稱) 등. ※謙稱: 白反也 숣바녀.

위의 體言토에서는 형태가 같은 主格과 述格에서 같은 표현으로 시선이 끌린다. 실증될 자료가 없어 아쉽다. 用言토에서는 冠形形의 출현으로 위에서 추정했던 冠形語의 실존이 확인되었다. 이 실존은 構文上 冠形句의 존재가 입증되고, 이 입증은 이른바 敍述冠形語라고 하는 揷入(embedding)을 말하는 것이다. 이 冠形化는 變形生成文法에서 關係節化라고 하는 것이며, 위의 예는 [$_{S_1}$[$_{NP}$[$_{S_2}$[$_{NP}$ 烽(홰)][$_{VP}$ 燒(스란)]]$_{S_2}$[$_N$ 邊也(어여) 數(수플)]]$_{NP}$[$_{VP}$ Δ]]$_{S_1}$ 와 같은 구조에서 使動變形, 冠形化變化에 의하여 생성되었다고 보는 것이다.

또한, 모든 構文의 敍述指標는 보편적으로 時稱(tense)와 敍法(modality)의 표시로써 하나의 敍述이 완성되는 것은 알려진 사실이다. 用言토에 속하는 위의 이 지표는 역시 時稱과 敍法으로 구성되었으나, 또 하나 謙稱이 존재했다는 사실에 주목하고 싶다. 즉, 白反也 숣바녀의 사용이 이러한 謙稱의 실존을 뜻하기 때문에, 국어의 構文은 古代부터 독특한 세 지표로 구성되었다고 보는 것이다. 이상과 같은 모든 사실은 5~7세기 자료의 현상이 이 시대로 소급된다는 전제 하의 추정임은 물론이다.

<u>構文類型과 接續</u> 위에서 지적한 冠形化란 것은 揷入複合文의 구조를 말하는 것이다. 敍述冠形語(예: '꽃이 피는 봄이 왔다.'의 피는)가 안긴 주절의 述語(예: '꽃이(主) 피는(述)'의 피는)인 동시에 안김 받는 주절의 冠形語(예: '피는 봄이'의 피는)이기 때문이다. 따라서, 이 구조가 있다는 것은 揷入複合文이 다소간 존재했다는 증거가 된다. 主語節이나 副詞節 등으로 구성된 여타의 揷入複合文은 뒤에 발생했을지도 모르나, 連結複合文은 위의 예에서 쉽게 발견된다. 더 분명한 예

을 보이면 다음과 같다.

17.4) 6~7세기의 構文類型 (예: 鄕歌)

1) 構文類型: ① 單一文 여릿 군도 와잇다. ② 連結複合文 선화공주님은 (客語) 얼어 두고, (主語) 알을 안고 가다. ③ 插入複合文 (主語) 봉(올) 든 안 어여수플이야 (述語). 혜성이여 술바녀 사름이 이시다. ④ 單語文 혜성이여.

2) 引用法構文: (主語, 元談者) '혜성이여' (라고) (補語, 元聽者) 술바녀 (사름이 이시다). ※主語, 補語 생략, 引用文 '혜성이여', 伝達文 술바녀, 引用形 (라고) 생략, 元談者 어떤 사람, 元聽者 / 伝達者 작자, 伝達動詞 술바. 直接引用法.

이 시대의 構文은 이와 같이 기본적인 유형을 골고루 갖고 있었다. 그런데, 여기에서 우선 눈에 띄는 것은 構文成分의 생략이다. 의미의 전달에 꼭 필요한 경우가 아니면 생략하는 것이 일반적이다. 主語 없는 文章이 흔히 쓰이는 것은 현대도 같다. 이런 省略은 오히려 자연스럽고, 전달에도 장애가 없기 때문에, 西歐語와 다른 하나의 특징이다. 가령, 薯童謠에서 앞에 한 번 나온 主語(선화공주님)를 이하에서 계속 반복했다면, 껄끄러운 군더더기가 되어 삭제하게 되는 격이 이것을 반증한다.

또한, 시선이 끌리는 것은 構文上 接辭의 생략이라고도 할 語根만으로의 사용이 현저한 점이다. 이것은 接辭의 발생이란 측면에서 후대에 빈번한 實辭의 虛辭化와 관련된다. 이러한 발전 이전의 단계에서는 자연히 構文構造가 비교적 단순하고 짧은 것이 일반적이었다. 위의 15.2)에서 엿본 고유명칭은 地名이란 특성에 연유했다고 할지 모르나, 그러한 생략 같기도 한 語根의 용법도 후대에는 위 11.3)에서 보일 岐灘 가린여흘, 防墻洞 마근담올, 白達 힌다리, 赤島 불근섬 등으로 되었기 때문이다.

요컨대, 이 시대의 構文은 그 나름의 특징이 있지만, 전반적으로 中世国語의 토대로서 現代国語와도 많은 공통성을 보이고 있다. 첫째, 文章構造는 SOV型이나 OSV가 자연스럽고, 構文接辞는 비교적 조금 발달한 단계로 보인다. 둘째, 構文成分은 다양하나 省略이 정상이고, 連結語는 발달하기 전의 단계로 보인다. 셋째, 構文類型도 고루 있었으나, 비교적 단순하고 짧았던 것으로 보인다. 또한, 敍述指標는 현대와 같이 이미 時稱, 敍法, 謙稱으로 표현되고, 語根만의 용법은 당시의 한 특징으로 꼽힌다.

2.2 古代後期国語(5~10세기)

古代国語 後期 6세기는 확실한 史料가 前期보다 풍부하여 실증적 기술이 가능하다. 전기의 자료는 人地名이나 관직명 등의 어휘에 불과했지만, 후기의 자료는 郷歌를 위시한 金石文 등의 온전한 文章이 적지 않은 것도 특징이다. 그래도, 그 借字表記를 얼마나 옳게 해독하느냐가 역시 난점이다. 이 자료를 바로 분석만 한다면, 古代語도 中世語 못지 않게 再構, 体系化케 될 소지가 있는 것이다. 완성을 지향하여 전진하면서, 우선은 해독된 성과를 섭렵하는 노력이 최선의 길인 것은 확실하다.

2.2.0 史料와 漢字訓讀

文献資料와 金石文 古代前期 서기전 2세기부터 서기후 4세기까지 6세기 사이의 国語史가 실존했던 것은 엄연한 사실이건만, 잔존한 그 言語資料는 이미 2.1.0에서 언급한 대로 매우 零星하다. 부득이 한 편법이나 가장 가까운 5~6세기 자료와 보완을 통하여 그 言語

의 再構를 시도해 보았다. 따라서, 그 5~6세기 史料가 당연히 이 시대에 속한다는 점을 천명하는 동시에, 古代史料의 시대적 구분을 그을 필요가 있다. 그 구분은 대략 다음과 같으나, 地名表記는 반드시 분명한 것은 아니다.

18. 1) 5~10세기의 문헌: 10. 1) 참조.

5) 均如, 「釋敎分記」(釋華嚴敎分記圓通鈔) 卷三, 29 口訣(960).

1) 金富軾 등, 「三国史記」(1145) 50권. 紀伝体 官撰史書. 記事 4세기 이전 古代前期国語, 이후 新羅 敬順王 9(935), 高句麗 宝藏王 27(668), 百済 義慈王 20(660)년 등까지 古代後期国語 자료. 약칭 三史.

2) 僧一然, 「三国遺事」(1285) 5권. 私撰史書. 記事 4세기 이전 古代前期国語, 이후 新羅 10세기, 高句麗 7세기, 百済 7세기 등까지 古代後期国語 자료. 6~9 세기 鄕歌 11수 수록. 약칭 三遺.

3) 鄭麟趾 등, 「高麗史」(1451) 136권. 紀傳体 命撰史書. 記事 10세기 이전 太祖 1(918)~穆宗 2(999)년 古代後期国語 자료. 11세기 이후 中世国語 자료. 약칭 麗史.

4) 赫連挺, 「均如伝」(大華嚴首座圓通両重大师均如伝)(1075) 1권. 伝記. 第七에 鄕歌 11수(960), 第八에 그 967년 譯歌. 약칭 均如.

위 구분에서 우선 鄕歌 11수는 깊은 검토를 요한다. 이 작품이 그 一然에 의하여 생존시에 문자화했다고 추정해야 하기 때문이다. 물론 문헌의 板本에 대한 書誌的 고증도 필요하지만, 필경 13세기 말기에 당시 吏讀로 표기했을 이 작품의 言語는 13세기 자료와의 관련에 주목해야 한다는 뜻이다. 고구려의 작품인 "動動"이 반드시 高句麗語라고 하지 못하는 사정과 유사하다. 이런 문헌에 비하면, 金

83

石文은 거의 그 造成年代와 일치하는 성향인데, 이 시대의 金石文 자료는 대략 다음과 같다.

18. 2) 5~10세기의 金石文

1) 5~6세기 자료: 위 10. 2) 참조.

2) 7~8세기 자료: 甘山寺彌勒菩薩像造成記(719), 甘山寺阿彌陀佛像造成記(720), 關門城石刻(722), 上院寺鐘銘(725), 无盡寺鐘銘(745), 山淸 石造毗盧遮那佛造像記(766), 葛項寺石塔記(790) 등.

文書로 華嚴經寫經造成記(755), 正倉院 新羅帳籍, 文書(758) 등이 중요. 약칭 밑줄.

3) 9~10세기 자료: 禪林院鐘銘(804), 昌寧 仁陽寺碑(810), 安養 中初寺幢竿石柱記(826), 菁州 蓮池寺鐘銘(833), 對馬島 竅興寺鐘銘(856), 慶州 禪房寺塔誌(879), 九州 松山村大寺鐘銘(904), 醴泉 鳴鳳寺凌雲塔碑陰記(941), 河南 校里磨崖藥師坐像銘(977) 등.

이 밖에도 목록상으로는 상당수가 등재되어 있으나, 言語資料로서 기대할 것은 많지 않다. 초기의 吏讀는 우리말 語順의 표기가 위였거나 혹은 다 우리말 語順으로 표기한 것들이다. 후기의 이두는 초기에 中, 以, 之 등 표기했던 吏讀 뿐만 아니라 在, 教, 節, 事, 等 등으로 발달해서 더욱 충실하게 우리말을 나타낸 表記法으로서 8세기부터 발전하기 시작한 것이다. 이에 비하면, 위 12. 1), 12. 3)에서 제시한 외국인의 문헌은 우리 나라에 관한 기사와 함께 고유한 어휘의 일단을 보여 줄 뿐이다.

이 시대의 借字表記는 이러한 형태의 吏讀에 口訣, 鄕札이 따로 있어서 전기보다 확장된 양상이었다. 吏讀의 語彙表記는 漢字를 이용하던 당초부터 사용했을 것이며, 여기서 나아가 우리말 표현을 표기한 것이 吏讀文이다. 반면에, 口訣은 漢文에 토를 달아 읽는 방식인데, 근래에 訓讀口訣이 발견되어 종전부터 알고 있던 順讀口訣과 함께 지칭하게 되었다. 借字方法이 이렇게 심화되면서 우리 詩歌를 온통 표기한 鄕札이 고안되었다. 따라서, 이제는 이들 다양한 表記를 푸는 부담을 지게 되었다.

<u>訓讀口訣과 鄕札</u> 吏讀는 漢字로 우리말을 표기하던 방식이고, 口訣은 漢文의 해석을 표기하던 방식이나, 다 우리말을 적었다는 뜻에서 借字表記에 포함된다. 이들은 漢字와 漢文을 수용하는 과정에 이룩된 우리 선조의 지혜로운 창안이며, 그 시작은 漢文이 도입되던 매우 오랜 시기로 소급될 것이라고 추측된다. 그러나, 기대할 자료는 그다지 오래지 않다. 특히 단순한 句節마로만 알았던 口訣은 특이한 자료가 속출하여 주목의 초점이 되었다. 그것은 다음과 같은 10세기 均如의 訓讀口訣이다.

19.1) 均如, 「釋敎分記」 卷三, 29: 口訣(960) (安秉禧 1987: 44~48)

1) 원문: 或有(如)佛性(隱)闡提人(隱)有(豆亦)善根人(隱)无(如好尸丁)
或有(如)佛性(隱)善根人(隱)有(豆亦)闡提人(隱)无(如好尸丁)等云也.
※ 口訣은 원문에 없는 괄호로 표시. 闡(천)提(外道), 善根(果報)

2) 해독: 或 잇다 佛性은 闡提人은 잇오듸(잇두여) 善根人은 업다 ᄒᆞᆯ뎌. 或 잇다 佛性은 善根人은 잇오듸(잇두여) 闡提人은 업다 ᄒᆞᆯ뎌. 等云也. (安秉禧 1977)

3) 번역: 혹 佛性이 있다 함은 闡提人은 있지만 善根人은 없다고 하는 것이거나, 혹 佛性이 있다 함은 善根人은 있지만 闡提人은 없다고 하는 것이거나 등등으로 말함이다.

4) 연대: 그 卷一 끝: 顯德七年庚申夏講時 所說所詮章記 說主均

如大師傳 記者惠藏法師 開泰寺敎藏付. ※庚申 960. 光宗11年. 卷六 끝: 江華京辛亥十一月書. ※辛亥 1251. 高宗38年.

이것은 말하자면 漢文의 우리말 번역문이다. 한문에 토를 달아 이와 같이 온전한 번역문을 표기한 것은 참으로 희한한 존재이다. 그런데, 그 借字가 상통하는 점에서 吏讀와 비슷한 시기로 소급하겠으나, 현존하는 것은 위의 자료가 아직은 최초일 뿐이다. 이 釋讀口訣은 본질적으로 산문인 實用文을 표기한 吏讀文과 같고, 발전된 鄕札의 표기와도 구조적으로 동일하다. 그러면, 이 시대의 자료로서는 이러한 吏讀에 口訣 및 鄕札이 대상이고, 그 解讀이 매우 중요한 가치를 가지게 되는 것이다.

19. 2) 鄕札과 鄕歌

1) 新羅 鄕歌: 薯童 (2:28) 薯童謠(579~631), 融天師 (5:17) 彗星歌(579~631), 양지 (4:9) 風謠(632~647), 廣德 (5:9) 願往生歌(661~681), 得烏 (2:8) 慕竹旨郞歌(692~702), 牽牛老人 (2:9) 獻花歌(702~737), 信忠 (5:21~22) 怨歌(737), 月明師 (5:12) 兜率歌(760), 月明師 (5:12~13) 祭亡妹歌(745~765), 忠談師 (2:10) 讚耆婆郞歌(742~765), 忠談師 (2:10) 安民歌(742~765), 希明 (3:38) 千手大悲歌(742~765), 永才 (5:24) 遇賊歌(785~798), 處容郞 (2:8) 處容歌(879) (三遺 권2, 3, 4, 5). 약칭 밑줄.

2) 高麗 鄕歌: 均如大師(923~973) (21) 禮敬諸佛歌, (21) 稱讚如來歌, (21) 廣修供養歌, (21) 懺悔業障歌, (21~22) 隨喜功德歌, (23) 請轉法輪歌, (23) 請佛住世歌, (23) 常隨佛學歌, (23) 恒順衆生歌, (23) 普皆廻向歌, (23~24) 總結无盡歌 (均如伝 第七). 약칭 밑줄.

3) 鄕札: …我邦之才子名公, 解吟唐什, 彼土之鴻儒碩德, 莫解鄕謠. 矧復唐文如帝網交羅, 我邦易讀, 鄕札似梵書連布, 彼土難諳. …秦韓錦繡, 希隨西伝之星, 其在局通, 亦堪嗟痛. …宋曆八年周正月日謹序 (均如伝 第八) ※宋曆八年周正月(967년 11월).

10세기 이전 鄕札의 자료는 위와 같이 풍부한 편이다. 그런데, 여기서도 유의할 것은 그 14수가 新羅 6~9세기의 작품이나, 수록된 「三國遺事」의 편찬시기에 문자화되었는가 하는 점이다. 이 시기에 비로소 기록되었다면, 그 言語는 13세기의 습관이 반영된 것이기 때문이다. 또한, 均如의 향가도 10세기의 작품이나, 백년 후에 편찬한 기록은 八萬大藏經으로 역시 13세기에 간행을 보았다. 그래서, 이 작품이 어느 시대의 言語로 구성되었는가를 세심히 고증하는 것이 매우 중요하다고 하는 것이다.

요컨대, 古代後期國語는 전제되는 이러한 절차가 있기는 하나, 온전한 실증적 자료를 이용하여 기술될 가능성이 엿보인다. 755년 연대가 뚜렷한 華嚴經寫經造成記 이두문이 갑자기 나타난 기적적 사건이 1978년에 있었던 만큼, 자료의 발굴이 전망되지 않는 것도 아닐 것이다. 특히 訓讀口訣 자료는 1973년 충남 瑞山 文殊寺 金銅如來坐像 복장유물에서 14세기 「旧譯仁王經」 上 5장이 발견(沈在箕 1975)된 이후, 연구한 「釋敎分記」를 비롯하여 모두 6종을 세는 의외의 성과를 기록했기 때문이다.

口訣, 鄕札의 解讀 우리 고대의 借字表記를 자료화하기 위하여 어떻게 해독할 것인가 하는 문제는 위 2.1.0에서 방법을 강구해 보았다. 요컨대, 漢字의 借音에 대한 당시의 古代音, 借義에 대한 그 古代語의 再構가 그 기본적 방법이다. 그래서, 시대는 15세기로 뒤지지만, 「龍飛御天歌」(1447)의 讀音에 기초한 借字規則이 어떤 형식으로 추출될 필요가 있는 것이다. 그런데, 그 地名表記는 상당히 오랜 연원을 갖고 있으며, 초기 發音은 시대의 변천에 따라 변화했을 것은 의심의 여지가 없다.

20. 1) 固有地名의 解讀

1) 行政改革(九州): 三史 권9:6~7, 景德王十六年冬十二月, 改沙伐州爲尙州, … 歃良州爲良州, … 菁州爲康州, … 漢山州爲漢州, … 首若州爲朔州, 熊川州爲熊州, … 河西州爲溟州, … 完山州爲全州, … 武珍州爲武州. ※ 漢字二字制 지방행정 九州 개명. ※景德王十六年(757).

2) 地名改縮: 三史 권34:11b, 高靈郡, … 新復縣, 本加尸兮縣, 景德王改名, 今未詳. 江陽郡, 本大良(一作耶)州郡, 景德王改名, 今陜州.
三史 권35:4a, 交河郡, … 峯城縣, 本高句麗述爾忽縣, 景德王改名, 今因之. 三史 권36:2b, 扶餘郡, … 石山縣, 本百濟珍惡山縣, 景德王改名, 今石城縣. 三史 권36:10a, 錦山郡, 本百濟發羅郡, 景德王改名, 今羅州牧.
三史 권37:3b, 4ab, 七重縣(一云難隱別); … 穴口郡(一云甲比古次), … 水谷城縣(一云買旦忽), 十谷縣(一云德頓忽), … 五谷郡(一云于次呑忽), 內米忽(一云池城 一云長池), 三史 권37:5ab, 牛首州, … 橫川縣(一云於斯買), … 文峴縣(一云斤尸波兮), … 赤木縣(一云沙非斤乙) 등.

이 자료는 매우 귀중한 기록이다. 「三史」 권34~37(地理志 1~4)은 첫째 당대의 地方行政과 地名沿革의 기록일 뿐만 아니라, 둘째 당대 우리말 地名의 發音과 그 意味를 푸는 보고이며, 셋째 地名의 淵源이 얽힌 성격에 비추어 上古代의 잔해를 발굴해 볼 희귀한 자원이기도 한 문헌이기 때문이다. 즉, 이 자료를 실마리로 하여 古代語의 실증적 再構를 푸는 광맥으로 캐 들어가자는 것이다. 이런 뜻에서, 7~8세기 이전의 地名을 해독하기 위한 시도가 얼마나 필요하고 중요한지 모를 일이다.

20. 2) 地名改縮의 模型

1) 景德王十六年冬十二月(757): 신라 加尸兮(가시기/가자히)縣→(

757) 高靈郡 新復縣→今(1145) 未詳; 고구려 大良/大耶(다라)州郡→(757) 江陽郡→今(1145) 陜州(경남 陜川), 백제 珍惡山(더러다라)縣→(757) 扶餘郡 石山縣→今(1145) 石城縣 등. ※ 20. 1)의 2) 참조.

2) 唐高宗 總章二年二月(669): 고구려 赤里忽(시리구루)→(669) 鴨淥江以北逃城 積利城, 백제 古良夫里(고라보리)→(669) 都督府麟德縣(靑陽), 백제 失首只(보시기)→(669) 支潯州 子來縣 등. ※ 21. 4)의 3) 4) 참조.

20. 3) 「龍歌」 地名讀法의 模型(용=「龍歌」(1447) 약칭)

1) 地名變遷: 고구려 齊次巴衣縣→(757) 孔巖縣→今(1145) 孔巖縣→(1447) 孔巖 구무바회(용 3:13b), 백제 珍惡山縣→(757) 石山縣→今(1145) 石城縣→(1447) 石浦 돌개(용 1:38a), 신라 草八兮縣→(757) 八谿縣→今(1145) 草谿縣→(1447) 草莧 새와히(용 5:47b), 백제 炭峴→(1447) 炭峴 숫고개(용 5:29b) 등

2) 地名讀法: 谷 골(용 5:34a), 達 다리(용 2:22b)/달(용 3:13b), 大 한(용 3:13b), 山: 모로(용 4:21b)/뫼(〃), 城 잣(용 7:7b), 原 두듥(용 5:36b), 津 ᄂᆞᄅᆞ(용 3:15a), 李里 보리(용 7:23b), 峴 재(용 1:50a) 등.

ㄱ. 地名은 위 20. 2)와 같이 대략 3단계 변천을 밟아 왔는데, 20. 3) 예시와 같이 「龍歌」의 해독은 어떠한 단서를 제공해 주는 것으로 보인다. 즉, 그 地名이 갖고 있는 의미는 어느 정도 해석된다고 하겠으나, 거기서 기어코 놓치지 말 것은 다시 古代語의 형태를 재구하여 복원하는 일이다. 원래 地名에 옛말의 잔해가 박혀 있기는 하나, 그렇다고 不變色은 아니고 역시 그 言語에 따라 변하기 때문이다. 이런 뜻에서, '夫里 보리'의 잔해 '李里 보리'의 발견은

매우 중요한 수확이다.

요컨대, 이 시대의 자료가 다양하게 전개되었다고 하더라도 역시 漢字의 借字表記인 만큼, 이전의 그 解讀方法이 계속 활용되어야 하는 것이다. 다시 말하면, 첫째 지금까지 축적된 그 연구의 업적을 세심히 검토하여 종합한다. 둘째, 해독한 결과를 귀납하여 보편적인 借字規則을 추출해 낸다. 셋째, 이 규칙을 잣대로 하여 해독한 것을 재검토하여 그 규칙을 더욱 수정하고 보완해 간다. 동시에, 기피의 경향이던 演繹的 推理와 論證은 오히려 널리 변통할 새로운 방법론으로 재인식되어야 하겠다.

2.2.1 音韻과 發音表記

子音 古層의 發音　이 시대의 音韻은 현대에 비하여 아직도 많은 차이가 있다. 子音에서는 우선 된소리 즉 硬音은 이미 18. 3)에서 지적했듯 생성될 조건이 조성되지 않았으나, 激音 즉 有氣音은 漢字音의 次淸 계열의 声母가 있어서 音韻이었을 여지가 없지 않을 것이다. 그러면, 종종 논란의 대상이었던 이 시대의 인명 居柒夫(499~576), 異次頓(506~527)의 '柒, 次' 등 借字表記를 재검토할 필요가 있는데, 'ㅊ'에 대한 '柒, 眞'이나 '次, 頓' 같은 混用表記로 불확실하여 매우 부정적이다.

2.2.1. 1) 有氣音 次淸(柒)의 解讀

1) 「三史」 卷44: 2b, 居柒夫(或云荒宗) / 「三史」 卷34: 8a, 東萊郡, 本居柒山郡. 「三史」 卷34: 4a, 眞峯縣, 本柒巴火縣. ※柒 淸(ts')母, 質韻. 眞 照(tś)母, 眞韻. 12. 2) 참조. 日語 柒 sit, 眞 sin.

2) 해독: (1) 李基文 1961. 51: 「居柒」(中世국어 거츨-), 「柒」 声

母 有氣音(ts'). (2) 류 렬 1983. 428: 居柒夫 가시리 (가슴가슴의 가슴)보. 류 렬 1983. 482: 柒巴火 시후바고, 시루바호→眞寶 시루바호. (3) 김무림 1998. 14: 柒巴火→眞寶, 柒=眞).

21. 2) 有氣音 次淸(ㅊ)의 解讀

1) 「三遺」 권3:6a, …姓朴字猒髑(或作異次, 或云伊處, 方言之別也. 譯云猒也. 髑, 頓, 道, 覩, 獨等皆隨書者之便, 乃助辭也. …故云猒髑, 又猒覩等也). / 「三史」 권4:4b, 異次頓(或云處道). 「三史」 권37:5b, 母城郡[一云也次忽]. 「三史」 권3:10b, 炤知[一云毗處]麻立干. 「三史」 권1:4a, [次次雄 或云慈充. 金大問云 方言謂巫也]. ※髑道獨 定, 次 淸, 處充 穿, 頓覩 端, 慈 從母. 12. 2) 참조.

2) 해독: (1) 李基文 1961. 51: 「異次, 異處」 '잋-'은 中世語 「잋-」(困, 倦)에 對應. ※이쳐(困)(杜初 22. 16). (2) 류 렬 1983. 432: 異次頓, 伊處覩, … 이디두, 이시두. 동 267: 也次忽 이시구루, 아시구루. 동 431: 炤知/毗處 비디, 비시. (3) 김무림 1998. 14~15: 也次=母 어시/어ᅀᅵ, 次次雄/慈充 次=慈, 毗處/炤知 處=知.

말하자면, 같은 發音에 대한 다른 借字表記, 즉 '柒 ㅊ, 眞 ㅈ' 등의 다른 聲母에 대하여 어느 편을 기준으로 읽을 것인가 하는 논란이다. 따라서, 이 문제는 同音異字의 解讀 여하로 좌우될 성질이다. 그런데, 朝鮮 漢字音은 唐代長安音: 즉 慧琳(737~820)의 「一切經音義」(100권) 反切 같은 中古音을 모태로 近代音이 곳곳에 섞여서 되었으나, 그 모태에는 아래 예와 같이 淸(ㅊ)에 猜偲, 照(ㅈ)에 昭沼謠 등과 같은 古層의 ㅅ母가 아직 잔존해 있다는 것이다.(河野 1968. 36~37, 199, 202~205).

21. 3) 朝鮮漢字音 声母의 古層(河野 1968. 左另)

1) 舌頭音: 端(t)…対敦 되(古層)/鎚堆敦 퇴(新層), 透(t')…摘躍 뎍(古)/趯剔 텩(新), 定(d')…壇檀但 닫(古)/彈誕憚 탄(新) 등.

2) 舌上音: 知(ṭ)…張 댱(古層)/쟝(新)/脹漲 턍(新), 徹(ṭ')…覘 뎜(古)/졈(新)/쳠(新), 澄(ḍ')…茶 다(古)/차(新) 등.

3) 脣音: 幫(p)…杯盃輩背 비(古層), 滂(p')…肧配妃 비(古), 並(b')…培裴倍排 비(古)/佩孛背倍 패(新) 등.

4) 齒頭音: 精(ts)…則 즉(古層)/측(新層), 晬 쉬(古), 清(ts')…猜偲 싀(古), 倅淬 쉬(古), 從(dz')…罪 죄(古)/崔 최(新) 등.

5) 正齒音: 照(tś)…懾 셥(古層), 昭沼 소(古), 穿(tś')…瀋 심(古), 俶淑 숙(古), 莊(tṣ)…詐渣 사(古), 初(tṣ')…挿扱 삽(古), 牀(dẓ')…撰 션(古)/젼(新), 漸 삼/참, 牀床 상/장, 楂査 사/차, 乍 사/자, 柴 싀/지, 愁 수/추 등.

이 古層의 발견은 매우 중요하다. 原音인 声母에 벗어나는 것은 대부분 六書의 形声字 声符에 의한 類推(예: 該 기>히(亥) 등)인데, 또한 위와 같이 新層에 대한 몇 古層이 잔존한다는 것이다. 그래서, 위 淸(ㅊ), 照(ㅈ), 穿(ㅊ) 등에서 無氣音(全淸)과 有氣音(次淸)의 漢朝対應이 혼란한 것은 원래 朝鮮語 音韻에 有無氣의 対立이 없었기 때문이다. (河野 1968. 111, 114~115) 이런 시각에서, 우리 漢字音에는 당초에 원음인 漢語 上古音의 有氣音이 도무지 반영되지 않았음을 것을 더욱 의심키 어렵게 되었다.

21. 4) 개칭된 地名(669)의 字母

1) 『三史』 卷22:11, (宝藏王 二十七年 十二月) …分五部, 百七十六城, 六十九萬餘戶 為九都督府, 四十二州, 百縣, 置安東都護府於平壤以統之.

92

※宝藏王二十七年 668년.

2) 「三史」 권37:15, 總章二年二月, …李勣等奏稱, 奉勅高麗諸城堪置都督府及州郡者, …遂便穩分割, 仍摠隸安東都護府. (唐高宗 總章 2(669)년 2월에 이 적 등이 아뢰어 '고려 제성에 도독부 및 주군을 설치하는 것이…' 드디어 적절히 분할하여 모두 안동도호부에 예속케 했다.)

3) 「三史」 권37:16a, 鴨淥以北逃城七: …積利城, 本赤里忽. 권37:17b, 古四州, 本古沙夫里五縣: …佐贊縣, 本上杜. 沙泮州, 本號尸伊城四縣: …佐魯縣, 本上老. ※赤 昌母鐸韻, 赤里 시리 / 積 精母錫韻, 積利 시리; 上 禪母陽韻, 杜 定母魚韻, 上杜 사도 / 佐 精母歌韻, 贊 精母元韻, 佐贊 사다; 上老 사노 / 佐魯 사노. 해독: 유 렬 1983.

4) 「三史」 권37:17a, 支潯州九縣: …支潯縣, 本只彡村. 習山州六縣: …支牟縣, 本只馬馬知. ※支 章母支韻, 潯 邪母侵韻, 支潯 지서 / 只 章母支韻, 彡 山母侵韻, 只彡 지사; 牟 明母幽韻, 支牟 지마 / 馬 明母魚韻, 知 端母支韻, 只馬馬知 지마마리. 해독: 유 렬 1983.

위 古層을 자세히 보면, 舌音의 ㄷ(古)/ㅈ(新)/ㅌ(新), 齒音의 ㅅ(古)/ㅈ(古)/ㅊ(新) 등과 같은 관계가 주목된다. 이것은 역사적 계층으로 보아, ㅈ母는 ㄷ母나 ㅅ母보다 新層이고, 또한 ㅌ母나 ㅊ母보다는 古層임을 뚜렷이 보게 한다. 여기서 그 ㄷ母나 ㅅ母가 상당히 오랜 것으로 추정할 뿐, 그 근원이나 생성의 조건은 알기 어렵다. 다만, 이 古層 ㅅ母는 669년에 개칭된 地名에도 위 3)과 같이 종전대로였다. 또한, ㅈ母도 역시 위 4)와 같이 音節 '지'로 실현되어 변함이 없었던 것이다.

<u>母音音韻와 發音</u> 母音에서는 전에에 찾아내지 못한 ㆍ ㅡ가 우선 관심의 대상이다. 이 母音은 古代前期國語에 音韻으로 쓰인 자취가 분명치 않았는데, 漢字 中古音과의 [ə] : ㆍ, [iě] : ㅡ 對應은 다행스러우나 예외가 적지 않다. 그래서, 만족스럽지 않지만, 中世 한글表記에 대한 古代 借字의 계열을 소급해 보는 것도 한 방법이다. 이 借字의 발음도 解讀에 달렸겠으나, 하나의 시도를 예시하면 다음 예 2)와 같다. 즉, 借字表記가 다르게 混用된 현상을 音韻意識이 없었다고 분석하는 관점이다.

22.1) 母音 ㆍ의 表記

1) 攝(韻 발음) : 한자음…臻(痕 -ən) : 呑ㆍ, 曾(登 -əng) : 恒ㆍ, 止(支紙 -iě) : 兒此斯ㆍ, 止(脂至 -iei) : 師次四ㆍ, 止(之止 -iə̆) : 子思巳ㆍ, 蟹(咍海代 -ʌi) : 開改哀海愛ㆍ, 蟹(佳皆怪 -ɐi) : 差埋排拜ㆍ 등.

2) ㆍ<아 : ᄃᆞ비-(化)(용가 96)>答比(化)(三史 권34:5b) 다비, ㆍ>어 : ᄇᆞᆯ(重)(古시 2,18)>別(重)(三史 권37:17b) 버러, ㆍ>오 : ᄇᆞ리-(割)(杜初 6,47)>夫里(割)(三史 권37:17b) 보리, ㆍ>우 : ᄀᆞᄅᆞᆷ(江)(용가 68)>屈(江)(三史 권35:5b) 구루. 含 : 呑 -əm/旦 -an/頓 -uan/知 -ie 등. 유 창 1990. 152~154.

22.2) 母音 ㅡ의 表記

1) 攝(韻 발음) : 한자음…臻(欣隱 -iən) : 斤謹殷ㅡ, 深(侵 -iəm) : 金今禁音淫ㅡ, 曾(登等 -əng) : 肯騰能朋ㅡ, 曾(蒸證 -iəng) : 矜興志陵乘升承ㅡ, 止(支紙 -ie) : 奇技宜義ㅡ, 止(脂旨至 -iui) : 飢器ㅡ, 止(之止志 -iə) : 其己姬喜矣ㅡ, 止(微尾未 -iəi) : 幾旣豈氣祈希衣 등.

2) ㅡ<아 : ᄲᅳᆯ(角)(훈자 下9)<舒發(角)(三史 38:1b,2a) 사바라, ㅡ>어 : 글(文)(능엄 10,9)>斤尸(文)(三史 권37:5b) 거시, 슷(間)(능엄 7,23)>

94

濟次(王)(三史 권35:2b) 서시, 으>오: 블(火)(월곡 2; 1:47)>夫里(陽)(三史 권36:3a) 보리, 으>우: 믈(水)(훈해 75)>勿(水)(三史 권35:5b) 무루, 블(火)(용가 69)>弗(火)(東地 권22) 부루. 今 -ĭəm/千 ən, 斤 -ĭən/嘉 -a/乞 -ĭət. 류렬 1990. 152~155.

이러한 表記의 混用만 아니라, 개중에는 總章二年(669)에 개칭한 지명에 위 2) 1° 夫里(鄕)>부리-(鄕)'에서와 같이 으가 반영되지 않은 예가 있다. 이것은 신라 자료의 제한에서 매우 희귀한 예증이며, 으가 7세기의 表記에서 의식되지 않았다는 방증이 되기에 족하다고 해석된다. 이 母音은 訓民正音解例 制字解의 설명과 같이 으는 아오와, 으는 어우의 중간적이며 약화된 성격이기 때문에, 이들의 生成은 받침의 발생을 일으키는 요인이 될 것이다. 그러면, 그 밀접한 관계를 관련지어야 하겠다.

22. 3) 重母音의 表記(류렬 1990. 158~165)

1) 애→아: 새(新)(능엄 7:83)→新村/散民(三史 권37:16b) 사마란, 내ㅎ(川)(용가 2)→素那/金川(三史 권47:2a) 소나, 되(狄)(훈자 중2)→狄山/都山(三史 권34:11a) 도모로 등.

2) 同音表記: 蓋蘇文(三史 권49:2a) 가(개 見母)/柯須彌(日書 皇極元年) 가수미, 異次頓/異處頓(三遺 권3:6a) 이시두(이 疑母...韻)/이시(처 昌母語韻) 등, 阿老/野老(三史 권36:9a) 아라/야(야 余母馬韻)라, 惡支/約章(三史 권34:9a) 아(악 影母鐸韻)기/야(약 影母藥韻)지, 冬老/兆陽(三史 권36:8a) 도(동 端母冬韻)라/도(조 澄母小韻)라(양 余母陽韻), 生知(王)/金比(三遺 권2:47b) 수(생 從母果韻)리(지 知母支韻)/수리(...昌母質韻) 등.

95

역시 자료의 제한으로 전대에 重母音이 사용된 자취를 밝히지 못했는데, 이 시기에도 큰 차이가 없는 것으로 보인다. 위의 예증은 그 表記의 해독 여하로 달라질지도 모르나, 문제에 접근하기에는 도움이 될 것으로 믿는다. 그러나, 위 1) 散昆縣은 669년에, 1) 都山縣, 2) 野老縣, 約章縣, 北陽縣 등은 757년에 각각 개칭된 지명이라는 점에서 漢字二字制라면 音韻의 대상이 되어 달리 구명해야 할 것이다. 그래도, 그 밖의 용례로도 당시 重母音이 쓰인 흔적이 없었다는 것을 부인하기 어렵다.

요컨대, 이 시대의 音韻은 借字表記의 混用이나 同音異字 등의 용법으로 보아 有氣音, 硬音, 받침이나 ㅇ으, 重母音 등이 音韻으로 의식되지 않은 점에서 전대와 큰 차이 없었던 것으로 보인다. 또한, 荅 다(답 合韻), 惡 아(악 鐸韻), 冬 도(동 冬韻) 등의 解讀을 그대로 놓고 말한다면, 당시 그런 받침은 역시 의식되지 않은 閉音 즉 音韻으로서의 의식에 없었던 것이라고 하게 될 것이다. 여기서 지적한 用字의 混用이라는 것은 당시 사용자의 관점에서는 단순한 同音字에 불과한 것이다.

<u>地名大改革과 音韻</u> 三國統一과 함께 필연적으로 단행된 行政改革 및 부수한 地名改稱은 國語史上 과연 충격적인 사건이었다. 개칭의 필연성은 新羅의 比斯伐(비시발), 比自火(비시발)(昌寧)와 百濟의 比斯伐, 比自火(全州) 같은 지명의 혼동을 구별함에 있지만, 간결한 漢字二字制의 선호도 작용했을 것이다. 地名改革은 이미 언급한 대로 21.4) 669년 개혁과 20.1) 757년 개혁 두 차례였는데, 충격이란 地名이 한자어로 바뀌어 당시 우리말의 發音에 획기적인 전환을 조성하는 거대한 요인으로 작용한 까닭이다.

96

23.1) 개칭된 漢字二字制 地名

1) 總章二年(669)二月: ‥熊津縣, 本熊津村, 恩率縣, 本阿老谷, ‥古魯縣, 本古麻只, 平夷縣, 本知留(三史 37:15a, 17a) 등.

2) 景德王十六年(757)冬十二月: ‥火王郡, 本比自火郡[一云比斯伐], ‥景德王改名, 今昌寧郡(三史 9:6b, 7a), ‥全州, 本完山, ‥景德王十六年, 改名, 今因之(三史 36:4b), ‥完山[一云比斯伐, 一云比自火](三史 37:8b) 등.

개칭된 地名은 종전의 吏讀式 아닌 우리 字音으로 발음했을 것이다. 그 시기의 漢字音이 산실되기 전 「切韻」(601) 계통의 反切에 의거한 慧琳(820. 去)의 「一切經音義」가 전하는 反切 즉 唐代 長安(西安)音이 모태라고 한다. 이 中古 長安音을 모태로 하여 近代音이 섞인 朝鮮漢字音은 7~8세기 우리 漢字音의 모습을 얼마큼 포함하고 있다고 하겠다. (河野 1968. 34~37) 그러면, 당시 地名의 발음에는 위 예만 보더라도 有氣音(ㅍ ㅊ), 重母音(야 와), 받침(ㄱ ㅇ) 등이 나타나 있음을 볼 수 있다.

23.2) 朝鮮漢字音(河野 1968. 참고)

1) 攝(字 音): 山(殘 잔, 貧 빈), 咸(合 합), 梗(爭 쟁), 宕(讓 양), 江(雙 쌍), 果(波 파), 假(者 자), 蟹(灰 회, 快 쾌, 害 해, 贅 췌, 溪 계), 效(照 조) 등

2) 攝(字 音): 臻(乙 을), 深(參 참), 曾(特 특), 通(宗 종), 止(義 의, 机 궤, 危 위, 醉 취), 流(走 주), 遇(野 야) 등.

3) 攝(切韻音)(慧琳音) 조선음: 山(寒 -ân)(寒 -ân) 안, (曷 -ât)(曷 -ât) 알, 咸(覃 -âm, 談 -âm)(覃 -âm) 암, (合 -âp, 盍 -âp)(合 -âp) 압, 宕(唐 -âng)(唐 -âng) 앙, (鐸 -âk)(鐸 -âk) 악 등.

특히 漢字의 傳來音(承)을 주시하면, 이러한 15세기 이후의 자료에서 그 定着期 당초 字音의 母胎가 엿보일 것이다. 그러면, 개정된 그 地名의 漢字는 대략 위와 같은 發音이었는데, 이것이 적어도 당시 공식으로 보구되었던 명칭임은 분명하다. 즉, 생소한 有氣音, 重母音 등 발음의 지지였는데, 그렇다고 그러한 發音의 音韻化가 즉시 이루어졌다고 보기는 어렵다. 가령, 無氣(都)와 有氣(土) 같은 판별이 압박되었겠으나, 그러한 발음의 規念化는 세기를 넘어도 좀처럼 정착될 성질이 아니기 때문이다.

23. 3) 古代後期의 音韻

1) 音韻対立의 發生: 都山縣(三史 권34:12a)/土山縣(三史 권35:7a), 兔山郡(三史 권35:4b)…都(端模 도)/土(透姥 토), 兔(透暮 토); 固城郡(三史 권34:10a), 高城郡(三史 권35:12b)/谷城郡(三史 권36:9b)…固(見暮 고), 高(見豪 고)/谷(見屋 곡); 重城郡(三史 권35:3b)/秋成郡(三史 권36:8b)…重(澄腫 듕)/秋(清尤 추) 등.

2) 古音入声의 流音化: ① 唐後代 漢語西北方音 弱化入声 傳來說 (自体弱化說) (羅常培(1933)說 入声 p, t, k > 弱化 b, ɣ(d), g > 消失)…ɣ(d) → ㄹ[l]. 9세기경 入声 ɣ > ㄹ. ② 古代의 漢音対應說…入声 音節化+有声音間 流音化(예: 波珍(바돌) > 바ᄅᆞᆯ(용가 18); 契丹(글단) > 글란(훈자 상18), 몯(不)+알-(知) > 몯알- > 모ᄅᆞ-)+縮約(예: 고마(熊) > 곰, 셔마(島) > 셤). ③ 流音化 時期…奈麻[或云奈末](三史 권38:2a), 奈末=奈麻禮(日書 継体紀 23) namare. 儒理尼師今九年春, …又設官有十七等.(三史 권1:7a). ※儒理王 9년(32). 河野 1968. 12, 16~17, 136~137

3) 音韻体系(앞으로 중 후기의 설명. 13. 2) 참조)

98

子音: ㅂp ㄷt (ㅈc) ㄱk　　母音: ㅣi (ㅡɨ) ㅜu

(ㅍph) (ㅌth) (ㅊch) (ㅋkh)　　ㅓe　ㅗo

ㅅs　(ㅎh)　　ㅏa (ㆍɒ)

(ㅸβ) (ㅿz)　　重音: ㅑㅕㅛㅠ ㅘㅝ

ㅁm ㄴn ㄹr ㅇŋ　　(ㅐㅒㅔㅖㅙㅚㅞㅟㅢ

받침: ㅁ ㄴ ㄹ (ㅇ) (ㅅ)　　ㅒㅚㅞㅟㅙㅞ)

요컨대, 古代後期國語의 音韻은 자료의 제한으로 미흡하나, 전기와 거의 같았던 것으로 상정된다. 다만, ㄷ入声의 流音化는 ㄹ받침의 범위에서 위 2)와 같이 이미 생성된 것으로 보이며, 일부 받침과 重母音은 音韻縮約으로 생성되는 경향이었을 것이다. 반면에, 757년 地名改革은 그 音韻의 中世化에 파문으로 촉진되고 진행되어 갔겠으나, 그 定着까지는 많은 세월이 소요된다. 그러면, 中世的인 7~9세기의 鄕歌는 13세기 문자화된 실상과 관련, 후대의 윤색을 엄밀히 추구하여 식별해야 할 일이다.

2.2.2 語彙와 形態構造

制度改定과 語彙　어휘는 으레 그 시대 文物의 투영을 받게 마련이다. 이 시대 어휘의 특징은 여전히 더욱 성행한 吏讀, 鄕札의 本來語에 제도개혁으로 증가하기 시작한 漢字語가 꼽힌다. 이미 언급한 儒教와 佛教의 전래에 이어 이와 이단적인 道教의 전래로 더욱 증가되었다. 이러한 7세기부터 나타나기 시작한 奈麻 强首, 翰林 薛聰 등 유학자와 名筆 金生, 그리고 安含, 元曉, 義相 같은 高僧과 道家 道詵 등의 등장은 당시 어휘상 漢字語 증가를 방증하는 요인이었다고 생각된다.

24. 1) 道敎의 伝來

1) 「三史」 권20:13a, 榮留王…七年春二月, …命道士, 以天尊像及道法, 往爲之講老子, 王及国人聽之. …八年, 王遣人入唐, 求學佛老敎法, 帝許之. (7년 2월에 …도사에게 명하여 천존상과 도법을 가지고 가서 노자를 강하게 하니, 왕과 국인이 모두 들었다. …8년에 왕이 사람을 唐에 보내어 佛老의 교법을 구학케 하니 唐帝가 이를 허락하였다.) ※榮留王七年(624). 老子 李耳(BC 604?~531).

2) 「三史」 권21:1ab, 宝藏王…二年三月, 蘇文告王曰: 三敎譬如鼎足, 闕一不可. 今儒釋並興, 而道敎未盛, 非所謂備天下之道術者也. 伏請遣使於唐, 求道敎以訓国人, 大王深然之. 奉表陳請, 太宗遣道士叔達等八人, 兼賜老子道德經. 王喜, 取僧寺館之. (3월에 蘇文이 왕에게 고하되 '三敎는 솥발과 같아 그 하나라도 없어서는 안되겠습니다. 지금 유교, 불교는 함께 성하나 도교는 그렇지 못하니, 천하의 도술을 갖추었다고는 할 수 없습니다. 청컨대, 사신을 보내 도교를 구하여 국인을 가르치게 하소.' 하였다. 대왕이 그렇게 여겨 국서를 보내 요청하였다. 唐太宗은 도사 叔達 등 8인을 보내고 노자의 「도덕경」도 보내주었다. 왕이 기뻐하여 절에 그들을 거처케 하였다.) ※宝藏王二年(643). 蘇文 淵蓋蘇文(?~665) 고구려 장군.

制度는 어느 시대나 그 어휘를 生成케 하는 필연적 요건이다. 669년과 757년의 行政改革에 따른 地名의 개칭에 대해서는 논급한 바와 같거니와, 503년 国王名, 687년 五廟制, 759년 職官 칭호, 788년 讀書三品科 등 새로운 제도는 역시 漢字語 수용의 촉진제가 되었다. 그런데, 특히 주목하고 싶은 것은 景德王 18년(776)에 종전의 吏讀式을 漢文式으로 고친 직관의 칭호를 17년만에 종전대로 환원하는 대복원을 단행한 점이다. 이 사실은 바로 급진적인 무리가 감당키 어려움을 말하는 증언이다.

24. 2) 制度改定

1) 國王名稱: 智證麻立干…四年冬十月, 群臣上言, …又觀自古有國家者, 皆稱帝稱王, 自我始祖立國, 至今二十二世, 但稱方言, 未正尊號. 今群臣一意, 謹上號新羅國王, 王從之. (三史 권4:2) (4년 10월에 군신이 아뢰되, 또 생각건대 자고로 국가를 가진 이가 다 帝라 王이라 칭했는데, 우리 시조가 건국한지 22세로되, 단지 우리말로 칭하여 존호를 정치 않았으니, 지금 군신은 한뜻으로 삼가 新羅國王이란 존호를 올립니다.) ※智證麻立干四年(503).

2) 五廟制: 第二十二代智證王, 於始祖誕降之地奈乙, 創立神宮以享之. 至第三十六代惠恭王, 始定五廟, …蓋以王制曰: 天子七廟, 諸侯五廟, 二昭二穆與太祖之廟而五. (三史 권32:1) (22대 지증왕 때에 시조 탄생지 奈乙에 신궁을 창립하고 제향하였다. 36대 혜공왕 때에 이르러 처음으로 五廟制를 정하였다. …대개 「禮記」 王制篇에 천자는 7묘요, 제후는 5묘니, 二昭(左에 2世, 4世), 二穆(右에 3世, 5世)과 太祖廟를 합하여 5가 된다.) ※지증왕 3년(502). 奈乙 나리리, 蘿井. 혜공왕 12년(776). '照知麻立干…九年(487)春二月, 置神宮於奈乙, 奈乙始祖初生之處也. (三史 3:11)' 神宮에 관하여 앞선 기사. '神文王…七年(687)夏四月, …遣大臣於神廟, 致祭曰: … (三史 권8:4)' 五廟에 관하여 앞선 기사.

3) 官號 개칭(漢語化): 景德王…十八年春正月, 改兵部, 倉部卿監爲侍郎, 大舍爲郎中, … (三史 권9:7). 大舍二人, 眞平王十一年置, 景德王十八年, 改爲郎中[一云眞德王五年改], 位自舍知至奈麻爲之. (三史 권38:2~3) ※경덕왕 18년(759). 진평왕 11년(589).

官号 환원: 惠恭王…十二年春正月, 下敎, 百官之号, 盡合復旧. (三

史 권9:11b) (혜공왕 12년 정월에 왕이 하교하여 백관의 칭호를 모두 구에 회복하였다.) 舍知二人, 神文王五年置, 景德王十八年, 改爲員外郎, 惠恭王十二年, 復稱舍知, 位自舍知至大舍爲之. (三史 권38:3a) ※혜공왕 12년(776). 舍知 마시지(?). 신문왕 5년(685).

4) 讀書三品科 설치: 元聖王四年春, 始定讀書三品, 以出身, 讀「春秋左氏傳」, 若「禮記」, 若「文選」, 而能通其義, 兼明「論語」, 「孝經」者爲上. 讀「曲禮」, 「論語」, 「孝經」者爲中. 讀「曲禮」, 「孝經」者爲下. 若博通五經, 三史, 諸子百家書者, 超擢用之. 前祇以弓箭選人, 至是改之. (三史 권10:3ab) (원성왕 4년 봄에 처음으로 독서삼품과를 정하여 출신케 하니, 전에는 궁술로써 인물을 선택하더니, 이때에 이르러 개혁하였다.) ※원성왕 4년(788).

이 시대의 漢語化는 보기보다 쉽게 진행되지 않았다. 3) 고친 칭호를 도로 환원한 사건은 革新에 대한 反動이나, 그 요인은 첫째 漢語에 대한 語衆의 親熟度가 아직 가깝지 않았음을 뜻한다. 즉, 여전히 익숙한 本來語를 일시에 버릴 수 없었다. 따라서, 둘째 7세기 統一新羅가 漢化政策을 강행했다고 보는 것은 사실과 다르다. 복잡해진 물량에 대처한 간결성 위주의 漢字化를 지향했을지라도, 그 母語意識은 결코 무디지 않았다는 뜻으로 해석된다. 君子之國으로 호칭되던 나라가 아니었던가?

24.3) 古代後期의 語彙

1) 本來語: 心音 ᄆᆞᅀᆞᆷ(兜率), 秋察 ᄀᆞᅀᆞᆯ(怨歌), 必只 반ᄃᆞ기(禱如), 城叱 자시(彗星), 母史 어시(安民), 手羅 무라([illegible]), 一等 ᄒᆞᄃᆞᆫ(亡妹), 二尸 두블(千手) 등.

2) 漢字語: 公主(薯童), 太平(安民), 東京(處容), 彌勒(兜率), 觀音

a) 呼稱, [illegible], [illegible], 自己, [illegible], 公, [illegible], [illegible], 舍[illegible], 大[illegible], [illegible].
b) 人稱: 舍[illegible], 家族, 三寸, 四寸, 從兄弟, 內外, 面主, 男[illegible], [illegible], 內[illegible], [illegible], [illegible], 一手(名人), 一[illegible], 根地, 景[illegible], [illegible], [illegible]([illegible]) [illegible].

(千手), 慈悲(〃), 破戒(遇賊), 功德(風謠), 生死(亡妹), 佛体(禮佛), 道士(道敎), 神仙(〃), 符籍(〃), 小子(正帳), 追子(〃), 助子(〃), 丁女(〃) 등.

요컨대, 이 시대의 語彙는 本來語를 근간으로 하고 漢字語를 수용해 가던 상황이었다. 이러한 수용은 排外的 追從이 아니라 자체의 능동적 필요에 의한 것이었으며, 이로 인하여 어휘는 점차 다양화, 풍부화되어 갔다. 그러나, 그 구체적 양상은 자료의 미비로 알기 어렵고, 더구나 그 計量的 構成은 엿볼 길이 없다. 따라서, 위 24. 3)에서 보인 어휘의 예는 단순한 예시에 불과한 것이다. 특히 正倉院 新羅帳籍(약칭 正帳, 758)에 나타난 것은 당시 자체의 漢字語였다는 점에서 시선이 끌린다.

古末音名詞 原形 古代後期의 構文接辭는 전기에 비하여 실제로 상당한 차이가 있었다고 보아야 옳을 것이다. 전후기 연대의 차이가 6백년인 만큼, 사회의 변화가 더디더라도 달라졌을 것이야 말할 것도 없다. 그런데, 문제는 그 사실을 명시할 실증이다. 대개 연대가 정확한 金石文 吏讀는 자료가 엉성하고, 비교적 자료가 풍부한 鄕歌는 이미 언급한 바와 같이 후대의 潤色으로 그 진부를 옳게 가리지 못하기 때문이다. 향가에서 한 예를 들어 문제의 구체적인 상태를 엿보면 다음과 같다.

25. 1) ㅎ末音名詞의 末音 ㅎ(金敏洙 1952)

1) 鄕歌의 용례: 城叱肹良(慧星), 邊希(獻花), 吾肹(〃), 花肹(〃), 磧惡希(耆婆), 際叱肹(〃), 大肹(安民), 此肹(〃), 地肹(〃), 膝肹(千手), 目肹(〃), 一等下叱(〃), 一等肹(〃), 二肹隱(處容) 등.

2) 花肹(獻花): 곶+흘(梁柱東 1942. 237~238), 골+흘(俞昌均 1994.

296~299). 膝肸(千手): 무릅+흘(梁柱東 1942. 456), 무릅+흘(兪昌均 1994. 574~576).

3) 地肸(安民): ᄯᅡ+흘(梁柱東 1942. 290~294), ᄯᅡ+흘('地'의 中世語는 'ᄯᅡㅎ'이다. 그러나 신라어는 '달'이나 '-닭'이었을 가능성이 있다(兪昌均 1994. 378). '土'는 後漢 이전이 d'ag이며, 이것은 국어의 '닭'과 유사하다. '地'도 漢代의 d'jar은 '달'이 될 수 있다. …이러한 사실은 '地'가 국어의 'ᄯᅡ'와 어원을 같이하는 것이라 하겠다(兪昌均 1994. 357). ※地 徒四切(広韻), 四 質韻 diet. 土 t'ag/d'ag(上古音).

鄕歌 해독에서 가령 '花肸'은 中世語 '곶'과 이른바 ㅎ助詞 '肸(흘)'로 분석하면 결국 '곶+올'로 해독한 것이 된다. '膝肸'에 대한 '무릅+흘'의 경우도 마찬가지다. 이것은 8세기 전반기에 有氣音 ㅊㅍ 등이 음운화했다는 해석이며, 国語音韻史上으로 매우 중대한 선언이 되는 것이다. 이 향가가 수록된 「三国遺事」가 편찬될 때에 13세기 당시의 中世語가 윤색된 부분이라고 보아야 할 것이다. 이런 뜻에서, 위 3) '地肸'의 해독도 유사하나, 이것은 특히 ㅎ助詞의 生成을 푸는 실마리로서 매우 중요하다.

25. 2) 入声>ㅎ末音(K.=Karlgren 1940)

1) 入声>ㅎ末音名詞: 地(四. 定至 diet)>ᄯᅡㅎ(地, 釋譜 6:26), 笛(定覚 dieuk)>뎌ㅎ(笛, 釈譜 13:53), 渠(=道 K.*d'ôg)>도ㅎ(渠, 杜初7:5), 等(K.*təg)>돌ㅎ(等, 月曲 23), 褓(K.*pog)>보ㅎ(褓, 内訓初1:67), 臂(幫錫 piek)>불ㅎ(月曲 192)>풀ㅎ(臂, 杜重 12:4), 沼(K.*t̂i̯og)>소ㅎ(潭, 佛頂 12), 藪(K.*sug)>수ㅎ(林, 月釈 8:99), 褥(日屋 ńźiwok)>쇼ㅎ(月曲 117)>요ㅎ(褥, 内訓 1:49), 尺(昌鐸 ts'ǎk)

104

> 자ㅎ(尺, 龍歌 9:35), 醋(清鐸 ts'ak) > 초ㅎ(醋, 無寃 1:19) 등.

2) 기타의 예: 庫(溪魚 K.*k'o) > 고ㅎ(庫, 飜小 8:20), 鱸(來魚 K.*lo) > 노ㅎ(鱸, 杜初 10:45); 常(禪陽 ziaŋ) > 샹ㅎ(常, 飜小 10:9); 此股(安民) > 이ㅎ(此, 釋譜 11:6), 自股(千手) > 눈ᄉᆞᆼ이 등.

3) 入声 ㄱ ㅂ > ㅎ: 俗(邪屋 ziwŏk) > 쇽ㅎ(俗, 釋譜 6:22), 舍(裏, 月釋 8:11) / 속(裏, 杜初 16:49) > 소ㅎ(前間恭作 1936. 97), 粟(心屋 siwŏk) > 조ㅎ(粟, 龍歌 2:22), 주(干作, 校時調) > 귀뚱이 등.

中世語의 ㅎ末音名詞 'ᄯᅡㅎ'의 淵源은 '地 diet / 土 t'ag'으로 소급되고, '*닫/*닥 > *다ㅎ > ᄯᅡㅎ' 등과 같이 生成되었다고 추정된다는 것이다. 이 점은 위 일련의 1)이 뒷받침하고 있으며, 3) 후대의 예도 다소 발견되고 있다. 이것은 漢語 上古音의 入声이 그대로 수용되지 않고 非閉鎖音인 ㅎ으로 인식되었다는 뜻이다. 대략 6~9세기 新羅鄕歌에 14종, 10세기 高麗鄕歌에 3종 정도(들) 나타났는데, 이 ㅎ의 연대를 그대로 인정한다면, 有声音(예: ᄯᅡ과, 돌로, 안팟 등)의 音韻이 문제로 대두된다.

따라서, 이 시대 助詞類나 語尾類의 生成에 관하여 자료가 영성하더라도 国語史의 관점에서 이와 같이 면밀한 검토를 통하여 실존여부를 추정할 것이다. 主格(-이)과 述格(-이다)의 同形分化說(장하일 1956)을 위시한 依存動詞 등의 生成에도 그래서 유의해야 하겠으나, 그렇지 못한 상황에서는 단순히 鄕歌의 用例를 위 17. 3)과 같이 정리해 보는 수밖에 없을 것이다. 이런 귀납은 中世語의 形態를 편의상 대조해 본 것이라는 전제를 잊지 말고, 古代語의 形態에 더 많은 관심을 기울일 것이다.

<u>古代語의 傳來変異</u> 전래된 古代語의 形態를 보면, 国語史의 관점에서는 그 原形이 어떠했던가에 관심이 쏠릴 것이다. 시대마다 그

言語의 정확한 形態를 밝히는 것이 매우 중요하기 때문이다. 속담은 고대부터 전래하는 것이 많은데, 개중에는 잘못 변한 것도 있다. 가령, '내 일 바빠 한데 방아'라는 속담에서 '한데'는 아무래도 이상하고, 다음과 같이 '한댁(大家)'의 와전임이 밝혀졌다. '한댁'이 전래하며 '한데'로 변한 것이다. 그래서, 이 사실을 명시해 주는 문헌이 얼마나 소중한지 모른다.

26. 1) 郁面說話와 俗談

1) 俗談: 緣我事急, 野碓先踏〔言彼妨我路, 我不得不助彼功, 而開其路.
○내일바빠 한데방아. (丁若鏞, 「耳談續纂」 東諺)

2) 郁面說話: 主憎其不職, 每給穀二碩, 一夕舂之, 婢一更舂畢, 歸寺念佛〔俚言'己事之忙, 大家之舂促, 蓋出乎此'〕, 日夕微怠. (三遺 권 5:7) (주인은 그가 일을 잘하지 않음을 미워하여 늘 곡식 두 섬을 주어 하루저녁에 다 찧으라고 했는데, 婢女 郁面이 초저녁에 다 찧고 절에 와서 염불하여〔속담에 '내 일 바빠 한댁 방아를 서두른다.' 함은 아마 여기서 나온 것이겠다.〕 밤낮으로 게을리하지 않았다.) ※景德王代(742~764), 康州(今晉州 혹은 慶北 順安) 貴珍家의 郁面 이야기(郁面婢念佛西昇).

실제로 '한데'가 '한댁'의 와전이고, 그 '한댁(上殿宅)'이 8세기 古代語의 어휘였음이 밝혀졌는데, '大家'를 '한댁'으로 해독한다는 사실은 의외의 큰 소득이다. 다만, '한댁'이 '큰댁(宗家)'의 의미가 있는지는 모르겠고, 다른 表記 '大(한)'의 해독에 응용될 것이 기대된다. 이런 뜻에서, 다시 볼 것으로는 處容歌가 있다. 이것은 악귀를 쫓기 위하여 거행하던 儺禮(나례)라는 의식의 하나로서 춤과 함께 부르던 가사이며, 오랜 전통을 가진 재래의 民俗으로서 기록된 歌詞

를 전재하면 다음과 같다.

26.2) 處容歌의 歌詞와 鄕歌

1) 歌詞 處容歌: …東京 발근 ᄃᆞ래 / 새도록 노니다가 / 드러 내 자리를 보니 / 가ᄅᆞ리 네히로섀라 / 아으 둘흔 내해어니와 / 둘흔 뉘해어니오 / 이런 저긔 處容아비 옷 보시면 / 熱病神이ᅀᅡ 膾ㅅ가시로다 / 七寶를 주리여 處容아바 / 千金 七寶도 말오 / 熱病神를 날 자바주소서 …(成俔, 柳子光, 「樂學軌範」 초간(1493) 권5:13), 「樂章歌詞」 14~15)

2) 주석: 東京…東京卽鷄林府(「高麗史」 권71:44, 三國俗樂). 네히로섀라 …네ㅎ+이+로+샤(시+아)+ㅣ+라. ※어쁘새라(時樂 12).

3) 鄕歌 處容歌: 東京明期月良 / 夜入伊遊行如可 / 入良沙寢矣見昆 / 脚烏伊四是良羅 / 二肹隱吾下於叱古 / 二肹隱誰支下焉古 / 本矣吾下是如馬於隱 / 奪叱良乙何如爲理古 (三史 권2:18, 處容郎 望海寺(879))

4) 해독: 동경 밝은 달에 / 밤늦이 노니다가 / 들어사 자리의 보곤 / 다리 어이 넷일러라 / 둘흘은 내해엿고 / 두흘은 뉘기해언고 / 본의 내해이다마어는 / 앗아늘 어떠할고.

동경 달밝은 밤에 늦도록 쏘대다가 들어와 자리를 보건대 다리가 어찌하여 넷일러라 둘은 내해어니와 둘은 뉘해 인고 본디 내해 이다 마는 빼앗긴들 어떠하리오. (정열모 1947.3. 정렬모 1947. 9. 3면)

이 가사는 新羅鄕歌의 마지막을 장식한 9세기의 處容歌로 소급되나, 양자의 차이는 위에서 보듯 너무 크다. 이것은 아마도 疫神을 내쫓는 탈춤 處容舞의 인식에 따라 후대에 가사를 윤색한 까닭이 아닐까 여겨진다. 말하자면, 處容歌가 전래된 이유는 그 가사의 전승에 있지 않고, 이른바 驅儺(구나) 즉 악귀를 쫓아내는 연극의 행위에 뜻이 있었기 때문이다. 그래도, 한자어로 음독할 '東京'이나 독특한 形態結合 '비히로새라' 등은 역시 古代語 잔해의 뿌리로서 가치가 매우 크다고 생각된다.

요컨대, 古代後期의 어휘나 形態도 古代後期와 시대적으로 6세기나 격차가 있는 만큼, 현격한 차이가 있는 것은 물론이다. 그런데, 그 사실을 밝히는 것은 잔존한 자료에 의지해야 하는 마당에 일시에 究명하기는 매우 어려운 일이다. 원래 어휘가 가장 변하기 쉽고, 제도에 따라 무조건 교체되는 경향임에 비해, 일반적 어휘나 文法的 形態는 일정한 理法에 따라 체계적으로 변해 가는 것이 원칙이다. 그렇다고, 하기에 따라 소급할 形態의 原形이나 접근할 古代語의 잔해가 없는 것은 아니다.

2.2.3 천착할 古代語 문제

合成音韻의 발생　지금까지 古代前期의 國語에 대하여 개략을 종합해 보았다. 모두에서 이미 언급했지만, 이상과 같은 古語의 서술은 자료의 희소로 인하여 재론의 여지가 없을 수 없다. 우선 子音音韻에 ㅊㅋㅌㅍ 有氣音이 있었는가의 논란이다. 激音 즉 有氣音(aspirate)은 우리 漢字音이 형성되기 이전, 그 이전 이미 音韻으로 발전해 있었다고 한다(김종훈, 1992, 28~35). 이 반론은 그 漢字音이 현대와 같다는 전제하에, 옛날 人地名表記에 나타난 漢字音의 有氣音을 실례로 제시한 주장이다.

27. 1) 有氣音(次淸)의 문제

1) 人地名: (37:4a) 古次(口, 구지)(次 淸 ts'母), (34:8a) 居柒(荒, 거시리)山(柒, ts' 淸母), (37:10b) 毗處(光, 비치)(處 昌 tʃ'母), (37:15b) 肖巴(酒, 수부)(肖 淸母); 㭉溪 k'母(에 該當), (34:9b) 居陁(一, 가다)(陀 定 d 母), (三遺 1:10b) 沙涿(邑里, 사탁)(涿 端 t 母), (37:5b) 首乙呑(首含, 마리다나)(呑 透 t' 母), (35:12b) 吐上(堤上, 뚝마라)(吐 透母),

(37:3b) 巴衣(岩, 바희)(巴 幫 ᄋ 母), (35:11b) 波旦(海, 바다나)(波 幫 母) 등.

2) 鄕歌의 表音: 次叱(家 짓)(次 지, 叱), 秋察(秋 ᄀᆞ술)(察 初 ㅅ 母), 爾處米(忘, 이ᄌᆞ며)(處 치, ᄎᆞ), 七史(閣 ᄉᆞ시, 슷)(七 ᄉᆞ, ᄉ), 呑隱(-돈)(呑 돈, 든), 八陵隱(排 버른)(八 幫母, 파, 바) 등.

그러나, 이 논증에는 비약이 있다. 우리 漢字音이 서기전 훨씬 이전에 고정되었고, 고정된 이후에는 좀체로 바뀌어지지 않았다는 추정은 더 많은 천착을 필요로 하기 때문이다. 위의 예시에서 보듯이, 借字表記와 임의적 해독을 반드시 증거라고 하기도 어렵다. 같은 관점에서, 그 시기 서기 전후에 이미 重母音 ㅑㅕㅛㅠㅒㅖㅘㅝㅐㅔㅚㅟㅢ가 존재했었다고 하는 반론도 역시 천착할 여지가 있다. 당시도 물론 發音의 縮約으로 母音의 合成이 이루어질 가능성은 있지만, 그 실증이 문제인 것이다.

27.2) 合成音韻의 문제

1) 氣音化: ㄱㅎ > ㅋ (36:8a) 伏忽(복홀 > 보콜), (35:12a) 竹峴(죽현 > 주켠); ㅂㅎ > ㅍ (37:16b) 甲忽(갑홀 > 가폴), (34:8a) 甲火良(갑화량 > 가파량) 등.

2) 重母音化: ㅣㅏ > ㅑ (36:6b) 乃利阿(내리아 > 내랴); (37:5a) 也尸買(야시매); ㅣㅗ > ㅛ (三遺王曆 330) 知鳥(지오 > 죠), (37:10a) 開要(개요); (37:4a) 烏阿忽(오아홀 > 와홀), (37:4b) 古所於(고소어 > 고숴), (35:8a) 奈己(나이 > 내), (36:10b) 古西伊(고서이 > 고세), (13:2b) 烏伊(오이 > 외), (37:9b) 水入(수입 > 쉽) 등.

3) 終声(받침)化: ㄴ (37:4b) 買旦(마다나 > 마단), ㄹ (36:5b) 忽居(무루거 > 물거), ㅁ (34:11a) 南內(나마노 > 남노), ㅅ (37:5a) 於斯買(어시마 > 엇마), (37:5a) 烏斯廻(도시다리 > 돗다리), ㅇ (13:1a) 朱蒙/鄒牟/鄒蒙/東明(도모/두무) 등.

이 예로 보면, 古代에 일찍이 有氣音, 重母音, 받침 등이 있었던 것으로 보아야 할 것이다. 그러나, 이것은 이미 언급한 대로 現代語와 거의 같은 당시의 우리 漢字音으로 그 借字表記를 읽는다는 가정 아래 예시해 본 것이기 때문에, 이 가정이 입증되지 않은 조건이면 물론 성립되지 않는 것이다. 다만, 解讀이 성립된 용례에서 받침 ㄴㄹㅁ만은 임의적 縮約으로서 있었다고 할 것이나, 15세기의 八終声에서 ㄷ과 양립한 ㅅ, 借字表記에서 읽지 않은 ㆁ 등의 받침은 존재했었을 까닭이 없다.

27.3) 硬音化와 同化의 조건

1) 硬音化: ㄲ 碧骨(36:6a)(벽골>벽꼴), 十谷(37:4b)(십곡>십꼭); ㄸ 息達(35:7a)(식달>식딸), 鴨督(34:7b)(압독>압똑); ㅃ 甲比(37:4a)(갑비>갑삐), 提濱(37:9b)(작빈>작삔); ㅆ 伏斯(37:3b)(복사>복싸); ㅉ 所力只(36:7a)(소력지>소력찌) 등

2) 漢字音 된소리: 雙 山ʃ母(상「三韻声彙」1751, 쌍「全韻玉篇」1799), 氏 禪ʒ母(시「字類註釈」1856, 씨「字典釈要」1909), 喫 溪k'母(긱「全韻玉篇」, 끽「字類註釈」) 등.

3) 子音同化: 欲乃(36:9b)(욕내>용내), 津臨(35:5b)(진림>질림), 月奈(36:8b)(월나>월라); 伏龍(36:7b)(복룡>봉뇽), 押梁(34:7b)(압량>암냥), 赤木(35:9a)(적목>정목), 檐魯(梁書 百濟)(담로>담노), 僧梁(35:4b)(승량>승냥); ㄹㄹ 舌林(36:2a)(설림), 述禮(三遺 王曆 5a)(술례) 등.

같은 시각에서, 당시 된소리나 子音接變은 있었다고 보기 어렵다. 특히 된소리 즉 濃音, 硬音(fortis)은 漢字音에도 없었고, 위 1) 같은 조성의 조건이 없었다. 子音同化도 형성될 조건이 조성돼 있지 않았다. 그 조건은 받침이 아직 발달되지 않은 상황이다. 위의 예에서 파악되는 그 조건으로 이해되듯, 그러한 合成音韻이 형성되는 조건이란 받침이 있는 音韻環境이다. 즉, 후에 형성된 받침은 특히 漢字音 入声 ㄱㄷㅂ 받침이 우리말에 반영됨으로써 다양한 合成音

110

韻이 발생되게 한 것이다.

動動과 井邑詞 高麗歌謠의 하나인 "井邑詞"가 百濟의 口傳歌謠인데, 그 "動動"은 최근에 高句麗의 가요로 확신케 되었다. 영성한 자료에 이처럼 보태게 된 것은 다행이나, 구전되어 오는 과정에 어느 정도 변화가 있었어도 입에서 준어진 노래여서 원칙적으로 원래의 노래를 거의 그대로 유지한 고구려의 언어라고 하는 것(렴종률 1992: 24)은 불찰이다. 그 가요가 분명히 고구려 작품이라고 하더라도, 번역되듯이 후대의 언어로 개변된 현존의 그 언어를 고구려어라고는 해서는 안될 것이다.

28.1) 動動(불행한 여성이 임을 그리워 부른 고구려의 노래. 「成宗實錄」 권132:4 12.8.3. : 중국사신 앞에서 《동동춤》에 대하여 고구려 때부터 추어오던 것이라고 설명(김영황 1986: 55~56).

1) 「樂學軌範」(1493) 5:8, 德으란 곰빈예 받줍고 / 福으란 림빈예 받줍고 / 德이여 福이라 호날 / 나ᅀᆞ라 오소이다 / 아으 動動다리

正月ㅅ 나릿 므른 / 아으 어져 녹져 ᄒᆞ논ᄃᆡ / 누릿 가온ᄃᆡ 나곤 / 몸하 ᄒᆞ올로 녈셔 / 아으 動動다리

二月ㅅ 보로매 / 아으 노피 현 / 燈ㅅ블 다호라 / 萬人 비취실 즈ᅀᅵ샷다 / 아으 動動다리

三月 나며 開ᄒᆞᆫ / 아으 滿春 ᄃᆞᆯ욋고지여 / ᄂᆞᄆᆡ 브롤 즈ᅀᅳᆯ / 디녀 나샷다 / 아으 動動다리 (이하 十二月令까지 생략)

2) 合成音韻: ㅊㅍ, ㅑㅕ ㅒㅖㅓㅐㅣㅔㅚㅟㅢ 등. 받침: 덕받줍릿동 등.

子音同化: 나릿 므른, 녯나, 수릿날, 받즙노이다, 보ᄉᆞᆯ 니믈 등.

28.2) 井邑詞(남편을 산에 올라 기다리며 부른 백제의 노래. 「高麗史」 卷七一 樂二 46), 「三史」 36:5a: 井邑縣本百濟井村, 今因之.

1) 「樂學軌範」(1493) 五10: ᄃᆞᆯ하 노피곰 도ᄃᆞ샤 / 어긔야 머리곰 비취오시라 / 어긔야 어강됴리 / 아으 다롱디리

同 31. 舞鼓: 舞隊色將率樂工及妓, … 諸妓歌井邑詞, 鄕樂奏其曲, …

※ 三史 36:4, 全州, 本百濟完山, 眞興王十六年(555), 爲州, 二十六年(565), 州廢, 1.1.1
神文王五年(685), 復置完山州. 景德王十六年(757), 改名, 今因之.

져재 녀러신고요 / 어긔야 즌디를 드디욜셰라 / 어긔야 어강됴리 / (아으 다롱디리)

어느이다 노코시라 / 어긔야 내가논디 졈그랄셰라 / 어긔야 어강됴리 / 아으 다롱디리

2) 合成音韻: ㅊㅋㅍ, ㅑㅕㅛㅒㅐㅢㅟㅚ 등. 받침: 갱 등.

이들 가요의 言語는 위에서 보는 바와 같이 서로 다름이 없고, 있다면 자료의 양적 제한의 차이 뿐이다. 그 合成音韻의 분포를 잘 보면, 그 言語는 가요를 주전에서 文字로 기록한 成俔, 柳子光 등 「樂学軌範」의 편찬연대인 15세기 中世後期의 国語를 반영한 것으로 추정된다. 특히 "動動"의 오소이다, 므론, 몸하, 즈슬 등, 혹은 "井邑詞"의 돌하, 노피곰, 어느이다 등의 表記와 形態가 그러하다. 따라서, 이들 가요의 언어는 종처럼 변치 않는다는 그 構文構造에서나 다소 엿보게 될 것이다.

28.3) 古代歌謠의 構文과 構文接辞: 조 1.3 참조.

1) 動動: S(생략) O 德으란 V 곰비에 받줍고, S(생략) O 德이여 福이라 호놀 V 나으라 오소이다. S(생략), SOV.

2) 井邑詞: S 돌하 V 노피곰 도드샤, S(생략) V 머리곰 비취오시라. SV+SV. S(생략) V 져재 녀러신고요, S(생략) O 즌디를 V 드디욜셰라. SV+SOV.

3) 動動: 德+을(対格 오/을/을)+안(補助詞), 곰비+에(處格 에/애/븨/의), 받+줍(謙稱 습(숩))+고(重複形 오) 등.

4) 井邑詞: 돌+하(呼格 아/야/여/이여), 놉+이(副詞化転成接尾辞)+곰(副詞強義接尾辞 옴), 돋+오샤(尊稱接尾辞 사), 비추+이(使動接尾辞 히/리/기(우))+오(意志形 우)+시 등.

※ 三史 36:5, 大山郡, 本百濟大尸山郡, 景德王改名, 今泰山郡. 領縣一. 井邑縣, 本百濟井村. 景德王(757)改名. 今因之.

112

그 가요의 構文은 이미 2.1.3에서 제시한 바와 같이 6~7세기의 鄕歌와 대체로 같다고 하겠으나, 構文接辭의 形態는 차이가 있다고 할 것이다. 그 자료의 양적 제한으로 본격적인 비교는 무리하지만, 가령 오소이다, 어느이다 같은 形態, 특히 그 ㅇ은 후대에 생성된 모습이라고 할 것이다. 요컨대, 역사상 첫째로 語彙의 變化가 가장 빠르고, 둘째로 發音도 빨리 변하나, 그 音韻体系는 변하기 더디고, 셋째로 構文에서 語順은 변하기 어려우나, 그 形態는 쉽게 변하는 것이 言語史의 理法이다.

28.4) 表記의 解讀과 分析

1) 動動: 림(님)+비(림 ※러운(類 訓解 28 / 님우리(類 훈몽 上10), 호놀 ᄒ+오+ㄴ(過去動名詞形)+올 ※ᄒᄂ로(용가 11) ᄒ+ㄴ+으로, ᄒ리(永嘉 下31) ᄒ+ㄹ(未來動名詞形)+의, 오+소(송)+이+다(ㅇ ※이다(용가 14), 잇고(용가 282), 나리(※乃利(三史 36:6) 나리>나이>내), 滿春+둘욋(달래/진달래)+ㅅ/滿春둘+욋(외/오얏), 녯(옛)+날+올(녯 ※날(月曲 246), 날옴(月曲 8), 녀느(釋譜 6:10) 등.

2) 井邑詞: (後腔全): 저재/(後腔) 全(全州)+저재 등.

고문헌의 해독이나 그 言語의 분석은 한글로 표기된 자료라도 논란이 있게 마련이다. 위 지적에서 우선 ㄹ, ㄴ 頭音規則은 현대와 격차가 있었고, 또 띄기나 쪼개기로 적지 않은 이견이 갈리기 때문이다. 특히 '全저재'의 '全'이 757년에 개칭한 全州의 약칭이면, 그 연대나 백리 밖의 저자 등으로 빗나간다. 반면에, 9.3)에서 지적한 ㄴ, ㄹ 時稱動名詞形, '내(川)'의 古形 '나리' 등의 노출은 古代國語가 化石化된 잔해로 보인다. 그렇다면, 이런 문헌도 言語資料로서 끝내 경시될 것이 아니다.

吏讀의 語順과 吐 吏讀는 漢字에 의한 우리말의 記寫法으로서 이미 언급한 대로 오랜 역사를 가지고 있다. 그러면, 吏讀와 漢文과의 차이는 우리말과 漢語와의 차이인데, 실제로 吏讀는 한문과 다른 語順, 漢字表記의 語彙, 한문에 없는 吐 등으로써 특징짓는다. 우선 이두식 語順은 이두가 발생한 초기의 형태로서 이두 토가 발달하기 이전의 형태를 말한다. 그러나, 이것은 漢文을 잘 알고 면밀히 분간해 보아야 할 매우 어려운 대상이다. 다음과 같은 것이 이미 지적했던 그 예시들이다.

29. 1) 吏讀의 語順 (홍기문 1957: 24, 26~29)

1) 廣開土王陵碑(414): (제1면) …王臨津言曰, 我是皇天之子, 母河伯女郎, 鄒牟王, 為我連葭浮龜. (왕이 물가에 임해서 말하기를 '나는 하느님의 아들이오, 어머니가 물을 맡은 신령의 딸이오 추모왕이다. 나를 위해서 갈대를 연하고 거북을 띄우라.')

…因遣黃龍來下迎王, 王於忽本東岡黃龍負(履龍頁)昇天. (곧 누른 용을 보내서 내려와 왕을 맞게 하니, 왕은 忽本(卒本) 東岡에서 황룡이 업고(용의 머리를 딛고 서서) 하늘로 올라갔다.) ※말하는 순서로 죽 해석해야 뜻이 통함.

2) 壬申誓記石(552, 612) …今自三年以後(지금부터 3년 이후. 漢文으로는 自今三年以後). 中初寺幢竿石柱記(827) …中初寺東方僧岳, 一石分二得. (中初寺 동쪽 僧岳에서 돌 하나가 갈라져 둘이 되었다. 漢文으로는 分一石得二). 등.

이런 예는 漢文 속에 혼입된 구절이라도 한문으로 읽어서는 뜻이 잘 통치 않는 것들이다. 말하자면, 吏讀式 語順으로 한문을 개편했다고 하겠는데, 과연 그런지 아닌지는 한문의 관점에서 검토할 사항이

114

이다. 그런데, 이런 초기의 방식으로 문의 명확성이 의문시될 경우가 드물지 않았던지, 거기에 口頭語의 토를 쓰기 시작했고, 이 토는 이두식 토로 발전해 갔다. 이 토가 漢文의 助辭인지 이두식 토인지는 역시 깊은 한문의 지식이 아니면 판별되기 어려울 것이다. 다음과 같은 예가 그것이다.

29. 12) 吏讀 吐 (홍기문 1957: 26~29)

1) 无盡寺鐘銘(745): …一切檀越 幷成在願旨者, …成在節, 唯乃秋長幢主. (모든 단월과 아울러 서원의 뜻을 이룬 자, …이룰 때의 유내는 추장당주다.)

2) 葛項寺石塔記(758): …戊戌中 立在之 娚姉妹三人 業以 成在之 娚者 零妙寺言寂法師在旀, …. (무술에 세우시니라. 형제와 자매 셋이 업으로 이루시니라. 형제는 零妙寺 言寂법사이며, …) 등. ※밑줄 부분의 在, 中, 以 등이 이두 토.

3) 蓮池寺鐘銘(833): 太和七年 三月日 菁州 蓮池寺鐘成內節. 伝合入金 七百十三廷, …. (태화 7년 3월 일에 정주(晋州) 연지사 종이 이루어지다. 전하기를 들어간 쇠가 합하여 713정이니, …) ※토 표시 없음.

초기의 吏讀에는 이와 같이 약간의 토가 나타나고, 개중에는 전혀 토가 나타나지 않는 것도 있었다. 이러한 이두식 語順이나 이두식 토가 초기 吏讀의 기본적 요소인데, 高麗 초기에 이르기까지 金石文에 한하여 후기에도 거의 초기의 이두로 기록된 것은 금석문에 사용하던 관습으로 해석된다. 이러한 吏讀는 관청 문서용인 세칭 吏札로 전승되는 한편, 6세기에 당시 우리말을 漢字로 완전히 표기하기 시작한 이른바 鄕札로 발전해 갔다. 이 향찰은 借字表記의 완성으로 국지를 다한 것이 있다.

요컨대, 초기의 吏讀는 三國時代 고구려, 백제, 신라의 金石文에서 발견되나, 어려운 그 判讀을 다하는 것이 또한 천착할 과업이다. 특히 이두식 표에서 處格 中(에/애), 助格 以(로/으로), 対格 於(를/을), 終止形 之(다/니라) 등이 종종 나타나는데, 그 '中, 於'는 鳩摩羅什 409년 漢譯 불경 「中論」에 유래한다는 사실이 밝혀졌다(李浚碩 1999. 169~204). 이것은 古典梵語의 8格이 반영된 것으로 우리 시선을 주목케 한다. 이런 뜻에서, 필써 천착할 古代國語의 문제는 화수분이라고 할 것이다.

※「集韻」(1067)에 依據 作圖, 等図으로는 最古

「切韻指掌圖」(宋 司馬光撰 작으, 楊中修撰) 図 2卷, 檢例 1卷 (元 邵光祖)

첫두 三十六母字圖(→字母図) 24図

三十六母字圖 清濁 引類

	全清	次清	全濁	不清不濁	
是牙音	見 經堅 全清	溪 輕牽 次清	群 勤乾 全濁	疑 銀研 不清不濁	
舌頭音	端 丁顛 全清	透 汀天 次清	定 廷田 全濁	泥 寧年 不清不濁	
舌上音	知 珍邅 全清	徹 癡脠 次清	澄 陳纏 全濁	娘 紉尼 不清不濁	
脣音重	幫 賓邊 全清	滂 繽篇 次清	並 貧便 全濁	明 民綿 不清不濁	
脣音輕	非 分番 全清	敷 芬蕃 次清	奉 墳煩 全濁	微 文云 不清不濁	
齒頭音	精 津煎 全清	清 親千 次清	從 秦前 全濁	心 新先 全清	斜 餳涎 半濁半清
正齒音	照 真氈 全清	穿 嗔燀 次清	牀 神潺 全濁	審 身羶 全清	禪 脣蛇 半濁半清
是喉音	影 因煙 全清	曉 馨軒 次清	匣 刑賢 全濁	喻 寅延 不清不濁	
舌齒音	來 鄰連 不清不濁	日 人然 不清不濁			

等: 韻母 攝韻 四段으로. 一等 廣大, 二等 次, 三等 狹, 四等 더 狹.

呼: [illegible]

「切韻指掌圖」(宋 楊中修撰) 一図
※ 平: 高(一等韻), 交(二等韻), 嬌(三等韻), 驍(四等韻), 上去入도 同.

一

	見	溪	羣	疑	端	透	定	泥	知	徹	澄	娘	幫	滂	並	明	非	敷	奉	微
平	高	尻	○	敖	刀	饕	淘	猱					褒	橐	袍	毛				
	交	敲	○	聱					嘲	颲	桃	鐃	包	胞	庖	茅				
	嬌	趫	喬	○					朝	超	晁	○	鑣	○	○	苗	○	○	○	○
	驍	鄡	翹	堯	貂	祧	迢	○					飈	漂	瓢	蜱				
上	暠	考	○	䫜	倒	討	道	惱					寶	○	抱	蓩				
	絞	巧	○	咬					獠	○	○	獿	飽	○	鮑	卯				
	矯	○	驕	鱎					○	[illegible]	肇	○	表	皫	藨	○	○	○	○	○
	皎	磽	○	磽	鳥	朓	窕	嬲					褾	縹	摽	眇				
去	告	鎬	○	傲	到	韜	導	腝					報	○	暴	帽				
	教	敲	○	樂					罩	趠	棹	橈	豹	砲	靤	貌				
	○	趬	嶠	䖀					○	朓	召	○	裱	剽	驃	廟	○	○	○	○
	叫	竅	轎	顤	弔	糶	藋	尿					○	○	○	妙				
入	各	恪	○	咢	○	託	鐸	諾					博	頼	泊	莫				
	覺	殼	○	嶽					斲	逴	濁	搦	剝	璞	雹	邈				
	腳	卻	噱	虐					芍	辵	著	逽	○	○	○	○	○	○	○	○
	○	○	○	○	○	○	○	○					○	○	○	○				

切韻指掌圖 十四

	精	清	從	心	斜	照	穿	牀	審	禪	影	曉	匣	喻	來	日	韻
平	糟	操	曹	騷	○						鏖	蒿	豪	○	勞		豪
						䑿	謙	巢	梢	○	顟	虓	肴	○	顟		交
						昭	怊	○	燒	韶	妖	囂	○	鴞	燎	饒	宵
	焦	鍫	樵	蕭	○						幺	膮	○	遙	聊		蕭宵
上	早	草	皂	嫂	○						襖	好	皓	○	老		皓
						爪	煼	[illegible]	數	○	拗	○	䉛	○	○		巧
						沼	麨	肇	少	紹	夭	○	○	○	○	擾	小
	勦	悄	○	篠	○						窅	曉	皛	鷕	了		篠小
去	竈	操	漕	喿	○						奧	秏	號	○	嫪		號
						抓	鈔	巢	稍	○	靿	孝	効	○	○		效
						照	○	○	少	邵	要	○	○	○	尞	饒	笑
	醮	陗	噍	嘯	○							歊	○	耀	顟		嘯笑
入	作	錯	昨	索	○						惡	臛	涸	○	落		鐸
						捉	娖	浞	朔	○	握	吒	學	○	犖		覺
						灼	綽	○	爍	妁	約	謔	○	○	略	若	藥
	爵	鵲	嚼	削	○						○	○	○	藥	○		藥

切韻指掌圖 十五

第3章 中世国語(11~16세기)

1973. 12. 瑞山文殊寺 복장유물에서 처음 발견된 訓讀口訣 자료
「旧譯仁王經」上巻(1250.경) 낱장(2) 전반부

信行具足復有五道一切衆生復有他方不
可量衆復有變十方淨土現百億高座化百
億須彌寶花各各座前花上有無量化佛有
無量菩薩比丘八部大衆各各坐寶蓮花花
上皆有無量國土一一國土佛及大衆如今
無異一一國土中一一佛及大衆各各說般
若波羅蜜他方大衆及以化衆此三界中衆
十二大衆皆來集會坐九劫蓮花座其會方
廣九百五十里大衆僉然而坐

爾時十号三明大滅諦金剛智釋迦牟尼佛
初年月八日方坐十地入大寂室三昧思緣
放大光明照三界中復於頂上出千寶蓮花
其花上至非想非非想天光亦復爾乃至他
方恒河沙諸佛國土時無色界雨無量變大
香花香如車輪花如須彌山王如雲而下十
八梵天王雨百變異色花六欲諸天雨無量

3.0 古代国語와 中世国語

高麗의 라티움 開城 936년 高麗의 後三国統一은 문화의 중심을 지역상 한반도 동남부로 치우친 慶州에서 중앙부 開城으로 옮기게 하고, 신라의 開州方言이 公通語의 토대가 되도록 여건을 조성한 점에서 매우 뜻이 깊다. 이에 앞서, 676년 統一新羅는 그 수도 徐羅伐의 언어를 토대로 한 新羅語를 통용해 왔던 만큼, 高麗統一은 国語史上 매우 중대한 사건이라고 할 것이다. 로마 라티움(Latium)의 언어가 라틴語가 된 것처럼, 高麗語는 공통어로서 확고한 위치를 확보해 있었기 때문이다.

30.1) 三国과 高麗의 人口

1) 고구려: 「三史」 권22:11, 宝藏王…二十七年…十二月, …分五部, 百七十六城, 六十九萬餘戶. ※5명 평균 350만명, 7명 평균 480만명. (「三遺」 권1:9, 高(句)麗全盛之日, 二十一萬五百八戶.)

2) 백제: 「三史」 권28:8, 義慈王…二十年…六月, …国本有五部, 三十七郡, 二百城, 七十六萬戶. ※5명 평균 380만명, 7명 평균 530만명. (「三遺」 권1:10, 卞韓百済, 百済全盛之時, 十五萬二千三百戶.)

3) 신라: 「三遺」 권1:10, 辰韓[亦作秦韓], 新羅全盛之時, 京中十七萬八千九百三十六戶. ※戶를 口로 보아 111만, 신라 170만명 추정.

4) 고려: 元 托克托 등, 「宋史」 권487, 列傳 246, 高麗, 西京最盛, 總之凡三京四府八牧, 郡百有十八, 縣鎮三百九十, …男女二百十萬口.

後高麗를 자처하던 王建 高麗는 935년에 新羅를 항복시키고, 936년에 後百濟를 멸망시킴으로써 統一高麗(936~1392)가 이룩되었는데, 그 物量은 인구로 보아 외세를 끌어들여 통일한 新羅를 능가한 것이었다. 또한, 「高麗史」(1:13~, 2:34, 5:15...등)에 기록된 渤海遺民의 來投도 수10만에 이르렀다. 따라서, 中世國語 高麗語는 역사적 민족국가의 재통일에 의하여 새로 형성되었고, 이것은 開城方言을 토대로 신라 慶州方言, 백제 泗沘方言, 고구려 平壤方言, 발해 上京方言이 다소간 가미되었다는 뜻이다.

이런 뜻에서, 高麗統一과 高麗語의 성립은 역사상 보기보다 더욱 주목할 가치가 있다고 생각한다. 王建(877~943) 太祖의 訓要十訓 其四에 '不必苟同'(「高麗史」 2:15)이라고 했듯 자못 민족적 主体性을 표방했으나, 강성해진 契丹族 遼(916~1125), 女眞族 金(1115~1234), 蒙古族 元(1271~1368)의 힘에 억눌려 많은 시련을 겪었다. 특히 고려는 對蒙抗戰으로 몹시 피폐했건만, 나라의 위상을 굳게 지켜 갔다. 그래서, 그 民族語는 소멸되지 않았고, 現代國語로 면면히 계승케 하는 대업이 성취되었다.

<u>中世國語의 位相</u> 이러한 高麗語는 後三國統一과 함께 성립되기 시작했다고 할 것이나, 中世前期國語는 11~13세기의 국어라고 구분했다. 이들 사이의 격차가 64년인데, 時代区分이란 원래 인위적인 편의상의 구분이기 때문에 문제될 것이 없다. 말하자면, 10세기 말엽의 古代語와 11세기 초엽의 中世語가 시대구분한 대로 반드시 달라야 한다고 하지 않아도 되는 것과 같다. 따라서, 가령 中世前期國語를 구분한 11~13세기 3세기 기간 그 언어의 同質性이 시종일관 완전하게 존속한 것은 아니다.

古代國語의 音韻으로서는 有氣音이나 받침은 없었다고 추정하고, 地

名改稱에 도입된 漢語中古音의 영향을 받아서 새로 생성되었을 것이라고 언급했다. 그러나, 그러한 發音이 세기를 뛰어넘어 10세기에나 음운화되었을는지도 실증하기 어렵다. 물론 鄕歌를 실례로 들면 되지만, 향가가 기록된 上限보다 下限 13세기의 손판이 가미된 탓으로 그렇게 완전치 못하다(2.2.0 참조). 바꿔 말하면, 13세기에는 이미 有氣音이나 받침이 생성되어 있겠고, 이 점은 즉 中世國語의 한 특징이 되었다고 할 것이다.

30. 2) 中世語의 系譜

1) 系譜: 首都(地名 연대)

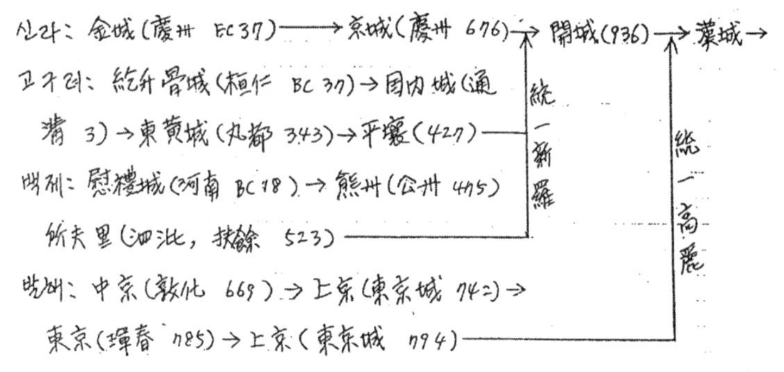

2) 신라: 「三史」 34:2, 初赫居世二十一年, 築金城, 号金城. 고구려: 「三史」 37:1~2, 自朱蒙立都紇升骨城, 歷四十年, 孺留王二十二年, 移都國內城, …都國內, 歷四百二十五年, 長壽王十五年, 移都平壤, 歷一百五十六年, 平原王二十八年, 移都長安城, 歷八十三年, 寶藏王二十七年而滅. 백제: 「三史」 37:7, 東明王第三子溫祚, …自卒本扶餘至慰禮城, 立都稱王, 歷三百八十九年, 至十三世近肖古王, 取高句麗南平壤, 都漢城, 歷一百五年, 至二十二世文周王, 移都熊川, 歷六十三年, 至二十六世聖王, 移都所夫里, 國号南扶餘, 至三十一世義慈王, 歷年一百二十二, 至唐顯慶五年, 是義慈王在位二十年, 新羅庾信与唐

蘇定方討平之. 발해: 李龍範 1976. ※桓仁…중국 遼寧省 本溪市. 通溝…吉林省 梅河口市. 丸都…吉林省 通化市 集(輯)安縣. 敦化…吉林省 延边朝鮮族自治卅 敦化市. 東京城…黑龍江省 牡丹江市 寧安縣. 琿春…吉林省 延边朝鮮族自治卅 琿春縣.

이처럼 高麗語의 형성은 단순치 않다. 이전의 新羅語도 676년 三国統一의 여파로 고구려의 平壤語나 백제의 泗沘語가 얼마큼 가미되었겠는데, 開城方言을 토대로 한 高麗語는 936년 後三国統一의 여파로 또 한 그런 新羅語가 가세하고, 멀리 북방에서 渤海方言이 그 遺民과 함께 다소라도 윤색되었을 것으로 보아야 하기 때문이다. 그리고, 地名改稱으로 인한 파문은 古代語에 中世的 要件을 생성케 한 점에서 면밀히 추적할 대상이다. 그 中世的이란 가령 有氣音의 音韻化 같은 中世的 양상을 말한다.

<u>古代国語의 傳承</u> 이러한 中世語 형성의 양상은 国語史上 급진적 改新을 조성한 要因이 되었다고 해석된다. 실제로 古代語의 中世語로의 전승에서 종종 계보의 단절에 부딪치는 것은 바로 이 때문이다. 즉, 中世語에서 古代語로 소급하기에 직결이 어려운 것은 고구려나 발해 등 北方系와 신라나 백제 등 南方系 사이에 은연히 형성된 격차의 탓이라는 뜻이다. 그래도, 中部地方의 高麗語가 中世語로서 古代語를 계승하여 남북 양측을 수용한 것은 그 격차를 최소화한 점에서 뜻깊은 일이었다.

30. 3) 古代語의 변천 ※中前=中世前期国語, 中後=中世後期国語

1) 第一系列: 곶/곳(花)… 古代: 舌(花)(三史 34:7) 가(叱)라/가(叱)시 > 中前: 骨(鷄林 66) 곧/*곶 > 中後: 곶/곳(訓解 18) > 近世: 곳(松江 下14)/ 꼿(漢淸 10:66) / 꽃(朴通新 1:7)

믈(水)…古代: 買(水/川)(三史 37:3) 마 > 中前: 没(雞林 58) 믈 > 中後: 믈(釋譜 13:33)/믈(釋譜 6:5) > 近世: 믈(倭語 上9)/믈(譯語 上7)

돌(石)…古代: 珍惡(石)(三史 36:2) 드(도)락 > 中前: 突(雞林 57) 돌 > 中後: 돌ㅎ(釋譜 9:24) > 近世: 돌(譯語 上14)

하나(一)…古代: 一直(三史 34:3) 가다나 > 中前: 河屯(雞林 19) ᄒᆞᄃᆞᆫ > 中後: ᄒᆞ나ㅎ(月曲 89) > 近世: ᄒᆞ나(譯語 上64)/일(倭語 上55) ※ Fitötu(一つ)(萬葉集 276), katana(一)(日本 二中曆).

2) 複合系列: 골(谷)…古代: 頓, 旦, 呑(谷)(三史 37:4) 다나(두누)/得烏(谷)(三遺 2:6) 시로 > 中前: *실/*골 > 中後: 실(시내ㅎ)(杜初 7:8)/골(杜初 8:51) > 近世: 실(시내)(漢清 1:44)/골(同文 上8)

산(山)…古代: 達(山)(三史 35:4) 다라 > 中前: 每(雞林 56) 뫼 > 中後: 뫼ㅎ(釋譜 6:31)/산(朴翻 上37) > 近世: 뫼(兵學 1:121)/뫼(漢清 1:37)/산(山)(〃)

성(城)…古代: 忽(城)(三史 37:1) 구루/구(三史 35:11) 기(城)/己(三史 36:3) 기 > 中前: *잣 > 中後: 잣(龍歌 1:52)/성(城)(翻小 9:91) > 近世: 성(同文 上40) ※ ki(城)(萬葉集 4331)

솔(松)…古代: 夫斯(松)(三史 35:7)/扶蘇(三史 35:5) 보시 > 中前: *솔 > 中後: 솔(法華 1:148) > 近世: 솔(漢清 13:28)

言語史의 흐름은 일정한 속도에 의한 전후 因果關係의 반복으로 전개되는 것이 원칙이라고 할 것이다. 위 單一系列의 예에서 대략 그 같은 전개를 엿보게 되는데, 다음 複合系列의 예는 그렇지 못하다. 가령, '골(谷)'에서 실이나 골, '산(山)'에서 뫼 등의 生成은 앞뒤가 단절된 상태여서 변천의 흐름이 끊김을 말한다. 또한, 漢字語 '城'의 도입은 명백하나, '기'나 '잣'의 生成을 규명하기는 매우 어됐다. 이것은 남북 양측이 끼쳐 國語系統이나 國語史 서술을 난처케 한 장애라고 할 것이다.

30. 4) 國語史의 諸段階(李基文說)

1) 李基文(1967. 5. 89)　　2) 李基文(1972. 11. 41; 1967. 5. 91)

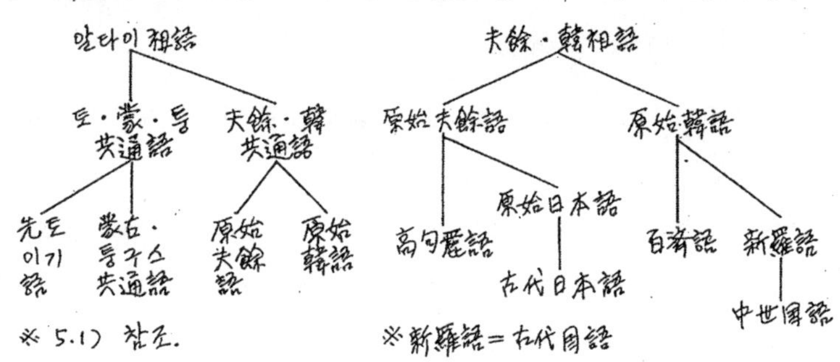

이러한 國語史上의 장애를 해소하려면 北方系와 南方系를 섞지 않고 구분하여 각각 따로 분석해야 하는데, 이 방법은 필요한 양의 자료가 있어야 충족된다. 이 방법의 시도로는 영성한 자료이도 「三究 고구려 지명을 분석하여 위 표와 같은 결론을 맺은 것이 있다(李基文 1968). 그 결과 高句麗語는 日本語와 자매를 이루어 夫餘·韓語에 속하고, 國語史의 시발점은 新羅語에 한정된다고 했다. 즉, 문제는 三國時代의 고구려어나 백제어를 古代國語의 범위에서 되외되어도 되겠느냐 하는 것이다.

3.1 中世前期國語(11~13세기)

中世語는 古代語를 전승하여 시대구분으로 6세기 동안 지속되었는데, 편의상 전기와 후기로 다시 양분하게 되었다. 中世語가 高麗語의 형성으로 성립된 것은 사실이나, 전승한 古代語의 범위를 新羅語로 한정하자는 견해가 있다. 이에 대한 비판(김수경 1989)과 함께 中世

語의 고구려, 渤海系統說에도 유의해야 할 것이다. 그 中世語의 시기가 11세기로 내려오지만, 그렇다고 필요한 자료가 보존된 것도 아니다. 역시 제한된 借字表記의 자료를 대상으로 올바르게 해독하여 그 체계를 파악할 것이다.

3.1.0 中世前期의 史料

<u>記錄文獻과 金石文</u> 11세기부터 13세기까지 中世前期의 言語資料는 여전히 借字表記로서 미흡한 편이다. 이 시대의 자료도 다음과 같이 단편적인 吏讀文, 나열적인 語彙에 그쳐 제대로 기술하기 어려운데, 위 19. 1)에서 언급한 이른바 訓讀口訣이 새로 추가된 것은 매우 기쁜 일이다. 이것은 10세기의 단편적 기록에 불과했으나, 1973년에 처음으로 「旧譯仁王經」 上卷 낱장 5장이 발견된 이후 계속 나타난 것은 요행히 11~13세기의 기록이어서 묘하게도 中世前期國語 자료에 해당하는 것들이다.

31. 1) 11~13세기 자료 (※밑줄 약칭) (李承宰 1992)

1) 11세기: 醴泉 <u>開心</u>寺石塔記(1010), 漆谷 <u>淨兜</u>寺五層石塔造成形止記(1031), 梁山 <u>通度</u>寺國<u>長</u>生石標銘(1083), 羅州 <u>西</u>門內石<u>燈</u>記(1093) 등.

2) 12세기: 宋 孫穆, 「<u>雞林</u>類事」(1103), 睿宗(1105~22), <u>悼二</u>將歌, 日本 三善爲康, 「二中歷」 13권(1139), 密陽 <u>五</u>層塔<u>造</u>成記(1109), 尙州 <u>安</u>永寺<u>鐘</u>銘(1178경), 宋 徐兢, 「高麗<u>圖經</u>」(1124) 등.

3) 13세기: 「<u>鄕藥救</u>急方」 3권(1236경), <u>修禪</u>社寺院現況記(1221경), <u>利義</u>寺飯子(1224), 尙書<u>都</u>官<u>貼</u>文(1262), <u>松</u>廣寺奴<u>婢</u>文書(1281), <u>鄭</u>仁卿<u>功</u>臣錄卷(1289) 등.

이런 자료에 보충된 訓讀口訣은 언급한 대로 우리의 독창적인 번역문이다. 주어진 漢文에 간략케 口訣을 기입하는 것으로 완전한 우리말 번역이 되는 만큼, 비범한 지혜가 아니었던들 이런 창조가 이룩되지는 못했을 것이다. 표현으로서는 吏讀文이나 鄕札文과 같기 때문에, 이에 긴장된 마음으로 관심이 쏠리는 것은 당연하다. 그 옛날의 사실을 까맣게 모르고 있다가 이제야 발견되면서 비로소 각광을 받게 되었다. 또, 같은 성격의 다음 2) 訓讀口訣의 자료가 추가돼 얼마나 다행인지 모른다.

31. 2) 口訣文獻(※ 밑줄 약칭)(南權熙 1997. 南豊鉉 1990)

1) 訓讀口訣: 「釋華嚴敎分記圓通鈔」 권3(960), 「華嚴經疏」 권35(1100. 초), 「華嚴經」 권14(1150. 경), 「合部金光明經」 권3(1200. 초), 「舊譯仁王經」 上卷(1250. 경), 「瑜伽師地論」 권20(1250. 후) 등.

2) 順讀口訣: 唐 般剌密帝 譯, 「首楞嚴經」 10권 安東本·朴東燮本(1250. 경), 大邱本·南權熙本(1250. 후) 등.

3) 借字表記(李丞宰 1992. 14)

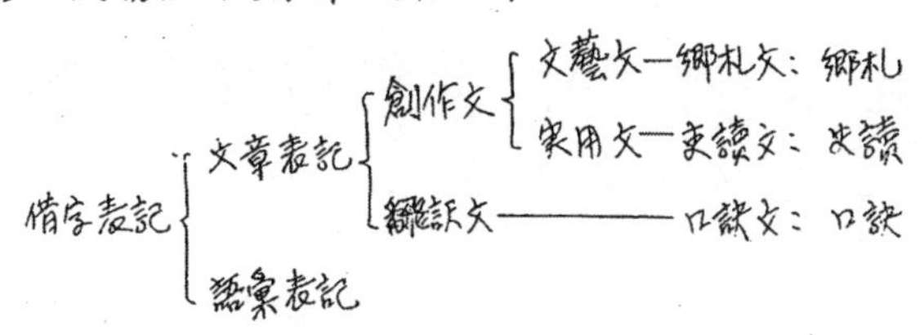

요컨대, 이 시대의 자료는 종전보다 풍성해졌다. 그러나, 아직은 유의하고 규명할 사항이 많다. 기본적으로 그 借字表記에 대한 정확한 解讀이 필요한 것은 물론이지만, 가령 같은 漢字로 표기된 口訣이라도 표기된 시대가 경과함에 따라 달라진 讀法의 차이가 무엇인가 하는 것이다. 반면에, 같은 表記를 같은 환경에서 다른 자료라고는

하지 못할 것이다. 이런 뜻에서, 특히 그 口訣의 敍述指標를 바로 해독하고 옳게 체계화하는 문제는 시급히 해명하지 않으면 기대에 부응하기 어려울 것이다.

訓讀口訣과 順讀口訣 가장 오래된 「敎分」의 訓讀口訣은 顯德七年 庚申(960) 여름에 均如大師가 행한 講說을 당시 제자 惠藏法師가 기록한 것이다. 위 19.1)에 제시한 이 口訣이 단편이나마 존재하는 사실은 訓讀口訣이란 것이 借字表記의 발전상 그 초기부터 이미 발생했을 것으로 믿게 하거니와, 후대에 발전하여 12세기경에 발생한 것으로 보이는 順讀口訣은 이와 달리 漢文을 漢文의 語順으로 읽으며 토를 단 것이다. 이 신자료에 따라 口訣은 訓讀과 順讀 및 音讀을 구분하게 되었다.

32.1) 訓讀口訣 (예: 「仁王」 上卷 1250. 경)

0) 訓讀口訣은 판본 漢文에 붓글씨로 기입한 것. 아래 1)의 윗줄은 원문 우측 표시, 아랫줄은 원문 좌측 표시. ˎ점 逆讀点. 口訣 약자를 정자로, ①②와 한글 등은 첨가한 것.

1) 원문: 復爲隱 有叱在彌 五道叱 一切衆生是ˎ / 復爲隱 有叱在彌
①ᄒᆞᆫ ④人거며, ② 人 ③ 이 ①ᄒᆞᆫ ⑦人거며,

他方叱 不知是飛叱 可叱爲隱 量乎音 衆ˎ (2:1~2)
② 人 ⑤다이ᄂᆞ人 ④人ᄒᆞᆫ ③호ㅁ ⑥

2) 해독: ①ᄯᅩᄒᆞᆫ ②五道人 ③一切衆生이 ④잇거며, / ①ᄯᅩᄒᆞᆫ 他方人 ③量홈(이) ④짓ᄒᆞᆫ ⑤안디이ᄂᆞᆺ ⑥衆(이) ⑦잇거며,

3) 해석: 또한 五道의 一切衆生이 있었으며, / 또한 他方의 量홈이 可치 아니한 衆이 있었으며,

32.2) 順讀口訣 (예: 「楞嚴」 1250. 경)

0) 順讀口訣은 판본 漢文에 붓글씨로 기입한 것. 아래 1)의 밑줄 口訣은 원문의 우측 행간에 기입한 약자를 정자로, ①②와

한글 등은 첨가한 것.

1) 원문: 現在汝前印大隱 汝應以手以 確实指陳古火羅(2,76:11) / 二物
　　①　　인대ㄴ　②　로　③　　고블라.　①

是 不來乎隱亦中 汝自齅鼻爲舍 爲香可 爲臭可(3,76:5)
이　②　호ㄴ여긔　③　호샤　④　가　⑤　가?

2) 해독: ①現在汝前인댄 ②汝應以手로 ③確実指陳고블라. / ①二物이 ②不來호여긔 ③汝自齅鼻호샤 ④爲香가 爲臭가?

3) 언해: ①現在汝前인댄 ②汝ㅣ 應以手로 ③確實指陳호라. (楞諺 2,47b) / ①二物이 ②不來어든 ③汝ㅣ 自齅鼻호라 ④爲香가 爲臭아? (楞諺 3,45b) ※諺解 1462년 간행. 音讀口訣.

4) 언해: ①네 알퓌 現호야 이슘딘댄 ②네 반드기 손ᄋᆞ로 ③구디 ᄀᆞᄅᆞ쳐 니르라. (楞諺 2,48b) / ①두 物이 ②오디 아니ᄒᆞ얫거든 ③네 네 고ᄒᆞᆯ 마ᄐᆞ라 ④香가 臭아? (楞諺 3,45b) ※訓讀口訣.

이처럼 訓讀口訣은 漢文이 능숙해짐에 따라 順讀口訣로 흡수되었겠는데, 이 단계는 国漢文의 정착으로의 심오한 고비였다고 해석된다. 이 順讀口訣은 音讀口訣로 귀착됨으로서 国漢文의 정착을 보게 되지만, 이것은 文章表記로 시작한 것이어서 필요에 따라 각종 번역문에 활용하게 되었던 것이다. 이 과정의 파악이 중요한 것은 위와 같이 같은 문헌의 전후 口訣이 비교되기 때문이다. 즉, 그 諺解와의 비교에서 口訣 古火羅 고블라>호라, 可 가?>아? 등은 그 해석을 분명케 해 주는 것이다.

32. 3) 飜譯吏讀 (예: 「牛馬治療方」 1541.)

1) 원문: 治牛馬時疫病 獺肉及屎煮汁 侍冷灌之 (1a) (漢文)

2) 이두: 牛果 馬矣 交相傳染病乙 治療爲乎矣, 獺肉是乃 獺糞是乃 煎煮, 待冷爲良 牛馬口良中 灌注爲乎事 (번역) ※果(와), 矣(의, 듸),

乃(나), 良(아), 良中(아긔, 아희), 爲乎事(ᄒᆞ온일) 등.

3) 언해: 외며 ᄆᆞ리며 서르 뎐염ᄒᆞ얏ᄂᆞᆫ 병을 고툐ᄃᆡ, 너고릐 고기나 너고릐 ᄯᅩᆼ이나 므레 글혀 그 즙을 머믈워, ᄎᆞ거든 이베 너흐라.

이 문헌은 중전의 訓讀과 후대의 諺解를 겸했다는 점에서 아주 특이하고, 두 번역 사이의 차이가 주목의 대상이다. 번역에 해당하는 구시대의 吏讀와 해석에 해당하는 신시대의 諺解가 한곳에 그것도 16세기에 공존하고 있기 때문이다. 같은 원문에 대한 번역으로서 이두는 名詞体의 義譯인데, 언해는 常体의 해석적 義譯이다. 여기에서도 양자와의 비교에서 '良中 아긔/아희>에, 灌注爲乎事 灌注ᄒᆞ온일>너흐라' 등은 그 口訣의 해석이나 변천을 규명케 하는 실마리로서 시선을 끌기에 충분하다.

轉寫資料와 그 解讀 이 시대의 자료가 여전히 영성한 吏讀, 鄕札이던 터에 추가된 訓讀口訣의 문헌으로 풍부해졌음은 이미 논한 바와 같다. 거기에 특이한 「雞林類事」나 「鄕藥救急方」 같은 자료가 있어서 더욱 풍족하게 되었다. 전자는 宋나라 사신이 高麗語를 기록한 문헌이고, 후자는 약으로 쓰이는 동식물명을 기록한 문헌이다. 특히 전자는 외국인의 対應轉寫라는 점에서 특이하다. 따라서, 그 해독도 吏讀나 口訣 같은 借字表記와 달리 전사자의 시각에서 규명하도록 방법을 전환할 것이다.

33. 1) 「雞林」(1103)의 音韻対應 (姜信沆 1977, 1978)

1) 声母: 全清/次清 ① p/pʻ…工匠曰把(幫 p)指(바지)/硯曰皮(並 pʻ)盧(벼로), 高曰那奔(幫 p)(노ᄑᆞᆫ), ② t/tʻ…五曰打(端 t)戍(다ᄉᆞᆺ)/石曰突(透 tʻ)(돌)/淺曰泥底(端 t)(녀티), ③ ts/tsʻ…鼠曰嘴(

ts)(저)/秤曰雌(淸 tsʻ)字(저울)/鵲曰渴則(精 ts)寄(가치), ④ k/kʻ …犬曰家(見 k)稀(가히)/珠曰区(溪 kʻ)戌(구슬)

不淸不濁 ⑤ m/ㄴ…母曰丫彌(明 m)/客曰孫命(明 m)(손님), ⑥ l/ㄴ…風曰孛纜(來 l)(ᄇᆞᄅᆞᆷ)/走曰連(來 l)音打(녀다)/痩曰安里(來 l)(아니), ⑦ ŋ/ㄴ…嫂曰(長)漢吟(疑 ŋ)(한암), ⑧ j/ㄴ…口曰邑(影 j)(입)/七曰日一(影 j)急(닐곱), ⑨ tsʻ/△…妹曰丫慈(從 tsʻ)(아ᅀᆞ), ⑩ s/△…寫曰乞核薩(心 s)(글ᄀᆞᄉᆞᆯ), ⑪ ts/ㅅ…傘曰聚(從 ts)笠(슈룹) 등. ※有氣音(次淸) 계열은 보이지 않음.

2) 韻尾: 入声 ① p ㅂ…繒曰及(緝 p)(깁)/草曰戌(術 t)(술)/鼓曰濮(屋 k)(붑)/九曰雅好(皓 ϕ)(아홉), ② t ㄷ…笠曰蓋音渴(曷 t)(갇)/馬曰抹(末 t)(ᄆᆞᆯ)/丐曰丐(曷 t)剌(갓밧)/猪曰突(沒 t)(돋)/醬曰密(質 t)祖(며조), ③ k ㄱ…鶴曰鶴(鐸 k)(학)/簾曰箔(鐸 k)(발)/丐曰丐剌(覺 k)(갓밧)/大穀曰麻帝骨(沒 t)(마디곡)/去曰匿(職 k)家(니거)/紫曰字南木(屋 ㄱ)(ᄇᆞᆯ나모)

不淸不濁 ④ n/ㄹ…隼曰笑利彖(換 n)畿(쇼로롤기), ⑤ n/ϕ…痩曰安(寒 n)里(來 ㄹ)(아니)/天曰漢(翰 n)捺(하ᄂᆞᆯ), ⑥ ŋ/ㅁ…客曰孫命(映 ŋ)(손님) 등. ※받침은 8終声.

3) 韻母: ① i 이…工匠曰把指(旨 i)(바지)/七曰一(質 iə)急(닐곱), ② ɨ 으…黑曰黑(德 ə)(흑)/火曰孛(沒 uə)블, ③ ə 어…母曰丫(麻 ə)彌(어미)/燭曰火炬(語 iə)(화거), ④ a 아…父曰丫(麻 ə)秘(아비), ⑤ u 우…二曰途(模 uə)孛(두블) ⑥ o 오…硯曰皮盧(模 uə)(벼로)/紅曰眞紅(東 ə)(진홍), ⑦ ʌ ㆍ…月曰妲(曷 ə)(ᄃᆞᆯ)/高曰那奔(魂 uə)(ᄂᆞᇁ), ⑧ ʌj ᆡ…梨曰敗(夬 ai)(ᄇᆡ)/腹曰擺(蟹 ai)(ᄇᆡ)/船曰擺 등. ※單母音은 7母音体系를 보이고 있으나, 이 문제와 관건은 으, ㆍ 등에 달려 있음.

이 轉寫音은 北宋使가 高麗에 와서 보고 들은 말을 기록한 만큼 12세기초의 近代音으로 해독한다는 전제가 있다. 漢語의 宋代音은 唐代보다 有氣音이 많고, 元代에 소실한 入声이 최후로 보존되고 있었다. 이런 麗宋対應音에서 특히 次清, 入声 등이 불규칙한 것은 이 까닭이라고 하겠다. 그러면, 가령 ㄷ入声은 그 首都 汴(開封) 가까운 西北方言에 따라 거의 r音이라고 하되, '花曰骨'(곶, 꼴) 같은 것은 무엇을 기준으로 어떻게 해독할지 의문이다. 이론은 단순해도 실제는 그렇게 간단치 않다.

33. 2) 「雞林」(1103)의 対應表記 (姜信沆 1978)

1) 餘音表記 翅(審 S): ① 皮曰渴(曷 t)翅(갗이), ② 面曰捺(曷 t)翅(낯이), ③ 問物多少曰密(質 t)翅(몃이) 등.

2) 間音表記 子(精 ts): ④ 사이ㅅ…松曰鮓子南(잣남), 斧曰烏子蓋(돗귀), ⑤ 사이△…剪刀曰割子蓋(ᄀᆞᇫ개), 帶曰腰帶亦曰謁子帶(욧띄), 林檎曰悶子訃(몸빅), ※叔伯母皆曰丫子彌(아ᄌᆞ미), 釜曰烏子蓋(오지개) 등.

3) 韻尾連繫: ⑥ 連音…霜露皆曰率(物 t)(서리), 深曰及(緝 p)欣(曉 x)(깁흔), ⑦ 重複…天曰漢(翰 n)捺(泥 n)(하ᄂᆞᆯ), 晝曰乞(迄 t)林(來 l)(그림), 醬曰密(質 t)祖(精 ts)(며조) 등.

4) 韻尾消去: ⑧ t…醬曰密(質 t)祖(며주), 飽曰擺咱(曷 t)(ᄇᆡᄎᆞ), ⑨ k…柴曰孛南木(屋 ㄱ)(블나모), 射曰活索(鐸 k)(활소) 등. ※末音 k가 많은 것은 그 消失이 이름을 뜻한다.

5) 誤脫字: 五曰打戌(戍→戌), 四十曰麻雨(雨→刃), 七十曰一短(短→訓), 蝨曰裾(裾→祝), 嫂曰長漢吟(長 삭제), 男兒曰了姐(→丫姐)亦曰同婆記(婆→娑), 椅子曰馳馬(馳→駞), 來曰烏囉(烏→鳥), 無曰不烏實(→烏不實), 淺曰眼底(眼→泥) 등.

위의 対應音에서 北宋의 開封音은 朱 熹(1130~1200) 「楚辞集注」 등의 反切로써 밝혀졌지만, 전사된 그 發音은 따로 강구한 表記方式의 측면에서도 검토되어야 한다. 가령, 위 1) 餘音, 2) 間音을 한 문자로 표기, 3) 韻尾를 연계 내지 중복시키거나 4) 있는 韻尾를 소거하거나 한 것이다. 5) 오탈자를 교정하는 것은 기본이거니와, 이 같은 表記上 考案에 대한 구명은 정확한 해독을 위해 필요한 요건이다. 그래도, 韻尾에 관한 처리는 역시 무엇을 기준으로 구분할지는 천명해야 할 난관이다.

3.1.1 音韻과 轉寫表記

<u>改稱地名과 中世音韻</u> 이 시대의 음운은 開州方言을 토대로 생성된 高麗語로 보아 전대와 다른 특징이 있을 것으로 여겨진다. 그런데, 그 실상의 파악은 借字表記로 기록된 漢字를 어떻게 해독하느냐가 관건이다. 우선 검토할 것은 2.2.1에서 논한 改稱地名에 반영된 音韻이다. 그 地名은 종전의 吏讀와는 달리 대체로 音讀의 漢字二字制이기 때문에, 그 漢字音의 발음에는 有氣音, 重母音, 받침 등이 등장했음을 이미 논급했다. 그래서, 이제 그 發音에 대한 실상을 다시 검토할 계제가 되었다.

35\. 1) 개칭된 地名(757) 「三史」 漢字音의 子音

1) ㅍ: 波平(35:3b)…波(幫母 ㅂ), 平(幫母 ㅂ), 金浦(35:3a)…浦(滂母 ㅍ), 咸豐(36:10b)…豐(滂母 ㅍ) 등.

2) ㅌ: 躭津(36:10b)…躭(端母 ㄷ), 高澤(36:7a)…澤(定母 ㄷ), 土山(35:7a)…土(透母 ㅌ), 馳道(35:8b)…馳(定母 ㄷ) 등.

3) ㅊ: 分嵯(37:8a)…嵯(初母 ㅊ), 臨川(34:7b)…川(淸母 ㅊ), 泉井(37:5b)…泉(從母 ㅈ), 浸溟(36:10b)…浸(精母 ㅈ) 등.

4) ㅎ: 河東(34:10a)…河(匣母 ㅎ), 穴口(37:4a)…穴(匣母 ㅎ), 荒壤(35:3b)…荒(曉母 ㅎ), 休壤(37:6a)…休(曉母 ㅎ) 등.

5) ㅈ: 谿子(34:11a)…子(精母 ㅈ), 青正(36:3a)…正(章母 ㄷ), 浚水(35:8b)…浚(心母 ㅅ), 赤城(35:2a)…赤(昌母 ㅊ) 등.

35. 2) 개칭된 地名(757) 「三史」 漢字音의 받침

1) ㅂ: 岬城(36:9a)…岬(狎韻 ㅂ), 十谷(37:4b)…十(緝韻 ㅂ), 壓海(36:11a)…壓(葉韻 ㅂ), 水入(37:5b)…入(緝韻 ㅂ) 등.

2) ㄷ(ㄹ): 八谿(34:11b)…八(黠韻 ㄷ), 懋城(36:3b)…懋(屑韻 ㄷ), 蔚珍(35:11b)…蔚(物韻 ㄷ), 咸悅(36:5b)…悅(月韻 ㄷ) 등.

3) ㄱ: 玉果(36:8b)…玉(屋韻 ㄱ), 德水(35:5b)…德(職韻 ㄱ), 翊州(35:7a)…翊(鐸韻 ㄱ), 客連(37:5b)…客(陌韻 ㄱ) 등.

4) ㅇ: 東平(34:8a)…東(東韻 ㅇ), 平(庚韻 ㅇ), 唐恩(35:2b)…唐(陽韻 ㅇ), 獐項(37:4a)…獐(陽韻 ㅇ), 項(講韻 ㅇ) 등.

이러한 발음은 地名의 행정적 시행으로 고착됨에 따라 마침내 國語에 반영되어 音韻化했을 것이 분명하다. 문제되는 그 시기는 下限을 中世前期 11세기로 보겠는데, 그 중요한 근거는 「均如傳」이 편찬된 1075년이다. 鄕歌가 수록된 책으로 가장 오래되었고, 有氣音 ㅊ(禮佛: 滿賜隱), ㅌ(禮佛: 佛體), 받침 ㄱ(稱如: 功德), ㅂ(廣供: 法供) 등이 수록된 그 鄕歌에서 文字化되어 사용된 發音이기 때문이다. 이 시기는 雀行歸가 均如大師 생존시에 그의 향가를 漢譯한 967년으로 소급될 수 있을 것이다.

35. 3) 개칭된 地名(757) 「三史」 漢字音의 母音

1) 으: 金馬(36:7a)…金(侵韻 으), 文登(35:9a)…登(登韻 으), 北原(35:7b)…北(德韻 으), 德殷(36:5b)…殷(欣韻 으) 등.

2) 으: 泗水(34: 10a)…泗(至韻 i), 烏兒(36: 8b)…兒(支韻 ĭe),
子春(35: 11b)…子(止韻 ĭe), 烏蠶(37: 11b)…蠶(覃韻 ɒ) 등.

3) 애: 開寧(34: 4b)…開(咍韻 ɒi), 昧谷(36: 4a)…昧(隊韻 ɐi),
白城(35: 2a)…白(陌韻 ɐ), 解顔(34: 7b)…解(蟹韻 ai) 등.

4) 애: 介山(35: 2a)…介(怪韻 ɐi), 甘蓋(37: 16b)…蓋(泰韻 ai),
大丘(34: 7a)…大(泰韻 ai), 蘇泰(36: 4a)…泰(泰韻 ai) 등.

5) 에: 季水(36: 8a)…季(至韻 wi), 金堤(36: 6a)…堤(齊韻 iei),
豊歲(36: 1b)…歲(祭韻 ĭwɛi), 海際(36: 11a)…際(祭韻 ĭɛi) 등.

6) 와: 玉果(36: 8b)…果(果韻 ua), 五關(35: 16b)… 關(刪韻 wa),
平倭(37: 17b)…倭(戈韻 ua), 化寧(34: 5b)…化(禡韻 wa) 등.

7) 워: 闕城(34: 11a)…闕(月韻 ĭwɐ), 珍原(36: 9a)…原(元韻 ĭwɐ),
花園(34: 7a)…園(元韻 ĭwɐ) 등.

8) 외: 槐壤(35: 1b)…槐(皆韻 wɐi), 牢山(36: 11a)…牢(豪韻 au),
横川(37: 5a)…横(庚韻 wɐ), 会津(36: 10a)…会(泰韻 uai) 등.

9) 위: 貴旦(37: 18a)…貴(未韻 ĭwəi), 軍威(34: 4b)…威(微韻 ĭwəi),
取城(35: 7a)…取(麌韻 ĭu), 鷲岳(37: 16a)…鷲(宥韻 ĭəu) 등.

10) 의: 機張(34: 8a)…機(微韻 ĭəi), 杞溪(34: 9a)…杞(止韻 ĭə),
宜寧(34: 11b)…宜(支韻 ĭe), 義安(34: 6a)…義(寘韻 ĭe) 등.

이 시기의 漢字音은 2.2.1 에서 논증한 대로 中國 唐代 7~8세기 그 수도 長安(西安)音이 기반이 되었겠으나, 이전 1~2세기 東漢音, 3~4세기 魏晋音, 5~6세기 南北朝音 등의 古層과 자체의 傳承音이 잔존해 있어 단순치 않다. 筆(붇<필), 遮(쟈<차)日 등이 그 잔해일지 모른다. 그래서, 위 표, 韻으로 보듯 양자의 對應音韻을 찾기 어렵게 되었다. 특히 南北朝音이 아래아에 반영된 점에서 그 한자음은 長安音 이전의 음을 모태로 하여 생성되었을 가능성

을 검토할 여지가 없지 않은 것이다.

<u>対應声韻과 音韻表記</u> 음운을 찾아내려면 지금과 같이 吏讀나 口訣 등 자료의 해독에 의지하는 방법, 외국의 対應轉寫를 분석하여 귀납하는 방법, 후대의 자료에서 재구하는 방법 등을 예상케 된다. 그런데, 그 轉寫(transcription)로는 1103년 宋나라의 「雞林類事」가 양이 많은 편이다. 유사한 자료로는 「朝鮮館譯語」가 있으나, 연대가 1408년경이어서 훨씬 뒤처진다. 이런 전사는 轉字(transliteration)와 달라, 저들의 청각으로 구별될 異音(allophone)의 표기에는 현혹되는 일이 없도록 할 것이다.

36. 1) 「雞林」 転写의 子音 (姜信沆 1977)

1) ㅍ: 高曰那奔 노ᄑᆞᆫ…奔(幫 ㅂ→ㅍ), 深曰及欣 깁흔…及(緝 ㅂ)+欣(曉 ㅎ), 虎曰監蒲南切 범…蒲(滂 ㅍ→ㅂ) 등.

2) ㅌ: 雷曰天動 텬동…天(透 ㅌ), 豆曰太 태…太(透 ㅌ), 淺曰泥底 녀티…底(端 ㄷ→ㅌ), 石曰突 돌…突(透 ㅌ→ㄷ) 등.

3) ㅊ: 扇曰孛采 부(불)채…采(清 ㅊ), 飽曰擺咱七加反 ᄇᆡ ᄎᆞ…七(清 ㅊ), 問物多少曰密翅易成 몃치 이셔…翅(書 ㅅ→ㅊ) 등.

4) ㅋ: 螺曰蓋慨 게캐…慨(溪 ㅋ), 珠曰區戌 구슬…區(溪 ㅋ), 皂衫曰軻門 거믄…軻(溪 ㅋ→ㄱ),

5) ㅎ: 天曰漢捺 하ᄂᆞᆯ…漢(曉 ㅎ), 犬曰家稀 가히…稀(曉 ㅎ), 深曰及欣 깁흔…欣(曉 ㅎ) 등.

6) ㅈ: 前曰記載 그제…載(精 ㅈ), 醬曰密祖 며주…祖(精 ㅈ), 粟 菩薩 좁ᄊᆞᆯ…田(定 ㄷ→ㅈ)

36. 2) 「雞林」 轉寫의 받침 (姜信沆 1978)

1) ㅂ: 七曰一急 닐곱…急(緝 ㅂ), 眉曰嫩涉 눈섭…涉(葉 ㅂ), 鼓曰濮 붑…濮(屋 ㄱ→ㅂ), 深曰及欣 깁흔…及(緝 ㅂ)欣(曉 ㅎ) 등.

2) ㄷ: 笠曰蓋音渇 갇…渇(曷 ㄷ), 猪曰突 돋…突(没 ㄷ), 皮曰渇翅 갗…渇(曷 ㄷ) 翅(心 ㅅ→ㅈ), 高曰窣 솓…窣(没 ㄷ) 등.

3) ㄱ: 黑曰黑 흑…黑(德 ㄱ), 墨曰墨 먹…墨(德 ㄱ), 大穀曰麻帝骨 마디곡…骨(没 ㄷ→ㄱ), 索曰鄙又曰朴 …바…朴(覺 ㄱ→ø) 등.

4) ㅇ: 江曰江 강…江(江 ㅇ), 紅曰眞紅 진홍…紅(東 ㅇ), 齒刷曰養支 양지…養(養 ㅇ) 등.

12세기초의 이 轉寫에는 위 35) 개정된 地名에 실현된 音韻이 거의 나타나 있다. 즉, 有氣音이나 入声 받침 등이 실현되었던 사실이 확인된 것이다. 이 확인은 国語史上 中世前期의 음운이 빠르면 960년대에 생성되어 있었음을 증명케 하는 뜻에서 매우 중요하다. 그런데, 이 전사에서 있어야 할 対應規則이 자료 자체의 탓인지 그렇게 파악되지 않는 점, 위 解讀에서 전사에 적용한 宋代音과 원용한 15세기 문헌의 용례와의 괴리 등은 장차 규명해야 할 과제로 반드시 기억해 둘 부분이다.

36. 3) 「鷄林」 轉寫의 母音 (姜信沆 1978)

1) 으: 前日記載 그제…記(志 ie), 暮曰占没 저믈…没(没 ua) 등.

2) 애: 胡桃曰渇來 ᄀᆞ래…來(咍 ʌi), 雀曰賽 새…賽(代 ʌi) 등.

3) 에: 明日曰轄載 후제…載(海 ʌi), 蟣曰蓋慨 게게…蓋(泰 uʌi) 등. ※게: 揭(霽), 憩(霽) / 계: 戒(卦), 季(寘), 計(霽) 등.

4) 와: 燭曰火炬 화거…火(果 ua), 弓曰活 활…活(末 ua) 등.

5) 워: 宮曰圓理 원/ 원이(원이레)…圓(仙 iwe) 등.

6) 외: 袴曰珂背 ᄀᆞ뵈…背(隊 uʌi), 山曰每 뫼…每(賄 uʌi) 등.

7) 위: 耳曰愧 귀…愧(至 wi), 五十曰舜 쉰…舜(稕 iuě) 등.
※쉬: 焠(隊), 취: 吹(支), 醉(寘), 嘴(紙) 등.

8) 의: 女子勤帛曰實帶 실씌…帶(泰 uai), 相別曰羅戲… 여희…戲(寘 ïwe) 등. ※긔: 己(紙), 氣(未) / 기: 棄(寘), 技(紙), 싀: 偲(支), 廝(支) / 시: 矢(紙), 時(支), 츼: 淄(支), 輜(支) / 치: 侈(紙), 蒚(紙), 희: 希(微), 喜(紙) / 히: 犧(支) 등.

이 母音의 轉寫에도 역시 地名의 경우와 거의 같다. 하나 요한 것은 地名 한자음에 나타난 三重母音 '예'와 이에 해당하는 「雞林」 表音에 나타난 二重母音 '에'와의 관련인데, 그것은 이들 사이에 말하자면 相補分布(complementary distribution)의 관계 즉 対立을 이루고 있다는 점이다. 따라서, 이 두 母音은 異音의 표기로 분석되어서는 안된다. 그러나, 위 7)에 참고로 제시한 한자음에서 '긔'와의 대립이 발견되지 않는 '긔'와 같은 조건은 그렇지 않아 示差機能이 없는 경우에 해당한다.

中世前期의 音韻 이 시대의 음운은 지금까지의 규명으로 그 윤곽이 거의 드러났다. 그런데, 地名 한자음과 「雞林」 전사음에 실현된 表音 사이에 다소의 차이가 있다. 우선 양자간에 공통되는 表音은 音韻으로 설정하기에 족하나, 한쪽에만 나타난 表音은 그 音韻 사이의 관계가 소원하여 신중한 검토가 요구된다. 검토할 것은 다음과 같이 거의 「雞林」의 기록이고, 그 表音은 轉寫音인 만큼 으레 異音을 갖고 있게 되는데, 対立의 짝을 찾기 어려운 ㅿ이나 ㆍ가 바로 이런 경우에 해당한다.

37. 1) 검토할 「雞林」 轉寫音 (姜信沆 1977, 1978)

1) 子音 ㅿ: 剪刀曰割子蓋 ᄀᆞᅀᆞ개…子(精 ㅈ), 妹曰丫慈 아ᅀᆞ…慈(從 ㅈ), 盜曰婆兒 바ᅀᆞ…兒(日 ㅿ), 寫字曰乞核薩 글ᄀᆞ슬…薩(心 ㅅ) 등.

2) 子音 ㅄ: 女兒曰寶妲 ᄠᆞᆯ…寶(幫 ㅂ)妲(端 ㄷ), ㅄ 白米曰漢菩薩 ᄒᆡᆫᄡᆞᆯ…菩(並 ㅂ)薩(心 ㅅ), ㅄ: 女子勤帛曰實帶 실ᄯᅴ…帶(端 ㄷ, 泰 ai) 등.

3) 받침 ㄷ>ㄹ: 石曰突 돌…突(沒 ㄷ→ㄹ), 花曰骨 곶/곧…骨(沒 ㄷ→ㄹ), 簾曰箔 발…箔(鐸 ㄱ→ㄹ), 存曰薩囉 사라…薩(曷 ㄷ→ø) 등.

4) 받침 ㅅ: 梳曰苾音必 빗…必(質 ㄷ→ㅅ), 松曰鮓子南 잣남…子(精 ㅈ→ㅅ), 面曰捺翅 ᄂᆞᆺ…捺(曷 ㄷ)翅(書 ㅅ) 등.

5) 받침 ㅿ: 帶曰腰帶亦曰謁子帶 ᄋᆞᇫᄃᆡ…子(精 ㅈ→ㅿ), 林檎曰悶子計 ᄆᆞᇫ비…子(精 ㅈ→ㅿ) 등.

6) 母音 ㆍ: 今日曰烏捺 오ᄂᆞᆯ…捺(曷 a), 低曰捺則 ᄂᆞᄌᆞᆨ…則(德 ə), 高曰那奔 노ᄑᆞᆫ…奔(魂 uə) 등.

7) 母音 ㆎ: 帶曰腰帶 요ᄃᆡ…帶(泰 ai), 腹曰擺 ᄇᆡ…擺(蟹 wai), 銀曰漢歲 ᄒᆡᆫ쇠…漢(翰 ə) 등.

위 전사음 중에서 가장 난삽한 것은 2) ㅄ, ㅄ, 이른바 合用並書, 4) ㅅ 받침 등이다. 「訓民正音解例」 合字解에 규정된 合用並書는 15세기 자료에 선행된 용례라는 점에서 주목되나, 그 연구는 논란이 그치지 않는다. 그 ㅄ, ㅄ 등이 된소리로 분석되더라도 과연 音韻으로 의식했던가 하는 의문이 그치지 않고, ㅅ 받침은 역시 그 終声解에 규정된 八終声에 ㄷ 받침과 함께 両立의 관계에 있기 때문이다. 검토할 문제를 미루고, 먼저 지금까지의 논의를 간추려 보면 다음 종합과 같을 것이다.

37. 2) 中世前期의 音韻体系(괄호 속 未生成)

子音: ㅂ幫 ㄷ端 ㅈ精 ㄱ見 母音: ㅣ支 ㅜ虞 ㅡ登

138

ㅍ滂 ㅌ透 ㅊ淸 ㅋ溪 ㅓ語 ㅗ模

(ㅸ非) (ㅿ日) ㅅ心 ㅎ曉 ㅏ麻 (ㆍ島)

ㅁ明 ㄴ泥 ㄹ來 ㅇ疑(喩) 重音: ㅑㅕㅛㅠ ㅘㅝ ㅙㅞ

받침: ㅁ侵 ㄴ翰 ㄹ沒 ㅇ東 (ㅐㅒㅔㅖㅙㅚㅞㅟㅢㆎ

ㅂ緝 ㄷ沒 ㅅ翅 ㄱ德 ㅘㅚㅝㅟㅙㅞ)

37. 3) 中世前期의 音韻変異 (용례 「三史」 지명) ※39. 1) 참조.

1) 氣音化: ㅂㅎ…壓海(36:11a), 河邑縣(34:10a), (ㄷㅎ… 薩寒(37:5b), 尙質縣(36:5b)), ㄱㅎ…綠驍(35:7a), 比屋縣(34:4a)

2) 硬音化: ㄸ…漾池(35:6b), 漆隄(34:6b), ㅆ…納章(34:9a), 宗津(34:6b), ㅆ…白城(35:2a), 岬城(36:9a), 密城(34:6b), ㄲ…玉果(36:8b), 習谿(35:12a), 八谿(34:11b) 등.

3) 子音接変: 直寧(34:3b), 竹嶺(35:12a), 玉馬(35:8a), 新良(36:3b), 新寧(34:8a), 天嶺(34:11a), 三嶺(35:8b), 東萊(34:8a), 八里(34:7a), 鎭嶺(36:3a), 古寧(34:5b) 등.

4) 頭音: ㄹ…蘭浦(34:10a), 良州(34:5b), 連城(35:9a), 綠驍(35:7a), 龍山(36:7b), 栗津(35:2b), 陵城(36:10a), 利山(34:5a), 來蘇(35:3b), 牢山(36:11a). ㄴ…尼山(36:1a) 등.

5) ㄷ/ㄹ…頭曰麻帝 마디/마리, 髮曰麻帝核試 마디…/마리…, 馬曰末 맏/말, ㄷ/ㅂ…草曰戌 숟/숩, ㄱ/ㅅ…弓曰弓剌 걷박/긋밧(긋ㅅ), ㄱ/ㄹ…簾曰箔 박/발; ㄱ/ㅂ…鼓曰濮 북/붑, ㄴ/ㅁ…身曰門 몬/몸, ㅇ/ㄴ…客曰孫命 손님/손님 등. ※이상 「雞林」의 용례.

이러한 中世前期 音韻의 특징은 古代에 비하여 有氣音과 入声 받침의 生成, 7 母音体系 등이 꼽힌다. 따라서, 위 1) 氣音化는 有氣音 生成에 수반하는 당연한 현상이다. 또한, 入声 받침에 따라

鼻音化를 위시한 子音接変이 빈번하게 된 것도 의당하다. 그러나, 이 받침으로 으레 수반될 위 2) 硬音化는 음운으로 생성되지 않은 상황이라는 점에서 音声的 현상으로 볼 것이다. 다만, 4) 頭音法則은 증거가 없어 단순한 추정이고, 5) 発音相通은 轉写上 개별적 변용에 지나지 않는다고 할 것이다.

3.1.2 語彙와 單語造成

語彙構成과 借字表記 이 시대 어휘의 특징은 역시 借字表記의 심화에 의한 本來語의 확장, 고등한 概念의 수요에 따른 漢字語의 증가 등이 지적된다. 그러나, 그 용례를 제시하기에는 여전히 자료가 영성하다. 현재 어느 정도 解讀이 진행된 문헌에서 다소 열거해 보면 다음과 같다. 특히 「雞林」은 위에서 지적한 바와 같이 문헌 자체나 転写의 와전이 解讀上의 문제이나, 그 本來語는 이미 알려진 15세기 문헌어에 비해 예상보다 차이가 적고, 漢字語도 종전보다 훨씬 더 많아진 모습이다.

38. 1) 「雞林」(1103)의 語彙 (姜信沆 1975)

1) 本來語(数): 一曰河屯 ᄒᆞᄃᆞᆫ(katana), 二曰途孛 두블(tuhuri), 三曰酒厮乃切 세(towi), 四曰迺 네(sawi), 五曰打戍 다ᄉᆞᆺ(esusu), 六曰逸戍 여ᄉᆞᆺ(hasusu), 七曰一急 닐곱(tarikuni), 八曰逸答 여듧(tirikuni), 九曰鴉好 아홉(etari), 十曰噎 열(etu), 四十曰麻刃 마ᅀᆞᆫ, 百曰醞 온. ※( ) 속 「二中歴」(1139) 假名의 로마자화.

2) 本來語: 明日曰轄載 ᄒᆞᆯ제, 胡桃曰渴來 ᄀᆞ래, 林檎曰悶子訃 ᄆᆞᆫ비, 雞曰喙音達 ᄃᆞᆰ, 螺曰蓋慨 게게(소라), 酒曰酥孛 수블, 醬曰密祖 며조, 熟水曰泥根沒 니근믈, 冷水曰時根沒 시근믈, 金曰那論義 누런쇠, 銀曰漢歲 흰쇠, 袴曰 ᄀᆞ뵈(고의), 紫曰質背 ᄃᆞ빗,

秤曰雌孛 저울, 席薦曰質薦 지즉(기직), 椅子曰驢馬 도마, 齒刷曰養支 양지, 豆曰太 태, 柴曰孛南木 블나모, 少曰亞退 아즈 등.

3) 漢字語: 雷曰天動 텬동, 佛曰孛 불(佛), 千曰千 쳔, 萬曰 만, 春夏秋冬同 츈하츄동, 東西南北同 동셔남북, 江曰江 강, 鶴曰鶴 학, 羊曰羊 양, 吏曰主事 쥬ᄉᆞ, 遊子曰浮浪人 부랑인, 兵曰軍 군, 銅曰銅 동, 帶曰腰帶 요ᄃᆡ, 繡曰繡 슈, 紅曰眞紅 진홍, 印曰印 인, 車曰車 챠, 卓子曰食床 식상, 瓶曰瓶 병, 墨曰墨 먹, 旗曰旗 긔, 生曰生 ᄉᆡᆼ 등.

이들 어휘에는 二曰途孛(두블), 秤曰雌孛(저울) 등 ㅂ>ㅸ>ㅗ/ㅜ 변천 이전의 原形, 醬曰密祖(며조) : 醬 미소(同類 上61) : 甘醬 미소(倭類 上47) 등에서 파악되는 본래의 意味, 養齒와 다른 齒刷曰養支 양지(梵 danta-kāṣṭha 齒木) 등이 있어 시선이 쏠린다. 「鄕救」는 외국인의 轉寫와 달리 漢字의 音讀, 訓讀을 운용한 借字表記인 점이 다르다. 이보다 1세기 이후의 문헌이나, 藍 靑黛(청ᄃᆡ)에 대한 靑台(청ᄐᆡ), 즉 ㄷ, ㅌ 混記는 古代的 表記의 잔해라는 점을 시사하는 것이어서 역시 시선을 끈다.

38. 2) 「鄕救」(1236경)의 語彙 (南豊鉉 1981)

1) 本來語: 決明子…狄小豆 (결명자) 되ᄑᆞᆺ, 雞冠…雞矣碧叱 (맨드라미) ᄃᆞᆰ의볏, 戒火…塔菜 (돌나물) 탑ᄂᆞᄆᆞᆯ, 栝蔞…天叱月乙 (하눌타리) 하ᄂᆞᆳᄃᆞᆯ, 蕎麥…木麥 (메밀) 모밀, 蠷螋…影良伊汝乙伊 (집게벌레) 그르메너흐리, 蚯蚓…居兒乎 (지렁이) 것휘, 馬齒莧…金非陵音 쇠비름, 麥門冬…冬乙沙伊 (겨우살이) 겨슬사리, 百合…犬伊那里根 (개나리뿌리) 가히나리블휘, 射干…虎矣扇 (범부채) 범의부체, 紫胡…猪矣水乃立 (멧미나리) 도ᄐᆡ믈나리, 鉛…那勿 (납) 나ᄆᆞᆯ, 郁李…山叱伊賜羅次 (산앵두) 묏이ᄉᆞ랒, 薏苡…伊乙每 (율무) 이ᄅᆞ믜, 葶藶子…豆衣乃耳 (두루미냉이) 두의나ᅀᅵ, 菖蒲…消衣亇 (창포) 숑의마, 通草…

伊乙吾音蔓 이흐름너출(으름덩굴), 黃芩…所邑朴斤草 솝서근풀(속서근풀), 黃蓍…甘板麻 단너삼(단너삼), 疣目 斤次左只 눗자기(티눈), 熨斗 多里甫里 다리브리(다리미) 등.

2) 漢字語: 乾藕…蓮根 련근(연근), 瞿麥…石竹花 셕듁화(석죽화), 蒜子…小蒜根 쇼산근(달래), 膽…熊膽 웅담, 腐婢花…小豆花 쇼두화(팥꽃), 蘇子…紫蘇實 즈소실(차조기씨), 升麻…雉骨木 티골목(끼절가리), 紫胡…靑玉葵 청옥규(멧미나리), 郁李…山梅子 산미즈(산앵두), 威靈仙…能消 능쇼(위령선), 玄蔘…心回草 심회초(현삼), 胡桃…唐楸子 당츄즈(호두), 牽牛子…朝生暮落花子 됴싱모락화즈(나팔꽃씨) 등.

3) 借用語: 韮…厚菜 후치, 薤…解菜, 海菜 히치, 藪…靑台, 靑苔 청티(靑黛), 當歸…黨歸(菜) 당귀(當歸), 無患子…木串子 모관즈(患 串子), 山茱萸…數要(木實) 수유(나모여름) 등.

鄕藥材는 거의 자연생의 동식물명인데, 그 어휘의 특징은 역시 本來語와 漢字語 및 借用語로 구성된 점이다. 이 차용어는 音讀字인 점에서 자칫 漢字語와 혼동되기 쉬우나, 漢語系 外來語의 개념이다. 즉, 古代의 붇(筆), 먹(墨) 등과 같은 당대의 外來語라는 뜻이다. 어쨌든, 이 책은 비록 단편적인 語彙表記라고 해도, 百合: 犬伊那里(가히나리), 紫胡: 山叱水乃立(뫼ㅅ믈나리) 등에서 접두사 가히> 개, 식물명 믈나리> 미나리 등과 같은 原形이 있고, 또한 構語上 構文接辭도 있어 주목해야 할 대상이다.

借字表記와 形態構造 특히 「鄕救」에는 전통적인 借字表記의 모습이 엿보이고, 이 表記에 의한 形態分析은 그 표기의 대상인 單語構造의 파악을 가능케 하여 돋보인다. '獨活 虎驚草'는 가장 난해한 표기의 하나인데, 「鄕集」(1433) 78: 9 獨活 地頭乙戶邑(땃둘흡) 「東醫寶鑑」 湯液篇 권2: 40 둘흡 등으로 '두릅'의 원형임을 짐작케 되었다. 그러나, 그 解讀은 吏讀의 원리인 漢字의 音讀과 訓讀을 기본으로 한 運用을 종합해 볼 길이 있고, 이에 「鄕集」 등의 문헌은 정녕 중요한 방증이 될 것이다.

38. 3) 「鄕救」(1236경)의 借字表記法 (南豊鉉 1981)

1) 借字의 連結規則: ① 假字 (音假字)…朴(苦瓠) 박, 所乙(丹麥) 솔, 居召介(牡蠣) 굴조개 등. 訓假字+音假字…月乙老(蒿子) (달래) 돌뢰, 置伊存(茅花) (띠) 뒤잇 등. ② 音讀字…蓮根(藕) 련근, 章柳根(商陸) (자리공) 쟝류근 등. ③ 訓讀字…魚食(浮萍) (개구리밥) 고기밥, 粘石(麥飯石) (方解石) 출돌 등. ④ 讀字+假字…鳥伊麻(菟絲子) (실) 새삼, 烏支(鸕鷀) (가마우지) 가마오디, 車衣菜(威靈仙) (위령선) 술위ᄂᆞ물 등.

2) 連結規則의 配合型: (1) 假字+①②③④…居+召介(牡蠣) 굴+조개, 只沙里+皮(枳殼) (탱자) 기사리+거플 등. (2) 音讀字+①②③④…生+鮑[+甲](石決明) (전복) 싱+보[+겁질], 山+梅子(郁李人) (앵두) 산+믹ᄌᆞ 등. (3) 訓讀字+①②③④…雉+鳥老[+草](升麻) (꿩) 씌+됴로[+플], 水+靑+木+皮(秦皮) 믈+프레+나모+겁질 등. ④ 讀字+假字+①②③④…犬伊+刀叱[+草](白歛) 가히+돗[+플](돋+人=돗, 개돋플), 楊等+柒(大戟) 버들+옷 등.

3) 屬格: ① 矣…豆音+矣+薺(葶藶) (냉이) 두음+의+나ᅀᅵ, 牛+矣+小便(牛溺) 쇼+의+오좀, 漆+矣+母(漆姑) 옷+의+어ᅀᅵ 등. ② 叱(人)…[犬伊+]刀+叱+草(白歛) [가히+] (개) 돗(돋+人)+플, 結+叱+加次(京三稜) 믹ᄌᆞᆺ(믹좁+人)+갓, 山+叱+伊賜羅次(郁李) 묏(뫼+人)+이ᄉᆞ랓 등. ③ 次(人)…[犬+]刀+次+草(白歛) [가히+] (개) 돗(돋+人)+플 등. ④ 之(人)…廻+之+木(槐) 횟+나모 등.

4) 末音添記法: ① 訓讀字 末音表記…葦(乙)根(蘆根) 골( )불휘, 蛇(音)置良只菜實(蛇床子) ᄇᆞ얌( )두러기ᄂᆞ물씨, 鳥(伊)麻(菟絲子) 새( )삼, 楊(等)柒(大戟) 버들( )옷, 影(亇伊)汝乙伊(蠷螋) 그르메( )너흐리, 車(衣)菜(威靈仙) 술위( )ᄂᆞ물 등. ② 訓假字 末音表記…

天叱月(乙)(栝蔞) ᄒᆞᄂᆳᄃᆞᆯ( ), 置等(羅)只(鷺鷥藤) 두드러( )기, 豆也味(次) 두여맛( ) 등. ④ 音假字 末音表記…叱(乙)根(葛根) 즐( )불휘 (칡), ③ 三(朩)大棗(酸棗) 사미( ) 대조 등.

이것은 「鄕救」의 전통적인 借字表記에 대하여 音讀字, 訓讀字, 音假字, 訓假字의 네 원리로 구성된 借字体系라고 하고, 借字의 連結規則으로 분석한 방안이다. 그 규칙은 한 개념을 단위로 하여 ①~④ 네 연결을 기본단위로 하고, 이들의 配合型 (1)~(4)로 그 표기를 분석하는 것이다. 특히 그 ①②③ 유형은 오랜 삼국시대부터, ④ 유형은 신라통일 전후에, 鄕札은 이 네 유형의 복합으로써 각각 생성되었다고 보고, 이 鄕名表記도 鄕札의 일종이라고 했다. 따라서, ④는 末音添記法으로서 주목된다.

38. 4) 中世文獻의 外來語

1) 漢語系: 가ᄉᆞ 家事(세간)(月釋 23:74), 가ᄌᆞ 架子(선반)(漢淸 4:56), 고리 筶笆(柳器)(四解 下10), 노고 鑼鍋(노구솥)(訓蒙 中6), 다홍 大紅(赤黃)(朴初 上14), 보ᄇᆡ 寶貝(龍歌 9:35), 빙쟈 餠餚(빈대떡)(譯語 上51), 사탕 沙糖(救簡 下64), 샹투 髻子(上頭)(訓蒙 中12), 심ᄉᆞ 心兒(心)(朴初 上28), 조리 笊籬(조리)(訓蒙 中7), ᄌᆞ디 紫(자주)(楞嚴 5:57), 쳔량 錢糧(財)(釋譜 6:15), 퉁 銅(釋譜 6:28), 햐쳐 下處(숙소)(老初 上58), 황호 荒貨(황아)(老初 下57) 등.

2) 入声消失語: 대련 搭連(걸낭)(朴諺 上29), 무면 木綿(무명)(老初 下69), 미라 蜜臘(밀랍)(同文 下23), 비가 比甲(송마복)(朴初 上27), 비ᄎᆡ 白菜(배추)(訓蒙 上7), 야투로 鴨綠(鴨頭綠)(朴初 上29), 쥬벼ᄋᆞ 酒鼈兒(술병)(譯語 下13), 파랑 琺瑯(법랑)(漢淸 10:43), 피리 觱篥(訓蒙 中16), 허ᄌᆞ 裼子(보직)(漢淸 10:58), 후시 護膝(膝甲)

(朴初 上29), 휘 斛(곡)(譯補 36) 등.

3) 蒙語系: 가라ᄆᆞᆯ 黑馬(老初 下9), 구돌 靴子(蒙解 上45), 무시 麨麵(미시)(蒙解 上45), 보라매 秋鷹(訓蒙 上8), 송골 海靑(訓蒙 上8), (아기)바톨(勇士)(龍歌 7:10), 아질게 兒馬(訓蒙 上10), 악대 犍牿(去勢畜)(訓蒙 下4), 졀다ᄆᆞᆯ 赤馬(老初 下8), 타락 酡酪(젖기름)(月釋 10:120), 텰릭 帖裏(武官服)(朴初 上27), 튀곤 白黃鷹(訓蒙 上8) 등. 滿語系: 무시 麨麵(미시)(同文 上59), 슈슈 高粱米(수수)(同文 下3), 투먼 豆漫(萬)(龍歌 1:8) 등.

위 38.2)에서 예시한 借用語가 外來語인 까닭은 가령 그 薤(ɣɒi)菜에 대한 解(ɣai)菜, 海(xɐi)菜가 원어 薤菜의 發音表記이기 때문이다. 이런 관점에서 당시 外來語가 적지 않았겠으나, 지금은 후대의 산재한 용례를 엿볼 뿐이다. 따라서, 그 外來語가 생성된 시기는 확실치 않지만, 蒙語系가 元代 영향(1270~1368)일 것은 분명하다. 또, 木綿(무명) 같은 入声消失語는 元代 13세기를 上限年代로 언제인가 생성되었겠지만, 木麥(모밀), 乃立(나리) 등 「鄕救」의 표기는 달리 古代的 잔해로 볼 것이다.

<u>語彙의 語史的 特徵</u> 그사이 中世前期国語는 15세기의 풍부한 言語資料로 미루어 크게 다르지 않을 것이라고 은연히 요량해 왔다. 그러나, 위에서 예시한 분석으로도 의외로 많은 특징이 나타났음을 알게 되었다. 그러면, 그 특징을 다시 주시할 필요가 있는데, 시기로는 11~13세기로서 中世後期 14~16세기로 계승되기 이전의 독자적 기간이다. 다음 서술은 편의상 「鄕救」(1236경)에 의거했기 때문에, 그 특징은 마지막 13세기의 현상이 되고, 자연히 後期初 14세기에 가까운 경향을 띠게 되었다.

39. 1) 中世前期의 音韻的 特徵 (南豊鉉 1981. 273~277)

1) 音韻同化: ① ㄴ>ㅇ/__ㄱ…當歸: 黨歸(菜) 당귀 > 旦貴(草) 단귀 > 당귀, ② ㅂ>ㅁ/__ㄴ…皁莢: 注也邑 주엽 > 鼠厭木(実) 주엽나모, ③ 우>위/__이…皁莢: 注也邑 주엽 > 鼠厭 쥐엽, ④ 이>야/이__…荛蘇: 目非阿次 눈비앗 > 目非也次 눈비얏, ⑤ ㅅ>ㅿ/__V…獨走根: 勿叱隱提阿 믈ᄉᆞᆫ들아 > 勿兒隱提良 믈ᅀᆞᆫ들아. ※獨走根 一名馬兜鈴: 믈(馬) + ᅀᆞᆫ(兒, 兜) + 들아(鈴) 등. 37. 1)의 1) 참조.

2) 音韻変化: 母音調和…皁莢 조협 > 注也邑 주엽 / 鼠厭 쥐엽, 注也邑 주압 > 주엽, 商陸: 者里宮 자리궁 > 자리공 (東湯 3:17); 商陸: 章柳根: 장류근 > 자리공, 白斂: (犬伊)刀叱(草) (가히)돗ㅅ(플) > 矢 등.

3) 未変化(変音): ① 無気音…葛根: 叱乙(根) 즐 > 츩 (救簡 1:113), 稨豆: 汝注乙(豆) 너출 > 너출 (月釈 1:43), 白斂: 犬伊刀叱(草) 가히돗 > 犬矢叱叱 가히돗 (鄕集 79:26), ② ㅂ(>ㅸ>ㅗ/ㅜ)…麩: 只火乙 기블 > 밄기울 (訓蒙 6:86), 蒸蹄: 熊月背 곰들비 > 곰돌외 (訓蒙 上5), 熨斗: 多里甫里 다리브리 > 다리우리 (内訓 序4), ③ ㄷ>ㄹ…萵苣: (菜)夫豆 (ᄎ) 부두 > 부루 (訓蒙 上14), ※「雞林」 頭曰麻帝 (마디) > 마리 (釈譜 6:44) 등.

4) 未変化(脱音): ④ ㄱ>ㅇ/__이…紫菀: 迨加乙 팃갈 > 팃알 (救簡 2:78), ※楸洞 ᄀᆞ래올(<골) (龍歌 10:19), ⑤ 보ᄃᆞᆨ > 뽁…蘭茹: 烏得夫得 오독보독 > 오독보독 > 狼毒 오독ᄡᆞᆺ기 (東湯 3:19). ※「雞林」 女兒曰宝姐 (보돌) > ᄯᆞᆯ (續三孝 19), 白米曰漢菩薩 (ᄒᆡᆫ보살) > ᄡᆞᆯ (釈譜 6:14), ⑥ 大麥: 包衣 보리 > 보리 (救簡 1:22), 威靈仙: 車衣(菜) 수릐 > 수뤼 (救簡 6:58), 百合: 犬伊那里 가히나리 > 介伊日伊 개나리 (藥集 79:9), 薏苡: 伊乙梅 이을믜 > 有乙梅 율믜 (藥月 7) 등.

5) 以外: ⑦ 蝟皮: 高參猪 고슴돋 > 高所音猪 고슴돋 (藥集 83:1), 橡實:

猪矣栗 도틱밤 > 도토밤 (杜初 24:39) > 도토리 (訓蒙 上6), ⑧ 韭: 厚菜 후치 > 付菜 (부치) (藥集 85:10) 등.

中世의 前期語는 이와 같이 古代와 다르고, 中世後期와도 다른 특징을 갖고 있다. 주시할 것은 ③ 이하에서 예시한 後期語로 변화하기 이전의 原形이다. ② 봉 이전의 ㅂ도 눈에 띄지만, 특히 주목할 것은 ⑤ ㅄ, ㅲ 등 合用並書가 아직 생성되지 않았다는 점이다. 즉 이 並書는 축약으로, 脣輕音은 변화로 後期에 조성되었다는 뜻인데, 이들 原形 내지 古形의 발견은 中世前期國語의 이런 특징이 확인되었다는 점에서 매우 뜻깊다. 이에 대한 우리의 깊은 관심이 요구되는 것은 이 때문이다.

39. 2) 中世前期의 文法的 特徵 (南豊鉉 1981. 277~278)

1) 格形態: ① 有情屬格 矣 (의, 이) … 半夏 (上8): 雉矣毛老邑 씨의 뎌롭, 漆姑 (中6): 漆矣於耳 오시(이) 어이, 馬齒莧 (中5): 金非陵音 쇠(의 > 이) 비름, ② 無情屬格 叱, 士 (ㅅ) … 白斂: 犬伊刀叱草 가히돗 (돌 + ㅅ = 돗) 플, 郁李 (上18): 山叱伊賜羅次 묏 (ㅅ) 이스랒, 槐: 廻之木 횟 (ㅅ) 나모, 括蔞 (上15): 天叱月乙 하눐 (ㅅ) 둘, ③ 零形態 (φ) … 芎香 (中20): 置伊有根 뒤잇 (φ) 불휘, 露蜂家 (目9): 牛蜂家 쇼 (φ) 벌 (φ) 집 등.

2) 構語法: ④ 接尾辭 -악/-억 … 蛇 (上5): 所也只 소 (蟄) + 악 + 이 > 소야기, 癮疹 (上5): 豆等良只 둗 (出) + 읃 + 억 + 이 > 두드러기, 蝤蠐 (中23): 所也只 부븨 (揉) + 억 + 이 > 부븨여기. ※ 현대어: 뜨락, 주먹, 무더기. ⑤ 邑 (읍, 읍) … 半夏 (上8): 雉矣毛老邑 씨의 뎌롭 (읍), 雉矣毛立 씨의 뎌릅 (읍), 京三稜 (下3): 結次邑 믹즙 (읍), 皁莢 (上9): 注也邑 주엽 (ㅂ?), ※ 매듭. ⑥ 複合語 … 齒齼 (下2): (齒) 所叱史如 (니 + φ) 솟 (聳) + 싀 (酸) + 다 등.

3) 古語彙: ① 借用語 … 黃芩 (上12): 所邑朽斤草 솝서근플, ※ 「藥集」 黃芩:

147

陶隱居云, …其腸中皆爛, 故名腐腸. 隱居 齊代(5세기)人. 爛 썩어 문드러짐. 5세기 차용? ② 無患(上16): 木串子 모관ㅅ, ※李時珍, 「本草綱目」 藏器曰, 世人相傳, 以此木爲器, 用以厭鬼魅, 故號曰無患, 人又訛爲木患也. 陳藏器 「本草拾遺」(開元 713~741) 인용. 8세기 이전 차용? ③ 括蔞(中19): 天原乙 하ᄂᆞᆯㅎ+ㅅ+ᄃᆞᆯ>하ᄂᆞᆯᄃᆞᆯ, ※ᄃᆞᆯ(懸, 縣). 동사 어간 'ᄃᆞᆯ' 사용. 16.2)의 2) 참조.

4) 古語形: ④ 薯蕷(目1): 亇攴 마디, 맏. ※「三遺」 2:28 薯童謠: …夜矣卯乙抱遺去如. 卯乙 몰, 알홀→마ᄅᆞᆯ, 마ᄃᆞᆯ. 해독 적용. ⑤ 落蹄(上5): (熊)月背 (곰)ᄃᆞᆯ비. ※「藥集」 79:38 羊躑躅: 盡月背 진ᄃᆞᆯ비, ᄃᆞᆯ비 紫赤色. 「雞林」 紫曰質背 딜븨→ᄃᆞᆯ비, 「三遺」 2:9 獻花歌: 紫布岩乎邊希, 紫布 딜븨→ᄃᆞᆯ비(紫赤色). ⑥ 黃耆(中14): 數板麻 수벋삼, 수(綿). ※「雞林」 羅曰速 수. 「三遺」 5:24 …今呑藪未去遺省如, 藪 숨, 슴→수(羅)? 등.

이 시대의 특징은 이와 같이 文法的 측면에서 발견된다. ① 有情性은 中世後期에 소실되나, 유례로 '의그에'(에게)가 잡힌다. 현대에 계승된 2) 당대 構語法의 용례가 있고, 古代의 3) 借用語나 4) 古形의 어휘가 전승된 것으로 추정되는 용례도 나왔다. 이들은 이미 언급한 대로 中世前期國語의 중요한 특징이거니와, 동시에 中世後期國語의 실태를 규명하는 단서로서도 얼마나 유용한지 모른다. 또한, 발견된 그 古形은 이전 古代國語의 영성한 부분을 다소라도 보충한다는 뜻에서 역시 유용하다.

3.1.3 訓讀口訣의 構文

翻譯文章의 構造 이 시대의 構文構造는 전기와 거의 같겠으나, 그 構文接辭는 形態와 종류여서 변천에 의한 차이가 예상된다. 古代

의 構文에 대하여 위 2.1.3에서 서술하면서 이러한 文法은 쉽게 변천하는 것이 아닌 것, 우리말은 이른바 膠着語로서 SOV 유형에 속하는 것 등을 전제했는데, 이것은 교착어라든가 SOV 유형에 속한다든가 하는 구조적 성질이 잘 변치 않는다는 뜻이다. 이 유형의 특징은 英語나 漢文 같은 SVO 유형과 다르고, 그 구조를 도해로 보이면 대략 다음과 같다.

40. 1) SOV 類型의 構文 (金敏洙 1983. 145~159, 184~193)

1) SOV 유형의 基本構文

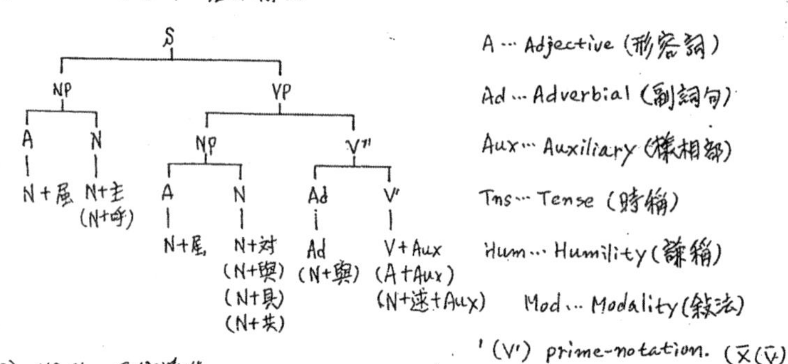

' (V') prime-notation. (X̄(V̄) bar-notation, V^1 numerical superscript)

2) VP의 下位構造

VP''
NP'' VP'
NP NP' Ad V''''
A N A N Ad V''' Aux'''
N+屬 N+対 N+屬 N+具 (N+與) V'' Aux'' Mod
V' Aux' Hum
V Tns

3) 括弧図: $[_S[_{NP}[_A N][_A N]]_{NP}[_{VP}[_{NP}[_A N][_N N]]_{NP}[_{V''}[_{Ad} Ad][_{V'} V]]_{V''}]_{VP}]_S$

$[_{VP''}[_{NP''}[_{NP}\cdots]_{NP}[_{NP'}\cdots]_{NP'}[_{VP'}[_{Ad} Ad][_{V''''}[_{V'''}[_{V''}[_{V'} V][_{Aux'} T]]_{V''}[_{Aux''} H]]_{V'''}[_{Aux'''} M]]_{V''''}]_{VP'}]_{NP''}$.

이러한 現代國語의 基本構文은 이 시대의 構文에도 그대로 적용될 것으로 예상된다. 漢文의 번역인 訓讀口訣의 예로서 「王仁」(1250.경)의 예문을 적용해 보기로 한다. 이 문헌은 1973년에 최초로 발견된 13세기의 자료이며 낱장 5장에 불과한 양이다. 불경 판본에 필사한 口訣의 해독에 따라 분석해 본 그 構文은 다음 3)과 같다. 아직 해석이 미비한 점이 있으나, 그 대체적인 구조를 알아보기에는 어려움이 없어 보인다. 여기서 특히 주시해야 할 부분은 시대를 뛰어넘은 古形態의 잔존이다.

40. 2) 「仁王」(1250.경 上:2a)의 構文 ※37. 1) 參照.

1) 원문: 復有五道一切衆生, 復有他方不可量衆, 復有變十方淨土, 現百億高座, 化百億須彌寶花. 各各座前花上有無量化佛, …

2) 해독: (復爲隱) 五道叱 一切衆生是 有叱在彌 / (復爲隱) 他方叱 量乎音(果) 可叱爲隱 不知是飛叱 衆 有叱在彌 / (復爲隱) 十方淨土乙 變爲齊 / 百億高座乙 現爲齊 / 百億須彌寶花乙 化爲齊乎隱飛 有叱在隱亦 / 各衣各衣良甬 座前叱 花以叱 上中 量無叱隱 化佛是 有在只示彌 / … ※各衣各衣良甬 제의제의 아곰. 花以叱 곶矣.

3) 構文分析: (또한) [S [NP [A 오돗] [N 일체중생이]]NP [VP [V' [V 잇겨] [Aux 며]]V']VP]S / (또한) [S1 [NP [S2 [NP [A 타방ㅅ] [N 헤아룜(이)]]NP [VP [V 짓혼 안디놋]]VP]S2 [N 중(이)]]NP [VP [V 잇겨] [Aux 며]]V']VP]S / (또한) [S [NP …]NP [VP [NP 십방정토를] [V 변ᄒᆞ] [Aux 져]]VP]S / [S [NP …] [NP 백억고좌를] [V' [V 현ᄒᆞ] [Aux 져]]V']VP]S / [S [NP …] [VP [NP 백억수미보화를] [V' [V 화ᄒᆞ져혼ᄂᆞ 잇겨] [Aux ㄴ여]]V']VP]S / …

4) 古形態: 尊稱…(有叱)在(彌) (잇)겨(며), 可能…可叱爲隱 짓혼, 否定…不知(是飛叱) 안디(이놋), 感歎…(有叱在隱)亦 (잇견)여, 미상…(有在)只(示彌) (잇겨)기(시며), 冠形形…(八部亦)(乎令)叱 (팔뷔여)(홀)이十人(홀十잇) 등

위에서 우선 보기 어려운 接續詞의 용례 '復爲隱(또한)'이 나타나다. 처음 나타난 것이 사실이면, 그것은 역사상 漢文 번역문에서 생성되었다고 할 것이다. 이러한 古語의 잔존은 訓讀口訣이 추정보다 훨씬 오랜 古代에 성립되었음을 뜻하는 것이라고 생각된다. 이 자료가 13세기에 되었다고 해서, 그 口訣도 高麗時代에 형성되었다고 하겠는가? 어쨌든, 이 자료는 위 3) 분석과 같이 SOV 유형에 어긋나지 않고, 또한 그 구조에 따른 構文接辭의 첨가로 文章이 구성되어 있는 사실도 밝혀졌다.

<u>構文成分과 接辭類</u> 이미 서술한 古代國語의 2.1.3. 構文과 構文接辭는 편의상 鄕歌의 용례를 열거한 것이었다. 訓讀口訣에도 역시 이런 接辭類가 갖추어져 있었다는 사실을 이미 위 19. 1), 32. 1) 40. 2) 등에서 다소간에 엿보았다. 이제 그 接辭類를 종합하여 形態를 열거할 필요가 있다. 다음 예는 다소 해독이 미진한 것도 있겠으나, 특히 ① 弋 익/이기, ⑤ 乙以只 으록, 以叱 으롯, ⑨ 爲尸丁ᵛ 홀뎌, ⑮ 乙火 로븟 등과 같은 것은 근원이 하도 오랜 탓인지 유난히 생소하게 느껴진다.

41. 1) 訓讀口訣의 体言토 ※출처는 張:行 표시. 17. 3) 참조.

1) 格助詞(자리토): ① 主格…(大衆)是(仁王 2:9) 이, (身者)弋(華疏 9:4) (몸)익/이기, ② 対格…(波羅蜜)乙 仁王 2:7) 을, (云何叱爲隱)乙(仁王 3:22) (엇 호)ㄴ 을, (無二)爲隱月乙(仁王 15:6) 혼ᄃᆞᆯ, (定)乙 從叱(仁王 3:13) 을 좇(어간), ③ 属格…(彼)衣(華嚴 14:13) (뎌)의, (如今)衣(華嚴 19:22) (오ᄂᆞᆯ)의, (神通)叱(華嚴 13:4)ᵛ ㅅ, (大海)良叱(華嚴 9:3) 아ㅅ, (衆生)衣 爲沙音(金光 3:1) 의ᵛ 삼, ④ 與格…(佛)中(仁王 3:22) 긔, (上)中(仁王 2:3) (우)긔, (花上)良中(仁王 2:5) 아긔, (東方)良叱(仁王 3:8) 아ㅅ, (大小師)衣中ᵛ

의긔, (菩薩)尸中(華嚴 1:4) ㅅ긔, ⑤ 具格…(因緣)以(仁王 15:2) 으로, (塵)乙以只(華嚴 8:10) 으로+ㄱ, (花)以叱(仁王 2:3) (곳)으로+人, (稟)爲在隱入以(華嚴 20:6) ᄒ견ᄃ+로 등.

⑥ 呼格…(善男子)良(仁王 11:24) 아, (大王)下(仁王 15:11) 하, (佛子)亦(華嚴 2:11) 여, (不只爲在剎隱入)以亦(金光 14:3) (안ᄃ ᄒ겨린ᄃ)로여, ⑦ 共格…(比丘)亦 (八部)亦 乎令叱(仁王 2:3) 여여 홀+이+人, (法)亦 (淨名)亦 爲㢱 等爲示隱(仁王 3:2) 여여 홀 다ᄒ신, (等)果 (慧)果 (灌頂)果叱(仁王 11:1) 과 과 과+人, ⑧ 述格(이+다)…(因緣)是多(仁王 3:23) 이+다, (五)是只(金光 2:23) 이기/익, (獲)我刹羅(華嚴 2:13) 논+이+라, (作爲叱行 爲示臥隱)是良叱古(仁王 3:23) 이+앗고, ⑨ 引用…(生圓滿乙)名下 (…處所)亦(瑜地 3:19) 일하 …여, (是乙 幻諦叱 衆生)亦(仁王 14:11) 여, (是乙 名下 … 入)爲尸丁(瑜地 23:22) ᄒ+ㄹ+ᄃ+여 등.

2) 補助詞(ᄃ우토): ⑩ 은/는…(方廣)隱(仁王 2:9) 은, (佛)隱(仁王 2:10) 은, ⑪ 도…(光)刀(仁王 2:13) 도, (作樂)乎尸刀(仁王 3:12) 홀+도, (一切法)良中刀(仁王 15:17) 아긔도, ⑫ 이야/야…(支)沙(華嚴 2:5) 사, (無刀 無)爲隱知沙(仁王 15:1) ᄒ디+사, (發)爲去只示隱是沙(仁王 11:7), ᄒ거기시ㄴ+사, (說)尸 乙沙 爲古(華嚴 8:21) ㄹ+이믜+사+ᄒ고, ⑬ 마다…(念念)良中ᄀ多(華嚴 4:19) 아긔+마다, (編)ᄀ多乎隱(華嚴 13:3) 마다+혼, ⑭ 이나/나…(見)示隱乃(仁王 15:16) (보)신+나, (不知隱)乃以(仁王 15:30) (안딘)나+로, ⑮ 곳/옷…(福德)火叱(金光 3:13) 봇, (說法師)乙火(金光 15:6) 를+봇 등.

이러한 接辭類는 用言에 이리저리 첨가하는 것도 많다. 이렇게 많은 接辭類가 복합된 것을 합쳐 무수히 사용되는 사실을 보면, 우리

152

말이 예적부터 膠着語(agglutinative language)요 添加語요 하는 말에 새삼 실감을 느끼게 한다. 口訣에서 종합한 다음 예에서는 특히 2) 飛叱 늣, 令叱 릿, 3) 飛 ㄴ, 如 다, 5) 在 겨, 6) 齊 져, 古斤 고눌, 地火叱 디붓, 果雖斗 과두, 叱徐 ㅅ뎌 등이 특이하고 古色이 그윽하다. 이런 정황에서, 古代國語 形態의 再構도 마치 접근된 것처럼 느끼는 심경이다.

41.2) 訓讀口訣의 用言도 ※출처는 張∴行 표시. 17.3) 참조.

1) 名詞形: ① ㄴ…如違(果爲)隱(仁王 2:5) 드(果ㅎ)ㄴ, (幻化)是在隱是羅(仁王 14:11) 이겨+ㄴ+이라, (五十里是)隱乙(仁王 2:9) ㄴ+을, (覺寤)爲是白古只示隱(仁王 3:12) ㅎ이숣고기시+ㄴ, ② ㄹ…(說)尸(華嚴 8:20) (니르)ㄹ, (說乎)尸(仁王 14:21) (니로)ㄹ, (作樂)乎尸刀(仁王 3:12) 호+ㄹ+도, (謂言)爲在尸(仁王 2:19) ㅎ겨+ㄹ, (思惟)爲白乎尸矣(金光 13:12) ㅎ숣오+ㄹ+되 등.

2) 冠形形: ① 無叱隱(仁王 2:3) 업스+ㄴ, 見五尸(仁王 15:16) 보오+ㄹ, ② ㄴ+ㄴ(依)+ㅅ(屬)…(無極)爲隱飛叱(仁王 1:4) ㅎ늣, (如支)爲飛叱(華嚴 3:12) ㅎ+늣, 無叱示隱飛叱(仁王 14:2) 업스신늣, ③ ㄹ+이(依)+ㅅ(屬)…(不)爲令叱(華嚴 7:6) (안들)ㅎ+릿, (護)乎令叱(仁王 3:18) 호+릿, 逆示令叱(金光 15:1) 거스리싯 등.

3) 依存名詞: ① 飛 ㄴ…(即)爲隱飛(仁王 15:4) ㅎ+ㄴ, 無叱示隱飛叱(仁王 14:2) 업스신+ㄴ+ㅅ, 不知是五隱飛良(仁王 14:18) 안디이온+ㄴ+아, ② 如 다…(微塵)如支爲隱乙(華嚴 9:9) 다+ㅎ울, ③ 入 드…(涅槃是多 爲尸)入隱(金光 5:18) (…이다 ㅎㄹ)든, ※↓ ④ 是 이…(犯爲隱)是(瑜伽 17:10) (犯ㅎ)이, ⑤ 所良…(見乎尸)所良(仁王 15:16) (보올)바 등.

4) 使動: ① 令是/爲是 ㅎ이…(泰然 爲齊) 令是彌(金光 15:7) ㅎ이며, (成熟)令是果(金光 3:9) ㅎ이과, (向)令是在利彌(華嚴 10:3)

ᄒᆞ이거리며, (不冬爲齊) 令是乎尸矣(金光 5:4) ᄒᆞ이올ᄃᆡ 등.

5) 敬語: ① 示/賜 시… 知示彌(仁王 3:13) 아ᄅᆞ시며, 說賜乎隱(華嚴 8:3) 니ᄅᆞ시온, ② 白 ᄉᆞᆲ…(佛隱 …座上良中 坐)爲白乎隱(仁王 3:13) ᄒᆞᄉᆞᆲ온ᄃᆡ, (佛是 出世)爲白乎尸入乙(瑜伽 3:1) ᄒᆞᄉᆞᆲ올ᄃᆞᆯ, ※ㄴ, ㄹ 名詞形. ③ 在 겨…如多爲在多(仁王 11:23) 다ᄒᆞ겨다, (供養)爲在音叱多(華嚴 17:1) ᄒᆞ겨ᇝ다, (成)在良(仁王 3:21) (일)겨아, (思惟)爲在尸(瑜伽 23:21) ᄒᆞ결, 生是在隱是多(華嚴 9:11) 나이견이다 등.

6) 接續形: ① 接續(져)…(化)爲齊(仁王 2:3) ᄒᆞ져, 聽彌(仁王 3:19) ᄃᆞᄅᆞ며, ② 條件(ㄷᆞᆫ)…爲尸入隱(金光 9:8) ᄒᆞᆯᄃᆞᆫ, 爲古尸月隱(仁王 14:7) ᄒᆞ곮ᄃᆞᆫ, 除古斤(瑜伽 4:5) 덜고ᄂᆞᆫ, (在家)爲隱多中隱(華嚴 2:18) ᄒᆞᆫ다긘, ※(…爲)彌兮(楞 4,89:12) (…ᄒᆞ)며히, ③ 假定(ㄴᄃᆡ)…(有叱)乎隱矣(仁王 2:4) (잇)온ᄃᆡ, (爲白)乎尸矣(仁王 11:9) (ᄒᆞᄉᆞᆲ)올ᄃᆡ, ④ 讓步(과두)…(爲示音叱)果雖斗(瑜伽 3:12) (ᄒᆞ심ㅅ)과두, (有斗在)果雖斗(瑜伽 4:3) (두겨)과두, ⑤ 意圖(과)…(問白欲)果(仁王 3:17) (뭇ᄉᆞᆲ)과, (度是)古只齊(華嚴 14:9) (거리)고기져, (作)爲叱彼(仁王 2:23) ᄒᆞᆺ뎌, ⑥ 可能(ᇝ)…(爲)飛音叱多(金光 14:15) (ᄒᆞ)ᄂᆞᆷㅅ다, (知)乎音應叱多(瑜伽 28:6) (알)옮ㅅ다 등. ※終結形 41.3)의 3) 참조.

위 3) ③ 入 ᄃᆞ…(一是多 爲古尸)入隱(仁王 14:7) (一이다 ᄒᆞ곮)ᄃᆞᆫ, (爲是尸)入乙(爲利羅)(金光 28:2) (일)ᄃᆞᆯᄒᆞ리라 등.

위 용례에 없는 名詞形 ㅁ이 '有阿米(亡妹) 이사미'라고 향가에 나타난 것은 향가가 후대의 윤색이라는 의심을 갖게 하거니와, 위 28.1) 動動 '어져 녹져'의 '져'가 口訣 6) 接續形으로 소급되는 것도 흥미롭다. 이것은 결국 口訣의 연원이 오래임을 뜻한다고 할 것이다. 실제로 圓敎國師 義湘(625~702)의 講論을 기록한 「錐穴問

答」이나 「道身章」을 '雜以方言'이라고 하여 訓讀口訣인 것으로 주석한 大覺国师의 「義天錄」을 근거로 薛聰보다 오랜 7세기로 추정한 견해가 있다(南豊鉉 1988).

<u>構文과 敍述指標</u> 이 指標에 대해서는 이미 17.3)의 예시를 설명한 바가 있다. 構文이란 전달하려는 내용을 현실과 연결시킴으로써 표현이 마물리는 것이다. 현실과 연결시킨다는 것은 표현할 내용을 時稱, 敍法 같은 敍述樣式으로 표명한다는 뜻의 敍述作用이다. 이 작용은 갖가지 양식으로 나타내나, 国語에서 필수적인 것은 보편적인 時稱과 敍法에 謙稱이 더 필요하다. 즉, 완 構文은 이 지표로써 敍述性을 얻게 되는데, 결여된 것은 敍述性도 갖지 못한다. 이 지표도 다음과 같이 다양하다.

41.3) 訓讀口訣의 敍述指標

1) 時稱(Tns): ① 現在 飛 ㄴ…(說)飛只示多(仁王 2:6) (니르)ㄴ+기시다, (現)飛尸亦(金光 14:20) (나토)ㄴ+ㄹ(名)+여, (具足爲)飛利彌(華嚴 10:11) ㄴ+리(ㄹ+이)며, (免支)飛立(華嚴 2:19) (벗)ㄴ+셔(命令), (下爲古)飛乙彌(仁王 2:15) (下ᄒᆞ고)ㄴ+ㄹ며, 臥 누…(爲在)臥多(仁王 11:22) (ᄒᆞ겨)누+다, (波#爲)臥隱乙(華嚴 5:17) 눈을, ② 過去 多 다/더…(爲)多在隱乙(仁王 11:21) 다+견을, (如多爲)在多(仁王 11:23) (다ᄒᆞ)거+다, (問)去在隱丁(華嚴 2:12) (묻)거+건뎌, (說)良只示乎多(仁王 2:23) (니르)아+기시오다, ③ 未來 利 리(ㄹ+이)…(具足爲飛)利彌(華嚴 10:11) (…ᄒᆞᄂ)리+며, ※위 ⑦ 意図 참조.

2) 謙稱(Hum): ① 白 숣…(爲)白彌(華嚴 9:14) (ᄒᆞ)숣+으며, (說)白乎音叱多(仁王 3:19) (니르)숣+옶다, (說)白乎隱(仁王 11:24) (니르)숣온, (說賜)乎隱(華嚴 8:3) (니르시)오+ㄴ, 古 고…(功德是)

古飛隱彼(華嚴 9:6) (…이)고+ᄂᆞᆫ뎌, (爲在利)良叱古(華嚴 2:9) (ᄒᆞ겨리)앗+고, 乎 오…(說白)乎隱(金光 3:25) (니ᄅᆞᇗ)오+ㄴ 등.

3) 敍法(Mod): ① 平敍 多 다…(無叱在)多(華嚴 9:5) (없겨)다, 羅 라…(王)是羅(仁王 11:3) 이라, ② 疑問 古 고…(可叱爲利)尸古(仁王 15:5) (짓ᄒᆞ릴)+고, (爲在利良叱)古(華嚴 2:9) (ᄒᆞ겨리앗)고, (爲古乎令)乎(仁王 3:23) (ᄒᆞ고오리)오, (爲古乎令)良(仁王 14:18) (ᄒᆞ고오리)아 ※고>오, 가>아. ③ 命令 立 셔…(知古只賜)立(華疏 10:18) (알고기시)셔, (免支)飛立(華嚴 2:19) (벗)ᄂᆞ셔, (爲在)良(仁王 14:23) (ᄒᆞ겨)아(라?), (指陳)古火羅(楞 2,76:9) 고불라, ④ 感歎 亦 여…(有叱在)隱亦(仁王 2:3) (잇겨+ㄴ)여, (爲飛尸)亦(金光 14:17) (ᄒᆞᄂᆞᆯ)여, (善賜古隱)哉彼(華嚴 9:2) (어드시곤)ᄃᆞ(依名)+여>뎌, (無賜乎隱)知亦(華嚴 15:10) (업으시온)디여, (爲尸)丁(仁王 15:5) (ᄒᆞᆯ)뎌 등.

4) 否定(Neg): ① 不冬 안ᄃᆞᆯ…不冬(編令多乎隱)(華嚴 13:3) 안ᄃᆞᆯ(編ᄒᆞ이다혼), ② 不知 안디…(可叱爲隱) 不知(是飛叱)(仁王 2:1) (짓ᄒᆞᆫ) 안디(이ᄂᆞᆺ), 不知(是乎隱飛良?)(仁王 14:18) 안디(이온ᄂᆞ아?) ③ 非知(齊 爲在多)(仁王 14:7) 안디(제 ᄒᆞ겨다), (續爲令) 不知(彌)(仁王 14:7) (續ᄒᆞ리) 안디(며), ④ 不冬(乎利是在多)(仁王 3:24) 안ᄃᆞᆯ호리이겨다, (其尸) 不只(爲臥隱刀)(金光 7:20) (그ᄅᆞᆯ) 안ᄃᆞᆨ(ᄒᆞ눈도), 未是(爲飛叱 時中)(仁王 15:18) 아니(ᄒᆞᄂᆞᆺ ᄢᅴ) 등.

이 지표는 위와 같이 몇 形態가 결합되고 복합되어 매우 복잡한 양상이다. 즉, 개별적인 敍述樣式이 경우에 따라 각각 複合形을 이루게 되는데, 이들이 敍述性을 갖기 위하여 다시 복합하게 되어 있다는 뜻이다. 그러한 形態의 복합은 아래 指標分析에서 점차 해명을 시도하겠으나, 가령 다음 1)의 ① (照+ᄒᆞ)시+고+ㄹ(며) 접속형은

156

尊敬(시), 強調(곤)와 복합되어 있는 것과 같다. 이러한 複合의 理法은 國語의 본질적 특징인 만큼 現代語도 같으나, 실제의 형태는 의외로 많은 격차가 있다.

41. 4) 構文指標와 指標分析

1) 複合形: ① 接續…(照爲示)古乙彌(仁王 11:10) (照ㅎ)시+고+ㄹ+며, (說)古飛利彌(華嚴 14:16) (니르)고+ㄴ+리+며, ② 條件…(累是多 爲)古尸入隱(仁王 14:8) (ㅎ)고+ㄹ+ㄷ+ㄴ, (爲白)古(在)尸入隱(金光 12:23) (ㅎ숣)고(겨)+ㄹ+ㄷ+ㄴ, (除)古亇(瑜地 6:13) (덜)고+ㄴ+ㄹ, ③ 意圖…(願)古尸入隱(華嚴 2:19) (바라)고+ㄹ+ㄷ+ㄴ, (度是)古只齊(華嚴 14:9) (거리)고 기 져, ④ 可能…(等)古令 (無良)(華嚴 14:7) (ㅎ숣)고 리 (없), ⑤ 理由…(得)在隱入以(華嚴 18:21) (얻)견+ㄷ+로, ⑥ 前提…(無)古在隱(華嚴 9:5) (없)고+겨+ㄴ, (說)古只示隱(仁王 11:11) (니르)고+기+시+ㄴ 등.

2) 指標分析: 「仁王」上 2:1~2

① (復爲隱) 五道叱 一切衆生是 有叱在彌/(復爲隱) 他方叱 量乎音 可叱爲隱 不知是飛叱/…有叱在隱亦 ② 五道人 一切衆生이 잇겨며/他方人 量홈(이) 짓흔 안디이닷/…잇견여 ③ (五道)人 (一切衆生)이 (잇)겨며/(他方)人 (量홈)이 (짓ㅎ)ㄴ 안디이닷/…(잇)견여 등.

④ 敍述指標: (잇)겨며…時稱 겨(과거), 謙稱: φ(常体), 敍法: 며(接續 중복)./ (짓ㅎ)ㄴ 안디이닷…時稱: ㄴ(현재), 謙稱: φ(常体), 敍法: ㄴ 안디이닷(否定冠形) ※ㄴ(속격), 안디(부정명사), 이(주격), ㄴ(현재), ㅅ(속격, 관형형)./ (잇)견여…時稱: φ(常体), 敍法: 여(감탄) 등. ※現代語: (꽃이 붉)다…時稱: φ(현재), 謙稱: 다(해라, 常体), 敍法: 다(평서).

이렇게 산삽하여 이해하기 어려운 것은 위에서 논급한 대로 口訣文의 연원이 오랜 탓이겠으나, 보수적인 表記文字 자체의 성격에도 연유했을 것이다. 그렇기 때문에, 現代語에서 누구나 직감적으로 의식되는 零形態(φ) 같은 것도 느끼기 어렵고, 더구나 同音異義形은 좀처럼 인지되지 않는다. 그러면, 자료의 재검토, 古代語를 재구하고 中世語를 재정리하는 재료의 재분석이 필요한 것은 아닌지? 다만, 확실한 것은 이런 訓讀口訣의 대량 출현으로 당대의 황량했던 構文構造를 밝히게 된 사실이다.

3.2 中世後期国語(14~16세기)

이 시대는 14~16세기 3세기 기간이다. 흔히 이 시대라면 풍부한 正音文獻을 떠올린다. 가령, 시대를 15세기부터로 구분하더라도 그 15세기 전반의 수다한 자료를 제치고 하는 말이다. 그런데, 이 자료는 中世前期와 正音文獻 사이의 공간을 보전하는 뜻에서 경시할 대상이 아니다. 이런 특성에 유의하면, 이 시대는 그러한 位相에 따라 세기별로 구분하여 서술하는 것이 최선일 것이다. 이 관점은 그 서술을 뒷받침하는 자료의 측면에서도 충족되게 해 주어 서술의 전환을 어렵지 않게 한다.

3.1.0 中世後期의 史料

<u>借字文獻과 金石文</u> 이 시대의 자료는 正音文獻만 아니라, 借字表記에 의한 문헌 및 금석문이 여전히 변천하면서 꾸준히 지속되었다. 본기의 자료는 이러한 상황에 비추어 借字文獻과 金石文, 15세기의 正音文獻, 16세기의 正音文獻으로 구분해야 한다고 생각된다. 그런데, 전기에 성행하던 訓讀口訣에서 발전한 이른바 順讀口訣의 자료가 계

속 발굴되었다. 그것은 거의 14~15세의 佛經類이나, 그 口訣은 역시 당대의 중요한 문헌임에 틀림없다. 諺解와도 연계되는 이 口訣도 세밀히 규명할 대상이다.

42. 1) 借字表記

1) 14세기: 高士褧, 金 祗 譯, 「大明律直解」 30권(1395), 成昌金氏 丙子年准戶口(1336), 淸州牧官文書(1349), 感恩寺飯子(1351), 海南尹氏奴婢文書(1354), 白巖寺貼文(1357, 1378), 慶州司首戶長行案(1361, 1379), 密陽朴氏壬子年准戶口(1372), 南氏奴婢文書(1381), 張戩所志(1385), 高麗末和寧府, 開京戶籍文書(1390~91), 李和開國功臣錄券(1392), 太祖賜給芳雨土地文書(1392), 南誾遺書(1398. 경) 등.

2) 15세기: 會同館, 「朝鮮館譯語」(1408. 경), 韓尚德, 「養蠶經驗撮要」(1415), 俞孝通 등, 「鄕藥採取月令」(1431), 俞孝通 등, 「鄕藥集成方」 85권(1433), 馬天牧佐命功臣錄券(1401), 太祖賜給弥致家垈文書(1401), 曺恰賜婢文書(1401), 張戩妻辛氏同生和解文書(1404), 長城監務關字(1407), 張戩妻辛氏所志(1427), 金務許與文記(1429), 權明利許與文記(1443), 尹 壕 등, 「救急簡易方諺解」 8권(1489) 등.

3) 16세기: 「新刊農書撮要」(1517), 「朱子增損呂氏鄕約」(1517. 金安國), 「正俗諺解」(1517. 金安國), 「重刊警民編諺解」(1519. 金安國), 「書傳大文」(1551. 乙亥字本, 1550. 경 頭註本), 「地藏菩薩本願經」 3권 (1558. 全羅道 安心寺), 「牛馬羊猪染疫病治療方」(1541. 平安道), 「童蒙先習」(1587. 密陽府) 등.

4) 順讀口訣: 「楞嚴經」 10권 祇林寺本(1400. 左), 宋成文本(1400. 左), 奎章閣本(1400. 전후), 「證道歌南明繼頌諺解(南明集)」 2권 (1350. 후반), 「直指心体要節」(1400. 전후), 「佛說四十二章經」(1400. 전후: 尹炯斗本), 「梵網經」(1400. 경) 주석으로 보존, 精文院本, 「圓覺略疏注

1

參考文獻

第1章 国語의 系統

姜吉云 1988. 1. 「韓国語系統論」 서울, 大邱: 螢雪出版社.

金澤庄三郎 1910. 1. 「日韓両国語同系論」 東京: 三省堂.

金庠基 1948. 12. "韓·濊·貊移動考." 「史海」 1(1948. 12. 12), 3~16.

金庠基 1954. "東夷와 淮夷·徐夷에 対하여." 「東方学志」 1(1954.

렴종률 1992. 4. 「조선말력사문법」(참고서) 평양: 김일성종합대학출판사.

류 렬 1990. 3. 「조선말력사」 1. 평양: 사회과학출판사.

白鳥庫吉 1898. "日本の古語と朝鮮語との比較." 「国学院雜誌」 4-4~4-12.

服部四郎 1956. 7. "日本語の系統(2)(日本祖語の年代)." 「図説日本文化史大系」 1. 東京: 小学館.

服部四郎 1957. 12. "日本語系統論(3) [音韻法則と語彙統計学的 水深測量." 武田祐吉 編 「古事記大成」 3 言語文字篇 東京: 平凡社.

傅斯年 1935. "夷夏東西說." 「蔡元培先生六十五歲論文集」(北平: 国立中央研究院歷史語言研究所), 下 1093~1134. 千寬宇 譯, 「韓国学報」 14(1979. 3. 10), 210~243.

辛容泰 1984. "韓国語·日本語와 上古漢語와의 類似性에 関하여." 「日本学報」 12. 辛容泰, 「原始 韓·日語의 研究」(1988. 11. 서울: 東国大学校 出版部), 3~33.

辛容泰 1985. "韓国語·殷(商)語·日本語의 單語族研究序說(韓·日

2

語의 祖語를 探索하기 위한)." 「국어교육」 51/52 (1985. 2). 辛容泰, 위 책, 25~50.

俞昌均 1994. 10. 「鄕歌批解」 서울, 大邱: 螢雪出版社. 1996. 7. 補訂版.

장우진 1989. 10. 「조선사람의 기원」 평양: 사회과학출판사.

Aston, W. G. 1879. 8. "A Comparative study of the Japane and Korean languages." Journal of the Royal Asiatic Society of Great Britain and Ireland. New Series XI, 3. 317~364.

Баскаков, Н. А. 1981. Алтайская семья языков и ее изучение. Москва: Институт языкознания, издательство Наука.

Dallet, Charles. 1874. Histoire de l'église de Corée. Paris: Victor Palmé.

Edkins, Joseph. 1871. China's Place in Phonology.

Edkins. Joseph. 1887. "Connection of Japanese with the adjacent continental langages." Transactions of the Asiatic Society of Japan, XV.

Edkins, Joseph. 1895. "Relationship of the Tatar languages." Korean Repository, II-11.

Edkins, Joseph. 1896. "Korean affinities." The Korean Repository, III-6.

Finck, Franz N. 1909. Die Sprachstämme des Erdkreises. (Aus Natur und Geisteswelt. Bd. 267) Leipzig-Berlin.

Hulbert, H. B. "The Origin of the Korean people." The Korean Repository. II, 6~7.

Hulbert, H. B. A Comparative Grammar of the Korean Language and the Dravidian Dialects of India. Seoul.

Lees, Robert B. 1953. "The Basis of Glottochronology." Language, 29-2, Part 1, 113~127.

Miller, Roy Andrew. 1971. Japanese and the Other Altaic Languages. Chicago:

The University of Chicago Press.

Parker, Edward H. 1886. "Chinese, Corean and Japanese." The China Review, XIV, 4.

Parker, Edward H. 1893. "Touching Burmese, Japanese, Chinese and Corean." Transactions of the Asiatic Society of Japan, XXI.

Poppe, Nicholas. 1960. Vergleichende Grammatik der altaischen Sprachen, 1, Vergleichende Lautlehre. Wiesbaden: Otto Harrassowitz.

Ramstedt, G. J. 1916. "Ein anlautender stimmloser Labial in der mongolisch-türkischen Ursprache." Journal de la Société Finno-Ougrienne, 32, 2.

Ramstedt, G. J. 1957. Einführung in die altaische Sprachwissenschaft I, Lautlehre. Bearbeitet und herausgegeben von Pentti Aalto. Helsinki: Suomalais-Ugrilainen Seura.

Rosny, Léon de. 1864. "Aperçu de la langue Coréenne." Journal Asiatique, VI, 3, 287~325.

Saussure, Ferdinand de. 1916. Cours de linguistique générale. Lausanne et Paris: Payot.

Schmidt, Pater W. 1926. Die Sprachfamilien und Sprachenkreise der Erde. Heidelberg: Winter.

Scott, James. 1891. English-Corean Dictionary. Seoul.

Старостин, С. А. 1991. Алтайская проблема и происхождение японского языка. Москва: Наука.

Swadesh, Morris. 1955. "Lexico-Statistic Dating of Prehistoric Ethnic Contacts, with Special Reference to North American Indians and Eskimos." Proceeding of the American Philosophical Society, 96-4, 452~463.

Swadesh, Morris. 1955. "Towards Greater Accuracy in Lexicostatistic Dating." International Journal of American Linguistics, 21, 121~137.

Владимирцов, Б. Я. 1929. Сравнительная грамматика монгольского письменного языка и халхаского наречия. Введение и фонетика. Ленинград: Ленинградский Восточный институт имени А. С. Енукидзе.

Winkler, H. 1884. Uralaltaische Völker und Sprachen.

Zenker, E. V. 1926. "Das japanische Lautwesen im Zusammenhange mit dem Koreanischen und dem der Liu-kiu-und der Aimu-Sprache." Mitteilungen des Seminars für orientalische Sprachen an der Friedrich-Wilhelms-Universität zu Berlin. XXIX

第2章 古代国語 (前期)

金敏洙 1980. 2. 「新国語学史」 全訂版 서울: 一潮閣.

金敏洙 1983. 2. 「新国語学」 全訂版 서울: 一潮閣.

金敏洙 1992. 2. "겹받침의 発音과 表記에 대하여." 「順天鄕語文論集」 1(1992. 2. 28), 7~20.

金完鎮 1957. 8. "-n, -l 動名詞의 統語論的 機能과 発達에 対하여." 「国語研究」(서울大 大学院) 2(1957. 8. 1), 43~72.

金完鎮 1957. 12. "原始国語의 子音体系에 対한 研究(語頭有声唇音 b-를 主로 하여)." 「国語研究」(서울大 大学院) 3(1957. 12. 10), 1~70.

唐作藩 1972. 8. 「漢語音韻学常識」 香港: 中華書局香港分局.

렴종률 1992. 4. 「조선말력사문법」(참고서) 평양: 김일성종합대학출판사.

류 렬 1990. 3. 「조선말력사」 1. 평양: 사회과학출판사.

傅斯年 1935. "夷夏東西說." 「蔡元培先生六十五歲論文集」(北平: 国立中央研究院歷史語言研究所), 下 1093~1134. 千寬宇 譯, 「韓国学報」 14(1979. 3. 10), 210~243.

梁柱東 1942. 11.「古歌研究」京城: 博文書館. 增訂版 1965. 3. 서울: 一潮閣.

王 力 1985. 5.「漢語語音史」北京: 中国社会科学出版社.

兪昌均 1994. 10.「鄕歌批解」서울·大邱: 螢雪出版社. 補訂 1996. 7.

李基文 1961. 8.「国語史概說(国語国文学講座)」서울: 民衆書館. 改訂版 1972. 11. 日譯 藤本幸夫, 1975. 独譯 B. Lewin, 1977.

李思敬 1985. 6.「音韻」(漢語知識叢書) 北京: 商務印書館.

鄭暻海 1970. 6.「바침後天論」(국어국문학회 13회 전국대회 발표용) 油印本.

何九盈 1991. 11.「上古音」(漢語知識叢書) 北京: 商務印書館.

韓国古代社会研究所 編 1992. 10.「譯註 韓国古代金石文」(史料叢書 ①~④) 4권 서울: (財)駕洛国史蹟開発研究院.

홍기문 1957. 12.「리두 연구」평양: 과학원 출판사.

Greenberg, Joseph H. 1963. "Some Universals of Grammar with Particular Reference to the Order of Meaningful Elements." Greenberg. ed. Universals of Grammar (Cambridge, London: The MIT Press.

Greenberg, Joseph H. eds. 1978. Universals of Human Language. 4 vols. Stanford: Stanford University Press.

Karlgren, Bernhard. 1923. Analytic Dictionary of Chinese and Sino-Japanese. Paris: Librairie Orientaliste Paul Geuthner. 1970. 7. 번각 台北: 成文出版社.

Karlgren, Bernhard (高本漢). 1940. Grammata Serica: Script and Phonetics in Chinese and Sino-Japanese (中日漢字形声論). (Bulletin of the Meseum of Far Eastern Antiquities Stockholm, No. 12) Stockholm. 1971. 번각 台北: 成文出版社.

Miller, Roy Andrew. 1971. Japanese and the Other Altaic Language. Chicago; London: The University of Chicago Press.

6

Poppe, Nicholas. 1965. Introduction to Altaic Linguistics. Wiesbaden: Otto Harrassowitz.

第2章 古代国語 (後期)

郭錫良 1986. 11.「漢字古音手冊」 北京: 北京大学出版社 出版, 新華書店北京發行所 發行.

국립국어연구원 1998. 12.「국어의 시대별 변천 연구 3 고대 국어」 서울: 국립국어연구원.

權仁瀚 1990. 12. "알타이어학상 *ㅜ², *ㅣ² 論議의 現狀과 課題." 「周時經学報」 6 (1990. 12. 22), 97~106.

김무림 1998. 12. "고대 국어 음운." 국립국어연구원 1998. 7~39.

金敏洙 1952. 11. "ㅎ助詞 研究." 「国語国文学」 1 (1952. 11. 1), 11~14, 16.

南廣祐 1957. 12. "ㅎ曲用(添用 declension) 語攷." 「論文集」(中大) 2, 163~192.

南豊鉉 1998. 12. "고대 국어 자료(국어학의 상대 자료)." 국립국어연구원 1998. 207~241.

羅常培 1933. "唐五代西北方音." 「国立中央研究院歷史語言研究所專刊」 十二. 上海: 同研究院. 1961. 北京: 科学出版社.

렴종률 1992. 4. 「조선말력사문법」(참고서) 평양: 김일성종합대학출판사.

류 렬 1983. 9. 「세나라시기의 리두에 대한 연구(사람, 벼슬, 고장 이름의 표기를 통하여)」 평양: 과학, 백과사전출판사.

류 렬 1990. 3. 「조선말력사」 1., 평양: 사회과학출판사.

박성호 1998. 12. "고대 국어 어휘." 국립국어연구원 1998. 77~120.

박진호 1998. 12. "고대 국어 문법." 국립국어연구원 1998. 121~205.

沈在箕 1975. 12. "旧譯仁王經上 口訣에 대하여." 「美術資料」 18, 19~35.

安秉禧 1977. 3. 「中世国語口訣의 研究」 서울: 一志社. (p.92)

安秉禧 1987. 12. "均如의 方言本 著述에 대하여." 「国語学」 16(1987. 12. 30), 41~54. (p.92)

梁柱東 1942. 11. 「古歌研究」 京城: 博文書舘. 増訂版 1965. 3. 서울: 一潮閣.

王 力 1985. 5. 「漢語語音史」 北京: 中国社会科学出版社.

俞昌均 1994. 10. 「鄉歌批解」 서울, 大邱: 螢雪出版社. 補訂 1996. 7.

李基文 1961. 8. 「国語史概説」(国語国文学講座) 서울: 民衆書舘. 改訂版 1972. 11. 日譯 藤本幸夫, 1975. 獨譯 B. Lewin, 1977.

이승재 1998. 12. "고대 국어 형태." 국립국어연구원 1998. 41~75.

李浚碩 1999. 2. 「国語 借字表記法의 起源 研究」 서울: 高大 博士学位論文.

장하일 1956. 10. "임자자리 말끝(Nominative Case Ending) '-이'." 「한글」 120(1956. 10. 20), 56~71.

前間恭作 1936. 5. 「校註歌曲集」 필사본. 영인 1951. 5. 서울: 正陽社. (p. 104)

정열모 1947. 3. "새로 읽은 향가(鄉歌)." 「한글」 12-1 (통권 99)(1947. 3. 20), 12~22. 정열모 (편) 「신편고등국문독본」 고문편 (1947. 9. 25. 서울: 동방문화사), 1~12 수록. (p. 106)

정열모 1965. 11. 「향가 연구」 평양: 사회 과학원 출판사.

河野六郎 1968. 9. 「朝鮮漢字音の研究」 東京: 河野六郎. 「河野六郎著作集」 2 (1979. 11. 東京: 平凡社) 295~512 수록.

黄淬伯 1937. 「慧琳一切經音義反切攷」(国立中央研究院語言歷史研究所 單刊六)

홍기문 1956. 12. 「향가 해석」 평양: 과학원.

홍기문 1957. 12. 「이두 연구」 평양: 과학원 출판사.

김영황 1986. 1. 「언어학사전」 1(조선어력사편) 평양: 김일성종합대학출판사.

8

第3章 近世国語(前期)

姜信沆 1977. "雞林類事「高麗方言」의 声母와 中世韓国語의 子音." 「李崇寧古稀論叢」(1978. 서울: 塔出版社), 1~24. 姜信沆 1980. 재록.

姜信沆 1978. "雞林類事「高麗方言」의 韻母音과 中世国語의 母音 및 末音." 「大東文化研究」(成大) 12. 1~38. 姜信沆 1980. 재록.

姜信沆 1980. 9. 「雞林類事「高麗方言」研究」(首善新書 1) 서울: 成均館大学校 出版部.

金敏洙 1983. 2. 「新国語学」(全訂版) 서울: 一潮閣.

김수경. 1989. 5. 「세나라시기 언어력사에 관한 남조선학계의 견해에 대한 비판적 고찰」 평양: 평양출판사.

金亨奎 1975. 8. 「国語史概要」 서울: 一潮閣.

南權熙 1997. 12. "차자 표기 자료의 서지." 「새국어생활」 7-4, 147~194.

南豊鉉 1981. 8. 「借字表記法研究」 서울: 檀大出版部.

南豊鉉 1988. 12. "釋讀口訣의 起源에 대하여." 「국어국문학」 100, 233~242. 南豊鉉 1999. 재록.

南豊鉉 1998. 12. "고대 국어 자료(국어학의 상대 자료)." 국립국어연구원 207~241.

南豊鉉 1999. 8. 「口訣研究」 서울: 太學社.

박병채 1989. 8. 「국어발달사」 서울: 世英社.

박진호 1998. 12. "고대 국어 문법." 국립국어연구원 1998. 121~205.

沈在箕 1975. 12. "旧譯仁王經上 口訣에 대하여." 「美術資料」(国立中央博物館) 18, 19~35.

李基文 1967. 5. "韓国語形成史." 「韓国文化史大系」 V (서울: 高麗大学校

民族文化研究所), 19~112.

李基文 1968. 7. "雞林類事의 再檢討(주로 音韻史의 視点에서)." 「東亞文化」 8, 205~248.

李基文 1968. 9. "高句麗의 言語와 그 特徵." 「白山學報」 4, 101~142.

李基文 1972. 11. 「改訂國語史概說」 서울: 民衆書館.

李承宰 1972. 3. 「高麗時代의 吏讀」(國語學會 國語學叢書 17) 서울: 太學社.

이승재 1998. 12. "고대 국어 형태." 국립국어연구원 1998. 41~75.

李龍範 1976. 4. 「古代의 滿洲關係」(春秋文庫 020) 서울: 한국일보社.

鄭在永 1997. 12. "借字表記 연구의 흐름과 방향." 「새국어생활」 7-4, 31~59.

국립국어연구원 1998. 12. 「국어의 시대별 변천 연구 3 고대 국어」 서울: 국립국어연구원.

찾아보기

▸용어

ㄱ

ㄹ

ㅁ

ㅂ

ㅅ

ㅇ

ㅈ

ㅊ

ㅋ

ㅌ

ㅍ

ㅎ

▸ 서명

발간 경위

저자인 약천(若泉) 김민수(金敏洙, 1926~2018) 선생님께서 타계하신 지 2년이 흘렀다. 세월이 쏜살같다는 옛말과 함께 그 무상함을 느낀다. 재직 중이실 때나 퇴임을 하신 후에나 제자들에게 격려와 질책을 아끼지 않으시던 당신의 모습이 아직도 눈에 선하다. 약천은 말년에도 제자들과 스스럼없이 어울리시며 국어학 연구와 관련한 이야기뿐만 아니라 그 이면의 일화에 대해서도 진솔하게 말씀하시곤 했다. 선생님의 말씀을 듣는 일은 국어학에 대한 새로운 깨달음을 얻는 일이기도 했지만, 다른 한편으론 숨어 있던 근현대 한국어문학의 이면사를 즐기는 일이기도 했다. 그런 이야기가 오고가는 중에 선생님께서는 개인적인 아쉬움을 토로하시곤 했다. 그것은 '국어사' 저술을 끝맺지 못한 데 대한 회한이었다.

약천은 고려대 문과대학 국어국문학과를 퇴임하신 후에도 대학원 수업에 종종 출강하셨다. 당시에 수업을 수강한 학생들의 전언에 따르면 약천 강의의 진면목은 대학원 강의 〈국어사〉였다고 한다. 재임 중에는 국어사 강의를 하지 않으시다가 퇴임 후 강의를 시작하셨으니 국어사 연구는 약천의 마지막 목표였던 듯하다. 약천은 강의와 함께 국어사 집필에도 몰두하셨다. 그러나 끝내 국어사 전체의 저술을 완성하지 못하셨다.

생전에 선생님께서는 당신의 원고를 보여주시며 제자들에게 '중세

후기 국어사' 이후를 나눠 집필할 것을 당부하신 바 있다. 그 당부에 아둔한 제자들이 모여 저술 계획을 세워보기도 했지만, 전공이 제각각인 제자들이 선생님이 저술한 내용을 이어 집필하는 것은 무리였다. 결국 선생님께서 남기신 내용을 학계와 공유하는 게 더 유익한 일이라고 판단했고, 선생님 유고를 정리하여 출판하기로 결정했다.

이 유고의 공간(公刊)은 몇 가지 학술적 의의를 지닌다. 먼저 이 「國語史講義」는 기존 국어사 연구의 공백을 메운다는 의미가 있다. 이 책에는 국어의 계통 문제와 더불어 고대국어 이전 시대인 선사시대 언어에 대한 내용이 비중 있게 다루어졌다. 선생님께서는 퇴임 후 선사시대의 언어, 우리 민족의 시원과 국어의 뿌리를 밝히는 연구에 집중하셨다. 그 천착의 결과가 이 책에 체계적으로 자세히 정리되어 있다.

그리고 이 「國語史講義」는 학계에 새로운 논쟁거리를 제공한다는 의미가 있다. 고대국어 시기 이후의 기술 내용 중에는 기존 연구와 차별되는 내용이 적지 않다. 그 내용이 국어사 연구자들에 의해 하나하나 평가되는 것, 그것이 고인의 뜻이 아닐까 생각한다.

또한 이 「國語史講義」는 국어사 서술의 한 모델을 제공한다는 의미가 있다. 이 책에서는 시대별로 국어의 사료, 국어 음운과 표기, 국어 어휘와 형태 표기, 국어 구문과 그 특징을 자세히 서술하고 있는데, 서술의 내적 구조가 치밀하고 정교하여 후학들의 국어사 서술에 하나의 지침이 될 수 있을 것이다. 이에 고인의 저술 의도를 좀 더 생생하게 보여준다는 차원에서 400자 원고지에 쓴 수고본(手稿本)을 영인하여 그대로 「國語史講義」 책의 부록으로 첨부하였다. 평소 고인의 학문적 치밀함과 정교함의 본모습을 독자들이 확인할 수 있을 것이다.

고인의 원고를 정리하여 후학들이 책으로 출간하는 일은 간단한 작업이 아니다. 그 의도를 곡해하거나 해칠 수도 있기 때문이다. 따라서 고인의 필사 원고에 충실하게 입력하는 것을 목표로 작업을 진행하였다. 이 작업과 관련하여 원고를 일일이 입력한 경기대 도재학 교수의 세심한 노력이 없었으면 불가능한 일이었다. 「國語史講義」 출판에 도움을 주신 박이정출판사 박찬익 사장의 수락이 없었으면 쉽게 나올 수 없는 책이었다. 입력 및 교정, 그리고 출판에 애를 써 주신 두 분께 심심한 사의를 표한다.

무엇보다도 이 유고의 출판을 유가족을 대표해 흔쾌히 허락해 주신 전영우 동숭학술재단 이사이자 사무국장께 고마움을 전한다. 또한 동숭학술재단 이원직 이사장님의 격려도 큰 힘이 되었다. 약천의 지도학생인 고려대 최호철 교수, MBC 박건식 피디, 원광대 최경봉 교수, 한성대 이상혁 교수도 기획과 교정에 함께 참여하며 고인을 기리고자 했다. 수고본에 저자의 머리말이 부재하여 발간 경위를 통해 머리말을 대신했음을 이 자리를 빌려 밝혀 둔다. 끝으로 조선시대 유학자 퇴계 이황의 시로 「國語史講義」 출간의 뜻을 되새겨 보고자 한다.

> 고인(古人)도 날 못 보고 나도 고인 못 뵈
> 고인을 못 뵈도 녀던 길 앞에 있네.
> 녀던 길 앞에 있거든 아니 녀고 엇뎔고 〈도산십이곡, 언학4〉

2020. 10. 31.

이원직, 최호철, 박건식, 최경봉, 이상혁, 도재학의 뜻을 모아 함께 씀